普通高等教育"十三五"规划教材

通信经济学

（第 4 版）

黄秀清　吴　洪　任乐毅　编著

北京邮电大学出版社
www.buptpress.com

内容提要

本书为面向通信类院校经济管理类专业本科高年级和研究生新生的产业经济类教科书，也可作为研究信息产业、信息通信产业经济理论和实践问题的基础参考书。基于多年多个版本的不断修订，本教材体系框架逐步完善，全书内容深入浅出，在介绍相关经济理论的基础之上，注重将理论与产业发展实践相结合，在深入研究信息通信业发展历史和20世纪80年代以来国内外信息通信产业技术创新和制度变革的基础上，力争充分反映近年来信息通信领域相关的最新发展和研究进展。

本书共12章，内容涵盖通信业发展概论、信息通信业与社会信息化、从产业链到产业生态系统、信息通信产业技术经济特点分析、通信业产出、通信成本、通信资费、通信市场及竞争、通信业管制、互联网治理、网络和信息安全、通信普遍服务。

图书在版编目(CIP)数据

通信经济学 / 黄秀清，吴洪，任乐毅编著. -- 4版. -- 北京：北京邮电大学出版社，2018.5
ISBN 978-7-5635-5359-4

Ⅰ. ①通… Ⅱ. ①黄… ②吴… ③任… Ⅲ. ①通信—邮电经济学—高等学校—教材 Ⅳ. ①F60

中国版本图书馆 CIP 数据核字(2017)第 331027 号

书　　　名：	通信经济学(第4版)
著作责任者：	黄秀清　吴洪　任乐毅　编著
责 任 编 辑：	卢昌军
出 版 发 行：	北京邮电大学出版社
社　　　址：	北京市海淀区西土城路10号(邮编：100876)
发　行　部：	电话：010-62282185　传真：010-62283578
E-mail：	publish@bupt.edu.cn
经　　　销：	各地新华书店
印　　　刷：	保定市中画美凯印刷有限公司
开　　　本：	787 mm×1 092 mm　1/16
印　　　张：	20.25
字　　　数：	528千字
版　　　次：	2003年4月第1版　2007年10月第2版　2012年12月第3版
	2018年5月第4版　2018年5月第1次印刷

ISBN 978-7-5635-5359-4　　　　　　　　　　　　　　　　定 价：49.00元

· 如有印装质量问题，请与北京邮电大学出版社发行部联系 ·

前　言

1. 通信经济学的创立和发展

通信经济学是一门应用经济学,是以信息产业中的信息通信业为主要对象,研究产业经济理论和行业经济运行规律的学科。在我国,该学科教材不仅是我国最早建立的行业经济学教材之一,也一直是我国各通信类院校经济管理类专业的专业基础课程教材。

从1955年北京邮电大学建校起,邮电经济学就是北京邮电大学工程经济系的专业基础课程,当时所用教材是苏联专家、前中国邮电部部长顾问兼专家组组长波德格罗捷斯基为系里研究生和教师授课时编写的教材《中国邮电经济》,该教材是波德格罗捷斯基结合授课讲稿与当时在中国工作期间所做的调查出版的专著,也是我国最早的一本邮电经济学课程教材。

1981年在原苏联学者教材的基础上,我国学者钱钟浩、郭志强翻译(诸幼农校译)、编著、出版了我国第一部《邮电经济学》。

1993年,由北京邮电大学教授诸幼农、李国良在其长期教学和科研基础上合作编著出版了《邮电通信经济学》。之后,通信经济学的学科发展与我国邮电通信事业的发展开始同步。20世纪90年代以来,我国通信系统多家高校编著出版了多个版本的教材,如南京邮电大学出版社出版的《通信经济学》和重庆邮电大学出版社出版的《通信经济研究》等。

2003年由北京邮电大学吴洪、黄秀清编著的《通信经济学》(第1版)出版发行,2007年《通信经济学》(第2版)改版发行并获评北京市精品教材。2012年《通信经济学》(第3版)出版发行。本书为《通信经济学》(第4版),将于2018年出版。

国内学者在通信经济学科和教材的建设和发展过程中,力求将理论经济学的基本原理与国内外通信行业改革和发展的具体实践相结合,逐渐形成了我国通信经济学的研究框架,涵盖了产业发展与社会经济、产业经济特点、成本与定价、市场与竞争、行业管制等重点内容,形成了密切结合产业发展热点问题、研究信息通信行业特有的经济现象及其发展规律的内容体系。

2. 通信经济学研究的主要内容

从发展的视角看,通信经济学的学科框架和重点研究内容紧密地结合了国内外通信业发展和改革的进程不断修订、不断完善。早期的《邮电经济学》《邮电通信经济学》在邮电合一、政企不分的行业大背景下,主要关注的是邮电通信部门在社会生产和再生产各环节中体现出的行业特殊性。后来的《通信经济学》结合了市场开放、政企分离、邮电分营、电信通信业飞速发展等一系列重大行业变革,研究和关注了这一时期行业所面临的市场竞争和管制中出现的矛盾问题。当前,通信业市场竞争格局已经形成,信息通信技术融合发展、网业分离、业务应用不断创新,以现代信息通信网络为基础的信息通信业快速发展,网络连接和创新应用在社会生活和国民经济各产业发展中全方位渗透,推动传统经济转型升级、数字经济大步前行。在这样的背景下,通信经济学也要适应行业发展和变革、反映信息通信业的新理论和新问题。《通信经济学》(第4版)正是出于这一目的而修订的。修订后的新教材内容包括12章。力求反映近年来信息通信业发展的新问题和相关的新成果。

3. 通信经济学与其他学科的关系

通信经济学是一门以行业运行规律和发展相关问题为研究对象的学科,在经济学科分类中属于中观经济学层次、产业经济学范畴。同时,通信经济学也是一门应用经济学,是在经济学、产业经济学(产业组织理论)等学科基础上结合本行业特殊性进行研究的学科,研究中大量应用了基础经济理论中的基本原理、基本假设和相关分析工具。

此外,作为产业经济学,通信经济学又与信息通信业网络技术特点密切相关,相关研究和分析大多建立在一定的信息通信技术基础之上。因此,具备一定的网络技术基础知识将有助于理解本教材中的内容。

4. 通信经济学的研究方法和学习要求

第一,通信经济学是应用经济学,需要将基础理论和信息通信行业管理运行实践相结合,在研究过程中一方面不断丰富和完善产业经济理论,另一方面将产业经济理论应用到对现实问题的解决和处理当中。因此,学习本门课程需要遵循的首要原则就是注重理论联系实际。

第二,在学习中还需坚持定性与定量分析相结合的方法。现代经济理论和实践问题的研究需要建立在科学的研究方法和研究工具基础之上。坚持定性分析与定量分析相结合,就是要求在研究中不仅要具备思辨的头脑,还需要具备实证的技术和方法,要将两者有效地结合起来,一方面避免只重分析,缺乏数据、信息、案例等的收集以及科学的分析和验证,从而导致结论空虚的研究方法;另一方面不要陷入只看重模型构建和数据分析,不注重现实逻辑的教条主义做法。

第三,学会运用比较分析的方法。当前,信息通信业是全球经济中发展最快、技术变化最剧烈的行业之一。各国发展进程中大多会遇到相同的技术、经济和管理问题,也会由于各国的制度差异存在大量不同的实践经验。因此,学习和研究信息通信产业经济和管理问题,要学会运用比较分析的方法,通过对世界不同国家和地区通信业发展实践经验的对比分析,找出规律性的内容,学习先进的方法和制度,指导自己的实践并改善相应的制度及管理方法。

第四,坚持动态的、发展的观点。当前,全球信息通信业正处于转型变革时代,信息通信技术的快速发展引发行业市场结构、行业管理方法、企业运营战略和策略不断变革和创新。所有这些都要求对信息通信业经济管理问题的研究要坚持动态的、发展的观点。只有这样才能应对变革对信息通信业带来的挑战,顺应潮流、预期未来并推动信息通信业的发展。

5. 关于本教材的特别说明

本教材是在《通信经济学》(第3版,2012年)的基础上修订而成,相比上一版教材,本教材在大量更新内容的基础上,调整了部分章节的内容并补充了新的内容,如第1章中明确了信息通信业发展阶段的划分,增加了产业发展中的主要变革、信息通信业与社会发展等内容;第2章在完善社会信息化及其衡量理论和方法的基础上,介绍了国内外对数字经济研究的最新成果;增加了第3章从产业链到产业生态系统;调整了第4章信息通信产业技术经济特点分析中的部分内容并增加了相关案例;结合国内外实践修订了通信成本和通信资费两章内容,增加了案例并结合介绍了部分互联网企业定价的内容;调整了第8章通信市场及竞争并增加了研究示例;大量修订了通信业管制和通信普遍服务章节的内容;结合当前信息通信业发展和行业管制实践,新增了互联网治理和网络与信息安全等内容。

教材的整体编撰工作主要由黄秀清、吴洪和任乐毅完成。其中,黄秀清负责第1、第2章,第4~8章和第10章和第11章内容的编写。吴洪负责第9、第12章内容的编写。任乐毅负责第3章内容的编写。在教材编写过程中,北京邮电大学经济管理学院产业经济学研究生张艺远、臧蕊、白雪静、马弘新、霍旭娟参与了部分章节的资料收集、文字整理或版面调整工作,在此对他们为本书编写付出的努力和做出的贡献表示感谢。

此外,本书在编写过程中参考了大量国内外学者和研究机构的研究成果,均在相应章节脚注或书后参考文献中一一列出,但唯恐出现疏漏而未做说明,在此先深表歉意。限于学识和能力,本教材中可能还存在许多需要进一步完善的地方,欢迎读者批评指正。

作者
2018年1月于北京

目　录

第1章　通信业发展概论 … 1

1.1　通信业的产生和发展 … 1
　1.1.1　通信和通信业 … 1
　1.1.2　通信业的起源 … 1
　1.1.3　通信业的发展 … 2
　1.1.4　产业发展中的主要变革 … 7

1.2　通信业的产业属性 … 11
　1.2.1　两大部类分类法及邮电通信产业归属 … 11
　1.2.2　三次产业分类法及邮政、电信通信产业归属 … 12
　1.2.3　四次产业分类法及信息通信产业归属 … 13
　1.2.4　信息通信业是战略性、基础性和先导性行业 … 18

1.3　信息通信业与社会发展 … 19
　1.3.1　信息通信业与经济增长 … 19
　1.3.2　信息通信业与产业结构优化 … 21
　1.3.3　信息通信业与劳动就业 … 24
　1.3.4　信息通信业与数字鸿沟 … 25

第2章　信息通信业与社会信息化 … 26

2.1　信息社会与社会信息化 … 26
　2.1.1　概念由来 … 26
　2.1.2　信息社会的主要特征 … 27
　2.1.3　通信业与社会信息化 … 29

2.2　信息社会发展程度测评理论及方法 … 30
　2.2.1　早期的测评理论及方法 … 31
　2.2.2　国际电信联盟(ITU)提出的测评方法 … 35
　2.2.3　中国社会信息化测评方法 … 39

2.3　数字经济及其衡量 … 46
　2.3.1　数字经济的提出 … 46
　2.3.2　数字经济的内涵 … 48
　2.3.3　数字经济的衡量 … 48

第3章　从产业链到产业生态系统 … 55

3.1　产业链理论 … 55

3.1.1 产业链概念 55
3.1.2 产业链的形成 55
3.1.3 产业链的特点 57
3.2 从产业链到产业生态的变革 58
3.2.1 产业生态系统的提出 58
3.2.2 商业生态系统的建立 58
3.2.3 商业生态系统的结构及特征 61
3.3 "互联网+"背景下的信息通信产业生态 65
3.3.1 传统通信产业链构成 65
3.3.2 移动通信产业价值链的演进 67
3.3.3 通信业4.0时代的产业生态环境 69
3.3.4 信息基础设施 70
3.4 产业生态系统的一些研究方法 74
3.4.1 社会网络分析及定量研究方法 74
3.4.2 生态信息方法 77

第4章 信息通信产业技术经济特点分析 79

4.1 互补性、兼容性、标准化 79
4.1.1 互补性 79
4.1.2 兼容性 80
4.1.3 标准化 80
4.2 规模经济性和范围经济性 81
4.2.1 规模经济性(Economies of Scale) 81
4.2.2 范围经济性(Economies of Scope) 86
4.2.3 通信业的自然垄断性及发展变化 88
4.3 网络外部性(Network Externalities) 93
4.3.1 定义及衡量 93
4.3.2 网络外部性对消费者效用函数的影响 95
4.3.3 网络外部性对市场均衡的影响 95
4.3.4 网络外部性对通信产业的影响 98
4.4 公共服务性 98
4.4.1 公共物品、准公共物品和混合品 99
4.4.2 信息社会的最重要的基础设施 99
4.4.3 向社会提供普遍服务 99
4.4.4 对信息通信业的影响 100

第5章 通信业产出 101

5.1 通信业产出与分类 101
5.1.1 通信产品与通信服务 101
5.1.2 传统电信企业的转型和产出变化 102

5.1.3　中国现行电信业务分类目录 ························· 102
5.2　通信产出的计量方法 ·· 104
　　5.2.1　通信产品的命名 ·· 104
　　5.2.2　通信产品的计量 ·· 105
5.3　通信业产出指标 ··· 105
　　5.3.1　通信业务量 ·· 105
　　5.3.2　通信业务总量 ··· 106
　　5.3.3　通信业增加值 ··· 109
　　5.3.4　通信业务收入 ··· 111
　　5.3.5　通信企业利润 ··· 115
5.4　通信产品结构分析 ··· 116
　　5.4.1　我国通信产品专业结构 ·· 117
　　5.4.2　我国通信业务用户结构 ·· 118
　　5.4.3　我国通信业务结构 ··· 118
　　5.4.4　我国通信业务收入结构 ·· 119

第6章　通信成本 ··· 121
6.1　通信成本概述 ··· 121
　　6.1.1　成本的一般概念 ·· 121
　　6.1.2　研究通信成本的不同角度 ·· 121
　　6.1.3　通信业成本分析中常用的成本概念 ························· 123
6.2　通信企业成本构成特点 ·· 129
　　6.2.1　我国电信企业费用要素构成 ···································· 129
　　6.2.2　通信企业成本特点 ··· 130
6.3　通信业务成本测算 ··· 133
　　6.3.1　通信成本测算的目的 ··· 133
　　6.3.2　通信成本测算路径 ··· 133
　　6.3.3　通信成本测算方法和模型 ·· 136

第7章　通信资费 ··· 145
7.1　通信资费理论基础 ··· 145
　　7.1.1　通信资费及资费体系 ··· 145
　　7.1.2　通信资费的计费依据 ··· 146
　　7.1.3　常见的通信资费模式 ··· 146
7.2　通信业务定价理论 ··· 150
　　7.2.1　最优定价 ·· 150
　　7.2.2　成本补偿定价和效率增进 ·· 151
　　7.2.3　高峰负荷定价 ··· 160
　　7.2.4　捆绑定价 ·· 162
　　7.2.5　双边市场定价 ··· 164

7.3 通信业定价实践 ······ 167
7.3.1 通信业管制定价 ······ 167
7.3.2 通信企业定价 ······ 172
7.3.3 近年来通信业务定价主要变化 ······ 174
7.4 中国通信资费政策改革历程 ······ 175
7.5 电信业务资费水平的国际比较 ······ 179

第8章 通信市场及竞争 ······ 180
8.1 通信市场概述 ······ 180
8.1.1 通信市场的变革 ······ 180
8.1.2 通信市场范围的界定 ······ 181
8.1.3 通信市场主体 ······ 184
8.2 产业组织结构分析理论和方法 ······ 187
8.2.1 结构—行为—绩效范式 ······ 187
8.2.2 有效竞争及衡量标准 ······ 188
8.2.3 竞争政策和行业管制 ······ 189
8.3 通信市场结构 ······ 189
8.3.1 市场结构的影响因素 ······ 189
8.3.2 通信市场结构分析 ······ 194
8.3.3 通信市场竞争格局的规律及解释 ······ 197
8.4 通信市场竞争行为 ······ 200
8.4.1 主导运营商和市场势力 ······ 201
8.4.2 价格行为 ······ 201
8.4.3 销售行为 ······ 203
8.4.4 企业兼并行为 ······ 204
8.5 产业运行效率及衡量 ······ 207
8.5.1 资源配置效率的衡量 ······ 208
8.5.2 企业生产效率 ······ 209
8.5.3 市场结构与动态效率 ······ 210
8.5.4 通信市场绩效评价 ······ 211

第9章 通信业管制 ······ 213
9.1 管制理论基础 ······ 213
9.1.1 管制的含义 ······ 213
9.1.2 西方管制理论 ······ 213
9.1.3 西方国家经济管制的变革 ······ 215
9.2 通信业管制的发展历程 ······ 217
9.2.1 垄断经营时期的通信业管制 ······ 217
9.2.2 开放竞争时期的通信业管制 ······ 218
9.2.3 行业融合后的通信业管制 ······ 221

9.2.4 信息通信业管制发展趋势 ... 222
9.3 通信业管制制度 ... 223
9.3.1 通信业管制机构 ... 224
9.3.2 通信业管制内容 ... 226
9.3.3 市场准入管制 ... 227
9.3.4 通信资费管制 ... 230
9.3.5 互联互通管制 ... 231
9.3.6 通信资源管制 ... 234
9.3.7 通信服务质量管制 ... 234
9.3.8 普遍服务管制 ... 236
9.3.9 网络与信息安全 ... 236
9.4 国内电信管制实践 ... 237
9.4.1 改革前我国电信业管制 ... 237
9.4.2 改革开放以来我国电信业管制 ... 237

第10章 互联网治理 ... 242
10.1 互联网规制背景 ... 242
10.1.1 互联网国际规制 ... 242
10.1.2 互联网国内规制 ... 243
10.2 互联网发展历史及现状 ... 244
10.3 互联网规制的原因 ... 245
10.3.1 互联网的经济特性分析 ... 245
10.3.2 互联网的社会政治功能 ... 247
10.4 互联网规制的意义 ... 248
10.4.1 维护国家安全 ... 248
10.4.2 网络空间安全威胁直接挑战社会管理和公众权益 ... 249
10.5 国际互联网规制机构及其职能 ... 250
10.5.1 信息社会世界首脑会议 ... 250
10.5.2 联合国互联网治理工作组 ... 251
10.5.3 互联网治理论坛 ... 252
10.5.4 其他相关国际性组织 ... 253
10.6 互联网规制的主要内容 ... 255
10.6.1 互联网全球共治的原则与内容 ... 255
10.6.2 国家范围内的互联网安全规制 ... 258

第11章 网络和信息安全 ... 261
11.1 网络和信息安全 ... 261
11.1.1 网络和信息安全内涵 ... 261
11.1.2 网络和信息安全的特征 ... 261
11.2 网络和信息安全面临的挑战 ... 262

- 11.2.1 信息通信技术发展引发"大数据"热潮 ·· 262
- 11.2.2 大数据引发的安全问题 ·· 262
- 11.2.3 跨境数据流动及其引发的安全问题 ·· 263
- 11.2.4 网络和信息安全监管 ··· 264
- 11.3 国外网络和信息安全监管经验与启示 ·· 266
  - 11.3.1 宏观战略 ··· 267
  - 11.3.2 政策法规 ··· 267
  - 11.3.3 组织体系 ··· 269
- 11.4 我国网络和信息安全监管现状 ·· 270
  - 11.4.1 《网络安全法》正式颁布 ··· 271
  - 11.4.2 《网络安全法》的基本原则 ·· 271
  - 11.4.3 《网络安全法》的主要内容 ·· 272

第12章 通信普遍服务 ·· 274

- 12.1 普遍服务的产生发展 ··· 274
  - 12.1.1 概念的提出 ·· 274
  - 12.1.2 概念的形成和发展 ·· 274
  - 12.1.3 普遍服务的意义 ·· 277
  - 12.1.4 衡量普遍服务的指标 ··· 278
- 12.2 普遍服务的相关研究 ··· 279
  - 12.2.1 国外对普遍服务的相关研究 ··· 279
  - 12.2.2 国内对普遍服务的部分研究成果 ··· 281
- 12.3 普遍服务的补偿机制 ··· 282
  - 12.3.1 普遍服务的补偿机制 ··· 282
  - 12.3.2 普遍服务的融资方式 ··· 284
  - 12.3.3 普遍服务基金 ·· 287
- 12.4 我国电信普遍服务的发展 ·· 289
  - 12.4.1 垄断时期的普遍服务政策 ·· 289
  - 12.4.2 引入竞争后的普遍服务政策 ··· 291
  - 12.4.3 村通工程 ··· 292
  - 12.4.4 宽带中国战略 ·· 294
  - 12.4.5 "十三五"期间我国普遍服务的目标 ·· 295

附录A 拉姆塞定价的证明 ··· 297
附录B 斯诺登事件及其反映的我国信息安全隐患 ··· 299
附录C 国内外近年来影响较大的用户数据泄露案例 ······································ 301
参考文献 ·· 302

第1章 通信业发展概论

人类社会建立在信息沟通的基础上,信息通信技术是推动人类社会文明、进步的巨大动力。从远古时代到现代文明社会,从语言、文字到光、电信号,从烽火、书信到互联的网络,人类社会生存发展状态与信息通信密切相关,特别是当今世界已进入信息社会,万物互联实现信息沟通已是可见的未来。信息通信技术已逐步渗透到社会生活、经济活动的各个领域,网络无处不在。信息通信技术和信息基础网络设施的发达程度和部署应用已成为衡量一个国家和地区社会发展进步程度的重要标志,信息通信技术及相关产业在社会经济和社会发展中发挥着越来越重要的作用。

1.1 通信业的产生和发展

1.1.1 通信和通信业

所谓通信,简单说就是信息的传递、沟通和交流。信息是表征事物存在的一种表象(表现、体现),世间万物都具足信息,并以某种方式有意或无意间传达着这些信息。人类作为地球上的一个智慧物种,可以凭视觉、听觉、嗅觉、触觉等感知到各种各样的信息。当人类将自己体验到的这些信息通过语言、行为、符号、文字等主动地传达给同类时,就产生了信息的传递、沟通和交流。其中,借助于某种媒介(如鼓声、烽火、书信、电磁信号等)和技术手段、通过一定的方式跨越时空障碍、实现非面对面的信息传递活动就是通信。然而,人类社会发展早期的通信活动属于一种自发的满足特定通信需求的活动,如部落用鼓声报警、用烽烟传递军情等,并未形成一种产业。随着社会生产力水平的不断进步和人类社会的发展,社会分工开始出现。当从人类社会生产活动中分化出来一部分人员,建立专门的组织并专业从事信息传递活动,才有可能形成一个新的业态,特别是当这种通信组织是面向社会公众提供信息传递服务的时候,才形成了一个独特的、不同于一般生产和商品流通的通信行业。所以,通信业的产生是人类社会发展到一定阶段,出现了社会分工之后才产生和发展起来的。

1.1.2 通信业的起源

从起源看,古代有组织的邮驿通信活动可以看作是最早的通信业。

人类有记载的通信活动与古代人类文明的发展密切相关。在人类古代文明中心埃及、巴比伦、亚述、印度、波斯、希腊、罗马和中国,都留有古代驿道的遗迹或关于邮驿的论述。其中埃及关于古代通信活动的记载可以追溯至第十二王朝(约公元前1991—前1786)时期。古波斯帝国的邮驿通信发生在公元前6世纪,当时著名国王大流士以京城苏撒为中心,开辟了一个四通八达的驿道通信网。驿道十分宽敞,沿途设有驿站,随时有信差备马以待,可以把国王的命令传达到帝国所属各地,各地的消息也通过这一通信网源源不断地呈送到国王面前。从苏撒到小亚细亚西端的萨底斯,全程有3 000千米。通过驿站信差们的日夜分段传递,只要七天信息就可到达。古希腊史学家希罗多德用格言的形式,写下了当时波斯驿站的效能:"不管雨雪纷飞,不管炎热难当,不管黑夜的朦胧,信差们都要以最迅速的方式完成任务,把文件投递到所指定的地方。"公元前500年,在古代波斯还有过"小马快递"的邮务。这种投递书信的方式,类似我国古代的"马递"。马递,用良种快马,选用最精干的邮差,以最快速度传递军事文书和信件。此外,在古罗马也有组织良好的古代通信活动。我国史书《后汉书·西域传》里,曾提到古罗马"列置邮亭"的情况。那里"十里一亭,三十里一置(即驿)"。各国使者进入其境,都可直接乘驿达其王都。据统计,公元2世纪时,罗马境内驰道共有372条,总长度达8万千米。人们常说"条条大路通罗马",就是说古罗马的首都有着连接四方的宽阔大道。这些大道也是驿道,把各地的信息及时地传送到罗马城。

中国关于人类通信活动的最早记载来自殷墟出土的甲骨文。甲骨文中记载着殷商盘庚年代(公元前1400年左右),边戍向天子报告军情的记述中有"来鼓"二字。经考证,"来鼓"是对类似现代侦察通信兵的称呼。此外,在《诗经》中有"简书"的记载,彼时的"简书"就是用兽骨刻上文字,由通信兵传递的官府紧急文书。传递"简书"的通信活动出现于殷末、周初(公元前12世纪—11世纪),这可看作是邮驿通信的前身。

邮驿与利用烽火台通信,都源于奴隶制国家在政治和军事方面对通信的需要。中国历史故事"烽火戏诸侯"记载的就是西周末年周幽王为博宠妃一笑,利用烽火传递告警信息戏弄诸侯的故事。随着社会发展和政治军事上的需要,殷商时代的"来鼓"到了周代已逐步形成了以步行或轻车快马,专门传送官府文书的更加严密有效的邮传通信制度,并与烽火台通信互为补充、配合使用。秦统一中国后,邮传制度进一步发展,从以往的专使传送改为接力传送,设邮亭为站并固定线路,出台《行书律》(我国第一部通信法令)保障通信顺畅。汉代承袭秦制,设置"驿置",根据文件的急缓内容,传递方式有"置传""驰传""乘传""步传"四种,并分别规定了时限。据出土的汉代木简记载,汉代通信已有迅速、准确、安全的要求。唐代全盛时期的邮驿制度以陆驿、水驿、水陆驿三种兼办并存。宋代邮驿制度以军卒代替民役,按行驶速度设置了金牌、银牌和铜牌,并增设了"急递铺"。到了元代,由于军事范围和疆域扩大,仅在国内就有驿站1 496处,并将邮驿改称为驿站。明朝之前的邮驿通信只为官家提供服务,与平民百姓无缘。直到明朝时期,随着资本主义的萌芽,专营民间通信的"民信局"才开始出现并渐成气候,到清同治、光绪年间进入全盛时期,邮驿设置较前朝更为普遍,由近2 000个驿站、7万多驿夫和14 000多个递铺、4万多名铺兵组成的清代全国邮驿组织,规模庞大,星罗棋布,网路纵横,无论在广度和深度上都超过了以往的任何朝代。

1.1.3 通信业的发展

从现代观点看,产业①是介于微观经济组织和国民经济之间的一种经济结构,是由向社会提供相同产品/服务或者具有紧密替代性产品/服务的企业组成的集合。基于此,可以认为通信产业就是以为社会提供信息传输或传递服务为主业的经济组织构成的集合。在通信业发展的历史进程中,由于信息和通信技术不同、提供通信服务的生产方式和组织方式不同,通信业历经了邮政通信业、邮电通信业、电信通信业、信息通信业等不同的产业发展阶段。

1. 通信业1.0——邮政通信业

邮政通信业是在邮驿通信基础上发展起来的,但不同于邮驿通信,邮政通信业一般专指的

---

① 在中文语境下,通常把构成国民经济的大类产业称为产业,而大类中包含的子类产业或更细的分类产业称为行业。本教材中除非特别强调,这两个概念没有差别。

是由国家管理或直接经营的寄递各类邮件(包括信件或物品)的邮政通信部门,其服务对象既包括国家政府机构也包括社会各类组织和社会公众,即邮政具有通政、通商和通民的特点,是一种典型的公共事业。17世纪,英、法等国将官府专用和民间经营的邮递组织结合起来,创立了国家专营的邮政事业,发展成为近代邮政业①。美国独立前的邮政部门就是英国王室委派的一个机构。美国独立后,联邦政府成立的第二个部就是邮政部。中国近代邮政始于清代,大清邮政成立于公元1896年(光绪二十二年)。

从通信技术和通信生产活动特点来看,早期的邮政部门是通过车马、渡船等完成邮件传递服务的。18世纪中期蒸汽机的发明推动了以火车为代表的交通运输体系的发展,加之后来卡车和高速公路体系的发展、飞机航运系统的发展都大大提高了交通运输的效率,也极大地提升了邮政通信的生产能力和服务水平。20世纪上半叶或在各国电信业发展初期,邮政通信承担了社会通信服务的大部分工作,是通信业的主要组成部分,邮政部门是通信经济组织的主要形式。然而,无论是早期的邮政业还是现代的邮政业,邮政服务在递送实物信息邮件的同时,也寄递物品邮件,有些甚至还同时运送旅客,所以本质上,邮政通信业属于物流业或交通运输业。邮政业之所以在通信发展历史上有过辉煌的一页,是由当时信息处理技术水平决定的。在电发明之前,信息大多通过文字以纸质等实物媒介呈现,远距离的实物信息传送必须通过一定的交通运输手段来解决。电信通信方式出现后,实时快捷的电信号的传输速度是任何邮运传递方式都不可比拟的,电信通信替代邮政通信是必然的。当前,在信息通信技术有了长足发展的信息经济环境下,邮政业虽然也得以充分利用信息通信技术组织生产活动,但本质依然是物品寄递业或物流业,实物信息的寄递服务只是邮政业实物寄递生产活动的一个组成部分,是信息通信的一种特定方式。

2. 通信业 2.0——邮电通信业

邮电通信业包括邮政通信和电信通信业,这更多的是从生产组织和产业管理的角度定义的通信业。19世纪,电报(1844年)和电话(1876年)的发明以及后来在现实生活中的广泛应用催生了电信通信业。然而,在电信业发展早期,由于电信通信和邮政通信都是为满足社会公众信息传递需求提供服务的,而且发展初期的电信技术及业务比较单一,业务规模相对较小,产业组织结构与邮政类似,特别是电报通信需要借助专业的设备,如电报发报、收报设备,由专业人员操作并以实物方式(电报)送达收信用户,因此,其生产组织的部分与邮政类似,需要利用邮政投递网络实现电报投递,因此,大多数国家早期的电信通信往往和邮政通信一并组织生产活动,提供服务的局所也被称为邮电局。这样以提供邮政通信服务、电报通信服务和模拟固定电话通信服务的组织就形成了国民经济中相对独立的一个产业部门——邮电通信业。这一产业名称在许多国家一直延续,甚至在电信通信业发展到一定水平,邮政通信、电信通信实行分业经营若干年后依然如此。此时,邮电通信业包括了基于邮电通信网路(络)提供信息传递服务的邮电企业或分业经营的邮政企业和电信企业。

3. 通信业 3.0——电信通信业

从技术角度出发,国际电信联盟(International Telecommunication Union,ITU)对电信的定义是:使用有线电、无线电、光或其他电磁系统的通信。按照这个定义,凡是发信者利用任何

---

① 1477年,法国建立了皇家邮政。英国于1516年委派邮政局局长,组建了邮政通信网,但这些官办邮政起初都不为公众服务,直到1600年才开始合法地传递私人信件。英国于1635年、法国于1672年宣告邮政由国家专营,私营的寄递组织被国家邮政所取代。

电磁系统,包括有线电信系统、无线电信系统、光学通信系统以及其他电磁系统,采用任何表现形式,包括符号、文字、声音、图像以及由这些形式组合而成的各种可视、可听或可用的信号,向一个或多个接收者发送信息的过程,都称为电信。它不仅包括电报、电话等传统电信媒体,也包括光纤通信、数据通信、卫星通信等现代电信媒体,不仅包括上述双向传送信息的媒体,也包括广播、电视等单向信息传播媒体。依据这一定义,凡利用有线、无线的电磁系统或者光电系统,提供包括语音、文字、图像以及其他任何形式信息传输服务的组织构成的行业就是电信通信业。然而,从产业组织和分类管理的角度出发,由于信息技术、通信技术、网络技术等的发展经历了不同的发展阶段,因而上述定义中的电信通信业也经历了由相对独立的多个产业到融合的通信业的过程。

(1) 传统电信业。传统电信业主要指电话网络运营业,包括固定电话网络和移动电话网络,主要提供交互式双向语音通信。早期的电话网络主要是固定网络,基于模拟技术将语音转变为电信号进行传输后再还原为语音信息。脉冲编码调制(PCM)技术的提出(1937年)和不断发展,推动了电信业的数字通信时代的到来。20世纪中后期,部分工业发达国家开始推行以电话服务为中心的电信普遍服务政策,使得固定电话网络无论是网络覆盖还是用户普及方面都获得了快速发展。20世纪70年代第一代移动电话系统出现。第一代移动电话网络基于模拟技术,采用模拟蜂窝系统,如北美的AMPS、英国的TACS和北欧的NMT,主要提供语音业务。80年代中期,基于数字移动通信技术的第二代移动通信技术崛起,以欧洲的GSM和美国的CDMA为代表,移动通信网络迅速在全球范围部署,第二代移动通信技术的发展和普遍应用使通信服务朝个人化方向大步迈进。

(2) 传统广播电视业。广播电视行业是传媒产业群的一个重要产业部门,它是以生产、传输、销售信息为主要活动内容的行业。传统广播电视业产生于20世纪初,是基于无线电广播技术提供信息服务的。1902年,美国人巴纳特·史特波斐德在肯塔基州的穆雷市进行了第一次无线电广播,1920年,美国匹兹堡的KDKA电台进行了首次商业无线电广播。广播很快成为一种重要的信息媒体而受到各国的重视。1925年,约翰·拜耳得第一次传输电视信号。1957年,第一颗人造地球卫星发射成功,自此,全球电视观众可以同一时间观看电视节目。按照ITU的定义,广播电视业也属于电信业,但与传统电信业不同,广电业生产活动依托的网络是一种一点到多点的单向信息传输体系,且其商业活动的主要目的是制作和提供信息内容服务,即提供广播电视节目内容,传输信息只是提供信息内容服务活动的一个环节,就像销售商品同时提供送货服务一样。而传统电信业提供的电话服务是将信息从信源到信宿的传输服务,信息内容是用户产生和提交的,通信企业即使对信息进行处理变换,如模数变换,最终也必须将用户提交的信息还原,并实现将信息迅速、准确、安全地传递到用户指定的信宿端。由此可见,传统的电信业和广电业提供核心服务的性质不同,依托网络的组网技术不同,接受信息的终端也不同,传递信息的方式不同,满足的用户需求也不同,相应的产业链也相对独立,因而传统上分属两个不同的行业。但两个行业在生产活动中也有重叠环节,如信息传输环节,相关的传输技术相同或类似,一些广电企业还常常租用电信的长途传输线路实现广播电视节目的发送。另外,无线广播电视传送所使用的频率也属于无线频率资源,与移动通信的频率资源一样都属于无线频率资源,在许多国家都纳入相同机构管辖之下。

(3) 融合的通信业。"融合"是信息技术(IT)和通信技术(CT)融合发展后出现的概念,是近年来信息通信产业发展的趋势,指的是在技术融合的基础上催生发展的计算机网络、电信网络以及广播电视网络三网融合以及相应的行业及管理制度的融合。1946年随着世界上第一台电子计算机(ENICA)的诞生,拉开了第五次信息技术革命的序幕,开启了人类比以往更强大的对信息的处理和应用能力。最初的计算机都是以单机方式存在的,每台计算机具有相应的信息处理和存储功能,但计算机之间不能直接进行信息交换,这样就形成了一个个信息孤岛。随着计算机技术的迅猛发展和应用的推广,解决信息孤岛问题开始凸显。一些先驱者尝试将通信技术与计算机技术结合起来,一方面,解决计算机中信息的远程传输问题;另一方面,解决通信中的信息处理问题。通信和计算机技术的结合导致了计算机网络的诞生。最早的计算机网络实际上只是一种终端——计算机联机系统,主要满足人们通过终端远程利用计算中心的计算机(主机)的运算处理能力的需要。1969年,美国国防部高级研究计划署(Advanced Research Project Agency,ARPA)建成的ARPAnet(互联网的前身),连接了四所大学的4台计算机,该网首次利用了分组交换技术并采用了标准的体系结构,是真正意义上的计算机通信网络,其最主要的目的是实现计算机与计算机之间的直接通信。建成后该网主要供科学家们收发邮件、传递文件使用,大大方便了研究人员之间的信息传递,提高了工作效率。后来,随着计算机特别是微型计算机和计算机网络的广泛应用,计算机网络发展出可以提供网内资源共享的功能。早期的资源共享集中在网络内的硬件,如共享文件服务器、打印机等。1992年前后,万维网(WWW)的诞生和第一个浏览器Mosanic出现,标志着计算机网络进入Web时代,共享资源从硬件转向数据和信息为主,浏览器成为主要的网络工具。1995年Internet完全商业化,互联网迅速地在全球爆炸性地发展起来,互联网与生俱来的开放性、去中心化、网业分离、合作性等特点,使网络规模和接入网络的用户规模不断扩张,网络应用不断丰富,从最初的电子邮件到丰富的即时通信、在线游戏、虚拟社区,从通信服务到电子商务、互联网金融、在线医疗、在线教育等,互联网除满足人类信息需求和通信需求外,还满足了人们的社交需求、商务需求、娱乐需求、教育、医疗和金融服务需求等,其使用的便捷性、实用性和廉价性远远超出了传统的通信网络,很大程度上对传统电信业务产生了替代。自20世纪90年代开始,在短短的不到30年的时间里逐渐渗透到人类生活的方方面面,成为社会信息化的标志和网络经济的核心,深刻地影响着经济、社会、文化、科技,成为人们生活和工作的最重要的工具之一。

阅读资料

1969年,美国国防部高级研究计划署建成ARPAnet,它是一个连接了四所大学的4台计算机,供科学家们进行实验用的计算机网络,奠定了今日互联网的基础。20世纪70年代,ARPA设立新的项目支持学术界和工业界进行有关的研究,其主要内容就是想用一种新的方法将不同的计算机局域网互联,研究人员称之为"internetwork",简称"Internet",这个名词一直沿用到现在。此后出现多种连接分组网络的协议,其中就包括了TCP/IP,其中,IP是网络间基本的通信协议,TCP是帮助IP实现可靠传输的协议。1972年,雷·汤姆林森(Ray Tomlinson)为ARPA网设计发明了电子邮件程序,并且规定用符号@作为邮件地址符。1975年,约翰·维托(John Vittal)又给ARPA网的电子邮件程序增加了邮件回复、转发和归档功能。1982年,ARPA接受了TCP/IP,选定Internet为主要的计算机通信系统,并把其他的军用计算机网络都转换到TCP/IP。1983年,ARPAnet分成两部分:一部分军用,称为MILNET;另一部分供民用,仍称ARPAnet。1986年,美国国家科学基金组织(NSF)将分布在美国各地的5个为科研教育服务的超级计算机中心互联并支持地区网络,形成NSFnet。1988年,NSFnet替代ARPAnet成为Internet的主干网。1989年,ARPAnet解散,Internet从军用转向民用。1992年,美国IBM、MCI、MERIT三家公司联合组建了一个高级网络服务公司

(ANS),建立了一个新的网络,叫作 ANSnet,成为 Internet 的另一个主干网,从而使 Internet 开始走向商业化。1995 年 4 月 30 日,NSFnet 正式宣布停止运作,代替它的是由美国政府指定的 MERIT、IBM 和 MCI 三家私营企业。至此,Internet 的商业化彻底完成。这一年,Internet 的骨干网已经覆盖了全球 91 个国家,主机已超过 400 万台。

信息和通信技术的融合成就了互联网,互联网的发展对传统的通信网带来巨大冲击的同时,也为电信网与计算机网融合以及广播电视网的改造升级、融合发展带来机遇。事实上,在互联网商用后大发展的这个时期,传统的电信运营商依然是互联网网络建设运营的主力,全球电信运营商采用 IP 技术建设了许多专用承载网,作为全球互联网的一部分,既提供面向接入互联网的服务,也提供核心骨干网服务。与此同时,在电信通信网络发展中,随着移动通信网络软交换系统的 IP 化改造,语音业务开始尝试实现 VoIP;之后 IMS(多媒体子系统)的采用和大规模部署,使电信网的核心网部分首先 IP 化,固定网和移动网实现了融合。在接入网部分,固定接入网走过了从 ADSL(非对称数字用户线路)到 VDSL(超高速数字用户线路),再到 PON(无源光纤网络)的过程,这是一个不断宽带化、不断适应 IP 的过程。到了 PON 时代,"IP+PON"成为固定接入网唯一的选择。从移动接入网来看,自 3G 开始就是基于 IP 技术设计的,IP 适配化之后,整个移动通信网就实现了端到端的 IP 化进程。这意味着传统电信业已经融合转型升级为以移动互联网为主,再加上固定宽带接入的现代电信通信业了。

三网融合是指电信网、计算机网和有线电视网三大网络通过技术改造,能够提供包括语音、数据、图像等综合多媒体的通信业务的过程。三网融合是一种广义的、社会化的说法,在现阶段并不意味着电信网、计算机网和有线电视网三大网络的物理合一,而主要是指高层业务应用的融合,具体表现为技术上趋向一致,网络层上可以实现互联互通,形成无缝覆盖,业务层上互相渗透和交叉,应用层上趋向使用统一的 IP 协议,终端上共同朝着多媒体化、网络化、智能化方向发展,三种网络及相关产业在市场中互相竞争、互相合作,朝着向人类社会提供多样化、多媒体化、个性化服务的同一目标并行发展并逐渐交汇在一起。当然,三网融合还涉及行业组织变革和行业管制制度的变革。技术、网络、业务、终端融合的结果是行业界限的消融。原有技术、业务差别鲜明条件下的垂直"竖井"般的行业分割逐渐消失,电信业、互联网业和广电业融合成一个统一的信息通信行业,相应的运营商之间业务相互渗透,各类运营商成为一个市场上的竞争或合作对手。这样的市场发展趋势必然对原有的分离的行业监管制度带来挑战,世界各国纷纷在推进三网融合的进程中相应调整了相关制度设计,以满足和推动行业融合的发展趋势。纵观各国的举措,最主要的措施有:修改或制定适应融合产业的融合性法律,替代原有的行业法律,为融合监管提供法律上的依据;合并或成立融合的行业监管机构,以消除管制隔阂,节约管制资源、提高管制效率。三网融合是信息技术和通信技术融合后发展的必然趋势,三网融合发展后电信行业、互联网行业、广播电视行业融合成为新的信息通信业也是产业发展的必然。

4. 通信业 4.0——信息通信业

从当前看,信息通信业指的是基于融合的 ICT 技术基础之上的,包括现代互联网、电信网和广电网在内,以移动互联网为主的网络运营业。从当前和未来发展趋势来看,信息通信业将是一个基于高速、智能、泛在、安全的国家信息基础设施,提供网络和信息服务,全面支撑经济社会发展的战略性、基础性和先导性行业。从网络技术发展角度看,信息通信业以当前的数字技术、IP 技术、移动通信技术、光纤宽带技术等为基础,向未来的网络功能虚拟化(NFV)和软件定义网络(SDN)两大核心技术转变,未来的网络将会采用通用 IT 硬件,提供通用的应用程序编程接口(API),可实现软件与硬件解绑、网络资源敏捷配置,实现更高的运行效率。从可实现连接的信息基础网络设施看,信息通信业经历了电信网,正在经历着移动互联网、物联网(Internet of Things,IoT),并向未来万物联网(万联网,Internet of Everythings,IoE)发展,从单纯的信息传输基础设施发展为综合信息服务基础设施。从网络信息处理、应用和价值分配等的发展角度看,信息通信业经历了 Web 1.0、Web 2.0,正在发展进入 Web 3.0 阶段,并不断向更高发展阶段演变。随着互联网、物联网、云计算、大数据等技术的快速发展,当前及未来的信息通信业是一个以网络为基础、以数据为核心、以安全为保障,网络服务和信息服务相互融合、密不可分的行业,提供的产品和服务不仅可以实现网络连接、互联互通、网络接入,而且将贯穿信息获取、存储、运算处理、传输和应用服务全过程,其中的业态发展也将从信息通信服务、互联网服务延伸到物联网、云联网服务等新业态,信息通信业的内涵和外延将不断丰富。

此外,从技术关联角度看,现代的信息通信业不仅融合了网络服务和信息服务,而且与信息通信技术设备密切相关。所以,广义的信息通信业还应该包含信息通信技术设备研发、制造、流通、服务在内的信息和通信技术行业,即世界范围内普遍认可的 ICT 行业。这样,通信业、信息通信业和广义的信息通信业之间的关系可以描述如下:

通信业＝基础网络运营业

信息通信业＝基础网络运营业＋网络信息服务业

广义的信息通信业＝信息和通信技术(ICT)业

＝信息和通信技术制造业＋信息和通信技术贸易＋

信息和通信技术服务业

1.1.4 产业发展中的主要变革

回顾通信业发展的历史,可以看到行业变革主要体现在技术变革、需求变革、产业结构变革和产业组织变革等方面。其中,技术变革和需求变革是推动通信业发展变革的主要驱动力量。信息和通信技术的进步,在推动通信服务水平不断提高和通信方式不断改善的前提下,大大激发了人们在技术创新以前难以想象的通信需求,推动通信业服务水平和服务效率不断提高。反过来,人们对信息和通信日益增长的多样化需求,在催发科技创新同时又为科技创新和变革提供了进一步前行的动力。此外,伴随着行业技术和需求的变革和发展,产业结构和产业组织也发生着一轮又一轮的变革。

1. 通信技术变革

在通信业发展史上,每一次大的突破性、革命性发展都伴随技术创新的脚步,而且这种创新的步伐和节奏在逐步加快,使得信息通信业成为发展最快的行业之一。人类历史上公认的信息技术革命已发生过五次,即语言的产生、文字的创造、造纸及印刷技术的发明、电报、电话、广播、电视技术的出现以及计算机和互联网的产生。在这个过程中,信息载体也从自然的声音、烽火发展到文字书信、电子编码信号、数字信号,直到人类可认知的整个世界都可以被数据化处理和呈现,数据信息时代扑面而来。与信息处理技术相伴相生,信息传输网络技术也从最早的交通运输工具及道路交通网络,发展为电信技术(CT)及网络、计算机技术(IT)及网络、广播电视技术及网络以及融合的信息通信技术(ICT)、IP 技术、大数据技术、云计算技术、智能技术、传感技术等和互联网、物联网乃至万物互联网络。纵观信息通信技术创新发展历史,可以看到这其中既有渐进式的优化性技术创新,又有颠覆性的突破性创新,前者推动产业服务水平和规模的提升,而后者则会对生产方式、服务方式和产业价值链、商业模式、产业结构等方面产生根本性影响,促进产业效率大幅度跃升。

2. 通信服务需求变化

通信业发展的历史也是人类通信需求从最基本的需要到高级需求发展的历史。美国心理学家亚伯拉罕·马斯洛提出的需求层次理论[①]认为,人的需要是分层次等级的。在特定时刻,人的一切需要如果未能得到满足,那么满足最主要的需要就比满足其他需要更为迫切。一旦低级别的需要得到满足,就会激发人们追求更高级别的需要并且付诸行动。通信需求也是人类需求的组成部分,同样也适用由低到高、不断进阶的需求理论。有学者将之类比,提出人类通信需求也存在必要通信、普遍通信、信息消费、感官外延和解放自我的由需求到行为不断螺旋上升的循环,如图 1-1 所示。其中:

必要通信:指最紧急和必要的通信需求,一般涉及人的生命安全。在通信手段匮乏、通信成本高昂的时候,这是最基本的通信要求。

普遍通信:指人与人之间普遍的通信沟通连接。当通信成本下降,通信手段普及,人与人之间可以实现轻松互联,人类的通信量将会激增。

信息消费:指人类获取信息、消费信息的通信需求。当人类普遍通信需求得到满足后,人类不满足于人人互联而产生的对信息的获取、信息消费以及便捷丰富的通信方式的需求。此时,信息网络和高速带宽需求激增。

感知世界:指人与物、物与物之间的通信需求。在信息消费基础上,人类感官体验需要延伸至世界各个角落,这将使通信需求延伸到去感知人类赖以生存发展的整个世界,人-物互联、物-物互联、网络互联数量需求激增。

解放自我:指人类在利用网络感知世界的同时,希望能利用所获取的数据、挖掘信息、提炼知识、凝结智慧,从而为人类创造更加美好的生活、实现解放自我的需求。此时,通信系统将具备智能、成就人类解放自我。

目前,人类电话系统和互联网经过多年发展,普及率已经出现逐渐饱和的状态,人与人之间的必要通信需求和普遍通信需求已经基本得到满足,人类通信系统已经实现了沟通泛在,信息消费蓬勃发展,人与物、物与物相连的物联网已经经过概念阶段走进人类世界[②],未来通信系统将朝着智能泛在的方向发展,不断满足人类更高层次的通信需求。

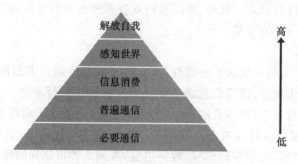

图 1-1 通信需求层次

3. 通信产业价值链演进

在通信业发展进程中,随着通信技术变革和需求多样化发展,通信产业价值链从最初的纵

---

① 马斯洛认为人的需要分为五级:生理的需要,安全的需要,社交的需要,尊重的需要,自我实现的需要。
② 许多人认为 2016 年是物联网元年,2017 年物联网已经进入商用阶段。

向一体化结构,经历了产业链纵向裂变、横向扩张,形成上下游紧密结合的线性链式结构,链与链之间交错连接的产业价值网结构,到目前形成开放性的、多元化的产业生态系统。

"价值链"概念是哈佛商学院教授迈克尔·波特(Michael Porter)1985 年在《竞争优势》一书中提出的。他认为,"每一个企业都是进行设计、生产、销售、交货以及对产品起辅助作用的各种活动的集合体。所有这些活动都可以用一个价值链表示出来"。产业价值链是价值链概念的发展和延伸,指的是"一种产品的生产加工过程中——从最初的资源或原材料一直到最终产品到达消费者手中——所包含的每个环节构成的整个纵向的链条"。构成产业价值链的各个环节相互依存、联动并相互制约,每个环节都由一类企业构成,上游产业(环节)和下游产业(环节)之间存在着信息、物质、资金方面的交换关系,产业活动创造的价值沿着产业链从上到下呈现一个价值递增过程,最终形成消费者消费产品的价值。产业价值网是随着消费者需求日益提升、市场竞争日趋激烈、信息网络技术发展,企业将传统的以企业为中心的价值供应链条转变为以客户为中心的价值创造体系。依赖于信息网络技术、价值网络将以往相互独立的企业通过契约联系起来,致力于在多家供应商、合作伙伴、客户等多条价值链成员之间建立起协同的业务关系,提升各成员产品和服务的效能与核心竞争力,使价值网上的各成员在充分共享信息和知识的基础上,利用彼此的互补优势和资源,共同满足客户的多样化需求。

从通信业发展来看,早期的电信产业价值链就是一种典型的线性价值链结构。早期的电信运营商以提供语音业务为主,运营商只需要购买设备厂商的网络设备,完成基础网络建设,然后基于自己的网络就可以向用户提供电话业务服务了。最早纵向一体化的电信产业,设备制造和网络运营都集中在一家企业,产业价值链就是企业内部的价值链。设备和网络运营分离后其产业链条构成的环节也非常简单,主要就包括设备和终端供应商、网络运营商、最终用户几个环节,如图 1-2 所示。

图 1-2 传统电信产业价值链

信息技术和通信技术融合后,以当前移动互联网发展为代表的信息通信业,渗透融合了电信业、互联网业和广电业的价值体系,价值链参与主体变得更加多元化,价值链结构更加复杂,逐渐演化为价值网络体系。由于网络复杂化、业务多样化、客户需求个性化的趋势,信息通信业价值网络与电信业时代的价值链相比更加复杂。已经从早期具有"简单、直线、封闭"特点的产业价值链,演进到以"复杂、交叉迂回和开放"为特点的产业价值网络。大卫·波维特(David Bovet)等把价值网描述成由客户、企业和供应商构成的环形结构,如图 1-3 所示。其中,客户需求处于价值网络的核心位置;部分企业(或业务单位)处于环形中间。它们一方面通过储存客户信息培养客户关系等方法控制客户接触点(人

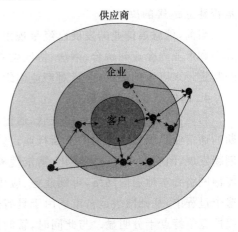

图 1-3 产业价值网示意图

口);另一方面也管理供应商网络以确保材料采购能够快速低成本地进行,价值网络外围代表从事部分或全部采购装配与交货活动的供应商群,供应商也可以直接与客户订单信息相连接并直接向客户提供产品和服务。

以移动数据业务为例,一家移动运营商在多家网络设备制造商中选择并购买网络设备,系统集成企业帮助建成移动互联网络后,由网络运营商管理运营并通过智能终端向用户提供移动互联网接入服务,此外,运营商还可以与虚拟运营商、转售商合作向用户提供接入服务。智能终端需要操作系统来运行,操作系统又由系统开发商提供。操作系统供应商又向各类应用服务提供商、软件开发商开放平台,或结成合作关系,共同为用户提供应用服务。用户可以使用网络运营商合作伙伴终端厂商提供的智能终端,也可以使用其他终端制造商提供的终端,只要智能终端系统与运营商网络兼容。这样多个网络设备制造商、系统集成商、网络运营商、虚拟运营商、转售商、终端设备制造商、智能终端设备零售商、互联网应用提供商、软件开发商、内容制造商、内容服务商等可以以各种不同的连接方式构造价值体系,为更有效地满足最终客户需求提供服务。

产业生态系统是近年来随着ICT发展和应用的不断深化,现实经济及传统产业都受到广泛影响,产业边界模糊、资源共享、平台经济以及各种新生业态不断涌现的情况下频频出现的一个词语,描述的是一种与生存环境密切相关的企业之间开放的、动态的、多元协同进化的关系网络体系。相对产业价值网络,产业生态系统除了考虑众多相同或差异化的企业群体外,还必须考虑企业群落生存的社会环境、经济环境和自然环境。借用自然生态系统的术语,产业生态系统是一个包括生物成分(企业群体)和非生物群体(产业环境)的复杂巨系统。系统中各"物种"成员,如信息通信业中的各类供应商、消费者群体、政府部门等,相互作用、相互依赖,企业间既竞争又合作,共生共存、协同运作为客户创造价值,整合系统资源,构造各自的生态位,发挥企业的核心能力,在实现企业发展目标的同时,实现系统整体的顺利进化;此外,产业生态系统又是一个基于环境变化、影响环境变化的系统,特定的社会环境、经济环境、自然环境决定形成特定的产业生态系统,产业的发展又会对相关环境产生影响,甚至彻底改造外部环境;最后,产业生态系统还是一个动态生长的、对外开放的自组织性体系,企业之间的链接建立在商业契约基础之上,企业根据自身经济利益考虑做出是否建立链接的决定。

当前,信息通信业的发展已经呈现出这样一个产业生态系统,这个系统的动态生长性、开放性和产业内企业间融合、渗透、协同发展等特点,不仅对生态系统中的企业定位和发展战略的制定带来巨大的影响,而且对产业组织变革和管理制度变革都带来深远的影响。

4. 通信产业组织变革

与通信产业价值链演变相关联,通信产业组织也在通信业发展的进程中历经着变革。早期的通信业是纵向一体化的垄断行业,具有典型的自然垄断特点。随着信息通信技术的不断创新发展,消费需求日益多样化,需求规模剧增,通信产业链裂变、扩张,从设备制造环节、长途传输网络到本地通信网络,再到业务、应用领域,通信产业链各环节都逐步开始出现竞争。在这个过程中,基础网络运营市场由于具有规模经济性、范围经济性、网络外部性等特点,技术替代性竞争特点十分明显。与此同时,管制制度变革因素在竞争市场结构的形成过程中起到了关键性作用。如20世纪80年代,由英美国家引领的电信市场开放进程,就是这些国家的通信管制机构顺应了产业技术变革趋势,对通信业市场准入管制制度进行变革、主动进行市场结构调整带来的。当前,在信息通信业技术、市场和制度变革的多重作用下,产业组织中的垄断市场结构已被逐步压缩直至最后消失。

然而，随着当前信息通信业的发展和演进，产业生态系统越来越复杂，产业生态系统中每一个企业都想方设法增强生态位，强化自身的竞争实力。为确保产业生态系统的健康发展，是否应该继续发挥和如何发挥制度因素在限制垄断势力，维护市场竞争效率中的作用，是产业管制实践面临的一个问题。

1.2 通信业的产业属性

通信业的产业属性研究的是通信业在国民经济产业分类中的归属问题，这个问题与两方面因素相关，一是所采用的国民经济产业分类方法，二是通信业本身范围的界定。国民经济分类是指依据一定的标准对构成国民经济的各类经济活动进行不同层次的类别划分。依据不同的分类标准，国民经济有多种分类方法，基于不同的产业分类理论和产业分类体系，通信业也具有不同的产业属性。实践中，当需要研究和认识通信业在国民经济发展中的地位和作用，理解通信业与其他产业之间的关系，制定通信业发展战略和相关产业政策时，可能需要从战略发展角度、生产资源集约程度、产业关联角度等方面研究和确认通信业的产业属性。当需要计量产业经济活动时，则需要遵从国家制定国民经济行业分类标准时的"确定单位行业归属原则"进行行业归并进行统计。此外，现实中，各国民经济的产业分类理论和分类方法都经历着一个随着社会经济结构发展不断发展和调整的过程。相应地，通信业从产生到发展，也经历了不同的发展阶段，不同发展阶段中通信业的内涵和外延也不同，因而通信业的产业属性也是变化的。

本节将基于国际上流行的产业分类理论和分类方法，结合我国国民经济管理实践对通信业的产业属性进行分析。

1.2.1 两大部类分类法及邮电通信产业归属

两大部类分类法是马克思在剖析资本主义再生产过程中提出的一种产业分类方法，是马克思为了研究剩余价值产生的秘密，基于劳动价值论提出的。该方法更多地关注物质产品生产领域，将社会生产部门划分为生产资料的生产部门和消费资料的生产部门。其中，前者指从事物质资料生产并创造物质产品(财富)的部门，包括农业、工业、建筑业等部门。后者指不从事物质资料生产而只提供非物质产品性服务的部门，包括科学、文化、教育等部门。这种分类方法适用于工业化程度较低的经济发展阶段。

在新中国成立初期，我国根据马克思两大部类分类理论，参照苏联对国民经济的划分和统计核算方法，将国民经济各部门划分为物质生产部门和非物质生产部门，其中，前者包括工业、农业、建筑业、商业和货运业，并称五大物质生产部门，具有生产性，是创造社会财富的部门。后者包括文化、科学研究、卫生医疗、生活旅游以及国民经济管理部门等，称为非物质生产部门。同时采用国民经济平衡表体系(MPS)对国民经济进行统计核算。核算中，只核算物质生产部门的劳动成果并计算产值，对非物质生产部门则不作为生产活动，也不计算产值。在这种分类方法和核算体系下，早期的邮电通信业中为物质生产部门中的生产企业提供服务的部分就被划归物质生产部门并计算产值，而为消费者提供服务的部分则被划归非物质生产部门，不计算产值。这种重物质生产、轻服务的产业划分方法虽然与当时国民经济物质化的产业结构相适应，却造成邮电通信业同一个行业、提供相同的服务，却分属不同产业部门的结果。

1.2.2 三次产业分类法及邮政、电信通信产业归属

三次产业分类法最早是英国经济学家费歇尔在其1935年出版的《安全进步的冲突》一书中提出的。费歇尔将人类经济活动的发展分为三个阶段,并将每个阶段对应的产业划分为一类。其中,初级阶段对初级产业,以农业和畜牧业为主;第二阶段始于机器大工业生产活动,以纺织、钢铁及机器等制造业为主,对应第二产业;第三阶段始于20世纪初,以非物质生产部门为主,对应第三产业。之后,英国经济学家科林·克拉克在费歇尔的基础上,又按距离自然资源的远近对第一产业、第二产业、第三产业重新分类,由此建立起著名的"费歇尔-克拉克"产业分类及统计体系或称三次产业分类法。其中第一产业指对自然界存在的劳动对象进行加工的生产,包括农业、畜牧业、渔业狩猎业和林业等;第二产业指对初级产品进行再加工的生产,包括制造业、采掘业、矿业和建筑业等;第三产业一般不直接创造物质财富,但对第一产业、第二产业提供生产性作业或服务,以满足人类的生产和生活需要。克拉克将其称为"服务性行业",包括运输业、商业、通信业、金融业、专业性服务、行政管理、军队和律师业等。三次产业分类法反映了社会分工逐步深化与产业结构演进的关系,从20世纪50年代开始,该理论逐渐成为国际组织和各国通用的国民经济结构分类和统计方法基础,并成为20世纪世界各国指导产业发展,制定产业政策的主要理论依据。

从1985年开始,我国在国民经济核算中试行三次产业分类法,并于1996年对我国国民经济核算制度进行了重大改革,引进了世界大多数国家普遍使用的国民经济核算体系(SNA)。国家统计局分别于1985年和2003年印发了《三次产业划分规定》。其中,1985年的三次产业划分规定如下:第一产业:农业,包括种植业、林业、牧业和渔业;第二产业:工业(包括采掘业、制造业、自来水、电力、蒸汽、热水、煤气)和建筑业;第三产业:包括除第一产业、第二产业外的其他所有各业,具体又分为两个部门和四个层次。其中,第一层次:流通部门,包括交通运输业、邮电通信业、商业、饮食业、物资供销和仓储业等;第二层次:为生产和生活服务的部门,包括金融、保险业、房地产业、公用事业、地质勘探业、咨询服务业和综合技术服务业、居民服务业、农业服务业、水利业、公路及内河(湖)航道养护等;第三层次:为提高科学文化水平和居民素质服务的部门,包括文化、教育、广播电视、科学研究、卫生、体育及社会福利事业等;第四层次:为社会公共需要服务的部门,包括国家机关、党政机关、社会团体及军队、警察等。

2003年,随着我国修订版国民经济行业分类(GB/T 4754—2002)国家标准的施行,原三次产业的划分也进行了相应调整,新的《三次产业划分规定》与国际标准分类更为接近并反映了我国国民经济产业结构的调整和变化,特别是信息通信业的变化。具体为:第一产业包括农、林、牧、渔业;第二产业包括采矿业,制造业,电力、燃气及水的生产和供应业,建筑业;第三产业包括除第一产业、第二产业以外的其他行业。具体包括:交通运输、仓储和邮政业,信息传输、计算机服务和软件业,批发和零售业,住宿和餐饮业,金融业,房地产业,租赁和商务服务业,科学研究、技术服务和地质勘查业,水利、环境和公共设施管理业,居民服务和其他服务业,教育,卫生、社会保障和社会福利业,文化、体育和娱乐业,公共管理和社会组织,国际组织。根据我国新版的《三次产业划分规定》,邮政业和电信业分别属于三次产业中的"交通运输、仓储和邮政业"以及"信息传输、计算机服务和软件业"。

1.2.3 四次产业分类法及信息通信产业归属

四次产业分类法是伴随着信息产业的兴起而产生的一种新的产业分类方法,是在原有产业分类的基础上将信息行业单独区分出来形成一个独立的产业后,沿袭之前三次产业分类的说法,称为四次产业分类法。在四次产业分类法中,通信业属于第四产业——信息产业。下面,简单介绍一下信息产业界定研究的过程,从中可以看到电信业以及现代信息通信业在信息产业中的位置。

1. 马克卢普和马克·波拉特的开创性研究

四次产业分类法的核心问题是确定信息产业的范围,相关研究从 20 世纪 60 年代就开始了。1962 年,美国经济学家马克卢普在其《美国的知识生产和分配》中首次提出"知识产业和信息服务"概念,被认为是对信息产业范围界定研究的开创性工作。马克卢普提出"知识产业是一类为他人或自己所用而生产知识、从事信息服务或生产信息产品的机构",知识产业包括教育、研究及开发、通信媒介、信息设备、信息服务五大部分。其中的通信媒介就是通信产业。

继马克卢普之后,美国经济学家马克·波拉特受美国商务部委托,对信息经济及相关产业进行了更为深入细致的研究。于 1977 年出版了九卷本的研究报告《信息经济》,系统地提出信息产业分类的基本概念和整体框架,首次提出第一产业为农业,第二产业为工业,第三产业为服务业、第四产业为信息业的四次产业分类观点。

马克·波拉特提出的信息产业包括第一信息部门和第二信息部门两部分。两类信息部门划分的依据是相关行业的信息产品或服务是否进入市场交易。据此,第一信息部门指的是直接向市场提供信息产品和信息服务的行业,包括信息设备制造业和专业性信息服务业,共有八类行业。第二信息部门是信息服务和设备只提供自己内部消耗而非进入市场交易的部门。如政府部门或企业内为政府或企业内部服务的计划、财务、通信、计算机处理、研发技术服务和文秘活动等部门,如表 1-1 所示。显然通信产业属于第一信息部门。

表 1-1 马克·波拉特提出的信息产业构成

第一信息部门	第二信息部门
• 知识生产和具有发明性质的行业 • 信息分配与通信产业 • 金融和保险等风险经营业 • 市场调查和协调性产业 • 信息处理与传输产业 • 信息产品制造业 • 邮政、教育等政府公共产业 • 基础设施	• 政府公共部门 • 民间管理部门

2. 国际社会中的部分重要研究成果

四次产业分类理论的提出引起了世界各国的关注和响应,一些国家和国际组织都积极展开了对信息产业和信息经济的研究。

其中,经济合作与发展组织(OECD)做了大量开创性的工作,该组织于 1997 年成立了一个信息社会指标工作组(WPIIS),目的是测度信息社会发展程度,其中一项重要的工作涉及信息产业范围的定义。OECD 提出的信息产业包括信息通信技术（ICT）部门和信息内容（CONTENT）部门两部分。ICT 部门指在制造业和服务业中生产和经营的产品具有电子信息处理和通信功能的部门，即指信息传输部门和信息设备的制造和销售部门。CONTENT 部门指制作可以由电子信息载体传递的信息内容的部门，但并没有强调信息内容一定是数字化的或是电子化的，而是强调信息内容必须与媒体结合起来，因为在现代信息技术的推动下，传统信息传播与服务的某些领域与现代信息传播与服务已很难分清。在这种分类体系下，通信业属于信息产业中的 ICT 部门。

此外，1997 年，由美国、加拿大、墨西哥三国联合制定的产业分类标准——北美产业分类体系（NACIS）率先设立了独立的信息业，并在这些国家的统计调查中开始使用。这意味着四次产业分类理论中的信息产业在实践中首次被应用。NAICS 界定的信息业由下列单位构成：生产和发布信息和文化产品的单位；提供方法和手段、传输和发布这些产品的单位；信息服务和数据处理单位。具体包括出版业、电影和音像业、广播电视和电信业、信息和数据处理服务业四部分。在 NAICS 之后，欧盟、澳大利亚、新西兰、日本等国的产业分类体系都纷纷借鉴采用了类似的分类。在北美产业分类体系中，广播电视和电信业就是通信业。

3. 联合国的国际标准产业分类体系（ISIC）

2008 年联合国统计委员会公布了国际标准产业分类第四版（ISIC 4.0），该版本在借鉴北美经验和 OECD 研究成果的基础上，新设立了 J 门类——信息和通信作为最高级别的产业类别列入 21 个产业门类中，如表 1-2 所示。为了解决国际社会与日俱增的对作为整体的信息产业进行统计的需求，ISIC 4.0 采用了 OECD 对信息产业的定义和完整分类，作为备选供各国参考，如表 1-3 所示。

表 1-2 ISIC 4.0 中的 J 门类（信息和通信业）构成

J				信息和通信
	58			出版活动
		581		书籍和期刊的出版及其他出版活动
			5811	书籍出版
			5812	名录和邮寄名单的出版
			5813	报纸、杂志和期刊的出版
			5819	其他出版活动
		582	5820	软件的发行
	59			电影、录像和电视节目的制作、录音及音乐作品出版活动
		591		电影、录像和电视节目活动
			5911	电影、录像和电视节目的制作活动
			5912	电影、录像和电视节目的后期制作活动
			5913	电影、录像和电视节目的发行活动
			5914	电影放映活动
		592	5920	录音制作和音乐出版活动
	60			广播和节目制作活动
		601	6010	电台广播

续表

J			信息和通信
	602	6020	电视广播和节目制作活动
	61		电信
		611	6110	有线电信活动
		612	6120	无线电信活动
		613	6130	卫星电信活动
		619	6190	其他电信活动
	62		计算机程序设计、咨询及有关活动
		620	计算机程序设计、咨询及有关活动
			6201	计算机程序设计活动
			6202	计算机咨询服务和计算机设施管理活动
			6209	其他信息技术和计算机服务活动
	63		信息服务活动
		631	数据处理、储存及有关活动；门户网站
			6311	数据处理、储存及有关活动
			6312	门户网站
		639	其他信息服务活动
			6391	新闻机构的活动
			6399	未另分类的其他信息服务活动

表 1-3　ISIC 4.0 中信息产业的完整备选分类

信息产业的完整备选分类			
信息和通信技术部门		内容和媒介部门	
信息和通信技术制造业		581	书籍和期刊的出版及其他出版活动
2610	电子元件和电子板的生产	5811	书籍出版
2620	计算机和外部设备的制造	5812	名录和邮寄名单的出版
2630	通信设备的制造	5813	报纸、杂志和期刊的出版
2640	电子消费品的制造	5819	其他出版活动
2680	磁性媒介物和光学媒介物的制造	591	电影、录像和电视节目的制作活动
信息和通信技术贸易		5911	电影、录像和电视节目的制作活动
4651	计算机及其外部设备和软件的批发	5912	电影、录像和电视节目的后期制作活动
4652	电子和电信设备与零件的批发	5913	电影、录像和电视节目的发行活动
信息和通信技术服务业		5914	电影放映活动
5820	软件的发行	592	录音制作和音乐出版活动
61	电信	60	广播和节目制作活动

续表

信息产业的完整备选分类

信息和通信技术部门		内容和媒介部门	
6110	有线电信活动	6010	电台广播
6120	无线电信活动	6020	电视广播和节目制作活动
6130	卫星电信活动	639	其他信息服务活动
6190	其他电信活动	6391	新闻机构的活动
62	计算机程序设计、咨询及相关活动	6399	未另分类的其他信息服务活动
6201	计算机程序设计活动		
6202	计算机咨询服务和设施管理活动		
6209	其他信息技术和计算机服务活动		
631	数据处理、存储及相关活动；门户网站		
6311	数据处理，存储及相关活动		
6312	门户网站		
951	电脑和通信设备的修理		
9511	电脑和外部设备的修理		
9512	通信设备的修理		

在联合国的这种最新分类体系下，信息和通信业结合在一起构成一个新的产业门类。在信息产业的备选分类中，通信业属于信息产业中的"信息和通信技术"部门，即ICT产业（部门）。

4. 中国对信息产业的界定

中国《国民经济行业分类》国家标准是按照经济活动的性质划分产业[①]，并参照联合国国际标准产业分类体系进行编制的。该标准于1984年首次发布并分别于1994年、2002年和2011年进行了修订，现行版本是GB/T 4754—2011。在这个版本中，没有专门的信息通信业门类，信息通信业对应的是I门类——信息传输、软件和信息技术服务业，如表1-4所示。

表1-4 信息传输、软件和信息技术服务业(GB/T 4754—2011)的子行业构成

门类	代码			类别名称	说明
	大类	中类	小类		
I				信息传输、软件和信息技术服务业	本门类包括63~65大类
	63			电信、广播电视和卫星传输服务	

---

① 我国《国民经济行业分类》国家标准中对行业（或产业）的定义是：行业（或产业）是指从事相同性质的经济活动的所有单位的集合。

续表

代码				类别名称	说明
门类	大类	中类	小类		
		631		电信	指利用有线、无线的电磁系统或者光电系统,传送、发射或者接收语音、文字、数据、图像以及其他任何形式信息的活动
			6311	固定电信服务	指从事固定通信业务活动
			6312	移动电信服务	指从事移动通信业务活动
			6319	其他电信服务	指除固定电信服务、移动电信服务外,利用固定、移动通信网从事的信息服务
		632		广播电视传输服务	
			6321	有线广播电视传输服务	指有线广播电视网和信号的传输服务
			6322	无线广播电视传输服务	指无线广播电视信号的传输服务
		633	6330	卫星传输服务	指人造卫星的电信传输和广播电视传输服务
	64			互联网和相关服务	
		641	6410	互联网接入及相关服务	指除基础电信运营商外,基于基础传输网络为存储数据、数据处理及相关活动,提供接入互联网的有关应用设施的服务
		642	6420	互联网信息服务	指除基础电信运营商外,通过互联网提供在线信息、电子邮箱、数据检索、网络游戏等信息服务
		649	6490	其他互联网服务	指除基础电信运营服务、互联网接入及相关服务、互联网信息服务以外的其他未列明互联网服务
	65			软件和信息技术服务业	指对信息传递、信息制作、信息提供和信息接收过程中产生的技术问题或技术需求所提供的服务
		651	6510	软件开发	指为用户提供计算机软件、信息系统或者设备中嵌入的软件,或者在系统集成、应用服务等技术服务时提供软件的开发和经营活动;包括基础软件、支撑软件、应用软件、嵌入式软件、信息安全软件、计算机(应用)系统、工业软件以及其他软件的开发和经营活动
		652	6520	信息系统集成服务	指基于需方业务需求进行的信息系统需求分析和系统设计,并通过结构化的综合布缆系统、计算机网络技术和软件技术,将各个分离的设备、功能和信息等集成到相互关联的、统一和协调的系统之中,以及为信息系统的正常运行提供支持的服务;包括信息系统设计、集成实施、运行维护等服务
		653	6530	信息技术咨询服务	指在信息资源开发利用、工程建设、人员培训、管理体系建设、技术支撑等方面向需方提供的管理或技术咨询评估服务;包括信息化规划、信息技术管理咨询、信息系统工程监理、测试评估、信息技术培训等

续表

代码				类别名称	说明
门类	大类	中类	小类		
		654	6540	数据处理和存储服务	指供方向需方提供的信息和数据的分析、整理、计算、编辑、存储等加工处理服务,以及应用软件、业务运营平台、信息系统基础设施等的租用服务;包括各种数据库活动、网站内容更新、数据备份服务、数据存储服务、在线企业资源规划(ERP)、在线杀毒、电子商务平台、物流信息服务平台、服务器托管、虚拟主机等
		655	6550	集成电路设计	指IC设计服务,即企业开展的集成电路功能研发、设计等服务
		659		其他信息技术服务业	
			6591	数字内容服务	指数字内容的加工处理,即将图片、文字、视频、音频等信息内容运用数字化技术进行加工处理并整合应用的服务
			6592	呼叫中心	指受企事业单位委托,利用与公用电话网或因特网连接的呼叫中心系统和数据库技术,经过信息采集、加工、存储等建立信息库,通过固定网、移动网或因特网等公众通信网络向用户提供有关该企事业单位的业务咨询、信息咨询和数据查询等服务
			6599	其他未列明信息技术服务业	

为了和国际上四次产业分类理论和实践发展相对接,2004年,中国国家统计局也印发了《统计上划分信息相关产业暂行规定》的通知,提出"信息相关产业"概念,并以中国《国民经济行业分类》(GB/T 4754—2002)为基础,参考了联合国《国际标准产业分类体系》第3.1版中"信息业"和"信息和通信技术部门"的内容,结合中国实际制定了信息相关产业的分类。信息相关产业的主要活动包括:(1)电子通信设备的生产、销售和租赁活动;(2)计算机设备的生产、销售和租赁活动;(3)用于观察、测量和记录事物现象的电子设备、元件的生产活动;(4)电子信息的传播服务(包括电信服务、互联网信息服务、广播电视传输服务和卫星传输服务四大类);(5)电子信息的加工、处理和管理服务;(6)可通过电子技术进行加工、制作、传播和管理的信息文化产品的服务。

其中,单纯提供电子信息传输服务的通信业属于第4类——电子信息的传播服务;如果扩展到信息服务和网络服务,则第4类和第5类一起构成围绕电子信息的传输、加工、处理和管理服务的信息通信业。如果是包含信息通信设备制造、流通和服务的广义的信息通信业,则是由除第6类之外的前5类一起构成的ICT产业。

1.2.4 信息通信业是战略性、基础性和先导性行业

所谓战略性产业,是指在国民经济体系中占有重要地位,关系到国家经济社会发展全局和

国家安全的产业。现代经济条件下，每一个产业都有它的重要性。在一系列产业群中，如何选择特定发展阶段的战略性产业或重点发展的产业，需要根据国民经济、国防安全和参与国际竞争的客观要求和要解决的突出矛盾来确定。如从当前中国发展实际情况看，选择战略性产业一般要考虑的因素有：首先，要对中国当前经济社会发展起到重要的支撑作用，并能够引领中国未来经济社会可持续发展的战略方向；其次，要紧跟国际科技革命发展潮流，着眼于自主创新，提高国家科技实力和综合国力，着眼于引发技术和产业变革；再次，战略性产业还应具有广阔的市场前景和资源消耗低、带动系数大、就业机会多、综合效益好的产业特征；以及能够充分利用现有和潜在的优势，促进产学研结合，促进科技与经济结合，促进创新驱动与产业发展结合等特点。

所谓基础性产业，是指在一国的国民经济发展中处于基础地位，对其他产业的发展起着制约和决定作用，决定其他产业发展水平的产业群，其产出通常要成为其他产业部门或后续产业部门生产经营活动过程中不可或缺的投入品或消耗品。基础性产业发展的好坏将决定和反映着国民经济活动的发展方向与运行速度，基础性产业的供给能力如果不足，则会导致国民经济损失增长的机会。

所谓先导性产业，是指在国民经济体系中具有重要的战略地位，并在国民经济规划中先行发展以引导其他产业往某一战略目标方向发展的产业或产业群。先导性产业对国民经济未来发展起方向性的引导作用，对于国民经济发展具有全局性和长远性作用，代表着技术发展和产业结构演进的方向，因此，先导性产业自然就成为国家重要的战略性产业。

信息时代，信息通信网络是最重要的基础设施，对社会生活和国民经济整体发展具有重要的作用，是塑造国家竞争力的必备条件，世界大多数国家都将发展现代信息基础设施，提升社会信息化水平置于国家战略地位。我国在《信息通信业十三五规划》中明确提出："信息通信业是构建国家信息基础设施，提供网络和信息服务，全面支撑经济社会发展的战略性、基础性和先导性行业。"这是从战略发展角度上对信息通信业产业属性的界定。

1.3 信息通信业与社会发展

通信业对人类社会和社会经济、生活的影响是随着通信业的发展逐渐增强的，通信业在国民经济中发挥的作用越来越大，所具有的地位也越来越重要。在人类社会发展进程中，早期的邮驿通信活动主要是为统治者和官员传递军情和要报服务；在工业化发展时期，通信和交通运输业共同为社会化大生产提供了便利，因而成为工业化时期社会化大生产的一般条件；人类社会进入数字信息时代，数据和信息成为继土地、人力、资本后一个更为重要的资源，信息通信技术的发展和广泛应用大大扩展了人类认识世界、改造世界的能力，成为推动经济持续增长的强劲动力，信息基础网络设施成为社会生活和经济发展的关键基础设施，信息通信业是国民经济的战略性、基础性和先导性产业，信息通信业在经济增长、产业结构优化、增加劳动就业和消除贫困等多方面发挥着不可替代的重要作用。

1.3.1 信息通信业与经济增长

从20世纪60年代开始，对通信业发展与经济增长之间关系的研究成果非常丰富。研究角度多数集中在以下方面：如通信业务普及水平（如电话主线普及率、电话普及率、宽带普及率、互联网普及率等）与GDP之间的相关关系；信息通信技术创新和扩散对国民经济增长的影响;通信业发展对国民经济发展的贡献;通信业投资对国民经济和其他产业的带动、诱发作用等。大量的研究成果表明,信息通信业发展与国民经济增长之间是相互促进,相互影响的。一方面,信息通信技术投资、信息通信技术的扩散应用、信息通信业务的普及会不同程度地促进各国国民经济的增长;另一方面,一国国民经济的发展程度反过来又会影响对信息通信技术创新的投资和相关技术的普及和应用。

近年来,随着云计算、物联网、大数据、人工智能技术创新一浪接一浪,信息技术发展持续展现出旺盛的活力,继续引领世界经济的发展。根据麦肯锡公司 2013 年发布的技术预测,到 2025 年包括移动互联网、智能软件系统、云计算和物联网等在内的信息产业可能形成 5 万亿~10 万亿美元的经济效益,远远大于生物领域、先进材料和可再生能源产业。一些科技人员、经济学家经过研究也认为:当前信息技术的潜力还尚未充分发挥,未来 15 年甚至更长的时间内,信息技术仍然是推动社会进步和经济增长的主要动力。

信息通信技术的创新和广泛应用之所以会对经济和社会产生这么大的影响,首先与技术进步不是以线性方式而是以指数方式发展的历史事实相关。美国发明家雷·库兹韦尔(Ray Kurzweil)将其称为技术进化的"加速回报定律"(Law of Accelerating Returns),所谓加速回报是指技术对经济的驱动力加速提升[①]。石器时代经历了数万年的演进,印刷术的推广耗费了一个世纪的时间,计算机的普及应用用了半个世纪,而移动网络上微信的普及只需 3~4 年的时间。数字化信息通信技术是几十年前发明的技术,因此,它的推广速度和影响力必然大于几百年前发明的电力、冶炼等传统技术。其次,信息通信技术发展对经济和社会发展的影响是从两个方面实现的,一是技术的深度,另一个是技术的广度。从深度上看,20 世纪 40 年代后期以来,支撑世界经济发展长波的基础性技术发明是电子数字计算机、晶体管、集成电路、光纤通信、无线通信、互联网和万维网。自万维网(WWW)以后,信息领域虽然不断出现新名词,如云计算、物联网、大数据、人工智能等,但尚未再出现与上述技术可比拟的基础发明。类脑计算、量子计算等新技术短期内还不能形成支撑经济的新动能。根据学者们的研究,从基础发明到产生重大经济影响一般需要 20~30 年,下一轮更高涨的经济长波也许要到 20 年以后,今后 20 年很可能是经济长波的周期性衰退期,按照历史的规律,也应该是基础性发明的密集出现期。从广度上看,历史上蒸汽机、内燃机、交流电等重大基础发明都是经过较长时间的技术改进和扩散之后才开始产生巨大的经济效益,信息通信技术也不应例外。万维网等信息技术已经有 20 多年以上的技术扩散和储备,21 世纪上半叶应该是信息技术提高生产率的黄金时期。重大技术应用的 S 曲线往往有相继的两条,第二条 S 曲线的生命周期更长,对经济的驱动力更强。目前的信息技术在今后 20 年内大多会遵循第二条 S 曲线的发展态势,技术的改进和广泛的渗透将是主要特点。也就是说,今后 10~20 年,对经济贡献最大的可能不是新发明的重大技术,而是信息技术融入各个产业的新产品、按需提供个性化产品和服务的新业态、产业链跨界融合的新模式。对信息时代而言,信息技术普及渗透还有很远的路要走,现在的信息技术应用只相当于工业革命的蒸汽机时代。

---

① 美国发明家雷·库兹韦尔(Ray Kurzweil)认为,技术一直在以指数级速度进步,也就是说,一些技术产品的速度、成本效率或者说某种能力,随时间呈指数上升。同时,他认为科技产品的种类也在随时间指数增长,他称之为"库兹韦尔加速回报定律",计算机处理器所遵循的摩尔定律就是一个例子。库兹韦尔认为,21 世纪的科技仍然在加速发展,这 100 年的科技成就,将会是过去 1 000 年成就的总和,而人工智能是 21 世纪最伟大的创新。他预言,约在 2030 年,机器智能将与人类智能相当,他把这个时刻称为"奇点"。

阅读资料

国内外部分研究成果和结论

A. Jipp 在 1963 年利用 ITU 统计的多个国家的电信业数据,得到电信密度与人均 GDP 大致呈对数线性关系,称为"JIPP 曲线"。

Hardy 在 1980 年利用 1960—1973 年 15 个发达国家和 45 个发展中国家的相关数据资料,对人均固定电话数量和人均 GDP 进行回归分析,表明电信密度的提高将对人均 GDP 的增长产生正效应。

北京邮电大学诸幼侬、李国梁分别选了 1985 年两种类型的国家和地区进行研究,一类是人均 GDP 超过一万美元的 10 个国家;另一类是 9 个亚洲国家和地区,通过建立电话普及率与人均 GDP 的回归模型表明,电信业的发展与国民经济的发展呈紧密正相关关系。

Carrl 在 1989 年选择 1960—1985 年间 89 个样本国家,其中包括 15 个工业化国家,对每千人电话主线数和人均 GDP 进行回归,得到了类似结论,并进一步指出,电信密度与人均 GDP 的相关度具有区域差别,经济发展水平越高的区域,相关度越大。

Norton 在 1992 年对电信业与经济增长进行了更加完备的分析,他研究了 1957—1977 年 47 个样本国家人均电信业务量和年均经济增长率,发现电信变量与经济增长呈正相关关系是由于电信基础设施降低了交易费用,所以社会总产出增加。

原信息产业部电信研究院、通信信息研究所 2005 年用定量化方法从不同角度研究人均 GDP 与电信行业相关指标之间的关联关系。首先,研究在给定一定潜在市场规模前提下,并生成反映电信发展指标与经济发展的相关曲线;其次,研究两者的比例关系和速度关系,通过分析国际上不同经济发展背景国家人均 GDP 与反映电信行业发展量化对比基础上,重点研究国外电信领先国家和与中国电信发展背景相似的国家经济发展与电信行业发展阶段与模式分析。

世界银行 2009 年对 66 个高收入国家 1980—2002 年数据研究发现,对于高收入国家来说,每 10% 的宽带普及率带来 1.21% 的 GDP 增长;对于中低收入国家而言,每 10% 的宽带普及率会带来 1.38% 的 GDP 增长。慕尼黑大学 2009 年对 25 个 OECD(经济合作与发展组织)国家 1996—2007 年的数据研究发现,宽带普及率每提高 10%,人均 GDP 增长 0.9~1.5 个百分点。

OECD 在 2010 年发布的报告《Broadband penetration and labor productivity growth—Some preliminary findings》认为在 OECD 国家中,2009 年宽带渗透率每提高 1%,会促使劳动生产率的增长率提高 0.02%,宽带渗透率每提高 5%,劳动生产率的增长率则提高 0.07%。

1.3.2 信息通信业与产业结构优化

产业结构优化是指推动产业结构合理化和产业结构高级化发展的过程,是实现产业结构与资源供给结构、技术结构、需求结构相适应的状态。产业结构优化是一个动态过程,具体表现为产业结构不断合理化和高级化的过程。其中,产业结构合理化是指各产业之间相互协调,有较强的产业结构转换能力和良好的适应性,能适应市场需求变化,并带来最佳效益的产业结构,具体表现为产业之间的数量比例关系、经济技术联系和相互作用关系趋向协调平衡的过程。产业结构高级化是通过技术进步,使产业结构整体素质和效率向更高层次不断演进的趋势和过程。在这个过程中,资本、劳动力、土地和技术等生产要素从低附加值、低效率和高消耗的生产部门或产业链环节(如产能严重过剩和环境污染大的行业)退出,继而导入到高附加值、高效率、低消耗的生产部门或产业链环节(如先进制造业和高端生产性服务业),从而能更充分地利用资源,更好地满足社会发展需求的一种趋势。

在全球信息化浪潮驱使下,信息通信技术的发展和广泛应用是推动国民经济产业结构优化升级的优先选择。当然,各国资源禀赋和产业发展现状不同,具体采取的措施也不尽相同。在过去的30~40年中,信息通信技术的飞速发展直接推动全球信息产业迅速成长和壮大,以美国为首的发达国家金融理念和技术机制创新活跃,直接推动了虚拟经济的繁荣。在经历多年的"去工业化"发展后,金融危机的爆发引发世界各国反思经济增长方式和产业结构升级路径,开始意识到虚拟经济技术的过度膨胀对经济增长所造成的危害。近年来,发达国家对科技创新和实体经济结构转型投入效果已经呈现,以数字化和信息技术为标志的新产业革命正在蓬勃兴起,正在影响各国产业结构进行新一轮转型升级。其中,美国以创新驱动持续引领世界。2012年2月,美国国家科技委员会发布了《先进制造业国家战略计划》报告,将促进先进制造业发展提高到了国家战略层面,之后,又提出创建"国家制造业创新网络(NNMI),投资并促进尖端制造技术的发展。近年来,美国的创新创业进入所谓的"新硬件时代",创新技术热点转向以物联网、大数据、云计算为支撑的新硬件设备及相关服务,主要集中在三大领域:一是基于传统互联网的延伸和拓展,包括移动互联、数字新媒体(TMT)、移动支付、O2O平台等;二是智能硬件。从新型可穿戴设备到智能机器人,智能设备、无人驾驶交通工具、可植入医疗设备等;三是生物医疗科技。不同于以往以制药为重点,当前美国生物医疗科技创新集中于医疗服务及产品,推出了即时无痛验血、糖尿病随身监测、基因测序等一批影响较大的创新成果并催生出巨大的市场潜力。需要强调的是这三大技术创新、创业领域实际上是在技术和硬件层面兼容互通,关键技术都是大数据等超强计算功能以及高性能传感器等智能硬件,集中体现了美国新一轮依托互联网的硬件技术研发的群体性突破。而且,由于这三大领域与应用层面、产业化紧密结合,所以在影响商业模式和消费升级的同时带动美国产业结构转型升级作用也十分明显。德国在这一轮技术发展中的强势领域集中于高端装备、机器人等方面,2013年,德国政府提出"工业4.0"战略,即是以智能制造为主导的革命性的生产方法。该战略旨在通过充分利用信息通信技术和网络空间虚拟系统——信息物理系统(Cyber-Physical System)相结合的手段,将制造业向智能化转变。迫于国际竞争压力,日本确立了以机器人技术创新带动制造业、医疗、护理、农业、交通等领域结构变革的战略导向。2016年,日本政府正式提出"社会5.0"(Society 5.0)构想,强化官民互动机制,从而"最大限度地利用ICT技术,通过网络空间与物理(现实)空间的融合,以智能化的精准技术和服务营造更有活力和舒适度的日本,共享为人人带来富裕的智慧社会"。

阅读资料

为研究新一轮产业革命对现实经济社会的影响,2015年9月,世界经济论坛发布了一份研究《深度转变:技术引爆与社会影响》,指出未来10年内出现的21个技术引爆点(即某些特定的技术变革冲击主流社会的时间节点),这些引爆点无一例外都是建立在数字化和信息技术基础之上的[①]。表1-5摘录的是这项调查中的21项技术变革,并额外收录了两项。

---

① 世界经济论坛全球议程理事会"软件与社会的未来"议题组针对800位公司管理人员进行了一项调查,以判断这些企业领导人对21项颠覆性技术的预期。此次调查形成了《深度转变:技术引爆点与社会影响》这一报告,于2015年9月出版。

表 1-5 预计在 2025 年前出现的技术变革

序号	相关技术	技术引爆点	比例%①
1	可植入技术	首款植入式手机将商业化	82%
2	数字化身份	80%的人在网上具有数字身份	84%
3	视觉成为新的交互界面	10%的阅读眼镜可连接互联网	86%
4	可穿戴设备联网	10%的人穿着可连接互联网的衣服	91%
5	普适计算	90%的人能经常访问互联网	79%
6	便携式超级计算机	智能手机的使用率达到90%	81%
7	全民无限存储	90%的人拥有免费(或由广告支持)的无限存储空间	91%
8	万物互联	有1万亿个传感器与互联网连接	89%
9	数字化家庭	家用电器与设备使用的互联网流量超过50%(非娱乐或通信部分)	70%
10	智慧城市	出现第一座人口超过5万却没有交通信号灯的城市	64%
11	运用大数据进行决策	出现第一个用大数据资源替代人口普查的政府	83%
12	无人驾驶汽车	美国道路上行驶的汽车中无人驾驶汽车达到10%	79%
13	人工智能与决策	首台人工智能机器加入公司董事会	45%
14	人工智能与白领工作	30%的企业审计由人工智能完成	75%
15	机器人与服务	美国出现首位机器人药剂师	86%
16	比特币和区块链	全球GDP总量的10%利用区块链技术储存	58%
17	共享经济	全球更多人选择拼车代替私家车出行	67%
18	政府和区块链	政府第一次通过区块链征收税款	73%
19	3D打印与制造业	第一辆3D打印汽车问世	84%
20	3D打印与人类健康	进行首例3D打印肝脏的移植手术	76%
21	3D打印与消费品	3D打印的消费品占到总量的5%	81%
22	定制人类	第一个"编辑基因组"婴儿诞生	
23	神经技术	首次将完全人工制造的记忆植入人脑	

不同于发达国家,发展中国家工业化程度低、产业优化升级面临的问题更为严峻。从中国来看,传统的依靠低劳动成本、低资源成本、高能耗、高投入、高污染的产业发展之路难以为继。经济新常态下,中国政府先后推出宽带战略、互联网+战略、《中国制造2025》和《十三五国家科技创新规划》等战略性文件,借助供给侧改革的实施,旨在鼓励和引导在信息、制造、生物、新材料、能源等重点方向形成科技突破,加快部署一批能够改变科技、经济、社会、生态格局的复兴技术,实现大力推动制造业朝着信息化、智能化、绿色化和服务化方向升级。此外,为促进产业协调发展,大力推进生产性服务业发展。从全球范围来看,大力发展高端生产性服务业正成为发达经济体应对国际金融危机冲击,构筑未来经济增长的战略支点。2013年中国服务业增加值比重首次超过第二产业,标志着中国经济已经进入工业化中后期。但从第三产业内部结构来看,生活服务业比重还比较大,生产性服务业相对滞后,这也意味着生产性服务业存在着

---

① 认为引爆点会在2025年之前出现的受访者的比例。

巨大的成长空间。作为发展中国家，中国需要抓住这一轮新技术革命带来的契机，大力发展文化创意、金融服务、研发设计、软件开发、大数据、云计算、系统集成、信息服务、电子商务、现代物流、后台服务、节能服务、生态恢复、职业培训等高端生产性服务业，打造、延伸和整合产业链，推动生产性服务业走上发展的快车道。

1.3.3 信息通信业与劳动就业

信息通信业是技术密集型产业，信息通信技术进步在推动产业发展、社会经济发展和产业结构调整的同时，也会影响到劳动就业。过去有大量研究表明，技术进步对劳动就业的影响表现在数量和结构两个方面。首先，技术进步对劳动就业数量的影响既有正面影响，也有负面影响，最终影响是正负效应的双重叠加。短期内，技术进步带来劳动手段机械化、自动化和智能化，会更有效地提高劳动生产效率和管理效率，从而减少相关人员的就业需求。此外，技术进步还可能导致企业生命周期缩短和经济波动等，引发投资风险增大，投资减少，就业量下降。但从长期看，技术进步的最终目的是提高劳动生产效率，效率提高会使相关产业成本降低，收入增加，因而带来对相应产品和服务需求的增加和扩大生产规模，还有可能增加对相关产业的劳动需求。此外，技术进步、创新、创业还会带来新的投资、新生业态的大量涌现，从而更多地吸纳劳动就业人口。经济全球化发展带来劳动力在全球劳动力市场上的流动也会增加劳动就业的渠道。其次，技术进步对劳动就业结构的影响是通过影响产业结构和劳动力素质结构实现的。当技术进步带来新兴产业大发展，而传统落后产业被淘汰；技术知识密集型产业增加，劳动密集型产业衰落；以及对高技能劳动者需求增加，对低技能劳动者需求减少时，就会影响到相应劳动就业结构的调整。

结合信息通信业的发展，有研究结论显示随着信息通信业发展，对行业投资的增加会带来劳动就业的增加。如布鲁金斯学会调查显示，宽带普及率每增加1%，就业率上升0.2%~0.3%；在宽带建设上每投入1美元，能给全社会产生10倍的回报。欧盟研究数据显示，由于宽带能够加速信息传递，所以宽带的普遍使用能帮助制造业提高5%、服务业提高10%、信息业提高20%的劳动生产率。在美国，宽带的发展对上下游产业就业的拉动作用是传统产业的1.7倍。在韩国，"IT大运河"计划投资的34万亿韩元，将创造出17.7万亿韩元的附加值和48.5万亿韩元的生产效益，创造12万个工作岗位。随着信息技术基础之上的智能技术、生物科技、大数据技术等的飞速发展，近年来也越来越多地引发了人们对技术进步影响就业问题的担忧。凯恩斯曾经说过，当发现节约劳动力使用的方法的速度，远远超过了我们为劳动力开辟新用途的速度时，技术就会导致大范围失业。一些研究显示，这个担忧不无道理。牛津大学的一项研究显示，21世纪初在美国尚未出现的那些行业，现在只接纳了0.5%的就业人数，这个比例远远低于20世纪80年代和90年代新生行业分别接纳的大约8%和4.5%的就业人数。美国近期的一项经济普查也验证了这一点，普查结果显示，信息和其他颠覆性技术的创新是通过取代人工来提高生产效率，而不是创造新产品从而需要更多人力参与制造。牛津大学的经济学家卡尔·贝内迪克特·弗雷（Carl Benedikt Frey）和机器学习专家迈克尔·奥斯本（Michael Osborne）量化了技术创新对失业的潜在影响，对702个职业进行排序后得出了被自动化替代风险最大的10个行业，分别是电话销售、报税代理人、保险鉴定和车辆定损人员、裁判和其他赛事官员、法律秘书、餐馆休息室和咖啡店工作人员、房产经纪人、农场劳务承包商、秘书和行政助理、快递员和邮递员。这项研究还认为，未来10~20年美国47%的就业人口可能面临失业风险。世界经济论坛2016年"未来工作"研究项目选择了15个经济体的10个行业中最大的企业,针对从现在起到2020年科技对就业、工作和技能的影响,调查了这些企业人力资源管理者的意见。受访者认为,2020年,对解决复杂问题的能力以及社交技能和系统性技能的需求会远远高于对身体能力和知识性技能的需求[①]。

1.3.4 信息通信业与数字鸿沟

数字鸿沟(Digital Divide),又称作信息鸿沟(Information Divide),最早是由美国国家远程通信和信息管理局(NTIA)于1999年在名为"在网络中落伍:定义数字鸿沟"的报告中提出的,指的是在那些拥有信息时代的工具的人以及那些未曾拥有者之间存在的鸿沟。数字鸿沟体现了当代信息技术领域中存在的差距现象。这种差距既存在于信息技术的开发领域,也存在于信息技术的应用领域,特别是由网络技术产生的差距。英国广播公司(BBC)的在线新闻里则直接把数字鸿沟称为"信息富有者和信息贫困者之间的鸿沟"意指在不同国家、地区、行业、人群之间由于对信息和通信技术应用程度的不同以及创新能力的差别造成的"信息落差"和"知识分隔"等问题。数字鸿沟现象存在于国与国、地区与地区、产业与产业、社会阶层与社会阶层之间,已经渗透到人们的经济、政治和社会生活当中,成为在信息时代凸显出来的社会问题。

造成数字鸿沟的主要原因既有技术因素,也有经济和教育因素。其中,信息技术和信息化发展水平差异是造成数字鸿沟的表面原因,其根本原因在于经济水平差异和由于受教育程度差异带来的使用信息技术能力的差异。如美国商务部认为,"在所有的国家,总有一些人拥有社会提供的最好的信息技术。他们有最强大的计算机、最好的电话服务、最快的网络服务,也受到了这方面的最好的教育。另外有一部分人,他们出于各种原因不能接入最新的或最好的计算机、最可靠的电话服务或最快最方便的网络服务。这两部分人之间的差别,就形成了所谓的'数字鸿沟'。处于这一鸿沟的不幸一边,就意味着他们很少有机遇参与到我们的以信息为基础的新经济当中,也很少有机遇参与到在线的教育、培训、购物、娱乐和交往当中[②]。"又如联合国秘书处公布的资料认为,通过信息技术和知识来创造价值的"新经济"是一种"富国现象"。少数发达国家搭上了信息革命的头班车,在"知识权力"集中过程中,通过技术创新、产业重组和全球垄断获取"先行优势",已经牢牢占据了信息革命和知识经济的制高点。而广大发展中国家由于尚处在工业化阶段,部分国家甚至处于农业经济向工业经济转型时期,信息革命和知识经济的到来,使发展中国家肩负双重发展重任,部分国家不堪重负因此被边缘化。

造成数字鸿沟的原因和结果之间存在马太效应。一方面,数字鸿沟的存在会进一步加剧财富在信息技术所有者、企业家和金融家中的高速集聚,无缘或不能掌握网络技术的公民极易沦为赤贫或堕入社会底层,形成富者越富、贫者越贫的现实及趋势;另一方面,借助公共政策手段,大力发展信息通信业,实施网络覆盖普及化,推行电信普遍服务,降低信息技术和应用费用,有助于消除现存的数字鸿沟。而数字鸿沟的缩小和消除也有助于进一步缩小贫富差距,提高低收入人群的受教育水平,增强其应用信息技术和知识的能力。

---

① 本部分内容参考了《第四次工业革命转型的力量》德国克劳斯·施瓦布著,中信出版社,2016.
② 美国商务部数字鸿沟网对数字鸿沟的解释。

第 2 章　信息通信业与社会信息化

从 20 世纪 50 年代开始,人类社会开始走进信息时代。近年来,随着信息产业的发展,基于信息技术和信息通信技术的各类技术创新不断涌现,新产品、新应用层出不穷,新商业模式、新兴产业形态不断涌现,信息通信网络、产品与服务愈加普及,数据经济飞速发展,对全球人类生活方式、人民生活质量和水平以及各国经济社会发展的模式和路径都带来巨大的影响。处于这个快速变革的进程中,从学者、研究机构到国际社会一直以来持续关注信息化、信息社会发展的趋势和动向,研究表征社会信息化发展程度的相关指标和衡量体系,比较世界各国和不同地区信息化发展进程并从中寻找差距。在此基础上,世界各国政府纷纷从自身发展实际出发制定出推进本国信息化发展的战略文件和行动计划,大力推动信息化不断向纵深发展。

2.1　信息社会与社会信息化

2.1.1　概念由来

1. 信息社会

信息社会指的是当前人类社会发展的一个新阶段,也被称为后工业社会、知识社会、信息经济时代等,是基于人类社会生产力水平、特别是科学技术及其相关产业标准划分的一个发展阶段。迄今为止,按照社会生产活动中主要生产技术、生产方式以及主要产业的不同,人类社会已经经历了渔猎社会、农业社会、工业社会,进入了信息社会。每一个阶段的更替都与社会生产技术的革命性变化相关。从近代来看,迄今为止已经发生过四次科技革命,其中,18 世纪 70 年代以蒸汽机的发明为代表的第一次产业革命和 19 世纪 20 年代初以电力发明为代表的第二次产业革命,推动人类世界从以农业生产活动为主的农业社会进入以机器大工业为主的工业社会。第三次科技革命是在 20 世纪 50 年代出现的,它以电子计算机、原子能的利用和空间技术的发展为主要标志。第四次科学技术革命,即当前所称的新技术革命,是 20 世纪 80 年代出现的,它以信息通信技术、新材料、新能源、生物工程、海洋工程等高科技的出现为标志。后两次科技革命直接推动了人类社会由工业社会过渡到信息社会。

早在 20 世纪 60 年代西方学者就提出了信息社会的概念,认为信息社会是继农业社会和工业社会之后一种新的社会模式,通常又称为后工业社会。美国社会学家丹尼尔·贝尔(Danial Bell)、未来学家阿尔温·托夫勒、预测学家约翰·奈斯比特,日本经济学家松田米津、梅棹忠夫等,都曾对信息社会做过一定的论述。

美国著名社会学家丹尼尔·贝尔最早提出了信息社会这一概念。1959 年夏季在奥地利举行的学术研讨会上和 1962 年春天在波士顿召开的一次研讨会的论文中他先后提到了"后工业社会"这一概念,并随后出版了《后工业社会:推测 1985 年及以后的美国》和《关于后工业社会的札记》两本著作。在此基础上,又于 1973 年出版了另一著作《后工业社会的来临——对社会预测的一项探索》,系统地描述了后工业社会的主要特征。1979 年,他又进一步探讨了微电子技术对社会的影响,认为以前提出的"后工业社会"就是信息社会。美国未来学家阿尔温·托夫勒在贝尔的基础上,进一步阐述了信息社会的概念。他在其代表作《第三次浪潮》一书中分析了科学技术革命对人类社会发展的巨大作用。他认为人类社会继农业革命、工业革命之后正在掀起第三次浪潮,即"超工业社会",其实质即是信息社会。美国预测学家约翰·奈斯比特进一步深入了对信息社会的研究。他在1982年出版的著作《大趋势——改变我们生活的十个新方向》中开宗明义地阐述了工业社会向信息社会的过渡,并描述了信息社会来临的标志及信息社会的基本特征。

日本经济学家松田米津在《信息社会》一书中认为,信息社会以计算机为发展的核心,其主要功能是替代和加强人的脑力智能。计算机的发展促使信息革命,促进信息产品的生产和分配,构成信息社会的基本结构等。日本的其他学者及媒体也从不同角度对信息社会这一概念进行了探讨。1963年日本学者梅棹忠夫在日本各界围绕未来社会展开的热烈讨论中发表了"论信息产业"一文。1964年日本学者上岛教授在《信息社会的社会学》中认为日本正在进入"信息产业社会"。1964—1966年两年间日本的《朝日放送》杂志讨论了信息社会的概念及其特征问题。之后,其他国家也纷纷加入对信息社会的研究中来。

2. 信息化

信息化指的是随着第三次和第四次产业革命的发生和发展,人类社会充分利用信息技术,开发利用信息资源,促进信息交流和知识共享,提高经济增长质量,推动经济社会发展转型的历史进程;是指社会经济的发展,从以物质与能源为经济结构的重心,向以信息为经济结构的重心转变的过程。

信息化(informatization)这一概念最早来源于日本。1967年初日本新成立的咨询机构"科学技术与经济研究小组"发布报告,对照工业化一词提出了信息化的概念。该研究报告认为,信息社会是信息产业高度发达且在产业结构中占据优势的社会,而信息化是由工业社会向信息社会前进的动态过程,它反映了从有形的可触摸的物质产品起主导作用的社会到无形的难以触摸的信息产品起主导作用的社会的演化或转型。当时这一概念并未得到世界范围的广泛认可。1977年,美国人波拉特受美国商务部委托,对信息经济进行了定义和测量。同一年,经济合作发展组织(OECD)成立了信息社会指标工作组,并研究开始对成员国的信息化程度进行测度。20世纪90年代初,为了在世界经济发展中始终占领先机,美国克林顿政府提出"国家信息基础设施建设"计划,在这之后信息化迅即成为一个为人们普遍接受和广泛应用的词汇。

2.1.2 信息社会的主要特征

信息社会作为后工业时代人类社会发展的一个新阶段,与以往的社会发展阶段有着本质的区别。在农业社会和工业社会中,土地、物质和能源是主要资源,所从事的是农业生产或大规模的物质生产活动。而在信息社会中,信息成为比土地、物质和能源更为重要的资源,以开发和利用信息资源为目的的信息经济活动迅速扩大,逐渐取代工业生产活动而成为国民经济活动的主要内容,信息产业在国民经济中占据主导地位。信息基础设施构成社会信息化发展的物质技术基础,以信息通信技术为主的信息技术革命是社会信息化发展的动力源泉,也是激发整个社会各个领域技术创新、产品和服务创新、组织创新、制度创新,从而优化资源配置、提高经济运行效率的关键。信息技术在生产、金融领域、科研教育、医疗保健、企业和政府管理以及家庭及个人社会生活中的广泛应用对经济和社会发展产生了巨大而深刻的影响,从根本上改变了人们的生活方式、行为方式和价值观念。

1. 信息经济成为最基本的经济形态

信息经济是指以信息与知识的生产、分配和使用为主要特征的经济形态。信息与知识是以人才和研究开发为基础,信息与知识也是创新的主要动力,因此信息经济也是一种以创新为主要驱动力的新型经济形态。信息经济发展水平与信息技术的应用与普及存在着密切关联。正是信息技术的应用,极大地提高了信息与知识的生产和创造能力,降低了获取信息与知识的成本,加快了信息与知识的传播和扩散,提升了人们利用信息与知识的能力。与传统的农业经济和工业经济相比,信息经济具有以下四大方面的显著特征:(1)人力资源知识化。人是信息与知识的创造者和使用者,信息经济中人力资源的知识化特征将日趋明显,不仅高学历、高技能、掌握信息开发利用的知识型劳动者比重将逐步增大,而且对普通劳动者的知识技能与信息素养的要求也将逐渐提高。(2)经济发展方式可持续化。信息经济的发展将使得以往高资源消耗、高污染的工业经济发展模式逐步转向以技术创新应用为主的信息经济模式,这将有效解决工业化发展中的资源短缺、环境污染和资源可持续利用问题,实现经济的可持续发展。(3)产业结构软化。产业结构软化主要体现在两个方面:一是随着收入水平的提高和需求结构的变化,以及伴随信息技术创新应用所催生的新兴服务业的快速发展,第三产业的比重不断上升,出现了产业结构的"服务化"趋势;二是随着信息技术对传统工业的改造,工业品的科技含量和产品附加值得到提升,整个产业对信息、服务、技术和知识等"软要素"的依赖程度加深,生产性服务业大幅度发展。(4)经济水平更发达。一方面,信息经济是创新驱动的经济形态,科技是衡量国家竞争力的最重要指标,科研与技术投入需要强劲的经济实力作为坚强的后盾;另一方面,以信息技术为代表的现代科学技术又进一步促进了经济发展。

2. 网络化是最典型的社会特征

网络化是信息社会最为典型的社会特征。信息社会是网络型社会,网络化是其典型特征。信息社会的网络化主要表现在两个方面:(1)信息网络是信息社会最重要的基础设施,从互联网到物联网、工业互联网,再到万物联网,通过核心骨干网络、固定宽带接入、移动宽带接入、智能终端、智能硬件、传感器、嵌入式设备,网络将人与人、人与物、物与物以及数据处理中心、云中心之间都建立起连接,网络将连接一切,网络无处不在。(2)整个社会生活和经济运行及社会管理等都建立在网络连接基础之上,体现出网络化生存、网络经济和网络化管理的特点。如个人通过网络不仅可以满足自己日常消费所需,还可以通过各种社交网络建立自己的社会关系,或从事各种商业活动。网络经济下,企业组织结构可能发生颠覆性变革,企业边界可能重构,新的网络组织结构可以创造流程型组织,通过对垂直业务流程水平化重组以提高节约成本和提高对市场的响应速度,如基于技术联盟形成的所谓"网络互联型企业",即一个巨大的、包括各种级别和业务功能的关系网络,这个网络的边界是流动性和可渗透的。此外,网络还在广泛消除企业和消费者之间的中间环节的基础上,将使得消费者和生产者的区别越来越模糊,网络化时代,消费者可能会参与实际生产过程,如直接通过网络参与产品外观设计和技术指标的配置等。互联的网络也成为政府提供管理和公共服务的平台以及与公众之间直接沟通的重要桥梁。电子政府在政府管理活动信息化基础上,还可能使政府机构扁平化、信息公开化、决策科学化。同时,基于网络互动,公众可以通过网络直接向政府反映自己的利益诉求,政府也可以通过网络了解民情、汇聚民智,不断完善服务。网络使政民沟通渠道更加通畅和多元化,有助于政民之间相互理解和达成共识,促进决策民主化和社会和谐发展。

3. 数字化的信息成为最重要的资源

信息社会时代的信息经济也是一种数字化经济。数字化就是将许多复杂多变的信息转变为可以度量的数字、数据,再以这些数字、数据建立起适当的数字化模型,把它们转变为一系列以0、1表示的二进制代码,引入计算机内部,进行统一处理,这就是数字化的基本过程。这不同于传统经济中,信息是以模拟或者实体形式体现的,人们必须通过到会议室这样的实体空间去沟通,通过模拟电话线路通话,利用实体邮件邮寄,发送模拟信号到千家万户,通过使用现金或支票支付,通过翻阅杂志、书籍、报刊获取信息和知识。在信息时代,信息是以数字化形式存在的,它们以字节形式储存在电脑中,以光速传播于网络中。计算机技术使得信息比特化,利用数字化网络、光纤宽带传输,人们不仅可以获得更高的信息沟通质量,可以处理由不同类型信息整合形成的多媒体信息,而且还可以实现对海量数据的处理和传输。这些数据的数量足够大、结构类型足够复杂、聚集增长速度足够快,价值足够大以至于被称为大数据。这些数字化的数据如同沙子或者矿石,成为信息社会最重要的资源和商业资产,潜藏着巨大的经济价值,通过数据挖掘、数据分析,就可以提炼出有价值的信息,并凝结成知识、升华为智慧,成为进一步催生创新、降低成本和风险、提高效率的基石。

可以说在信息时代,信息通信技术和通信网络赋能予人类,最终可将现存的物理世界以数字化方式进行呈现,信息可以在世界任何角落被快速地存储和检索,并最终帮助人类实现对海量存储的人类文明的即时访问,并利用之实现对现实物理世界更强的把控。

2.1.3 通信业与社会信息化

从前面所述内容中对通信业发展和对信息社会及社会信息化进程的论述可以看到,通信业的发展与社会信息化发展密切相关,一个国家或地区的通信业技术水平、发展和应用水平直接决定了当地的信息化发展水平。

1. 信息通信技术是社会信息化的基础

实现国民经济信息化和社会生活信息化离不开信息通信技术的广泛应用。其中,现代化的互联互通的信息通信网络,包括光纤骨干网、固定和移动的宽带接入网、内容分发网络(CDN)、网络上连接的云服务、数据中心(IDC)、智能终端、智能设备等信息基础设施,是信息社会运行的人们日常生活工作和社会经济运行的基础,为信息时代的人们提供了一个可以创新创业纵横驰骋的大平台。基于这个平台,不同的个体和组织之间可以实现包括信息资源在内的所有资源的共享,这将大大提高社会资源的利用程度和利用范围。借助于这个平台,电子商务、电子政务、互联网金融、互联网医疗、互联网教育才得以实现,车联网、能源互联网、工业互联网等各种产业互联网才得以构建,"互联网+"的发展将彻底改变整个社会传统的运行状态,而且还是聚众智慧创新发展的摇篮,为人类社会的发展带来更多的机会。因此,一个国家和地区的信息通信技术和设施越发达,就越有利于信息经济的发展并推动社会信息化的进步。

2. 信息通信业是信息产业的主要构成部分

信息社会是信息经济发展并高度发达的社会发展阶段,在这个阶段中,信息产业成为国民经济产业结构中最重要的产业。如果说只具备传输功能的传统通信业在信息产业中只能占据一个基础位置,那么现代信息通信业融合了信息技术、通信技术和新媒体,涵盖了网络运营业、网络服务业、网络信息服务业、网络内容业等,在信息产业中则占据了重要位置,是信息产业的主要构成。因此,一个国家信息通信业发展水平越高,其信息产业就越壮大,在国民经济中的地位就越重要。

3. 信息通信网络是信息生成、传播和应用的基础平台

信息社会是围绕信息展开各种经济活动的时代,而数据和信息利用的广度、深度和数量是随着信息通信技术的扩散应用和网络的普及应用程度而呈现出指数级跃升的,互联网上一天产生的信息量超过了以往人类数十年甚至上百年产生的信息总量[①]。其对社会发展带来的经济价值也越来越难以估量,世界范围内大数据经济已经扑面而至。因此,一个国家和地区信息通信业是否发达,将直接决定了其对信息的获取和利用程度,也决定了其社会信息化的发展程度。

2.2 信息社会发展程度测评理论及方法

从20世纪60年代开始到目前为止,国际上有关信息社会或信息化测度方面的模型及方法大约有几十种之多,归纳其理论和方法主要有两类,其一是宏观计量方法,即以信息经济(产业)为研究对象,从产业结构比例变化来判断社会信息化发展程度,如马克卢普和马克·波拉特的理论模型;其二是指标测评理论及方法,即选择可反映社会信息化程度的相关指标,建立指数化的测评体系并测算相关指数,通过指数的大小和变化来反映社会的信息化程度,如日本提出的信息化指数模型(RITE)。表2-1列出了不同时期衡量信息社会发展的部分方法及指标。本节将对其中影响力较大的理论和方法进行介绍。

表2-1 不同时期信息社会发展程度测评方法

时期	提出者	指标体系及其特点
20世纪90年代以前	美国:马克卢普(1962)	马克卢普法:提出知识产业;计算其增加值
	美国:马克·波拉特(1977)	波拉特法:第一信息部门、第二信息部门;计算其增加值
	日本:小松崎清介(1965)	信息化指数法:社会信息化活动指标,分邮电、广播等四类,共11项
20世纪90年代	国际电信联盟(ITU)	提出七国"信息化指标";共六组指标
	韩国 电算院(1995)	"信息化指数":四个第一级要素、七个第二级要素
	国际电信联盟(ITU)(1995)	在西方七国集团召开的"信息社会"大会上,提出评价七国信息化发展程度的指标体系,共包括6大类12小类
	美国:国际数据公司(IDC)(1996)	"信息社会指数"评估体系
	加拿大工业部、统计局和文化部(1997)	提出"信息技术和电信ITT"产业分类,将电信、计算机和广播业及消费电子类、电信设备和计算机设备一起形成信息产业,测算了ITT产业对国民经济的贡献度
21世纪初以来	中国国家信息化测评中心(2002)	国家信息化总指数(NIQ)
	联合国(2002)	"电子政务准备度指数"(BEG体系)

---

① 中国工程院院士邬贺铨表示互联网上一天产生的信息量约为800 EB,如果装在DVD光盘中要装1.68亿张,装在硬盘中要装80万个。对于Facebook而言,一天代表新增32亿条评论、3亿张照片,信息量达10 TB;对于Twitter而言,一天代表新增2亿条微博,约有50亿个单词,比纽约时报60年的词语总量还多一倍,信息量达7 TB;对于淘宝而言,一天代表千万量级交易,1.5 PB原始记录。

续表

时期	提出者	指标体系及其特点
21世纪初以来	澳大利亚信息经济办公室(2002)	"信息经济指数"评估体系
	英国信息时代联盟(2002)	"电子经济指数"评估体系
	世界经济论坛(2002)	发布"全球信息技术报告",提出"网络就绪指数"(NRI)
	俄罗斯联邦(2002)	各地区信息化建设评估指标体系
	国际电信联盟(ITU)(2003)	"数字接入指数"(DAI)
	联合国贸易和发展会议(UNCTAD)(2003)	信息化扩散指数(ICT-DI)
	联合国教科文组织(UNESCO)(2003)	数字鸿沟指数(DDIX)
	信息社会世界峰会(WSIS)(2005)	ICT核心指标报告
	中国国家统计局国际信息统计中心(2005)	发布"中国信息化水平评价"研究报告,提出"信息化发展指数"(IDI-I)
	信息社会世界峰会(WSIS)、ITU(2005)	数字机遇指数(DOI)
	国际电信联盟(ITU)(2005)	信息化机遇指数(ICT-OI)
	世界银行(2006)	信息通信发展报告
	ITU(2009)	开始发布"衡量信息社会发展"报告,提出ICT发展指数(IDI)
	中国国家信息中心信息化研究部(2015)	开始发布"全球信息社会发展报告",测算全球"信息社会指数"(ISI)

2.2.1 早期的测评理论及方法

1. 马克卢普知识产业理论及测度方法

美国经济学家弗里茨·马克卢普被认为是最早一位研究信息社会测度理论与方法的经济学家,但他当时提出的并非信息经济,而是与之相关联的知识经济。1962年,马克卢普出版了《美国的知识生产与分配》一书,提出知识产业观点。马克卢普界定的知识产业主要包括教育、科学研究、信息设备、通信媒体、信息服务5大类共30个行业构成,对应的职业也分为教师、科学家、计算机工程师、演员、律师5大类知识职业。马克卢普主要考察了知识产业在经济发展中的作用与意义,从宏观上测算知识产业在国民生产总值中所占的比重、知识部门就业人数的比例以及知识部门的收入占国民总收入的比重,分析了知识生产与分配的经济机制,提出了一套测算信息经济规模的理论与方法。

马克卢普用于计算知识产业产值的方法为支出法,具体公式为: $GNP=C+I+G+(X-M)$。式中,GNP 表示独立的商品化知识部门的 GNP 值;C 表示消费者对最终产品和服务的消费量;I 表示企业对最终产品和服务的消耗量;G 表示政府对最终产品和服务的消费量;X 表示产品和服务的国外销售量;M 表示产品和服务从国外的购买量。基于这个公式,马克卢普对美国知识产业的 GNP 贡献进行了测算,取得了一些有益的结果。马克卢普以1956年为基年,测算出1958年知识生产总值及各产业分支的情况。如表2-2所示,1958年,美国知识生产总值为1 364.436亿美元,约占美国 GNP 的比重为28.5%。

表 2-2　1958 年度美国知识产业分支度量表

知识产业分支	价值/百万美元	构成比例/%	占 GDP 比重/%
教育	60 194	44.1	12.6
研究与开发	10 990	8.1	2.3
通信媒介	38 369	28.1	8
信息设备	8 922	6.5	1.9
信息服务	17 961	13.2	3.8
知识生产总量	136 436	100	28.6

2. 波拉特的信息产业理论及测度方法

1977 年,美国的马克·波拉特在美国商业部的委托和资助下,研究出版了九卷本的研究报告《信息经济》。这个报告以马克卢普的研究为基础,吸收了丹尼尔·贝尔"后工业社会"论的思想,发展了克拉克的三次产业理论,将信息活动从一次产业、二次产业、三次产业中分离出来,构成独立的第四产业——信息产业。波拉特在第一卷《信息经济:定义与测量》中,第一次比较系统地提出了信息经济发展水平的测算方法,基于美国国家统计数据具体地测算了美国信息产业的 GNP 值和就业人数,第一次使人们对美国的经济结构和性质有了比较清晰的认识与了解。

波拉特信息产业理论及测度方法的核心是将信息部门从国民经济各部门中逐个识别出来,然后将其分为一级信息部门和二级信息部门,在此基础上建立了一套可以量化分析的框架体系,提出了测度一个国家信息经济水平的两个重要指标:一是信息经济增加值占国民生产总值的比重;二是信息产业就业人数占全社会就业总人数的比重。

其中,一级信息部门也称第一信息部门,指直接向市场上提供信息产品和信息服务的部门。二级信息部门也称第二信息部门,指只把信息服务提供给企业或部门内部消费而不进入市场交易的部门,此类部门涵盖了经济领域中包括民间组织和政府管理部门在内的行使计划、决策、管理职能的有关机构,如表 2-3、表 2-4 所示。在此基础上,波拉特采用支出法和增值法对第一信息部门的增加值及其在国民生产总值中的比重进行了测算。对第二信息部门的测算相对较为复杂,原因在于二级信息部门的信息产品和服务并不以商品形式进入市场交换。因此,波拉特用第二信息部门内信息劳动者收入加上该部门购入的信息设备折旧来估算其增加值。此外,波拉特还运用了投入产出分析法对美国信息经济结构进行了系统、详尽的分析。

表 2-3　波拉特的第一信息部门构成

知识生产和发明性产业	信息处理和传递服务
研究开发和发明性产业(民间)	非电子处理
民间信息服务	电子处理
	电话电报
信息流动和通信产业	信息产品产业
教育	非电子性消费和中间产品
公共信息服务	非电子性投资产品
正规通信媒介	电子性投资产品
非正规通信媒介	

风险经营 　保险业 　金融业 　投机经纪人	政府活动的一部分 　联邦政府的第一次信息服务 　邮政服务 　州或地方的教育
调查和协调性产业 　调查业和非投机经纪业 　宣传业 　非市场协调业	基础设施 　信息建筑物的建设和租金 　事务所的提供

表2-4　波拉特的第二信息部门构成

类别	主要投入
电子数据处理	计算机、外围装置、软件、咨询
广告	艺术家、照相排版、声像装置
书信打字员	秘书、打字机、消耗品
复印	复印机、机器操作员、消耗品
印刷	印刷机、装订机、印刷装订人员
邮递	地名印刷机、计算机、书信文件、纸和信封
研究开发	研究室、数据处理设备、科学家、技术人员
杂志剪贴	报纸、杂志、办事员
经营管理	管理人员、交流、数据处理、经营咨询
会计	会计员、簿记、记账工具、数据处理、通信
法律	律师、通信、数据处理
知识产权	知识生产(著作、唱片、发明等)
图书检索	图书、档案、配套设施、图书管理员

以美国1967年的实际数据为基础,马克·波拉特的部分研究结论是:

(1) 利用增值法计算,1967年美国国民生产总值的25.1%来源于第一信息部门,21.1%来源于第二信息部门,即1967年美国GNP的46%是由信息活动创造的。其中,在一级信息部门创造的25.1%的增加值中,大约10%来自政府部门,90%来源于民间部门。此外,利用支出法计算,1967年美国国民生产总值的21.9%来源于一级信息部门,二级信息部门对最终需求的销售占国民生产总值的3.4%。

(2) 1967年,美国每1美元物品的17%,即17美分为信息产品或服务;美国家庭购买的服务中,约36%属于信息服务,64%属于非信息服务;美国每1美元投资的18%左右用于信息机械设备或信息建筑物上。

(3) 1967年,美国信息劳动者人数占就业总人数的45%,但信息劳动者总收入占就业者总收入的53.52%,信息部门人员收入比非信息部门就业人员收入平均高38%。

(4) 为获得1美元的产出,现今比以往需要支付更多的信息活动成本。1938年1美元的信息投入可获得11美元的产出,第二次世界大战期间是1:4(即1美元投入,4美元产出),1963年为1:3,而1974年下降为1:2.78,这说明随着社会经济的发展,人们需要更多的信息活动才能获得与以往相同的经济效用。

（5）社会经济活动可以划分为四大产业部门，即第一产业（农业），第二产业（工业），第三产业（服务业）和第四产业（信息业）。

3. 日本信息化指数模型

信息化指数模型是由日本电讯与经济研究所（RITE）的经济学家小松崎清介于1965年首次[①]提出的，又称 RITE 模型，是用来测度不同国家及地区在不同时期的信息化发展程度的。该模型中的社会信息化指数包含三级指标，一级指标为信息化指数；二级指标包含四个分指标，分别为信息量、信息装备率、通信主体水平和信息系数；三级指标共包含11个分指标，如表2-5所示。

表2-5 信息化指数模型指标体系

信息化指数（I_d）										
信息量 I_1					信息装备率 I_2			通信主体水平 I_3		信息系数 I_4
人均年使用函件数	人均年通话次数	每百人每天报纸发行数	每平方千米人口密度	每万人书籍销售点数	每百人电话机数	每百人电视机数	每万人电子计算机数	第三产业人数的百分比	每百人在校大学生数	个人消费中除去衣食住外的杂费所占比重

信息化指数的计算方法是：首先将某一年确定为基准年（基年），以基年各项指标的实际值确定基础指数为100；然后用各三级指标在测算年度的实际值除以基年指标值后乘以基础指数100，得到测算年度各指标值的指数；之后再将各项指标指数加总后求算术平均值，即得到相应上一级指标的指数。经过两级运算就可以得到最终的信息化指数结果。信息化指数的计算公式为

$$I_d = \frac{1}{4}\left(\sum_{i=1}^{4} I_i\right) \tag{2-1}$$

采用以上模型，以日本1965年数据为基础（100），日本电讯与经济研究所测算了包括日本、美国、英国、德国、法国在内的5个国家1965年和1973年的信息化指数，结果如表2-6所示。

表2-6 日本信息化指数法测算结果

年份\国家	日本	美国	英国	德国	法国
1965	100	242	117	104	110
1973	221	531	209	211	210

---

① 也有资料说是1970年提出的。

20世纪80年代，我国有学者根据该模型对中国的信息化指数进行了测算，结果是：1990年中国的信息化指数为61.70；2000年信息化指数预测值为145.33。

2.2.2 国际电信联盟(ITU)提出的测评方法

国际电信联盟(ITU)在全球电信和信息通信技术统计数据的收集和传播方面发挥着主导作用。从20世纪90年代开始，该机构一直在积极探索和制定信息化综合评价指数的统计方法和指标体系，使世界各国能够在全球和区域范围内评估和定位各自信息社会的发展进程。ITU单独或与其他国际组织合作，先后推出过多个信息化综合评价指数和指标体系。例如，1995年在西方七国集团召开的"信息社会"大会上提出评价西方七国信息化发展的指标体系；2003年发布了数字接入指数(DAI)；2005年发布了信息化机遇指数(ICT-OI)；同年，为响应信息社会世界峰会的战略，与联合国贸易发展大会、韩国数字机遇与促进署联合创建了数字机遇指数(DOI)；2007年国际电信联盟在日内瓦举行的第6届世界电信和信息通信技术指标会议(WTIM)上提出并讨论了构建一个单一的、综合化的ICT发展指数(IDI)的想法并于2009年正式发布了这一指数的指标体系，对全球150个国家2002—2007年的发展情况进行了测算并比较了这5年各国指标的变化。自此，ITU每年都要发布"衡量信息社会发展报告"，公布世界各国的ICT发展指数。

1. 西方七国信息化指标体系

1995年，国际电信联盟(ITU)在西方七国集团召开的"信息社会"大会上提出了一套评价七国信息化发展程度的指标体系，共包括6大类、12小类指标。该方法与日本信息化指数模型法类似，指标体系操作简单，特别是国际电联的这套指标主要集中在信息基础设施方面，带有明显的时代特色，如表2-7所示。

表2-7 国际电信联盟信息化指标

指标类别	细化指标	指标类别	细化指标
电话线	• 每百居民拥有的电话线数 • 数字交换的电话线数	有线电视	• 有线电视用户数 • 有线电视用户数比例
蜂窝式电话	• 每百人中蜂窝式电话数 • 蜂窝式电话在七国中分布的情况	计算机	• 每百人中拥有的计算机数 • 每万人中拥有的互联网主机数
综合业务数字网	• 每千人中ISDN数 • ISDN在七国中分布的情况	光纤	• 光缆千米长度 • 光缆千米年增长率

2. 数字接入指数(DAI)指标体系

2003年，国际电信联盟(ITU)推出了数字接入指数(Digital Access Index，DAI)指标体系和测评方法并通过ITU的"世界电信发展报告"，每年发布一次测评结果。该指标体系测度了在一个国家中，个人接入和使用信息通信技术的总体能力。DAI指标体系包含5类指标(一级指标)和8个变量(二级指标)，每个变量通过除以样本中最大值或者目标值调整为0~1之间的归一化指标值，然后，将各二级指标加权平均求出对应的一级指标值，之后再平均求出最终DAI指标值。同级指标取相同权重，部分指标略作调整。2003年，ITU对世界范围内178个经济体进行了测算评价。DAI指标体系如表2-8所示。

表 2-8 国际电信联盟的 DAI 指标体系

分类(一级指标)	1.基础设施	2.可购性	3.知识程度	4.质量	5.使用
变量 (二级指标)	1.每百户居民中固定电话用户数 2.每百人中移动电话用户数	3.互联网接入价格占人均国民收入的比重	4.成人识字率 5.小学、中学、高等教育综合入学率	6.人均国际互联网带宽(比特) 7.每百户居民中宽带用户数	8.每百户居民中互联网用户数

3. 信息化机遇指数(ICT-OI)和数字机遇指数

2005 年,国际电信联盟(ITU)发布了信息化机遇指数,由密度与应用两个指数,共 10 个指标构成,如表 2-9 所示。

表 2-9 信息化机遇指数(ICT-OI)指标体系

总指数	一级指数	二级指数	指标
信息化机遇指数	信息密度指数	网络指数	1. 每百人电话主线长度
			2. 每百人移动电话用户数
			3. 国际互联网带宽(kbit·s^{-1}·人$^{-1}$)
		技术指数	4. 成人识字率
			5. 毛入学率(小学、中学、大学)
	信息应用指数	使用指数	6. 每百人互联网用户数
			7. 拥有电视家庭占有率
			8. 每百人计算机数
		密度指数	9. 每百人宽带互联网用户数
			10. 国际呼出话务量

数字机遇指数由 ITU、联合国贸易发展大会(UNC-TAD)和韩国数字机遇与促进署(KADO)共同创建评估,于 2005 年 6 月首次正式发布。该指数旨在衡量世界各国缩小数字鸿沟所取得的成果,它从机遇、基础设施和利用三方面建立了一套信息化发展的评估体系,用以进行国际的比较,涵盖了 182 个国家和地区,如表 2-10 所示。

表 2-10 数字机遇指数(DOI)指标体系

总指数	分类指数	指标
信息化机遇指数	机遇指数	1. 移动电话网覆盖的人口比例
		2. 互联网接入费占人均收入的比重
		3. 移动电话资费占人均收入的比重
	基础设施指数	4. 拥有固定电话的家庭比重
		5. 拥有计算机的家庭比重
		6. 拥有互联网的家庭比重
		7. 每百人中移动电话用户数
		8. 每百人中移动互联网用户数

续表

总指数	分类指数	指标
信息化机遇指数	使用指数	9. 使用互联网的人口比重
		10. 固定宽带用户占总互联网用户数的比重
		11. 移动宽带用户占总互联网用户数的比重

与ICT-OI相似,数字机遇指数(DOI)主要测量国家建设信息社会的成果和进展前景,区别是ICT-OI的侧重点在于发现数字鸿沟。

4. ICT发展指数(IDI)

2009年,国际电信联盟为统一国际社会对信息化社会发展程度的衡量,在ITU和国际组织以往发布指数的基础上,首次发布了"衡量信息社会发展报告",公布了ICT发展指数(ICT Development Index,IDI)的相关指标体系和测算结果。ICT发展指数(IDI)衡量的主要目标包括四个方面:一是衡量和跟踪世界各国的信息通信技术的发展进程;二是对世界各个国家(或地区)社会信息化水平进行测算和比较,即指数是全球性的,既反映发达国家也反映发展中国家;三是衡量数字鸿沟,即反映不同信息化发展水平国家间的差距;四是衡量信息化发展潜力,反映一个国家能在何种程度上根据现有能力和技能来利用信息通信技术,以提高增长和发展。

基于上述目标,ITU认为信息化社会(Information Society)发展有三个阶段,第一阶段为ICT准备(ICT Readiness)阶段,该阶段发展程度主要由网络基础设施(Infrastructure)建设和ICT接入(Access)程度来体现;第二阶段为ICT使用(ICT Use)阶段,该阶段发展程度可由社会对ICT的使用程度(Intensity)来衡量;第三阶段为ICT影响(ICT Impact)阶段,反映ICT应用为社会带来的效率和效益。衡量信息社会发展应包括以上三个阶段的内容,但考虑到对ICT影响的衡量往往需要借助对基于主观判断问题(Opinion-Based Questions)回答的统计调查分析获得,难以量化比较,而ICT能力(Capacity)却能够在很大程度上影响ICT应用后带来的效果,因而衡量IDI指数的指标体系中包括了ICT准备、ICT使用和ICT能力三个指标,如图2-1所示。

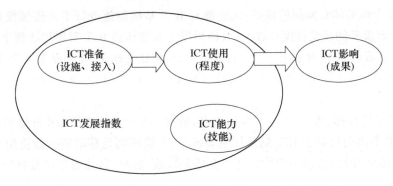

图2-1 社会信息化发展的三个阶段及IDI发展指数构成①

ICT发展指数IDI指标体系及权重如表2-11所示,ICT发展指数的计算公式为:

$$IDI = ICT准备 \times 40\% + ICT使用 \times 40\% + ICT能力 \times 20\%$$

---

① 2009年ITU"衡量信息社会发展报告"

表 2-11 IDI 指标体系、指标计算方法及权重

权重		指标	取值＝指标值/参考值	权重(%)
ICT 发 展 指 数	40	ICT 准备	＝(1＋2＋3＋4＋5)×20%	40
		1. 每百居民固定电话主线数	(1)/60	20
		2. 每百居民移动电话用户数	(2)/170	20
		3. 每用户国际互联网带宽(bit/s)	Log(3)/1 000	20
		4. 家庭计算机拥有率	(4)/100	20
		5. 家庭接入互联网比重	(5)/100	20
	40	ICT 使用	＝(6＋7＋8)×33%	40
		6. 每百居民互联网用户数	(6)/100	33
		7. 每百居民固定宽带用户数	(7)/60	33
		8. 每百居民移动宽带用户数	(8)/100	33
	20	ICT 能力	＝(9＋10＋11)×33%	20
		9. 成人识字率	(9)/100	33
		10. 初中毛入学率	(10)/100	33
		11. 高中毛入学率	(11)/100	33

注：＝表示 ICT 准备、ICT 使用、ICT 能力指标值的计算公式。

2016 年 11 月，国际电信联盟(ITU)发布了 2016 版"衡量信息社会发展报告"，公布了最新的国家和地区 ICT 发展指数(IDI)。报告显示，排在前十位的国家和地区均来自欧洲和亚洲，韩国以 0.01 分的优势再次蝉联首位，分值为 8.84。中国 IDI 分值为 5.19，排在第 81 位，较 2015 年提升了 3 个位次，高于全球 IDI 平均值(4.94)，进入亚太地区前十名。中国香港排名跃升至第六。

报告排名前十位的国家和地区依次为：韩国、冰岛、丹麦、瑞士、英国、中国香港、瑞典、荷兰、挪威和日本。从 2016 年的排名来看，前十间的差距进一步缩小，韩国和日本的分值仅相差 0.47。这十个经济体有共同的特点：此前都对 ICT 基础设施进行了大规模投资和创新，消费者群体对于新服务的接受程度也较高，这使得以上经济体的 ICT 发展均达到了较高水平。

中国 IDI 分值较 2015 年提升了 0.39，进步明显，相比全球 4.94 和亚太 4.58 的平均值，均大幅领先。我国也因此取代泰国进入亚太地区前十位。除中国外，亚太地区前十名情况则与上年基本一致。

ITU 发展局局长称，从 2016 年的数据来看，所有 175 个经济体的 IDI 分值相比 2015 年都有所增加，尤其突出的是对于 ICT 的使用明显改善，主要原因是移动宽带的使用率大幅提升。报告称，到 2016 年年底，移动用户数将达到全球人口数，届时，移动通信信号将覆盖全球 95% 的人口。

报告显示，通信服务价格持续下降。全球基本固网宽带连接价格从 2008 年的每月 80 美元降至 2015 年的 25 美元，同期固网宽带均价占人均国民总收入(GNI)的比例也从 90% 大幅降至 14%。最不发达国家的移动服务价格持续下降，2015 年实现了近 5 年来的最大降幅，达到 20%。发展中国家的平均移动价格(包括 100 条短信和 30 分钟移动呼叫/月)实现了历史性突破，首次降至人均国民总收入的 5% 以下。

发达国家和高收入发展中国家的发展鸿沟也正在消失。此外,《报告》称,智能手机越来越智能,功能性和处理能力越来越强,价格日趋走低,截至 2015 年年底,智能手机的均价已经跌破 300 美元。尽管如此,全球仍有大量人群尚未用上智能手机。

2.2.3 中国社会信息化测评方法

中国对社会信息化的测评研究起始于 20 世纪 90 年代,早期主要是一些学者在国外研究成果的基础上结合我国实际情况提出的一些测评方法和指标体系。1993 年,吉林大学靖继鹏提出了"综合信息产业力度法"。1998 年,北京邮电大学教授钟义信等提出了"信息化的综合指数法(CIIC)"。2001 年后,政府相关组织和部分研究机构开始关注社会信息化测评研究,先后研究制定了一些测评指标体系并发布了相关的研究成果。

1. 国家信息化测评中心(NIEC)对社会信息化的测度

2001 年 7 月 29 日,原信息产业部、国家信息化推进工作办公室、中国电子商务协会主办的国家信息化指标工作会议在京召开并成立了国家信息化测评中心。该中心于 2002 年首次对外公布了我国信息化测评指标体系及测算结果,该指标体系(National Informatization Quotient,NIQ)共包含 20 项指标,被认为是当时衡量和评价中国信息化水平比较可行的参照系,如表 2-12 所示。

表 2-12 中国国家信息化指标体系

序号	指标名称	指标解释	指标单位	资料来源
1	每千人广播电视播出时间	目前,传统声频、视频信息资源仍占较大比重,用此指标测度传统声频、视频信息资源	小时/千人(总人口)	根据广电总局资料统计
2	人均带宽拥有量	带宽是光缆长度基础上通信基础设施实际通信能力的体现,用此指标测度实际通信能力	千比特/人(总人口)	根据信息产业部资料统计
3	人均电话通话次数	话音业务是信息服务的一部分,通过这个指标测试测度电话主线使用率,反映信息应用程度	通话总次数/人(总人口)	根据信息产业部、统计局资料统计
4	长途光缆长度	用来测度带宽,是通信基础设施规模最通常使用的指标	芯长千米	根据信息产业部、统计局资料统计
5	微波占有信道数	目前,微波通信已经呈明显下降趋势,用这个指标反映传统带宽资源	波道千米	根据信息产业部、统计局资料统计
6	卫星站点数	由于我国幅员广阔,卫星通信占有一定地位	卫星站点	根据广电总局、信息产业部、统计局资料统计
7	每百人拥有电话主线数	目前,固定通信网络规模决定了话音业务规模,用这个指标反映主线普及率(含移动电话数)	主线总数/百人(总人口)	根据信息产业部资料统计
8	每千人有线电视台数	有线电视网络可以用作综合信息传输,用这个指标测度有线电视的普及率	有线电视台数/千人(总人口)	根据广电总局、统计局资料统计

续表

序号	指标名称	指标解释	指标单位	资料来源
9	每百万人互联网用户数	用来测度互联网的使用人数,反映出互联网的发展状况	互联网用户人数/百万人(总人口)	根据 CNNIC、统计局资料统计
10	每千人拥有计算机数	反映计算机普及程度,计算机指全社会拥有的全部计算机,包括单位和个人拥有的大型机、中型机、小型机、PC	计算机拥有数/千人(总人口)	根据统计局住户抽样数据资料统计
11	每百户拥有电视机数	包括彩色电视机和黑白电视机,反映传统信息设施	电视机数/百户(总家庭数)	根据统计局住户抽样资料统计
12	网络资源数据库总容量	各地区网络数据库总量及总记录数、各类内容(学科)网络数据库及总记录数构成,反映信息资源状况	吉(G)	在线填报
13	电子商务交易额	指通过计算机网络所进行的所有交易活动(包括企业对企业、企业对个人、企业对政府等)的总成交额,反映信息技术应用水平	亿元	抽样调查
14	企业信息技术类固定投资占同期固定资产投资的比重	企业信息技术类投资指企业软件、硬件、网络建设、维护与升级及其他相关投资,反映信息技术应用水平	百分比	抽样调查
15	信息产业增加值占 GDP 比重	信息产业增加值主要指电子、邮电、广电、信息服务业等产业的增加值,反映信息产业的地位和作用	百分比	根据统计局资料统计
16	信息产业对 GDP 增长的直接贡献率	该指标的计算为:信息产业增加值中当年新增部分与 GDP 中当年新增部分之比,反映信息产业对国家整体经济的贡献	百分比	根据统计局资料统计
17	信息产业研究与开发经费支出占全国研究与开发经费支出总额的比重	该指标主要反映国家对信息产业的发展政策。从国家对信息产业研发经费的支持程度反映国家发展信息产业的政策力度	百分比	根据科技部、统计局资料统计
18	信息产业基础设施建设投资占全部基础设施建设投资比重	全国基础设施投资指能源、交通、邮电、水利等国家基础设施的全部投资,从国家对信息产业基础设施建设投资的支持程度反映国家发展信息产业的政策力度	百分比	根据信息产业部、广电总局、统计局资料统计
19	每千人中大学毕业生比重	反映信息主体水平	拥有大专毕业文凭数/千人(总人口)	根据统计局资料统计
20	信息指数	指个人消费中除去衣食住外杂费的比率,反映信息消费能力	百分比	根据统计局资料统计

运用该指标体系,国家信息化测评中心的测算结果显示,2000 年国家信息化水平总指数(NIQ)为 38.46。1998—2000 年,中国信息化水平总指数提高了 48.6%,平均每年提高 21.9%,大大快于国民经济 7%~8% 的增长速度。

2. 中国国家统计局提出的信息化发展指数

信息化发展指数(Informatization Development Index,IDI)是中国国家统计局国际统计信息中心提出的一套评价信息化发展的指标体系[①]。该中心于 2003 年启动研究工作,2005 年开始公布对全国 31 个省的测算结果。该套指标结合当时中国发展的要求,从基础设施、使用、知识、环境与效果、信息消费五个方面诠释国家信息化的总体水平,对国家信息化发展状况做出综合性评价。同时,"力求从定性和定量两个角度设定目标,使指数更具代表性",如表 2-13 所示。

表 2-13 信息化发展指数指标(IDI-Ⅰ)体系

总指数	分类指数		指标
信息化发展总指数	1. 基础设施指数	(1)	电视机拥有率(台/百人)
		(2)	固定电话拥有率(部/百人)
		(3)	移动电话拥有率(部/百人)
		(4)	计算机拥有率(台/百人)
	2. 使用指数	(5)	每百人互联网用户数(户/百人)
	3. 知识指数	(6)	教育指数(国外:成人识字率×2/3+综合入学率×1/3 国内:成人识字率×2/3+平均受教育年限×1/3)
	4. 环境与效果指数	(7)	信息产业增加值占国内生产总值(GDP)比重(%)[①]
		(8)	信息产业研究与开发经费占国内生产总值(GDP)比重(%)[②]
		(9)	人均国内生产总值(GDP)(美元/人)
	5. 信息消费指数	(10)	信息消费系数(%)

注:①用第三产业增加值占国内生产总值(GDP)比重代替;
②用全部研究与开发经费占国内生产总值(GDP)比重代替。

信息化发展指数计算方法:先对 10 个具体指标数据进行标准化,加权平均计算出信息化发展指数的各分类指数值,再加权计算出总指数。计算公式为

$$\text{IDI} = \sum_{i=1}^{n} W_i \left(\sum_{j=1}^{m} \frac{1}{m} P_{ij} \right) \tag{2-2}$$

其中,基础设施指数和使用指数直接反映信息化应用的状况,这两个指数的权重均为 25%,知识指数、环境与效果指数制约信息化的发展,这两个指数的权重均为 20%,信息消费指数反映居民支出中用于信息方面的消费,其权重为 10%。

表 2-14 是利用 IDI-Ⅰ对我国 2000—2008 年全国 31 个省(自治区、直辖市)信息化发展程度的测评结果。

---

① 这是中国国家统计局提出的第一个信息化发展指数指标体系版本,称为信息化发展指数(IDI-Ⅰ)。

表 2-14 2000—2008 年中国信息化发展指数与分类指数比较

指数\年份	2000	2002	2003	2004	2005	2006	2007	2008
总指数	0.478	0.534	0.560	0.576	0.591	0.612	0.630	0.645
基础设施指数	0.167	0.234	0.276	0.311	0.350	0.379	0.401	0.409
使用指数	0.595	0.705	0.738	0.757	0.775	0.799	0.847	0.887
知识指数	0.765	0.750	0.758	0.765	0.756	0.776	0.781	0.794
环境与效果指数	0.461	0.491	0.499	0.508	0.517	0.528	0.536	0.555
信息消费指数	0.425	0.507	0.554	0.538	0.551	0.569	0.549	0.516

信息化发展指数（IDI-Ⅱ）[①]是由国家统计局统计科研所信息化统计评价研究组，于 2011 在国家"十一五"信息化发展规划的综合性指标——信息化发展指数（IDI-Ⅰ）的基础上，进一步优化信息化发展指数指标体系、完善统计监测方法而研究制定的国家"十二五"规划信息化综合评价指数。信息化发展指数（IDI-Ⅱ）从"基础设施、产业技术、应用消费、知识支撑、发展效果"5 个方面测量国家信息化的总体水平，对国家信息化发展状况做出综合性评价，从而为"十二五"期间准确把握我国及各省份信息化发展水平和发展进程提供科学的、量化的依据。中国政府在《国民经济和社会发展信息化"十二五"规划（草案）》和 2013 年发布的《信息化发展规划》中引入信息化发展指数（IDI-Ⅱ）来综合评价和监测国家信息化发展的进程及总体目标的实现，如表 2-15 所示。

表 2-15 信息化发展指数（Ⅱ）指标体系

总指数	分类指数		指标
信息化发展总指数（Ⅱ）	1. 基础设施指数	(1)	电话拥有率（部/百人）
		(2)	电视机拥有率（台/百人）
		(3)	计算机拥有率（台/百人）
	2. 产业技术指数	(4)	人均电信业产值（元/人）
		(5)	每百万人发明专利申请量（个/百万人）
	3. 应用消费指数	(6)	互联网普及率（户/百人）
		(7)	人均信息消费额（元/人）
	4. 知识支撑指数	(8)	信息产业从业人数占比重（%）
		(9)	教育指数（国外：成人识字率×2/3＋综合入学率×1/3 国内：成人识字率×2/3＋平均受教育年限×1/3）
	5. 发展效果指数	(10)	信息产业增加值占比重（%）
		(11)	信息产业研发经费占比重（%）
		(12)	人均国内生产总值（元/人）

---

① 来源于中华人民共和国国家统计局官网 http://www.stats.gov.cn/tjzs/tjsj/tjcb/dysj/201405/t20140506_549559.html

基于信息化发展指数（IDI-Ⅱ），2000年以来，中国信息化水平逐年提高，2012年信息化发展指数（Ⅱ）达到0.756。中国2000—2012年间信息化发展指数情况如表2-16所示。

表2-16　2000—2012年中国信息化发展指数（Ⅱ）与分类指数

指数\年份	2000	2005	2007	2008	2009	2010	2011	2012
总指数	0.494	0.589	0.633	0.654	0.681	0.707	0.732	0.756
基础设施指数	0.179	0.309	0.354	0.359	0.389	0.417	0.450	0.479
产业技术指数	0.646	0.808	0.869	0.897	0.914	0.941	0.980	1.009
应用消费指数	0.349	0.442	0.505	0.551	0.598	0.644	0.677	0.707
知识支撑指数	0.726	0.752	0.777	0.792	0.803	0.822	0.831	0.840
发展效果指数	0.571	0.633	0.659	0.670	0.701	0.711	0.723	0.744

从测评结果看，进入21世纪以来，中国信息化的建设与发展横跨了国民经济三个五年计划时期。从信息化发展指数的增长速度来看，信息化增长经历了三个不同阶段。

第一阶段（2001—2005年的"十五"计划期间）：为快速增长阶段。这个阶段的主要特征是信息化建设在各方面蓬勃发展，移动电话在城乡快速普及，信息产业增加值占GDP的比重不断上升，互联网用户群体日益壮大，信息消费水平不断提高。据测算，"十五"期间中国信息化发展指数（Ⅱ）年均增长速度为16.33%。

第二阶段（2006—2010年的"十一五"计划期间）：为平稳增长阶段。与"十五"时期相比，中国信息化发展指数（Ⅱ）年均增速为11.5%，回落4.83个百分点。从分类指数看，增速回落的有3个，分别是基础设施指数、产业技术指数和应用消费指数，而知识支撑指数、发展效果指数增速比"十五"时期有所上升。需要说明的是，增速减慢是信息化发展处于不同阶段的必然趋势。两个五年时期信息化发展的基础并不相同，在经历了前一个五年时期的快速发展和不断积累后，增速在更高水平的基础上有所减缓是合理的，符合事物发展的客观规律。总体上看，这十年间中国信息化发展已经产生了质的飞跃。

第三阶段（2011—2015年的"十二五"计划期间）：作为"十二五"计划期间的开局之年，2011年中国信息化发展指数（Ⅱ）的增速达到2008年以来的峰值11.51%，而2012年增速仅为8.78%，与2011年相比明显回落，降低2.73个百分点。

从分类指数本身的增速看，2012年产业技术指数和应用消费指数增速最快，均在10%以上；而基础设施指数、发展效果指数和知识支撑指数的增速则相对较慢。与2011年的增速相比，5个指数的增速均有所回落，其中产业技术指数和基础设施指数回落的幅度较大，分别为7.05和4.53个百分点；而发展效果指数、应用消费指数和知识支撑指数的回落幅度较小，分别为0.84、0.80和0.45个百分点。

3. 国家信息中心提出的《全球信息社会发展报告》

2015年起，国家信息中心信息化研究部信息社会测评课题组紧跟国际形势，从信息社会发展的内在规律和需要出发，形成了一套全球信息社会测评的理论框架与方法体系，2015年、2016年连续发布研究成果——全球信息社会发展报告，对全球126个国家的信息社会发展状况进行了测评。

国家信息中心提出的测评体系更多地考虑了近年来信息社会发展的新特点,在充分吸收、借鉴国际社会和国内有关机构关于信息社会以及信息化发展水平测评经验的基础上,按照理论通用、内涵清晰、数据可靠的基本要求,提出如下关于定量测算信息社会发展水平的方法。从信息经济、网络社会、在线政府、数字生活四个维度设计了信息社会评价指标体系。信息社会发展水平可以用信息社会指数(ISI)来度量。ISI 的取值范围是 0~1,ISI 的值越高表明信息社会发展水平越高,如表 2-17 所示。

信息社会指数(ISI)的计算公式为

$$信息社会指数(ISI)=信息经济指数\times 30\%+网络社会指数\times 30\%+\\在线政府指数\times 10\%+数字生活指数\times 30\%$$

表 2-17 国家信息中心提出的信息社会评价指标体系

一级指标		二级指标		三级指标	
指标名称	权重	指标名称	权重	指标名称	权重
1. 信息经济指数	30%	1.1 经济发展指数	1/4	1.1.1 人均 GDP 指数	1
		1.2 人力资源指数	1/4	1.2.1 成人识字指数	1/3
				1.2.2 教育投入指数	1/3
				1.2.3 大学生指数	1/3
		1.3 产业结构指数	1/4	1.3.1 产值结构指数	1/2
				1.3.2 就业结构指数	1/2
		1.4 发展方式指数	1/4	1.4.1 研发投入指数	1/3
				1.4.2 创业指数	1/3
				1.4.3 能效指数	1/3
2. 网络社会指数	30%	2.1 支付能力指数	1/2	2.1.1 固定宽带支付能力指数	1/2
				2.1.2 移动电话支付能力指数	1/2
		2.2 社会发展指数	1/2	2.2.1 人均寿命指数	1/3
				2.2.2 城镇化指数	1/3
				2.2.3 空气质量指数	1/3
3. 在线政府指数	10%				
4. 数字生活指数	30%	4.1 移动电话指数	1/3		
		4.2 电脑指数	1/3		
		4.3 互联网指数	1/3		

注:①在测算中,信息社会指数的标准值设为1,当指数小于 0.6 时,为信息社会的准备阶段;当指数超过 0.6 时,为信息社会的发展阶段。

② 测算初级指数值(4.1~4.3,1.1.1~2.2.3)时,考虑了国际和国内发展水平后设定了相应的计算方法及参考值。

此外,依据发展水平的高低还可以将信息社会划分为不同的发展阶段。报告以信息社会指数(ISI)作为阶段划分的依据,将信息社会的发展过程划分为两大阶段,即信息社会的准备阶段(0<ISI<0.6)和信息社会的发展阶段(0.6≤ISI<1),如表 2-18 所示。

表 2-18 信息社会发展阶段划分

阶段	准备阶段		发展阶段		
	起步期	转型期	初级阶段	中级阶段	高级阶段
信息社会指数（ISI）	$0<ISI<0.3$	$0.3\leq ISI<0.6$	$0.6\leq ISI<0.8$	$0.8\leq ISI<0.9$	$0.9\leq ISI<1$
基本特征	信息技术初步应用	信息技术扩散加速，实效显现	信息技术的影响逐步深化	经济社会各领域都发生深刻变化	基本实现包容的社会
面临问题	基础设施跟不上需求	发展不平衡	互联互通与实用性问题	包容性问题	技术突破与创新应用
主要任务	加快基础设施建设，教育培训（提高认识）	加快调整与改革，逐步消除发展不利因素，加强教育培训，信息素质	改进体制机制	关注弱势群体、实施普遍服务	鼓励创新

其中，准备阶段指的是信息技术在经济、社会、生活、政治等各领域不断应用，信息化不断推进的过程，因而也是一个较长时间的积累阶段。这个阶段又可分为两个时期，分别为起步期（$0<ISI<0.3$）和转型期（$0.3\leq ISI<0.6$）。在起步期，信息技术开始初步应用到社会各领域，但尚未普及和深化。随着信息技术的逐渐扩散，信息社会的准备阶段将进入转型期。在转型期内，主要信息技术和产品的扩散会加快，其影响作用开始显现，信息化的应用带来经济、社会、生活、政治等多个领域的转型与变革，从而为迈向信息社会奠定坚实基础。

随着信息技术应用的日益普及，工业社会特征逐步淡化，信息社会主要特征得到比较完整的体现，就进入了信息社会的发展阶段。

发展阶段是进入信息社会之后的历史进程，根据发展程度的不同，又可分为初级阶段（$0.6\leq ISI<0.8$）、中级阶段（$0.8\leq ISI<0.9$）和高级阶段（$0.9\leq ISI<1$）。在信息社会的初级阶段，主要信息技术产品广泛应用，经济、社会、生活的数字化和网络化基本实现，网络成为政府公共服务的主要通道。在信息社会进入中、高级阶段后，主要信息技术产品已经高度普及，经济、社会、生活的数字化、网络化和智能化均达到相当高的水平，数字鸿沟大大缩小，政府部门间资源共享、协同办公普遍实现，社会管理和公共服务基本实现网络化、智能化。

运用以上模型框架和测评方法，国家信息中心 2016 年报告的部分测评结论是：

全球信息社会稳步发展。2011—2016 年全球 ISI 年均增长 2.76%，保持平稳增长态势。

数字生活是中低收入国家信息社会建设的主要抓手。2016 年中、低收入国家数字生活指数对 ISI 增长的贡献率分别达到 55.0% 和 59.6%，远高于信息经济、网络社会、在线政府对 ISI 增长的贡献率。

高收入国家在线政府建设效果更为突出。2016 年高收入国家在线政府指数及增幅均领先于中低收入国家，2011—2016 年中低收入国家在线政府指数与高收入国家的差距不断拉大。

产业结构优化推动信息社会发展。2016 年 ISI 超过 0.6 的国家服务业产值占比均值为

66.62%,第一产业就业人员占比均值为4.48%,ISI低于0.6的国家均值分别为57.42%、28.82%。2016年产业结构指数对信息经济增长的贡献率超过44%,远超过其他指数。

"一带一路"沿线国家信息社会保持较快发展。2016年55个"一带一路"沿线国家ISI均值为0.5414,同比增长2.78%,高于全球平均水平。

大国间信息社会差距稳步缩小。2011—2016年间,G20内19个主权国家间ISI最低水平与平均水平的相对差距指数从0.5847逐步降低为0.5521。全球信息社会发展不平衡状况小幅恶化。全球ISI最低水平国家与平均水平的差距从2014年的0.6513扩大到2016年的0.6619。中高收入国家经济与社会发展较易脱节,成为"中等收入陷阱"的重要诱因。

移动电话快速普及成为缩小全球数字鸿沟的重要因素。2009—2014年中低收入国家与高收入国家移动电话普及率的差距从40.2个百分点缩小到23.3个百分点,下降幅度远高于家庭电脑普及率和互联网普及率。

中国信息社会发展水平快速提升。2016年中国信息社会指数为0.4523,较上年增长4.10%,在全球126个国家中排名第84位,比上年提升3位;在55个"一带一路"沿线国家中排名第36位,比上年提升3位;在亚洲35个国家中排名第19位,比上年提升1位。

2.3 数字经济及其衡量

数字经济是近年来随着社会信息化发展,人们对社会经济全面数字化发展的一种新的称谓,是信息通信技术(ICT)作为一种通用目的技术,深入全面渗透到社会经济各个产业领域,大数据、云计算、移动互联网、物联网、人工智能技术发展,推动社会生活、社会生产、产业组织、产业结构、政府管理全面转型变革为数字经济时代的社会经济活动的总和。

2.3.1 数字经济的提出

1995年,加拿大商业策略大师唐·泰普斯科特出版了《数字经济》一书,详细论述了互联网对社会经济的影响,他也被认为是最早提出数字经济概念之人。此后,随着尼古拉斯·尼葛洛庞帝的《数字化生存》等一系列著作的问世,数字经济理论迅速流传开来。各国政府也开始把发展数字经济作为推动经济增长的重要手段。1997年,日本通产省开始使用数字经济一词。

1998年和1999年,美国商务部连续两年发布了"浮现中的数字经济Ⅰ/Ⅱ"报告,开启了由政府部门发布数字经济相关报告的先河,对全球数字经济的研究和蓬勃发展起到了重要的启示作用。其中,报告Ⅰ在阐述新经济信息内涵的基础上,揭示了以互联网为标志的信息现象对整个经济的决定性作用。把经济学的中心从货币现象转向了信息现象,使信息成为经济学核心的内生变量,从而宣告了一代经济学的新旧交替。接着,报告Ⅱ从数字经济时代的电子商务、信息技术产业的变化和对人均GDP的贡献,以及劳动力市场在数字经济时代的变化和问题,阐述了数字经济对美国社会带来的影响。之后,美国政府持续关注这一与互联网技术密切相关的新经济现象,并以"数字经济"为主题推出了一系列年度研究报告。如2000年、2002年、2003年,连续三年发布"数字经济"报告,对美国相应年份中技术创新、信息技术价格下降、对信息技术和服务投资的变化,以及信息技术应用、对劳动生产率、通货膨胀和就业状况的影响等进行分析,指出美国经济已经跨进一个新的、更高的、持续增长的经济和生产力发展时期。2010年2月和10月,美国商务部分别发布报告"数字国家:21世纪美国在普及宽带网的进展"

和"数字国家:家庭宽带在美国的使用",把关注点集中于政府政策目标和宽带互联的重要性,分析了家庭宽带使用率的不同("使用差别率"Adopting Gaps)。2011年11月,美国商务部发布了报告"探索数字国家:家用计算机和网络",在人口入学和网络使用现状调查的基础上,对美国人计算机和互联网使用情况的数据进行了更新,进一步研究了互联网宽带的使用在不同人群和地区的差异。2013年6月发布了"数字国家:美国新兴的线上活动"报告,第一次在更新计算机和互联网使用的基础上,调查了美国人线上娱乐、网络社交、网上求职培训、健康医疗等各种活动的数据。2014年10月又发布了"探索数字国家:拥抱移动网络"报告,着重调查了美国人使用移动互联网的相关情况。

  进入21世纪,特别是2008年国际金融危机爆发以来,世界各国纷纷开始制定数字经济战略,期望通过发展数字经济来拉动经济复苏。如2010年5月,欧盟委员会正式公布了"欧洲数字计划"作为旨在取得稳定、持续和全面经济增长的"欧洲2020年战略"的重要组成部分。2015年5月,欧盟委员会又公布了"数字化单一市场战略",明确了建立单一市场的三大支柱:为消费者和企业提供更好的欧盟跨境数字商品和服务准入,为数字网络和服务的蓬勃发展创造合适的环境,以及使欧洲数字经济的增长潜力最大化。经济合作与发展组织(OECD)"2015经合组织数字经济展望"报告显示,截至2015年,80%的OECD成员国家都制定了国家战略或者部门政策,构建了数字经济国家战略框架。少数几个没有整体战略的国家,也已经在考虑制定或审查相关战略,或者已经发布了一些具体领域的战略和政策。2016年,OECD召开的部长级会议,重点关注了开放的互联网、数字鸿沟、数字技能普及、研发创新、商业新机遇等方面的问题。

  英国政府于2009年推出了"数字大不列颠"行动计划并于2010年4月颁布实施了《数字经济法案》,并于2015年初出台了《数字经济战略(2015—2018)》(Digital Economy Strategy 2015—2018),该战略明确指出,英国政府接下来的首要目标是发展数字经济,促进英国的各个企业通过采用数字技术进行创新,将创新技术渗透到英国的各个传统行业,并通过各种可能的方式将这些创新技术应用于所有行业。为促进各个英国企业不断成长并在全球市场竞争中取得成功,英国政府成立了"创新英国"项目,负责执行战略计划,并制定了战略计划的五大目标和二十一项具体措施。其五大战略目标为:鼓励数字化创新者;建设以用户为中心的数字化社会;为数字化创新者提供帮助;促进基础设施、各个平台以及各个生态系统的发展;确保数字经济创新发展的可持续性。2017年3月,英国政府又发布了《英国数字战略》,提出到2025年将数字经济对英国经济的贡献值从2015年的1 180亿英镑提高到2 000亿英镑,该战略对英国打造世界领先的数字经济和全面推进数字转型做出了全面而周密的部署。此外,澳大利亚、日本、新加坡、印度等国也纷纷推出各自的数字经济战略。

  2016年9月,G20领导人峰会在我国杭州举行(G20杭州峰会),在这次会议上,G20就发展数字经济首次提出全球性的《二十国集团数字经济发展与合作倡议》(简称"数字经济倡议"),认为数字经济将提供新角度和新思维,通过推动新工业革命的技术、要素和组织变革,提高全要素劳动生产率和潜在的经济增长率,提升中长期增长潜力,开启世界经济增长前景的全新评价和发展模式。此外,G20还强调通过营造开放、安全的政策环境,关注宽带接入、ICT投资、创业和数字化转型、电子商务合作、数字包容性、中小微企业发展等数字经济发展与合作等关键领域的数字经济发展潜力。2017年3月,数字经济首次写入中国政府工作报告。

2.3.2 数字经济的内涵

G20杭州峰会发布的《二十国集团数字经济发展与合作倡议》指出，数字经济是指以使用数字化的知识和信息作为关键生产要素、以现代信息网络作为重要载体、以信息通信技术的有效使用作为效率提升和经济结构优化的重要推动力的一系列经济活动。数字经济是继农业经济、工业经济之后的一种新的经济社会发展形态，也需要土地、劳动力、资本、技术等生产要素和相应的基础设施与之配套。与以往不同的是，其中很多要素都需要数字化，且会产生数据这一新的生产要素。

1. 数据成为驱动经济增长的关键生产要素

大数据和云计算等的融合推动了物联网的迅速发展，实现了人与人、人与物、物与物的互联互通，导致数据量呈现爆发式增长。全球数据增速符合"大数据摩尔定律"，大约每两年翻一番。庞大的数据量及其处理和应用需求催生了"大数据概念"，数据日益成为重要的战略资产。数据如同农业时代的土地、劳动力，工业时代的技术、资本一样，已成为数字经济时代的生产要素，而且是关键的生产要素。数据驱动型创新正在向经济社会、科技研发等各个领域扩展，成为国家创新发展的关键形式和重要方向。

2. 数字基础设施成为新基础设施

在工业经济时代，经济活动架构在以铁公机（铁路、公路和机场）为代表的物理基础设施之上。数字技术出现后，网络和云计算成为必要的信息基础设施。随着数字经济的发展，数字基础设施的概念更广泛，既包括了信息基础设施，也包括了对物理基础设施的数字化改造。

3. 数字素养成为对劳动者和消费者的新要求

在农业经济和工业经济时代，对消费者的文化素养基本没有要求，对劳动者的文化素养虽然有一定要求，但往往也是局限于某些职业、岗位。但是，在数字经济条件下，数字素养成为劳动者和消费者都应具备的重要能力。

4. 数字经济驱动未来

当前，以互联网为代表的数字技术正在加速与经济社会各领域的深度融合，已经成为引领经济社会发展的先导力量，也成为各国在后金融危机时代推动经济社会转型、培育经济新动能、构筑竞争新优势的重要抓手。

5. 数字经济成为经济社会发展的主导力量

数字化对经济增长作用明显，且数字化密度越大的国家从数字化中获得的收益越大。据分析，数字化程度每提高10%，人均GDP就会增长0.5%～0.62%。尤其是在全球经济增长乏力的当下，数字经济更是被视为撬动全球经济的新杠杆。据预测，数字技能和技术的应用将使全球经济到2020年有望累计增加2万亿美元；到2025年，全球经济总值的一半来自数字经济。

2.3.3 数字经济的衡量

ICT技术的发展和在社会生活与经济领域的广泛渗透推动了数字经济的发展，然而对数字产业和数字经济的衡量却不容易，这一方面是由于ICT技术的广泛应用使得企业和产业边界模糊、行业融合，使得单独区分数字经济并对其规模进行衡量十分困难；另一方面是由于传统的统计体系和统计指标无法适应对数字经济规模进行衡量的要求，因此，国际社会也在呼吁加快对数字经济衡量和相关统计指标体系的研究。

1. 美国数字经济测算

如同早期对衡量信息经济的研究,美国商务部对数字经济的研究也以数字产业为基础,即从国民经济核算体系(SNA)及其产业分类标准出发对数字经济展开量化研究,如表2-19所示。这一方面是考虑到数字经济已经融入美国各个经济产业部门,相关数据的拆分工作很难进行;另一方面,他们所针对的四个主要数字产业为数字活动提供了最关键的消费品与投资品,构成了数字经济的基础部门,对其进行研究足以反映数字经济的现状及发展趋势。最后,美国商务部专注于对数字经济"存在性"的证明,仅以产业为基础进行论证,有关数字经济存在的结论则更具说服力。通过使用生产法对数字产业进行增加值测算,美国商务部估算出2002年美国数字经济的规模大约为8 315.7亿美元,占美国GDP的7.9%。考虑到价格因素,如果对数字产业增加值进行质量调整(Hedonic价格指数修正),2002年美国数字经济的规模约为11 672.8亿美元(以1996年为基期),占美国真实GDP的12.24%。同时,美国商务部计算了1996年以来美国数字经济在促进经济增长、抑制通胀和增进就业这三个宏观层面上所起到的积极作用,从而证明数字经济作为一种全新的经济形态已经在美国出现。

表2-19 美国商务部的数字产业分类标准(2002)

数字产业	产业内容	数字产业	产业内容
硬件制造业	计算机及计算机设备 办公用计算设备 计算机批发及零售贸易 电子管 印刷电路板 半导体相关设备 各种电子元件 工业测量仪器 电流测量仪器 实验室分析仪器	软件及计算机服务业	软件出版商 因特网服务提供商 软件批发及零售贸易 计算机编程服务 计算机系统设计 计算机数据处理 计算机设备管理 计算机租赁及维修 办公计算设备租赁及维修 其他计算机相关服务
通信设备制造业	视听设备 电话设备 广播和电视通信设备 光纤 软件复制 光录和磁录设备	通信服务业	有线电信运营商 蜂窝和其他无线运营商 电信和转售商 电缆和其他系统销售 人造卫星和其他通信 通信设备修理和维护

数据来源:美国商务部《再度崛起的数字经济》,企业管理出版社,2004年。

2. 经济合作与发展组织(OECD)对数字经济的衡量

经济合作与发展组织(OECD)所著的《衡量数字经济:一个新的视角》,在第二届世界互联网大会的"乌镇论道·数字中国"论坛上正式发布。该报告提供了一套(共38个)用于监测信息社会的传统指标,同时补充了可了解地区政策方向的经验指标,展现了34个经合组织成员及其他主要国家数字经济发展的图谱,如表2-20所示。

表 2-20　OECD《衡量数字经济：一个新的视角》中提出的衡量指标和内容

数字经济相关内容	衡量指标	衡量内容
投资智能化基础设施	① 宽带普及率	移动宽带普及率(按技术分类)2009.12—2013.12； 固定(有线)宽带普及 2013.12
	② 移动数据通信	移动数据用户(根据类型分类)2013.12； M2M 的 SIM 卡普及率 2012 年
	③ 互联网发展	国家代码顶级域名注册(ccTLD)密集度 2014 第一季度增长；2014 主机按域名划分； 路由自治系统 2013 年
	④ 开发更高速度	固定(有线)宽带普及率 2009.12 和 2013.12； 通过速度划分的固定(有线)宽带普及率,2013.12
	⑤ 网络连接价格	2012.9 和 2014.3 固定宽带套餐的价格(33 GB、15 Mbit/s 及以上)； 2014.2 移动语音电话以及流量套餐参考价格
	⑥ ICT 设备以及应用	2013 年接入互联网的设备； 2013 年智能手机 APP 可用和使用情况
	⑦ 跨境电子商务	2013 年企业跨境电子商务销售； 2013 年个人跨境在线购物； 2012 年消费者对跨境在线购物的信任度
	⑧ 安全	企业用作认证/识别以及数据保护的安全措施,2010 年； 2010 年遭遇 IT 安全问题并导致拒绝服务的企业(按大小)； 2014.4 分布式拒绝服务攻击的发起地或目标地区
	⑨ 感知安全和隐私威胁	2009 年后,因为隐私和安全顾虑不在网上购物人数； 互联网安全事件的认知：用户更改浏览器安全设置,2012 和 2013 年
	⑩ 完善网络安全和隐私的证据基础	由五个国家 CSIRT 发布的危险/警告和漏洞报告,2010—2013
赋权社会	⑪ 互联网用户	2006 年和 2013 年互联网用户总量、日常互联网用户数量与移动互联网用户数量； 2013 年 16～24 岁与 65～74 岁的互联网用户； 2013 年按照受教育程度划分的 55～74 岁的互联网用户
	⑫ 在线行为	网民特定的在线活动的传播,2012—2013 年； 互联网银行业的扩散,2013 年
	⑬ 用户复杂性	2009 年和 2013 年互联网用户从事的在线活动的种类； 2013 年影响用户从事在线活动多样性的因素：互联网普及率、受教育程度和年龄
	⑭ 数字原住民	首次上网浏览的年龄,2012 年； 15 岁学生在校内和校外上网时间,2012 年； 父母管制或安装网页过滤软件的个人用户,2010 年

第 2 章 信息通信业与社会信息化

续表

数字经济相关内容	衡量指标	衡量内容
赋权社会	⑮ 儿童在线	2010 年 9～16 岁青少年互联网使用和在线危险经历
	⑯ 教育中的信息通信技术(ICT)	2012 年学校互联网连接的可用性； 2012 年在学校使用计算机进行练习和训练，如外语学习或教学； 2007 年和 2013 年参加在线课程的人数
	⑰ 工作场所信息通信(ICT)技能	2012 年工作中的计算机使用； 2012 年工作中使用的 ICT 技能； 2013 年，其电脑技能能在一年之内足以用来找到一份工作的个人
	⑱ 电子商务消费者	2007 年和 2013 年在线购物(包括通过手持设备)的普及； 2013 年在最近 12 个月内在线购物的个人，按年龄分类； 2013 年按选择的产品类型划分的在线购物者
	⑲ 内容无边界	2014 年第一季度维基百科每月页面浏览和编辑数量； 2010—2011 年和 2013 年 YouTube 国内上传内容的浏览量； 2014 年 4 月，按照服务类型排名最靠前的 10 个网站
	⑳ 电子政府应用	2010 年和 2013 年使用电子政府服务的个人； 2013 年使用电子政府服务中的问题和满意度； 2010 年和 2012 年使用电子政府服务的企业
	㉑ 信息通信技术(ICT)和健康	2008 年和 2013 年在线搜索健康有关信息的个人
发挥创新能力	㉒ ICT 与研发	2011 年或最近几年信息产业的企业研发情况； 2007 年和 2011 年 ICT 制造业的企业研发力度； 2007 年和 2011 年信息与通信服务业的企业研发力度
	㉓ ICT 行业创新	2010 年从事 ICT 生产和全面生产的创新企业(按创新种类分类)； 2010 年从事 IT 服务和创新核心服务活动的创新企业(按创新种类分类)； 2010 年从事 ICT 行业内部研发活动,全面生产和创新核心服务的企业
	㉔ 电子商务	2013 年企业内部选用 ICT 工具与活动的传播扩散； 2010 年和 2013 年按就业人数划分的宽带连接性； 2010 年和 2013 年 ERP 软件的使用情况(按就业人数划分)
	㉕ 发挥微观数据的能力	2004 年、2008 年和 2010 年 13 个欧洲国家创新企业和非创新企业的 ICT 吸收情况
	㉖ ICT 专利	1999—2001 年和 2009—2011 年期间的 ICT 专利专业化情况； 1999—2001 年和 2009—2011 年期间前 15 个申请大国在 ICT 专利申请中占的比例； 2010—2012 年期间 ICT 专利的创新程度

续表

数字经济相关内容	衡量指标	衡量内容
发挥创新能力	㉗ICT设计	2005—2008年和2010—2013年期间20个申请大国在ICT和视听设计中所占的比例; 2005—2008年和2010—2013年期间20个申请大国在ICT和视听设计方面的专业化情况; 2005—2008年和2010—2013年期间前20个申请大国在ICT和视听设计方面的显示性比较优势
	㉘ICT商标	2005—2008年和2010—2013年期间20个申请大国的ICT商标; 2005—2008年和2010—2013年期间前20个申请大国的ICT商标专业化情况; 2005—2008年和2010—2013年期间前20个申请大国在ICT商标方面的显示性比较优势
	㉙知识扩散	2010年开展创新合作的企业(按行业划分); 1999—2001年和2009—2011年间各技术领域的国际合作; 1999—2001年和2009—2011年间前20个融合ICT与其他技术行业的专利申请
促进经济增长与增加就业岗位	㉚ICT投资	2000年和2012年ICT投资情况(按资产类别划分); 2000—2012年ICT和非ICT投资对GDP增长的贡献率
	㉛ICT经营动态	2009—2011年新增企业数量增长率; 2012年ICT和全面生产领域中高增长企业(按就业增长率衡量); 2012年ICT和商业服务业中高增长企业(按就业情况进行衡量)
	㉜ICT附加值	2000年和2012年信息产业的附加值; 2000年和2012年信息产业占总附加值比例的变化
	㉝信息产业劳动生产率	2012年信息产业的明显劳动生产率(相对水平); 2001—2011年信息产业和其他行业对劳动生产率增长的贡献
	㉞衡量通信服务质量	2003—2013年美国计算机和软件的生产价格指数
	㉟电子商务	2009年和2013年拥有网站和主页的企业(按企业雇佣人数划分); 2008年和2012年从事电子商务销售的企业(按企业雇佣人数划分); 2008年和2012年电子商务的营业额(按企业雇佣人数划分)
	㊱ICT人力资本	2005年和2012年计算机科学高等教育毕业生(按性别分); 2005年和2012年计算机科学高等教育毕业生的供应情况; 2011年信息产业的研究人员
	㊲ICT工作岗位与ICT行业工作岗位	2011年和2013年ICT相关职业的就业情况; 2000年和2012年各信息产业的就业情况; 2000年和2012年期间各信息产业就业比例变化情况
	㊳贸易竞争与GVC	2000年和2012年全球ICT商品贸易前十的出口大国; 2009年ICT产品出口总量与外国最终需求中体现的ICT国内附加值; 2000年和2013年OECD和主要ICT服务出口国家

资料来源:根据OECD《衡量数字经济:一个新的视角》中的资料整理。

根据对这些数据的统计和分析,该报告还总结了近年来数字经济发展的六大特点:

(1) 信息通信技术引发了深刻的经济和社会变革。2005年,经合组织国家成年网民覆盖率不足60%;2013年,这一数字攀升至80%,其中年轻网民覆盖率高达95%。各成员国之间、不同年龄段之间的互联网用户比例呈现较大差异。互联网正成为青少年生活的重要组成部分,15岁的青少年周一至周五平均每天在线3小时。互联网渗透到经济和社会的各个方面,成为人们生活中不可或缺的元素。在个人用户方面,62%的互联网用户选择加入社交网络,35%的用户使用电子政务服务,50%的用户通过网络购买商品和服务。在企业用户方面,77%的企业拥有自己的网站或主页,21%的企业以电子方式销售产品,超过80%的企业使用电子政务服务。

(2) 技术的发展促进行业渗透,推动科学创新。随着网速的提高、单位价格的降低,智能设备更青睐于数据密集型新应用。在短短4年内,经合组织地区的无线宽带用户量增加了两倍多。截至2013年12月,大约3/4的经合组织地区的个人都使用移动无线宽带。预计两年内,通过移动设备和平板电脑浏览的网页数量从占总浏览数的15%上升至30%。但是,各成员国在网速和价格方面的差异依然显著。

(3) ICT促进产业和科技创新。2014年,向各大专利局递交的专利申请中,与信息通信技术相关的技术专利占1/3。在过去10年间,数据挖掘专利在所有专利的占比翻了3倍,机器对机器(M2M)通信专利的占比增加了6倍。新兴技术依赖于信息通信技术的创新。经合组织国家中,大约25%的信息通信技术专利也属于非信息通信技术范畴。

(4) 危机之中数字经济反弹迅速。2012年,整个经合组织地区的信息产业大约占附加价值总量的6%,就业总量的4%和固定投资总量的12%。信息经济行业的劳动生产率比整个行业的劳动生产率高60%。ICT行业的表现优于其他产业,多数ICT企业一直保持着中高速增长,与制造业和服务业的新企业相比,新的ICT企业的存活率也更高。最近的经济危机并未对全世界250强的ICT公司收入造成严重影响。

(5) 数字经济在创造就业方面依然疲软。2012年,ICT行业就业率占比接近3.8%。尽管信息通信技术行业依然活跃,但是其就业率却再也没有达到2001年高峰时期占就业总量4.1%的水平。整体就业趋势反映近年来制造业和电信服务业规模缩小,而信息技术服务业仍在增长。同时,在经合组织国家中,ICT的相关岗位广泛分布于非ICT行业。随着自动化和机器学习的发展,信息通信技术可能对就业带来颠覆性的影响。

(6) 员工、公司和用户需要获得新的技能。在当今信息驱动的经济社会,ICT专业技能是实现持续创新和生产率增长的重要知识资产。尽管信息通信技术在工作中已经广泛普及,但仍然有超过60%的欧盟劳动力认为自己的计算机技能不足以申请新工作,其中高等教育人士对自己的计算机技能有更高的信心。ICT企业通常需要聘用30%的专业研究人员,但是2012年仅有3%的高等教育毕业生获得了相关学位。互联网为教育培训带来新机遇。在经合组织国家中,9.3%的互联网用户在2013年参加了在线课程学习,大规模的开放式教育(MOOCS)蓬勃发展。

3. 中国对数字经济衡量的研究

国内对数字经济的研究也有一些成果,如比照美国对数字产业规模的测算研究,有学者对国内数字经济产业分类进行汇总(如表2-21所示),并使用2002年中国投入产出表(122部门)对中国2002年数字经济规模进行测算,得出2002年中国数字经济总规模约为10 790.55亿元,占2002年中国GDP的8.85%,其中数字产业部门总增加值占53.94%,数字辅助活动(非数字部门中的数字活动)所创造的增加值占46.06%。

表 2-21　中国数字经济产业分类简表

数字产业	产业内容	数字产业	产业内容
电信和其他信息传输服务业	移动及固定通信,互联网信息服务,广播电视传输服务,卫星传输服务	计算机整机制造业	电子计算机整机制造
计算机服务和软件业	计算机系统服务,数据处理,软件业,计算机维修,其他计算机服务	其他计算机设备制造业	计算机网络设备制造,电子计算机外部设备制造
通信设备制造业	通信传输,通信终端设备制造,通信交换设备制造等	电子元器件制造业	电子器件制造,印刷电路板制造,电子元件及组件制造
其他通信、电子设备制造业	其他通信设备制造,电子设备制造	家用视听设备制造业	家用影视设备制造,家用音响设备制造

2017 年,腾讯研究院在腾讯公司掌握的大数据基础上,推出"'互联网＋'数字经济指数"研究报告,该报告中构建并提出"互联网＋"数字经济指数,采用指数化方法对我国数字经济进行了衡量。

"互联网＋"数字经济指数通过计算基础分指数、产业分指数、双创分指数和智慧民生分指数的加权平均值来计算我国的数字经济指数。

$$T = \alpha_{\text{infra}基础} + \alpha_{\text{industry}产业} + \alpha_{\text{venture}双创} + \alpha_{\text{city}智慧民生}$$

其中,T:"互联网＋"数字经济指数;

基础:基础分指数;

产业:产业分指数;

双创:双创分指数;

智慧民生:智慧民生分指数;

α_{infra}、α_{industry}、$\alpha_{\text{inventure}}$、$\alpha_{\text{city}}$:分别为各指数权重。

基础分指数汇总基础性移动互联产品数据及腾讯云数据。具体包含微信的 7 个二级指标,手机 QQ 的 15 个二级指标,数字内容产品的 5 个二级指标,云计算平台的 4 个二级指标构成。

产业分指数由分行业微信公众号的 10 个特征值、分行业移动支付的 2 个特征值作为二级指标。在零售、餐饮住宿、旅游、交通物流、生活服务等重点行业加入京东、滴滴、携程、新美大等行业领先互联网公司的总共 14 个特征值,由总计 26 个二级指标构成。

双创分指数由 APP 数量、有效创业项目两个一级指标构成。APP 泛指智能终端的第三方应用程序,是移动互联产品和服务的主要表现形式。有效创业项目是指同时满足"有全职工作团队""有实际产品"这两个标准的创业项目,可以直观反映出所在地的创业群体活跃度、创业热情和创业能力。

智慧民生分指数包含服务项目价值分、服务质量星级分、月活跃用户数、用户回流率、用户满意度、重点行业丰富度 6 个一级指标。其中,服务质量星级、重点行业丰富度两个指标又分别由两组二级指标构成。

指标权重由专家打分计算得出。

基于上述模型,腾讯研究院对我国 351 个城市 2016 年的"互联网＋"数字经济指数进行了测算,其中,排名前 10 的城市分别为北京市、深圳市、上海市、广州市、成都市、杭州市、武汉市、重庆市、福州市、东莞市。

第3章　从产业链到产业生态系统

产业链是对产业部门间基于技术经济联系而表现出的环环相扣的关联关系的形象描述。区域产业链条则将产业链的研究深入区域产业系统内部，分析各产业部门之间的链条式关联关系，探讨城乡之间、区域之间产业的分工合作、互补互动、协调运行等问题。在经济实践中不少地区也在进行产业链构建与延伸的积极尝试。

产业生态系统研究已成为当今学术界、产业界的研究重点和热点。目前，国内外对产业生态系统的研究定性较多，包括概念，特点，建设原则和经营理念的描述，而定量较少。然而，产业生态系统在发展当中也出现了大量的实际问题，急需加强对其定量研究，从而发现、提高和改进产业生态系统的结构及效率，增强可持续性。

3.1　产业链理论

3.1.1　产业链概念

产业链是产业经济学中的一个概念，是各个产业部门之间基于一定的技术经济关联，并依据特定的逻辑关系和时空布局关系客观形成的链条式关联关系形态。产业链是一个包含价值链、企业链、供需链和空间链四个维度的概念。

首先，产业链是从资源（上游）开始，通过若干产业环节的生产活动，将资源转化为产品和服务，不断向下游环节产业转移，直至到达消费者的路径。在这一路径中，从资源到最终产品和服务，每经历一个环节，产出价值都实现了增值，因此产业链也被称为产业价值链。

其次，产业链的概念有广义和狭义之分：广义的产业链包括满足特定需求或进行特定产品生产（及提供服务）的所有企业集合，涉及相关产业之间的关系；狭义的产业链则重点考虑直接满足特定需求或进行特定产品生产（及提供服务）的企业集合部分，主要关注产业内部从原料供应、生产、管理等各环节之间的关系。因此，产业链体现的也是一种企业链和供需链。

此外，产业链还是基于客观存在的区域差异，着眼发挥区域比较优势，借助区域市场协调、地区间专业化分工和多维性需求的矛盾，以产业合作作为实现形式和内容的区域合作载体，是体现着产业时空布局关系的空间链。

这四个维度在相互对接的均衡过程中形成了产业链，这种"对接机制"能够带来效率提升是产业链形成的内在要求，作为一种客观规律，它像一只"无形之手"调控着产业链的形成。

3.1.2　产业链的形成

随着技术的发展，生产过程划分为一系列有关联的生产环节。分工与交易的复杂化使得企业在经济中通过什么样的形式联结不同的分工与交易活动成为日益突出的问题。企业组织结构随分工的发展呈现递增式增加。因此,搜寻一种企业组织结构以节省交易费用并进一步促进分工的潜力,相对于生产中的潜力会大大增加。企业难以应付越来越复杂的分工与交易活动,不得不依靠企业间的相互关联,这种搜寻最佳企业组织结构的动力与实践就成为产业链形成的条件。

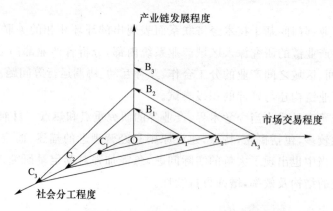

图 3-1 社会分工、市场交易和产业链发展示意图

如图 3-1 所示,产业链的形成首先是由社会分工引起的,在交易机制的作用下不断引起产业链组织的深化。在图中,C_1、C_2、C_3 表示社会分工的程度,其中,$C_3>C_2>C_1$ 表示社会分工程度的不断加深;A_1、A_2、A_3 表示市场交易的程度,$A_3>A_2>A_1$ 表示市场交易程度的不断加深;B_1、B_2、B_3 表示产业链的发展程度,其中,$B_3>B_2>B_1$ 表示产业链条的不断延伸和产业链形式的日益复杂化。三个坐标相交的原点 O,表示既无社会分工也无市场交易更无产业链产生的初始状态。

从 C_1 点开始,而不是从坐标原点开始,意味着社会分工是市场交易的起点,也是产业链产生的起点。社会分工 C_1 的存在促进了市场交易程度 A_1 的产生,在 A_1 的作用下,需要 B_1 的产业链形式与它对接。B_1 这种产业链形式的产生又促进了社会分工的进一步发展,于是,社会分工就从 C_1 演化到 C_2。相应地,在 C_2 的作用下,市场交易程度从 A_1 发展到 A_2,A_2 又促进了产业链形式从 B_1 发展到 B_2。接着,按照同样的原理,B_2 促使 C_2 发展到 C_3,C_3 又促使 A_2 发展到 A_3,A_3 又促使产业链从 B_2 发展到 B_3……如此周而复始,使产业链不断向复杂化发展。

产业链形成的动因在于产业价值的实现和创造。产业链是产业价值实现和增值的根本途径。任何产品只有通过最终消费才能实现,否则所有中间产品的生产就不能实现。同时,产业链也体现了产业价值的分割。随着产业链的发展,产业价值由在不同部门间的分割转变为在不同产业链节点上的分割。产业链也是为了创造产业价值最大化,它的本质是体现"1+1>2"的价值增值效应。这种增值往往来自产业链的乘数效应,它是指产业链中的某一个节点的效益发生变化时,会导致产业链中的其他关联产业相应地发生倍增效应。

产业链价值创造的内在要求是:生产效率≥内部企业生产效率之和(协作乘数效应);同时,交易成本≤内部企业间的交易成本之和(分工的网络效应)。企业间的关系也能够创造价值。价值链创造的价值取决于该链中企业间的投资。不同企业间的关系将影响它们的投资,并进而影响被创造的价值。通过鼓励企业做出只有在关系持续情况下才有意义的投资,关系就可以创造出价值来。

3.1.3 产业链的特点

1. 产业链的一般特征

产业链一般具有以下三方面的主要特征：

（1）构成产业链的各个组成部分是一个有机的整体，相互联动、相互制约、相互依存，它们在技术上具有高度的关联性，上游产业（环节）和下游产业（环节）之间存在着大量的信息、物质、价值方面的交换关系，且它们之间具有多样化的链接实现形式。

（2）产业链上的各个组成部分呈现出分离和集聚并存的趋势，它们存在着技术层次、增值与盈利能力的差异性，因而就有关键环节和一般环节之分，而且各个组成部分对要素条件的需求具有差异性，这就导致了产业链的战略环节存在区域差异性。

（3）产业链受产业特征及发育状况影响，存在繁简程度的差异性，同时产业链之间相互交织，往往呈现出多层次的网络结构，存在主链条、次链条的区分，而且这些链条都处于一定的外部支撑环境之下。

2. 产业链的空间分布特征

在产业链的空间分布方面，主要呈现以下特征：

（1）产业链的完整性与经济区划紧密相关。产业链是相关产业活动的集，其构成单元是若干具有相关关系的经济活动集合，即产业环或者具体的产业部门；而产业环（产业部门）又是若干从事相同经济活动的企业群体。从事相似或相同经济活动的企业为实现自身利益最大化，必然努力探寻自身经济活动的优区位。在这种"循优推移"过程中，一方面，产业环（产业部门）的微观构成单位——企业，为了获取集聚经济效益，逐步聚集到适合其发育成长的优区位，即原先分布于各区域的同类企业在优区位实现"企业扎堆"；另一方面，各个产业环（产业部门）为了获取地域产业分工效益，由于具有不同经济特点和追求各自的优区位而在空间上趋于分散。这样，产业链系统内企业和部门循优推移的空间经济结果是，产业链的各环节分别布局或配置到适合其经济活动特征的特定地点。正因如此，当经济区划尺度较大时，比如说是大经济地带、大经济区、省域或者流域经济区时，或者说大到几乎囊括产业链的所有环节的地域空间时，产业链表现出明显的完整性；当经济区划尺度较小时，比如说仅是市域、县域或者说是产业集中发展区时，其地域范围一般难以包括产业链的各环节，这对于某一经济区域而言可能形成了特色产业，但是产业链却表现出明显的断续性。

（2）产业链的层次性与区域类型密切相关。产业链是产业环逐级累加的有机统一体，某一链环的累加是对上一环节追加劳动力投入、资金投入、技术投入以获取附加价值的过程，链环越是下移，其资金密集性、技术密集性越是明显；链环越是上行，其资源加工性、劳动密集性越是明显。由此，欠发达区域与发达区域的类型划分，往往是依据其在劳动地域分工格局中的专业化分工角色。一般而言，欠发达地区更多地从事资源开采、劳动密集的经济活动，其技术含量、资金含量相对较低，其附加价值率也相对较低；发达地区更多地从事深加工、精加工和精细加工经济活动，其技术含量、资金含量相对较高，其附加价值率也相对较高。因此，区域类型与产业链的层次之间产生了内在的关联关系，欠发达区域一般拥有产业链的上游链环，其下游链环一般则布局在发达区域。

（3）产业链空间分布具有明显的指向性。优区位指向引导产业环或者集中或者分散地布局在不同的经济区位，表现为产业环具有明显的空间指向性。这种空间指向性主要表现为如下方面：第一，资源禀赋指向性，产业环基于对优区位的追求，势必在某种程度上依赖区域的资源禀赋,而后者的空间非集中性引起追逐资源禀赋的产业环的空间分散性。第二,劳动地域分工指向性,劳动地域分工使得各区域具有了自身的专业化生产方向,产业链对专业化分工效益的追求便造成了产业环的空间分散性。第三,区域传统经济活动指向性,区域传统经济活动通常是区域特定资源禀赋和区域经济特色的体现,经济活动的路径依赖性和惯性使得区域在产业链分工中具有深深的烙印。

3.2 从产业链到产业生态的变革

产业生态系统是近年来产业经济、市场竞争理论和实践中频频出现的词汇,指的是在互联网环境下产业融合变革后形成的商业生态系统。本教材讨论的产业生态系统即是一般意义而言的商业生态系统。产业生态学家针对产业(主要是工业)活动及其对自然系统的影响,通过比拟生物新陈代谢过程和生态系统的结构与功能,特别是物质流与能量流的运动规律,提出了产业生态系统(为了与工业园区概念相对应,又称生态工业园)这一替代模式。因此,产业生态系统是按生态经济学原理和知识经济规律组织起来的基于生态系统承载能力、具有高效的经济过程及和谐的生态功能的网络化生态经济系统。本教材中重点关注的产业生态就是信息经济社会中社交网络环境下的商业生态系统。

3.2.1 产业生态系统的提出

生态系统的概念是由英国生态学家坦斯利(A. G. Tansley)在1935年提出来的,指在一定的空间和时间范围内,在各种生物之间以及生物群落与其无机环境之间,通过能量流动和物质循环而相互作用的一个统一整体。随着对生态系统及社会组织结构认识的不断深入,人们发现,人类社会的组织、运转和生物学意义上的生态系统极为类似,并将"生态系统"这一概念大量引入社会科学领域。

传统的产业单元——企业都是从环境中调入原材料,而将大量多余副产物以废物形式排放到环境中去。虽然近年来,在工业园区实施的环境管理体系有效地改善了环境质量,但这样的体系依然普遍地把经济活动视为一种开放体系,仍无法实现产业与环境的协调。为此,即把经济视为一种类似于自然生态系统的循环体系,其中一个体系要素产生的"废"产物被当作另一个体系要素的"营养物",各公司就像自然生态一样,利用彼此的副产物作为原料,而并非是不断吸收未被动用过的材料和抛弃废物。因此,产业生态系统,即生态工业园是一个由制造业企业和服务业企业组成的群落,它利用结构功能优化,并通过能源、水和材料的管理环境与资源问题的合作,以便协同提高环境质量和经济效益,实现比每家公司个体优化实现的效益总和更大的整体效益。从理论上说,产业生态系统是一个远离平衡状态的开放体系,它遵循耗散结构原理,其物质流与能量流尽可能多层次利用以减少体系的熵值,从而做到良性循环,实现产业与环境的协同和谐发展。

3.2.2 商业生态系统的建立

1. 商业生态系统的概念

美国学者詹姆斯·弗·穆尔(James F. Moore)1996年出版的《竞争的衰亡》一书,标志着竞争战略理论的指导思想发生了重大突破。作者以生物学中的生态系统这一独特的视角来描述当今市场中的企业活动,但又不同于将生物学的原理运用于商业研究的狭隘观念。后者认为,在市场经济中,达尔文的自然选择似乎仅仅表现为最合适的公司或产品才能生存,经济运行的过程就是驱逐弱者。而穆尔提出了"商业生态系统"这一全新的概念,打破了传统的以行业划分为前提的竞争战略理论的限制,力求"共同进化"。

穆尔站在企业生态系统均衡演化的层面上,把商业活动分为开拓、扩展、领导和更新四个阶段。系统内的公司通过竞争可以将毫不相关的贡献者联系起来,创造一种崭新的商业模式。在这种全新的模式下,制定战略应着眼于创造新的微观经济和财富,即以发展新的循环来代替狭隘的以行业为基础的战略设计。

所谓的商业生态系统,就是由组织和个人所组成的经济联合体,其成员包括核心企业、消费者、市场中介、供应商、风险承担者等,在一定程度上还包括竞争者,这些成员之间构成了价值链,不同的链之间相互交织形成了价值网,物质、能量和信息等通过价值网在联合体成员间流动和循环。不过,与自然生态系统的食物链不同的是,价值链上各环节之间不是吃与被吃的关系,而是价值或利益交换的关系,也就是说,它们更像是共生关系,多个共生关系形成了商业生态系统的价值网。

商业生态系统也是一种企业网络,是"一个介于传统组织形式与市场运作模式之间的组织形态",但它不是一般的企业网络,它强调以企业生态位的思想来看待自己和对待他人。其共同的目标都是在一个不断进化和变化的环境中求得生存。要达到这个目标,一个企业网络必须能够快速准确地感知到环境的变化,明白其所处的状态并制定出一套可行的方案。不仅如此,它还应当展现出其良好的学习行为。所以,商业生态系统是一种新型的企业网络。

2. 商业生态系统形成的背景

生态系统的概念来自于生物学。与生物生态系统类似,商业生态系统的特征是,具有大量的松散联结的参与者,每个参与者都依靠其他的参与者,以取得各自的生存能力和效果。生态系统中的各参与者彼此命运攸关:如果生态系统健康,那么所有参与者都能够繁衍生息;如果它不健康,所有参与者都会深受其害。

商业生态系统日益增强的重要性带来的一个重大变化是熟知的竞争正在死亡。不是没有竞争了,而是竞争比以往任何时候都更加激烈,但需要重新认识竞争。企业需要在这个环境中与其他企业共同发展,既有竞争,又有合作,这包括建立对未来的共识、组织同盟、谈判交易,以及处理复杂的关系。

商业生态系统作为一种新型的企业网络,能充分体现企业间资源的相互协调和聚集,其产生的原因主要有:

(1) 超分工整合的发展促使企业更关注自己的生态位。随着社会与产业的演进,组织随着产业趋势改变,由工业时代传统的层级式垂直整合,演进到信息时代扁平式的授权分工整合阶段,再到今日知识时代,出现了网络式的超分工管理模式。在一般制造厂内,垂直分工与水平整合才符合现代经济效益,但在知识经济时代,除了垂直分工之外,即使是水平整合也可能要先分工再整合,这就是超分工整合。超分工整合的结果是许多公司的命运被绑在了一起,为了发展,它们组成一个相互依赖的网络,共享相关的产品、服务和技术等。

(2) 消费者需求驱动经济的发展加速商业生态系统的形成。超分工整合的发展导致单个企业无法独立为消费者提供全套产品,所以为了满足消费者的需求,企业必须与相关的企业更加紧密的合作。也就是说,消费者的需求推动了企业间的联合,并最终走向一个更高水平上的合作,即商业生态系统。比如阿里巴巴构筑的涵盖六大业务领域的生态商业圈全面覆盖中小企业电子商务化的各大环节。整个商业生态圈的六大环节之间相互作用,相互影响,相互支撑,通过资源的整合应用最终发挥最大价值,实现了产业链的协同。同时,延伸产业链,带动了金融、物流、保险等行业的发展,形成一个更大范围、更广阔的商业生态链。阿里巴巴集团每一家公司都以服务为核心,其服务能力延伸至电子商务的多个环节。集团及其下属的各家公司利用其在电子商务服务上的经验和对网商群体的理解,与众多合作机构,如银行、物流、保险、IT企业、营销机构等,共同为网商提供了完善的服务。

(3) 企业领导或参与某个商业生态系统,将使它所拥有的资源超出它所在公司和组织的边界之外。因此,聪明的企业懂得如何引导这股力量,集合这些自由资源为它们的前景服务。比如,欧洲空中客车公司为了和美国波音及麦道公司竞争,根据后勤工作的复杂性创立了自己独特的区位生产组织,A300和A310宽体客机在法国总装,德国负责生产机身,英国负责生产机翼,而西班牙负责生产尾翼。

(4) 商业生态系统打破了传统的行业界线,使不同行业的企业走到了一起,从而增加各自的市场机会。比如,美国电报电话公司为了给商业顾客创建电子商业的解决方法,把不同行业的企业如计算机服务、系统一体化服务、电话服务、储蓄所、信用和交易服务等联系了起来。

(5) 通信技术的发展为商业生态系统的形成提供了技术条件。通过先进的电子商务技术和网络平台,可以灵活地建立起各种组织间的、高效的电子化连接,将伙伴企业各个业务环节连接在一起,使组织间的信息和知识的交换量与交换速度大大提高。

(6) 世界经济形势的改变,传统经济管理理论越来越不适用。未来发展的不可控变量实在太多,各种因素交互影响而突现混沌现象和随机性太多,用原来的方法是无法把握的。为此,我们必须发展非线性科学、复杂性科学,才能解决复杂系统和复杂性的问题,而商业生态系统理论正是基于这样一种思想而产生的。

3. 商业生态系统的建立

根据美国学者詹姆斯·弗·穆尔的观点,一个商业生态系统的建立需要四个独立的阶段:开拓、扩展、领导、更新。尽管在现实中,这四个阶段常常是模糊不清的,但是每个阶段在管理上的挑战往往是彼此出现的。

第一阶段是开拓生态系统,汇集各种能力,创造关键的产品。

第二阶段是生态系统的扩展阶段,从协作关系的核心开始,在不断增长的规模和范围中投资,并在所开发的市场中建立核心团体。

第三阶段是对生态系统的领导,必须为生态系统整体发展做出贡献,这样才能保持你在所建立起来的商业生态系统中具有权威。

第四阶段是生态系统的自我更新或死亡。当建立起自己的商业生态系统后,必须要寻找新的方法,为旧的秩序注入新的观念,用其他替代物来延续与其他生态系统的竞争。建立商业生态系统的过程,需要迎接四个方面的挑战。首先,建立系统和有序的共生关系,创建真正有价值的东西。其次,要建立核心团体,在可利用的顾客、市场、同盟和供应商中扩展生态系统。再次,在精心锻造的生态系统中保持权威。最后,还要确保商业生态系统持续不断地改进性能,防止衰退。所有的生态系统在进化过程中所面临的考验是无时不在的。因此,必须考虑企业目前所处于其商业生态系统进化中的哪个阶段,以及如何利用你所在的商业生态系统来勾画自己的商业生态系统。

3.2.3 商业生态系统的结构及特征

1. 商业生态系统的微观结构

（1）商业生态系统的组成单元。一般来说,商业生态系统由生产者单元集合、消费者单元集合、分解者单元集合和市场单元集合组成,如图 3-2 所示。组成商业生态系统的最小单位至少有一个生产者单元(企业),一个消费者单元,一个分解者单元和一个产品市场单元,一个要素市场单元,一个废品市场单元,如图 3-3 所示。

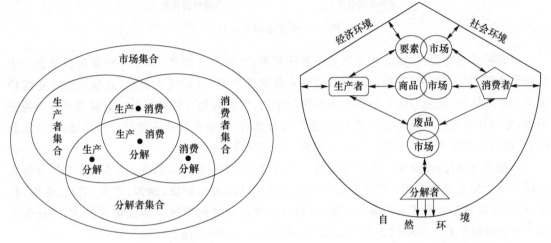

图 3-2　商业生态系统的组成　　　　图 3-3　简单的商业生态系统

（2）商业生态系统各组成单元的功能

企业及其功能：在商业生态系统中的生产者,即企业是产品和服务生产的经济单元,其功能是将生产要素资源变换成产品,其基本特点是改变物质形态,提高物质对人类的有用性,创造物质的附加值。

根据企业投入要素和产出品的性质,可将企业分为基础企业、中间企业和最终企业。基础企业是以自然资源为主要物质类投入要素；中间企业是以企业产品为主要物质类投入要素,产出品简单的商业生态系统又是其他企业的投入要素；最终企业是以可供人们消费的商品为产出品的企业；这些类型的企业用符号代表如图 3-4 所示。

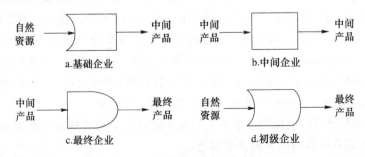

图 3-4　各种企业的符号表示

消费者及其功能：在商业生态系统中的消费者,是产品和服务使用和消费的经济单元,其功能是将企业的产品"变换"成劳动力、知识等生产要素和发展能力,其基本特点是改变物质和精神服务的形态,产生知识、技术和人类延续和进化的能力。

消费者可分为家庭(或个人)消费者和政府(或部门)消费者。家庭消费者使用产品或服务以延续生命并提供生产要素和知识创造能力。政府消费者使用产品或服务提供组织、管理等服务。这两类消费者用符号代表如图3-5所示。

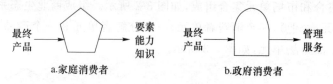

图 3-5　消费者符号表示

分解者及其功能:在商业生态系统中的还原者,也叫作分解者,是受理企业和消费者产生的废品物资的经济单元,其功能是将废品物资收进和处理,并归还大自然,其基本特点是维护人类生存环境的"绿色",保持自然生态系统的平衡,促进人类可持续发展。分解者可分为纯分解者,专门从事废品收购与处理的企业;生产带分解者,即生产性企业辅代分解功能;消费带分解者,即消费者辅代分解功能。分解者用符号代表如图3-6所示。

市场及其功能:在商业生态系统中的市场是企业之间,企业与消费者之间,企业与分解者之间进行物质交换的场所,其功能是在各经济单元之间进行物资、能源、资本、劳动、知识、技术、信息等商品与生产要素的等价交换,其特点是促进社会财富流动和优化配置,维持商业生态系统的价值平衡。市场代表符号如图3-7所示。

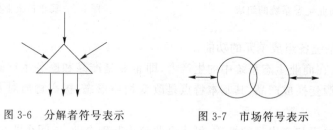

图 3-6　分解者符号表示　　　　图 3-7　市场符号表示

2. 商业生态系统的宏观结构

(1)商业生态系统的空间结构。商业生态系统的空间结构是指商业生态系统所占据的几何空间,它可以分为地域性空间结构和行业性空间结构。商业生态系统的地域性空间结构是一个地区,一个国家,跨国际的若干个国家或地区,或整个国际经济系统。不论地域大小,其中至少要包含一个最小的商业生态单位。在地域性商业生态系统中包含不同行业的企业、消费者和市场。商业生态系统的行业性空间结构是某一行业(如电力行业)跨不同地区的空间分布。只要地域范围给定,一个行业即是一个商业生态系统,不论行业大小,其中至少要包含一个最小的商业生态单位。这两种空间结构的关系如表3-1所示。

(2)商业生态系统的时间结构。商业生态系统的时间结构表现为商业生态系统的发展阶段性,反映商业生态系统在时间上的演化状态。

商业生态系统时间结构分为短期演化的商业生态系统,中期演化的商业生态系统和长期演化的商业生态系统。短期演化的商业生态系统,其时间长度通常为一年,因为一个地区或一个行业的经济量是以一年为统计时间单位的。商业生态系统的年经济统计量反映各生产单元(企业)和各消费单元(家庭或政府部门)的年度经济状况。中期演化的商业生态系统,其时间长度通常为五年,因为一个地区或一个行业的中期经济计划是以五年为时间单位的,即"五年计划",同时也是以五年为时间单位统计经济量,以反映其经济发展水平。长期演化的商业生态系统,其时间长度可以是十年,二十年或更长的时间,它是根据一个地区(国家)或一个行业的经济发展远景目标和规划而定,即十年规划,二十年规划,甚至有五十年规划。商业生态系统长期演化分析能够反映在国家政治制度、经济体制、社会文化、技术变革等因素变化,国际经济与社会影响,以及自然环境变迁等影响下商业生态系统的进化水平。

表3-1 商业生态系统的空间结构关系

地区 行业	1	2	...	m	...	M
1	第1地区第1行业的商业生态系统 BES_{11}	BES_{12}	...	BES_{1m}	...	BES_{1M}
2	BES_{21}			⋮		⋮
⋮	⋮			⋮		⋮
n	BES_{n1}		...	BES_{nm}		...
⋮	⋮			⋮		
N	BES_{N1}					BES_{NM}

(3)商业生态系统的物流——价值流结构。企业生态系统的物流——价值流结构是指企业的不同类型投入物和产出物,分为自然资源投入物流,中间产品(或生产资料)投入物流和商品物流,并与企业一起构成上游企业,中游企业和下游企业之间的链式关系,如图3-8所示。物资的流动规律是:沿着物资流动方向,物资流量减少,价值流量增加。

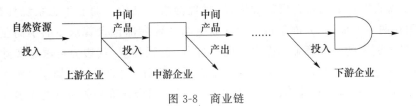

图3-8 商业链

3. 商业生态系统的特征

不同于商业价值链模式强调如何利用企业已经拥有的,即内部资源形成竞争优势。在商业价值链模式中,价值是按链条中的不同环节进行分配的,任何一个环节的利得都意味着其他环节的损失,这使价值链的主导企业有动力去进行整合,将更多的业务纳入自己的掌握之中。商业生态系统则强调企业如何通过建设一个价值平台,通过平台借助、撬动圈内其他企业的能力,借助合作伙伴的资源、能力来创造价值并形成竞争优势。

商业生态系统作为一种新型的企业网络,不仅具有企业网络的一般特征,同时它还具有以下几个重要特征:

(1)建立在企业生态位分离的基础之上。所谓生态位,是一个生物单位对资源的利用和对环境适应性的总和。当两个生物利用同一资源或共同占有某环境变量时,就会出现生态位重叠,由此,竞争就出现了,其结果是这两个生物不能占领相同的生态位,即产生生态位分离。商业世界也一样,企业对资源的需求越相似,产品和市场基础越相近,它们之间生态位的重叠程度就越大,竞争就越激烈。因此,企业必须发展与其他企业不尽相同的生存能力和技巧,找到最能发挥自己作用的位置,实现企业生态位的分离。成功的企业将是那些能够找到属于自己生态位的企业。企业生态位的分离不仅减少了竞争,更重要的是为企业间功能耦合形成超循环提供了条件。

(2) 强调系统成员的多样性。多样性概念来源于生态学,生态系统中的各类生物在环境中各自扮演着重要的角色,通过物种与物种之间、生物与环境之间的摄食依存关系,自然界形成了多条完整的食物链并构成了复杂的食物网,进行着生态圈内物质流动与能量传输的良性循环,食物链的断裂将影响系统功能的发挥。和自然生态系统一样,多样性对于商业生态系统也是非常重要的。多样性对于企业应对不确定性环境扮演着缓冲的作用;同时,多样性有利于商业生态系统价值的创造;并且,多样性是商业生态系统实现自组织的先决条件。

(3) 保持系统的健康起着非常重要的作用。自然生态系统中,可以根据各个种的作用划分为优势种、亚优势种、伴生种和偶见种。其中,优势种对整个群落具有控制性影响,因为,如果把群落中的优势种去除,必然导致群落性质和环境的变化。同样的道理,在商业生态系统中,关键企业对系统抵抗外界的干扰起着非常重要的作用,因为它所支持的多样性在遇到外界干扰时充当了缓冲器的作用,从而保护了系统的结构、生产力和多样性。

(4) 商业生态系统认为系统的运作或动力来自系统内部各个要素或各子系统之间的相互作用。自主、自发地通过子系统相互作用而产生系统规则,这是协同学最根本的思想和方法。这种思想告诉我们,复杂性模式的出现实际上是通过底层(或低层次)子系统的竞争和协同作用而产生的,而不是外部指令。系统内部各个子系统通过竞争而协同,从而使竞争中的一种或几种趋势优势化,并因此支配整个系统从无序走向有序。商业生态系统是一个复杂适应系统,在一定的规则下,不同种类的、自我管理的个体的低层次相互作用推动着系统向高层次有序进化。

(5) 虚拟商业生态系统具有模糊的边界,呈现网络状结构。商业生态系统具有模糊的边界,主要体现在两个方面,一方面是每一个商业生态系统内部包含着众多的小商业生态系统,同时它本身又是更大的一个商业生态系统的一部分,也就是说,其边界可根据实际需要而定;另一方面是某一企业可同时存在于多个商业生态系统生存,尤如青蛙既属于湖泊生态系统,又属于草地生态系统一样,飞利浦不仅和美国电话电报公司合作取得先进的光电技术,也同德国西门子公司合作,设计统一的电话系统。

(6) 商业生态系统具有自组织的特征,并通过自组织不断进化。商业环境在不断地改变,对于商业生态系统来说,只要条件满足,自组织就不会停息。也就是说,自组织会随环境不断进化。

4. 商业生态系统的策略

基于商业生态系统理论,竞争中的企业应能有效地利用生态观念制定企业的策略,这些策略是:

(1) 鼓励多样化。具有多种生命形态的生态系统是最坚强的生态系统。同样地,多样化的公司是最有创造力的公司。这种多样化不仅表现在公司业务内容与业务模式上,而且表现在用人政策上。

(2) 推出新产品。在生态系统中,生命靠复制来繁衍,每一代生产下一代,以确保物种生存。产品寿命有限,不论今天多么成功,终将被下一代产品取代,因此需要不断地推出新产品。

(3) 建立共生、互生关系。共生是指两种或多种生物互相合作,以提高生存能力。传统企业视商业为零和竞争,从不考虑互利或共生关系,主张"绝对别把钱留在桌面上"。新型企业总是寻求双赢的共生关系,各成员分工协作,为共同的目标有机地联合成一个整体,协同为用户创造价值,实现生态圈的整体价值最大化。共生的核心是创造一个价值平台,这个平台可供生态圈中各商业伙伴共同利用和分享,从而使价值创造活动能够得以系统化地组织。此外,从竞争角度看,既在合作中竞争,又在竞争中合作。由此产生了一个新词汇:竞合。例如,苹果公司与微软公司的关系就是一种竞合关系。

在共生之上,生态圈成员还呈现一种相互依赖的关系,每个成员的利益都与其他成员,以及生态圈整体的健康发展相联系。成员所创造的价值会在整个生态圈中进行分享。如果缺乏这种分享,生态圈的健康水平就会受到威胁,成员可能会出现衰退,或转向其他生态圈。

(4)适时再生。任何产业都有其发展边界,当外部环境变化或产业进入成熟期之后,可能会发生整个产业的衰退。再生是指通过重新关注最适合的市场和微观经济环境的产业区域,将一些资源转移到新的生态圈,建立更好的合作框架和更健全的经济秩序,从而成功地穿越未来更宽广的市场范围。

3.3 "互联网+"背景下的信息通信产业生态

以计算机、网络、通信为代表的现代信息技术革命催生了数字经济。数字技术正广泛应用于现代经济活动中,提高了经济效率、促进了经济结构加速转变,正在成为全球经济复苏的重要驱动力。对于中国来说,数字经济既是经济转型增长的新变量,也是经济提质增效的新蓝海。2015年李克强总理在政府工作报告中首次提出"互联网+"行动计划。强调了以互联网平台为基础,利用信息通信技术与各行业跨界融合。作为互联网的基础设施,尤其是随着"移动+宽带"的加速发展和普及,通信业的快速发展将是"互联网+"战略得以发展和推进的基石。通信领域逐步开始利用"互联网+"进行思维创新。

3.3.1 传统通信产业链构成

通信产业链是通信行业从原材料加工、中间产品生产、制成品组装,以及销售服务、到最终用户可以使用特定服务的一条产业链。

价值链和价值网的概念一直受到国内研究通信产业发展的学者们的关注,他们从不同的角度出发,对我国通信行业的价值链进行了探讨。早期有学者通过对基础电信市场的分析指出:传统的电信行业价值链只存在设备提供商、网络运营商和最终用户三个环节,但是随着行业的发展,这条价值链正在延长和细化;随后则有学者提出在移动数据产业价值网络中,成员之间体现了一种利益分享、风险共担的共生关系以及"电信产业生态系统"这个概念;在此基础上,有学者从生态视角对于通信产业进行研究,并提出通信产业生态系统是一个由生产企业、消费者、运营商以及市场、环境相互作用并自发调节的生态单元。通信产业链上各主体之间的功能如表3-2所示。

传统通信产业链包含:运营商、开发商、芯片商、设备商、硬件加工厂以及终端商;目前,国内市场三大主要电信运营商包括中国电信,中国移动,中国联通,以及数十家虚拟运营商;智能手机开发商包括华为、联想、三星、苹果等;芯片商包括高通、华为、英伟达等;设备商包括中兴、华为、苹果、三星等;硬件加工厂包括富士康、中兴、华为等;终端商包括小米、苹果、华为、三星、中兴等。

表 3-2　通信产业链主体间功能列表

产业链主体	功　　能
网络设备供应商	在传统产业链中处于"基石"角色,在现代电信生态系统中它一如既往地充当电信技术进步的原动力,但其自身也在发生裂变,或者侧重于移动通信业务设备,或者立足于固话业务设备,并在推动技术进步的同时影响市场需求与选择
电信运营商	在传统产业链中扮演"轴心",在现代电信产业生态系统中同样是关键角色。它是领导者和组织者,是可以重新整合各方关系的最强力量,是最有能力承担产业演进的推动者,并且可以通过组织各个部分的分工合作和密切配合来实现多赢
内容提供商和集成商	因业务提供的专业化分工而成为产业生态系统中不可缺失的关键一环。内容提供商通过不断扩展自己的服务器数目、向用户提供更多的内容来吸引用户的注意,拉动用户需求。而系统集成商以个性化定制服务进行改造开发和系统集成工程实施,致力于将硬件、软件和服务捆绑起来的全面解决方案,令电信网络能提供更高效便捷的服务
终端供应商	在生态系统中是连接用户的最直接媒介,它发育的程度直接决定整个生态系统服务能力的高低。终端早已不再仅是一个电话机,它可以融合照相机、计算机、收音机、摄像机、钱包、词典、电视等功能,但凡想到的都可以融合在终端里面
消费者群体	是电信生态系统的核心,电信业的发展演变有两大原因:技术驱动和需求拉动,而随着市场竞争的加剧,电信产业发展越来越多地取决于需求拉动。这使得对消费者的识别、细分、消费习惯的培养、营销,成为竞争制胜的关键
政府	作为监督者,在生态系统中的作用应该是为各类企业之间公平竞争搭建一个平台,它是市场秩序的维护者和产业发展的宏观引导者,而不是置身市场竞争游戏之中去选择输家或赢家

　　传统的电信运营企业为保持核心的市场竞争力,同时保持低成本、高效率的运营状态,将重点集中于其最为擅长的核心网络的建设与维护上,对于大量的增值业务和功能化业务则转售给更加专业的企业,合作开展业务运营。用户对于业务的质量和服务的要求也越来越高,这样虚拟运营商就应运而生。

　　虚拟运营商(Virtual Network Operator,VNO),是指拥有某种或者某几种能力(如技术能力、设备供应能力、市场能力等)与电信运营商在某项业务或者某几项业务上形成合作关系的合作伙伴,电信运营商按照一定的利益分成比例,把业务交给虚拟运营商去发展,其自身则腾出力量去做最重要的工作,同时电信运营商自己也在直接发展用户。虚拟运营商就像是代理商,它们从移动、联通、电信三大基础运营商那里承包一部分通信网络的使用权,然后通过自己的计费系统、客服号、营销和管理体系把通信服务卖给消费者。

　　虚拟运营商的出现正是因为电信技术更新、发展和用户对于电信业务需求的不断增加及电信业务种类的激增,导致电信运营商角色的改变。虚拟运营商的出现,改变了以往电信运营的模式。

　　从商业的运作上看,虚拟运营商并不具有网络,但是通过网络的租赁和使用为客户提供服务,将更多的精力投入到对新业务的开发、运营、推广、销售等领域,这样就可以为用户提供更为专业的服务。

　　从中国的电信行业的发展来看,传统电信运营业的发展还处于一个相对的增长时期,尤其是中国电信分拆、电信行业重新布局等新形势,将使电信行业把更多的精力和注意力放在网络的新建设上、业务的新运营上。因此,可以预测虚拟运营商在我国的发展还将依据行业的发展而定,短时间内并不会大规模的风行。

3.3.2 移动通信产业价值链的演进

我国的移动通信产业从使用技术层面上经历了三个阶段:早期的模拟机时代,成熟的 2G(2.5G)时代和随后兴起的 3G、4G 智能全面应用时代。在几十年的发展中,无论是技术进步程度还是产业增长速度,都取得了令世界瞩目的成绩。特别是 2009 年以后,随着 3G 产业的兴起,移动通信成为广受关注的热点。

技术的日新月异和高速增长的市场需求也带来了我国移动通信产业的巨大变化。传统的移动通信产业价值链正在逐渐发生演变和延伸,它不仅吸引了更多各类型企业的参与,也融合了其他的产业,并最终引起了价值链的分拆与重组,进而形成一个非常复杂的拥有大量信息和资源交互的价值网络。在这个新的价值网络中,传统的运营商、设备生产商的地位和角色正在发生微妙的变化,作为新兴力量的 SP/CP 提供商正在发挥越来越大的作用,而作为产业服务的最终目标,客户的多样化需求则成为价值创造的中心。

1. 产业发展初期的价值链模型

我国移动通信行业兴起是从 1987 年政府将中国移动从中国电信拆分出来单独运营开始的。当时的业务模式非常简单:全国只有中国移动一家运营商,提供单一的移动话音服务,采用的是国外 TACS(模拟移动通信)系统,因此设备也主要都是国外产品,参与到整个产业中的企业和用户非常少,价值链结构也很简单,如图 3-9 所示。

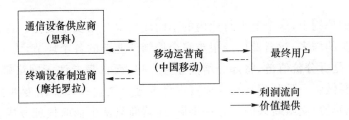

图 3-9 移动通信产业发展初期的价值链模型

在这条早期的价值链中,运营商作为行业的领导企业,始终处于核心地位并拥有绝对控制力。中国移动依靠自己的垄断地位和各种垄断政策保护向用户收取高额入网费和通话费,这使得当时的移动通信成为针对少数高端群体的特殊服务,同时也加速了移动网络的发展。另外,由于早期特殊的技术背景,手机终端无法脱离网络资源,移动公司在终端设备的销售过程中获取大量的提成。

在移动通信发展初期,存在着缺乏竞争以及政策的不平衡性。移动运营商基于自己的高额垄断利润,推进行业改革的积极性并不高,大量潜在用户受制于高昂的手机价格和通话资费,而其他进入者要想参与到产业链中又面临着庞大的成本和技术壁垒。在没有外力干预的情况下,整个移动通信产业会成为一个没有驱动力的封闭系统。

在这种情况下,一家独大的局面阻碍了行业的正常发展,在价值链上矛盾日益突出,客户范围严重受限,产业格局的调整势在必行。

2. 2~2.5G 时代的价值链模型

1994 年 7 月,中国联通公司成立,使得移动通信行业独家垄断国内移动通信市场的局面开始改变,双寡头垄断的模式使移动通信行业市场效率得到改进,大幅度降低了入网费和通话费,全国移动用户数迅速增长。同时,随着技术的推进,"机号合一"的网络模式也很快被数字移动通信网 GSM 取代,手机卡与手机分开销售使得移动终端厂商不再依附于运营商的销售渠道而可以独立经营。这一阶段的移动通信产业价值链,如图 3-10 所示。从产业链结构上来看,由于技术的进步和政策的改变,这个阶段的移动通信产业开始向纵向和横向逐渐发展和延伸。一方面,新的增值业务,如手机短信、彩铃等开始出现,从而产生了价值链上的新成员——SP/CP 提供商;另一方面,双寡头竞争的运营商格局使得中国移动失去了过去在产业价值链上的绝对控制地位,为应对一定程度的竞争,入网费、通话费下调,移动通信服务不再专门针对少数高端群体,客户范围迅速扩大并伴随需求差异化,这也使移动运营商感受到重新定义市场的重要性;同时,市场的迅速扩大还造就了一批通信设备供应商的成长,以华为、中兴为代表的许多国内企业都开始参与到产业链中并取得了成功。

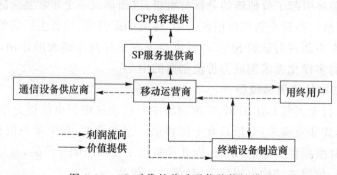

图 3-10 2G 时代的移动通信价值链模型

而在价值链的控制上,这个时期行业内的不同成员也开始发生变化。首先,由于竞争机制的引入和业务种类的增多,运营商已经很难完全控制产业链的各个环节,为了保持稳定的利润来源,明智的做法是拆分价值链,将部分增值业务外包,而自身专注于网络资源建设和用户群体的扩张。其主要做法一是利用社会商业资本将卡号分销业务转交给专业分销渠道,二是将部分增值业务(如彩铃)交给新兴的服务提供商,运营商只从中抽取代理分成。其次,通过在与用户的直接接触中掌握需求信息,SP/CP 提供商在价值链中发挥的作用也逐渐变大,不仅直接引导了消费需求的增长,更是带动了整个行业业务种类的扩展。

在这个阶段,移动通信产业链参与的环节逐渐增多,信息和资源交互更加复杂,行业中不同成员创造的价值也越来越大。但是同时,由于长期的积累,中国移动在运营时间、网络资源和客户数量上相对中国联通仍然具有无法比拟的优势,特别是通过行业标准的制定,运营商仍然极大削弱了设备供应商和客户的议价实力。

3. 3G 时代的价值链模型

进入 3G 时代,移动通信产业的市场需求不断增长,竞争过度激烈,价值链不断细分,早已经不再只是以前简单的业务模式。以 2008 年中国电信运营商大整合和 3G 牌照的发放为标志,中国的移动通信产业结构再次发生巨大的变化。这种变化带来的结果是电信产业链不再是结构固定的单一价值链,而是众多参与者相互依赖、紧密合作的价值网络。每一个参与分工协作的企业,都只是价值网络中的一个"节点",为客户提供部分价值,如图 3-11 所示。

从产业链上观察这个阶段的特点主要有:

大运营商的出现和全业务牌照的发放使得通信行业的竞争空前激烈,移动通信网、传统电信网和互联网的融合成为不可扭转的趋势,整个通信行业创造的价值将快速增长;巨大的客户群体和潜在的业务需求,移动通信不再仅仅只代表着语音通话和短信,而是融合了更多的内容和服务,传统媒体、金融、娱乐等行业都将通信行业作为一个新的发展平台参与进来,促使各种增值业务不断出现。

参与价值链的企业越来越多,并且相互之间的关系错综复杂,大量的资源、信息流通使传统的价值链呈现出网状特点。产品或服务的价值是由每个价值网的成员创造并由价值网络整合而成的,每一个网络成员创造的价值都是最终价值不可分割的一部分;庞大的用户群体和差异化的需求,使得运营商单靠产品质量和价格的策略已经难以获得竞争优势,不断推进服务的品质和多样化成为吸引客户的关键。

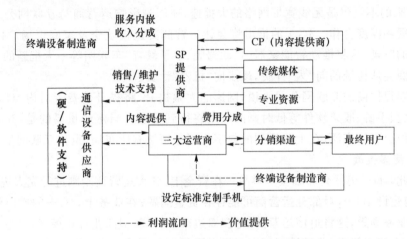

图 3-11　3G 时代的移动通信价值链模型

从价值链的控制上看,在目前这个复杂的产业网络中,运营商已不再是价值网的唯一核心,激烈的竞争和上下游企业议价实力的增强使运营商很难再通过一己之力获取优势,而只能加强与网络其他成员的合作,通过创造更多的商业机会与优势互补,共同为最终客户创造价值。同时,SP 提供商作为中间商,凭借长期与客户的直接接触,自身的服务优势和品牌效应也越来越明显,甚至拥有了引导客户需求的潜在能力,因而在整个价值网络中扮演着越来越重要的角色。

通过以上回顾我们看到,移动通信产业价值链始终处在变革之中,它是一个不断有成员加入和退出,而成员之间关系也在不断变化的动态过程。随着国内电信运营市场的加速开放,通信技术的发展、互联网的普及和人们需求的多样化,逐步形成了包括"设备供应商、网络运营商、内容和服务提供商、顾客"的新型产业价值网络。

3.3.3　通信业 4.0 时代的产业生态环境

如果说 3G 构建了无线宽带网络,4G 扩展了无线宽带网络,那么 4G＋则预示着无线宽带网络多车道并行时代的到来,运营商和互联网公司都会基于这一网络布局更多的数字化内容,重构互联网生态。

1. 技术快速演进

从 2013 年年底,三大运营商获得了 4G(TD-LTE)牌照之后,中国进入 4G 网络的高速发展通道,建成了全球最大的 4G 网络。而到了 2015 年,运营商则由快速建网向建设精品网络转变,中国移动和中国电信几乎同时宣布应用载波聚合技术,将 4G LTE 网络的速度提升到 300 Mbit/s,尽可能地满足不同用户的实际需求。

从开始建设 4G LTE 网络到应用 4G+,中国运营商仅用两年的时间,对个人客户来说,随着 4G 的普及,消费者对网速的要求越来越高,4G+ 的商用能提高这部分顾客的消费需求,提升用户黏性;对政企客户来说,4G+ 的推出能带来更多的政企行业应用、IT 信息化的解决方案,推动企业发展。从宏观的角度来看,4G+ 的推出有利于国家"互联网+"和《中国制造2025》战略的实施,4G+ 将有利于推动物联网的发展,为迎接万物互联的产业新形态打下基础。

2. 商业模式拓宽

4G+ 带来的不仅仅是无线宽带网络的大提速,还深刻影响运营商与互联网公司未来数字化业务的发展和深度合作。4G+ 的推出将会让运营商更重视政企及家庭市场。4G+ 将大幅降低端到端的时延,这将推动智能家居、自动驾驶、电子教育、车联网等一大批新的业务场景的出现。运营商会从传统的向"人"计费,逐步向"机器"计费。

对于内容提供商的互联网公司来说,网速的大幅提升,将提升消费者对内容质量的要求。高清视频,大型手游、股票软件等低时延的应用将得到重视。当然最重要的是,互联网公司与运营商的合作会更加广泛,在上述提到的数字化服务领域有所布局,重构互联网生态圈。

3. 面临诸多挑战

尽管如此,4G+ 仍然会面临很多挑战。在资金上,各大运营商刚刚进行完大规模的 4G 商用建设,目前建设 4G+,对部分运营商可能存在资金问题;在业务上,4G+ 的推出将给运营商提供众多新业务场景,这将迫使运营商研究"双边市场"等新型商业合作模式,打造能力开放平台,对运营商在智能管道、营销转型等方面提出了更高的要求;在技术上,频谱资源的不足,也将是 4G+ 的技术挑战。

在考虑到运营商的网络支持情况、终端的适配和功能支持、运营商的频谱资源规划等因素所需要的时间,4G+ 服务形成的效果将会是一个较长的过程。

3.3.4 信息基础设施

过去十年,互联网的发展颠覆了世界的方方面面。基于 IP 网络的各种业务和应用迅速改造了金融、商务、物流……社会各行业都加速架构在移动网和互联网之上,而产业互联网大潮的到来,更使互联网下沉为各行各业都能调用的基础设施。

面对互联网成为共用基础设施的趋势,传统的基础网络正在面临严峻挑战。现有的网络因其设计复杂、开放性不足、调整效率低等原因,已经无法适应下一代互联网对基础网络设施提出的更简单、更开放、更灵活、更广泛的要求,亟待认真思考和重新审视,构建适应万物互联、智能化社会的下一代互联网基础设施。

1. 现有基础网络

尽管目前基础网络设施仍然由运营商所搭建,但是运营商已经不能完全控制业务的发展,更加无法左右业务所带来的流量以及这些流量的整体分布。互联网企业已经逐渐成为基础网络设施之上业务和流量的事实主导者。互联网企业所提供的服务对流量的影响已经展示了这种控制权的变化,而这种控制权的转移也意味着通信产业价值链的转移——在过去的价值链分配中,运营商处于价值链的顶端,拥有产业链的绝对话语权,但是在移动互联网时代,运营商被管道化和边缘化,价值重新分配,互联网企业正在成为价值链的主要部分。

新的价值链主导者有着和传统电信运营商不同的特征。互联网讲究快速创新,更愿意通过与产业链上下游开放合作的方式,快速提供整合的业务方案来保持创新的速度。这种为了创新、不断试错的发展方式,使得互联网业务与传统业务相比具有极大的不可预测性——常常会有一个业务突然爆发,拥有大量的用户,形成巨大的流量和入口,但也可能快速湮灭在互联网新业务的大潮中。

2. 下一代互联网的新需求

互联网企业特别是移动互联网的发展对基础网络设施提出了新需求。就目前来看,这些需求可以分为四个方面。

(1) 更简单。2013 年美国的云通信公司 Twilio 营收 5 000 万美元,估值 5 亿美元。这家公司所提供的服务可以简单地比喻为"打包运营商"。它们给所有应用程序开发者提供 API (应用程序编程接口),让应用程序开发者仅加入几行代码就能够在其应用程序中添加语音电话和短信功能。Twilio 的发展显示了互联网企业的强烈需求:需要能够方便地将网络功能元素与其他功能要素进行组合,从而产生多种新的不同功能、不同性能的系列产品,并最终形成更为优秀的产品形态,这就需要基础网络功能简单易用、界面友好。

(2) 更开放。互联网公司业务设计方式已经从"以用户为中心"开始向"用户参与式"转变,通过用户深度地参与业务设计,更快更准确地把控和满足用户需求。因此,互联网企业希望网络更加开放,更简单地实现调用和配置,也能更方便地通过产业链上下游的合作来完成拼图,构建整个系统。Facebook 在 2013 年建立 internet.org 并主动加入了 GSMA,通过这些组织,Facebook 可以增强与运营商的沟通,并联合各国运营商以及多家终端厂商形成合作联盟,最大限度地扩展协作,形成更好的服务体系。

(3) 更灵活。互联网业务快速迭代,要求网络必须具备快速灵活的拓展架构,方便配合其业务变化的现实需求。Amazon 的 AWS 服务就更好地满足了自身对网络与流量的灵活扩展需求。在打折季时需要极高流量,而平时流量变化则不明显。通过云技术,Amazon 实现了对网络、存储能力的灵活扩展、动态调度,进而提高了资源的使用效率。Amazon 服务可以在保持原系统可用性基础上,独立地进行扩展操作,不需要大规模的重新配置就可以快速推出新服务。

(4) 更广泛。产业互联网将带来工作方式和环境的全新变化。人们可以通过虚拟的、移动的方式开展工作,这就需要将无处不在的传感器、嵌入式终端系统、智能控制系统、通信设施通过 CPS(Cyber-Physical Systems)形成一个纵横交错的智能网络,使人与人、人与机器、机器与机器以及服务与服务之间能够实现横向、纵向和端对端的高度互联与集成,让物理设备具有计算、通信、精确控制、远程协调和自治五大功能,从而实现虚拟网络世界与现实物理世界的深度融合。

3. 基础网络设施的挑战

互联网已经成为第四次工业革命的核心推动力,伴随着这次工业革命的发展,人类生活的方方面面都在发生改变,互联网将逐步主导通信产业,传统的电信基础设施面临巨大挑战。

(1) 网络功能设计复杂,耦合度高,可扩展性差。架构设计过于复杂导致难以快速升级和优化。传统的电信网络与业务是紧耦合,更多考虑标准化、稳定性和安全性。一方面,为了保障业务的不宕机,网络设计之初的网元和接口众多,整个网络很"重",以 IMS 系统为例,主要网元和功能实体达到 20 个左右,之间设计的流程和接口则更多;另一方面,系统中存在大量不常用功能。以语音业务为例,大部分功能普通用户既没用过,也没听说过。另外,网络设计为一个封闭的系统，一般先设计规范和标准，然后再进行设备开发测试，很少基于成熟的开源系统设计，一个完整的周期一般需要5年以上，即使部分功能的优化和升级也需要以年计的时间才能完成。设备、网络和业务在设计和建设时已经紧紧捆绑在一起，缺乏灵活的应变和调整能力。这为后续的重新调整和开发带来巨大的工作量，导致升级困难和迭代周期长。

（2）缺乏集约运营和统一管理。运营商从历史上一直是按省、市、县层层划分的"城邦"体制，业务和网络都是属地化运营为主，骨干网由省公司和集团公司运营，城域网由本地网运营。各省的"被动割据"造成网络如一盘散沙，运营商的核心资源划成了一个个相对封闭的单元，也让各省网络的质量、管理水平、运维能力、开放性、技术路径各不相同，大大降低了基础网络设施的集约性和统一性。这种分割还造成了网络分段管理，业务开通和响应周期长，缺乏提供端到端的服务质量保障和完整解决方案的能力。互联网最重要的就是"无边界运营"，网络资源作为其中重要的承载基础，如果不能形成全国一张网、一盘棋，做不到统一、集约、快速的调度，显然对互联网企业的吸引力和对提升互联网业务的良好体验都将大打折扣。

（3）开放性和分离性不足，缺乏产品化和服务化能力。传统电信基础设施从设计到建设都是以"从内向外"提供能力为出发点的，都是基于现有网络能力体系结构、业务提供方式进行平台的架构设计，典型的"我有什么你用什么"的思路。现有的网络设施则强调整体性，功能分离性不足，缺乏模块化和开放性设计，难以灵活组合。部分网络能力还缺乏标准化的能力调用接口，用户使用时需要适应不同提供商、不同提供方式和接口。

网络设施的设计主要面向前向用户，较少考虑面向后向用户的使用要求。由于互联网服务模式的改变，凸显了基础网络能力的服务化、产品化程度不够。例如，多种对时延、丢包等质量指标要求不同的业务混在一起承载，导致高质量要求的业务得不到差异化保障。这在语音、短信为主的时代也许不是问题，然而在强调互联网业务体验的今天，显然是无法满足需要的。

（4）网络设施动态调整的能力不足。由于网络流量突发性越来越突出，忙时和闲时的流量差别变大，数据中心的流量与运营商网络的流量时时充满变数，没有明显的规律，开发能够"随机应变"的网络就提上了议事日程。

只有有效引导流量才能提高网络利用效率，这就需要网络设施能够识别流量的流向和区分不同流量的服务质量要求。现在，一方面应用种类繁多，较大的应用一般采取分布式部署，流量流向复杂；另一方面，互联网公司大量采用CDN技术，流量流向与用户兴趣点变化密切相关，而这部分网络策略运营商往往并不知晓。现有基础网络设施既不能有效引导流量，平衡设备和网络的利用效率，也不具备根据流量变化的灵活调整能力，很难保障突发事件或热点事件营销时互联网企业对网络的需求。

4. 下一代互联网基础设施的架构

随着互联网成为推动全社会产业再造和转型的重要力量，其基础设施不仅仅是网络，而是"网络+云资源+公共平台"的综合体，提供的服务也不限于通信传输，而是实现人、机、物泛在互联，提供"资源+通信+信息应用"的综合服务。基础网络也不再是以传统硬件为主、设备种类繁多的电信网络，而是软件化集约控制、设备通用化和标准化的智能网络。下一代互联网基础设施提供商不再限于电信运营商，还包括互联网企业和大型企业集团。

下一代互联网基础设施不仅提供端到端的连接功能，而且其计算、控制和感知功能大大增强，将提供宽带和泛在的网络连接、智能化的运营、平台化的网络云服务（即一体化的"网络+云资源+公共平台"服务）。

5. 宽带和泛在

宽带和泛在的网络连接将促使下一代互联网上各种应用/服务的广泛普及和易于获取,也是下一代互联网基础设施的基础。

宽带化主要体现在两个方面:一是 4G/5G 等移动宽带与光宽带的部署和普及,提供超高速宽带服务;二是网络承载的高清语音、视频与富媒体等宽带内容占比高,不再是简单的语音和短信业务。超高速宽带网络为云服务的应用和普及提供了基础,4G/5G 或者 FTTH 的宽带网络为"云"和"端"之间的通信提供保障;云数据中心的跨域部署与灵活调度需要骨干网络的提速和更广泛的覆盖。

泛在化也体现在两个方面:一是越来越多的终端设备接入网络,如智能家居、可穿戴设备、工业智能机器人、传感器等,无线、有线能更好地协同以提供无所不在的连接;二是泛在连接的不仅仅是人与人、人与机器、机器与机器之间的通信,还包括应用与内容,表现为通过门户、搜索、超级 App、Web 链接、语音入口等获取各种具体的应用与内容以及应用内容之间的交叉连接。

6. 智能化运营

下一代互联网基础设施的智能化运营主要体现在以下四个方面:一是软件定义的网络;二是云资源的智能调度;三是生态化的演进;四是大数据的深度应用。

(1) 软件定义的网络。摩尔定律引发的 IT 计算能力指数级的提升、器件的微型化和高密度集成发展为网络设备融入了更多计算、存储功能,降低了对硬件的要求并逐步实现硬件的通用化和标准化,减少了网络设备的种类和数量。

网络设备的 IT 化发展促使网络控制功能与转发功能分离,控制功能由逻辑集中的软件系统来完成,通过软件定义策略和配置来改变网络的属性和能力,大大增强网络的智能性和灵活性,从而可以将现有的分段管理、分域运营模式逐步演进为集中化运营方式,实现一个"轻量级、易调度、可重构、随需而变"的网络。整个网络如同业务平台,能够集约运营管理、能力开放共享、软件模块升级、资源可视化和产品化,从某种角度讲,网络即平台。

(2) 云资源的智能调度。云计算作为新兴的 IT 技术与交付方式,为各种业务/应用提供集约、虚拟化、可管可控的计算和存储资源,改变了网络流量模型,是下一代互联网基础设施的流量超级出入口。云资源池包括 IDC 内部、IDC 之间和 IDC 跨域的高速网络互连,未来将提供跨地区、多数据中心统一协作的资源池服务。根据业务及用户需求实现动态分配、迁移等智能调度,高效地支持业务/应用的弹性扩展和就近服务。

(3) 生态化的演进。下一代互联网基础设施会更加强调客户的参与,不断从客户、应用中得到反馈去循环改进。它不再是一个事先确定好的、标准的、封闭的体系,而是由电信运营商、互联网公司和厂商、客户等共同参与完成,不断优化的学习型服务设施。它会根据互联网业务"随需而配,随需而建",在适应业务过程中不断完善和动态沉淀。下一代互联网基础设施成功的关键是聚集上下游合作伙伴与用户形成有人气的生态系统,并面向客户和业务快速迭代,实现开发运营服务一体化发展。

(4) 大数据的深度应用。基于云计算的大数据平台将网络、终端和应用等平台产生的数据进行汇聚分析,可推断、感知和预测未来,促使智能决策应用迎来突破。对于普通消费者,既生活在消费互联网世界,也生活在产业互联网、服务互联网的世界,还生活在现实物理世界,大数据是打通这些"世界"的桥梁。下一代互联网基础设施是一个生态系统,大数据则是这个生态系统的神经细胞。

7. 平台化的网络云服务

目前,互联网基础设施中网络、云资源、公共平台三部分是分开运营的,而在下一代互联网基础设施架构下,不同服务提供主体和各部分之间将呈现协同开放、合作共赢的局面。平台化的网络云服务为上层消费互联网/产业互联网等提供完整的应用生态服务,包括通信联接、应用托管、网络资源调度、应用分发、公共能力、运营分析等,并形成"前向+后向"的经营模式,跨专业协同、跨行业合作将成为常态。

随着互联网的全面普及和网络泛在化、智能化的趋势,网络安全、应用安全和信息安全将面临新威胁和新挑战。下一代互联网基础设施通过网络、云资源、公共平台的协作互动,通过用户虚拟身份和真实身份(包括地址、位置)的交叉认证、IPVPN 或专用传输网的物理通路隔离、数字签名等措施,可以在一定程度上解决互联网安全需求。但长期来看,还应加强自主知识产权的核心芯片、操作系统、加密算法等在下一代互联网基础设施中的应用。

网络的宽带连接、QoS、安全、大数据等能力通过公共平台形成能力产品,并与业务结合,对最终用户提供可感知的体验服务(Quality of Experience,QoE)。以往,服务质量 QoS 主要是强调网络连接的分级保障,而在下一代互联网基础设施中,更强调用户的 QoE。用户体验包含网络连接的分级、云资源池的处理分级、用户服务体验等,这需要业务与网络之间实时互动、动态调配资源并一体化协作。

20 世纪末提出的"信息高速公路"更多地强调人与人的通信联接、计算机的通信联接能力,核心是不受限制的宽带网络联接。而下一代互联网基础设施将以互联网化应用为核心,更强调以人为本和以应用为本,提供"资源+通信+信息应用"的综合服务。面对下一代互联网基础设施带来的机遇和挑战,所有参与方应当勇于改变、积极参与,以更加开放和整体的思维加快构建下一代互联网基础设施,迎接"联接一切、感知一切"的智慧科技新时代。

3.4 产业生态系统的一些研究方法

本教材未对产业生态系统具体的定量研究方法展开讨论与介绍,仅对未来在产业生态系统研究方面可能使用的方法提供了指导方向。这一领域未来的研究将把生态信息方法、会计核算方法以及社会网络分析有机结合,更全面地考虑系统的广度和强度性质,加强生态和经济耦合。推进这些方法的进一步研究,对于指导产业生态系统的构建及其可持续发展可以提供更有效的理论支撑,同时也可以更好地指导政策制定。

3.4.1 社会网络分析及定量研究方法

生态产业链是可持续发展思想和循环经济理论的重要实践工具。在实践中,生态产业链既有受市场驱动自发形成的自组织模式,又有政府主导规划形成的人为规划模式。其中,自组织模式下的生态产业链更易获得成功,是未来生态产业发展的主要模式。

与一般产业系统不同,生态产业链的运营要兼顾经济效益、环境效益和社会效益多个目标,具有半公益性质。生态产业链的形成并不是企业单一力量驱动的结果,而是企业、政府、行业协会、环保组织、消费者和公众等众多利益相关者合力形成的社会网络。

1. 自组织生态产业链类型

自组织生态产业链是生态产业发展实践的最早形态,是以企业为主体的利益相关者基于对生产要素的共同需求而自发形成的生态产业链网结构。与人为规划的生态产业链不同,自组织生态产业链以共生企业为核心,以经济利益为导向,主要依靠市场机制来调节利益相关者间的关系,具有较好的稳定性和系统柔性。

根据企业共生关系性质,自组织生态产业链可分为多元化共生模式和一体化共生模式两种共生类型。其中,多元化共生模式是指具有独立法人资格的企业间共生形成的生态产业链,通过缔结商业契约形成共生链接,以契约关系为主,如卡伦堡生态产业链。这种共生链接强度较弱,企业可以随时根据自身经济利益的考虑做出链接与否的决定。因此,多元化共生关系网络具有较高的开放性。出于对自身技术保护的考虑,企业间信息共享程度较低,且存在较高的交易成本和机会主义行为。主要采用外在治理方式,在自愿、平等、协商基础上,通过利益分配、信任等机制进行价值链条上的纵向治理。

一体化共生模式则是具有复合实体共生性质的生态产业链,企业多数隶属同一集团公司,企业产权归集团公司所有。集团公司根据生态产业系统构建需要,建立起下属企业间的共生链接关系,以产权关系为主体。共生链接与否的决定主要听命于集团行政指令,具有较强的链接强度和封闭性,主要限定在集团公司内部。由于属于同一集团公司,企业知识产权保护顾虑较少,信息共享程度较高,交易成本低,机会主义行为也较少。主要采用自上而下的内部治理方式,通过政策机制、产权机制等手段开展横向治理。

2. 自组织生态产业链社会网络模型

社会网络理论认为世界是由关系构成的特定网络结构,关系是各类资源流动的渠道。自组织生态产业链是由多方利益相关者构成的中间性关系网络组织,包含物质或能量交换关系、资金和技术投入使用关系、信息交流关系等多种关系。一般根据关系性质的不同,将自组织生态产业链社会网络分为核心网络层、支持网络层和环境网络层三个层次,如图 3-12 所示。

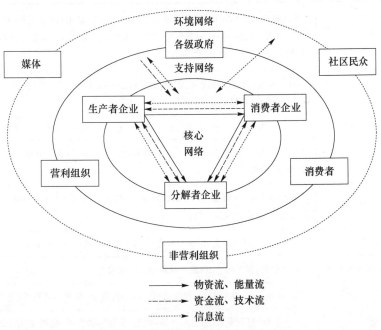

图 3-12 自组织生态产业链社会网络模型

核心网络层是由生产者企业、消费者企业和分解者企业构成的以企业共生关系为核心的关系网络。以副产品或废物交换为基础的物质流、能量流、资金流、技术流和信息流通过企业间共生关系进行传递。各级政府、营利组织和消费者构成了生态产业网络的支持层,通过投入资金、信息、技术为生态产业网络组织提供必要的支持。非营利组织、媒体和社区民众主要以信息为媒介对生态产业链提供舆论监督和支持,构成生态产业链社会网络的环境层。

自组织生态产业链社会网络的本质是由众多利益相关者构成的社会关系网络,可以从网络密度和网络凝聚力、平均距离、核心边缘结构、节点中心度以及结构洞等方面来表征利益相关者的角色、地位以及相互间的关系。当然,由于自组织生态产业链的多元化共生模式和一体化共生模式在共生关系等方面存在较大差异,其社会网络结构特征也会存在明显差异。

3. 社会网络结构分析

卡伦堡生态产业链常被作为研究其社会网络整体网结构特征的案例。为系统分析生态产业链的社会关系,该案例综合考虑了生态产业链中的物质流、能量流、资金流、技术流和信息流交换关系。根据关系重要程度的不同,将生态产业链的社会关系分为三类,分别用符号◎、△、○来表示。符号◎表示强关联,主要涉及企业间的物质流或能量流交换。符号△表示中等关联程度,主要涉及政府、营利组织、消费者与企业之间的资金流或技术流。符号○表示弱关联,主要涉及利益相关者之间的信息流交换关系。符号◎、△、○之间的数值关系设定为◎:△:○=5:3:1。案例数据资料主要来自国内外相关权威文献,其中利益相关者及关联关系如表3-3所示。

表3-3 卡伦堡生态产业链的利益相关者及关联关系

利益相关者 Stakeholder	关联方 Related parties
Asnaes 发电厂	Statoil 炼油厂(蒸汽、资金、信息),Aaborg Portland 水泥厂(飞灰、信息),Gyproe 石膏板厂(石膏、信息),Asnaes 养鱼场(供热、信息),Novo Nordisk 生物公司(蒸汽、信息),政府(税金、信息),消费者(供热、信息)
Statoil 炼油厂	Asnaes 发电厂(废水和废气、资金、信息),Gyproe 石膏板厂(丁烷气体、信息),Kemira 肥料厂(熔融硫、信息),政府(税金、信息),消费者(燃油、信息)
Aaborg Portland 水泥厂	Asnaes 发电厂(资金、信息),政府(税金、信息),消费者(水泥、信息)
Gyproe 石膏板厂	Asnaes 发电厂(资金、信息),Statoil 炼油厂(资金、信息),政府(税金、信息),消费者(石膏板、信息)
Nove Nordisk 生物公司	Asnaes 发电厂(资金、信息),农场(淤泥、信息),酵母菌厂(废弃细菌、信息),政府(税金、信息),消费者(药品、信息)
Asnaes 养鱼场	Asnaes 发电厂(资金、信息),政府(税金、信息),消费者(鱼、信息)
A/S Bioteknisk 土壤修复公司	矿产企业(填埋用土、信息),政府(税金、信息)
酵母菌厂	Novo Nordisk 生物公司(资金、信息),政府(税金、信息),消费者(酵母产品、信息)
Kemira 肥料厂	Statoil 炼油厂(资金、信息),政府(税金、信息),消费者(化肥、信息)
矿产企业	A/S Bioteknisk 土壤修复公司(资金、信息),政府(税金、信息),消费者(矿产、信息)

续表

利益相关者 Stakeholder	关联方 Related parties
农场	Novo Nordisk 生物公司（资金、信息），政府（税金、信息），消费者（农产品、信息）
政府	各企业（政策信息、基础建设资金）
社区居民	A/S Bioteknisk 土壤修复公司（下水道淤泥），各企业（信息）
消费者	各企业及农场（资金、信息）
合作协会	各企业及政府（信息）

注：关联方的括号信息表示利益相关者对该关联方的资源输入情况。

卡伦堡生态产业链中主要分析的内容包括了网络密度与网络中心势分析、核心边缘结构分析、节点的中心度和权力值分析以及结构洞分析。通过这些方面的分析，能够反映出卡伦堡生态产业链利益相关者之间的合作程度，彼此信任度以及网络的凝聚能力。

网络密度与网络中心势分析中，社会网络密度、网络中心势等指标较好地说明了卡伦堡生态产业链的网络连接关系较强，有助于信息、技术、资金等资源的获取和传递。较强的网络密度和网络凝聚力说明其利益相关者之间合作较多，联系紧密，存在较多的资源传递渠道。因此，卡伦堡生态产业链利益相关者之间更容易基于市场利益开展合作。

核心边缘结构是一种中间密、外围稀疏的特殊结构，反映了关联关系的分布状况。这种结构具有很强的鲁棒性和稳定性，是最有效率、最可能持续发展的结构。卡伦堡生态产业链的基尼系数处于比较合理的范围，说明节点间的关联比较均衡。若核心企业作用明显，在提高网络运行效率的同时，网络的不稳定性就会增加，也会增加其利益相关者之间的异质性。

节点的中心度和权力值分析中，度数中心度重点关注节点与其他节点发生关联关系的能力。卡伦堡生态产业链中度数中心度较大的节点的交际能力较强，其网络是受市场驱动而成，消费者作用明显。同时，政府在卡伦堡生态产业链中的作用也很明显，反映出完善的生态法律制度的监督引导作用突出。中间中心度表示网络中任意两点经过该点的最短路径的次数，反映了该点的交际控制能力。较大的中间中心度节点，对关键通道的控制和协调作用较大，能够控制资源流动。接近中心度关注节点在社会网络活动中受其他节点控制的程度。卡伦堡生态产业链社会网络中的社区居民具有较高的外向度和较低的内向度，是网络中的重要节点。节点权力值则反映了该点在社会网络中的影响力和地位。

从 Ucinet 软件对网络结构洞的运行结果来看，在卡伦堡生态产业链中，消费者具有最高的有效规模和效率。卡伦堡生态产业链中的消费者、政府等处于核心地位的节点，占据较多的关键位置，能够跨越结构洞获取比其他利益相关者更多的资源，并创造效益。

3.4.2 生态信息方法

产业生态系统是一个特殊的人工复合生态系统，有赖于自然界提供的资源和服务，具有物质、能量和信息流动的特定分布，其核心是通过对自然生态系统运行规则的模仿，推进产业系统的发展和进化，形成一个与自然相互协调发展的复合生态系统。它通过企业间的工业共生充分利用生产过程中产生的各种副产品/废物，达到物质能量利用效率最优化。建立产业生态系统是实现循环经济的关键，是实施可持续发展具体而重要的实践工具。

生态信息方法是一种利用信息科学的整体测量法，包含系统强度和广度维度。生态信息方法源自概率论和图论,可分析网络中的能/物流并从整体上分析产业系统的结构。该方法采用面向系统的模式,强调网络整体性能,对节点关注可能不太明显,而是着重考虑节点之间的关联。生态信息法审查系统中交互网络内流动配置的情况,可以揭示系统应对压力的弹性。生态信息法与工程柔性更加相关,可测量系统稳健地传输资源的能力。它也为定量研究生态韧性提供了重要的一步。

生态信息方法的优势在于衡量产业系统鲁棒性的能力。生态信息方法擅长确定系统效率和冗余之间的均衡,然而它还没有找到这两个参数之间的最优平衡,需要进一步研究开发一个规范的判据。这个方法在整合系统各种维度方面的能力较弱。尽管系统的总流量反映了资源流的总量,该指标却不能表达资源的可用性。此外,很难直观地理解这些度量系统的指标如优势、效率和冗余。

本教材认为,对产业生态系统进行量化研究的不断完善,具有十分重要的意义,未来需要进一步阐明其运行的内在机理与演化机制,整合系统的生态和经济维度,同时又要考虑强度和广度性质,才能全面合理地反映系统本质。同时,定量研究也可为研究者、决策者制定更加切实的方法、政策策略提供依据。

第4章 信息通信产业技术经济特点分析

在产业经济学的分析框架中,包含五个基本要素,即基础条件、市场结构、企业行为、市场绩效和公共政策。其中,基础条件是重要的外生变量,是由产业本身的生产和技术经济特点以及消费者对产品和服务的需求特点等决定的,它在很大程度上决定了一个行业的市场结构、企业行为、经济绩效,进而成为政府和管制机构规制和竞争政策制定的基础和重要依据。因此,分析通信产业在供求方面的特点是研究通信产业问题的逻辑起点。

信息通信业是典型的网络产业,无论传统通信业还是基于信息通信技术的现代信息通信业,提供网络和信息服务的物质技术基础是一个相互连接、构造复杂的物理网络设施,因此,信息通信业具有网络型产业的一般特点。如,互补性、兼容性和标准化特点;规模经济性和范围经济性特点;网络外部性特点等。此外,作为现代信息社会最重要的基础设施行业,信息通信业又具有公共服务性特点。

4.1 互补性、兼容性、标准化

互补性、兼容性和标准化是网络产业的一般特点,这一方面是物理网络构造的特定技术要求;另一方面又体现在网络产业的产品和服务中。因此,不仅依托特定物理技术网络开展生产活动的产业被称为网络型产业,如通信、交通、电力、供水等行业,具备互补性、兼容性和标准化的相关产品和(或)服务,也被称为网络性产品,如智能手机和应用软件。

4.1.1 互补性

如果一种商品必须和其他商品一起使用,则这些商品之间具有互补性。比如火车必须在轨道上运行;计算机必须和软件一起才能运行。对于信息通信产业来说,这种互补性一方面体现在网络结构上;另一方面体现在相关服务上。首先,网络是由多个节点和将节点连接起来的线路构成的集合,集合中不同组件之间存在互补性。在通信网络中,节点分为两类,一类是网内集中处理信息的节点,如电信网中的电路交换中心,互联网中的信息存储转发中心;另一类是将用户连接至网络的节点,或称结点,如各类终端设备。信息通信网络就是由各类传输介质将网内信息存储转发结点和用户终端设备连接起来形成的一个网状信息配置系统。在信息通信网络结构中,为了提供特定的产品或服务,需要网络的不同组件共同参与,协同运作才能完成,网络的不同组件之间是相互补充的。其次,网络提供的服务是互补的。如图4-1所示,在一个简单的星状通信网中,S是网络信息传输的一个中心节点(比如电信网络中的电话交换中心)。为了完成消费者A到B的一次通信,需要在AS之间建立连接(如电话网中,需要将A的终端设备接入A所在地的交换局后再连接至S),在S电话交换中心完成信息交换并建立起BS之间的连接(将B的终端设备接入B所在地的交换局后建

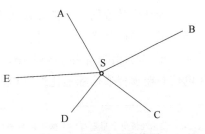

图4-1 星状电话网络图

立 S 到 B 的连接)。其中,AS 与 BS 都是电话交换中心 S 与用户终端设备之间的连接,实现过程类似且都属于电话业务(AS 是主叫连接,SB 是被叫连接),但 AS 之间的连接和 BS 之间的连接是互补品而非替代品,两者须同时出现才能完成一次交互式通话服务。又如,在移动互联网上,如果一个消费者需要在网络上购买商品,他需要使用智能手机登录网上商城并在网上下单预订商品。这个服务过程需要由以下几个环节构成:移动终端接入网络、互联网服务提供商提供的搜索引擎、网络提供的信号传输、界面信号解码、手机终端的显示等。每一个环节都可能有替代品,如移动终端可以是智能手机,也可以是笔记本电脑或 iPad;传输环节可以是无线网络、也可以通过 Wi-Fi 接入有线网络;用户界面可以是 PC、移动智能终端等。但显然,上述每一个环节必须结合在一起才能完成这次网上购物服务。这就是网络服务的互补性特点。

由于具有互补性,消费者单独拥有一种商品或服务的价值很低或没有价值,只有将这些商品一起购买才具有价值。所以,在网络型产业中,提供互补性商品的企业则必须考虑应该怎样与其他企业竞争,是否能将具有互补性的商品或服务一起提供,或者一个企业是否应该生产和他的竞争者一起使用的产品。如果有一家企业的产品是市场上所有其他企业的互补品,那市场上就可能存在一个垄断瓶颈。所有这些问题的不同回答都会影响相关产业的市场结构。

4.1.2 兼容性

如果两个商品或组件是互补的,那么为了协同运作、共同发挥整体使用价值,商品或组件必须是兼容的,这里的兼容是指当组合这两组商品或组件用来提供服务时不需要再增加额外的成本。比如,在通信网络中,要想成功地在一个网络内传送业务,那么,各种各样的结点和连接就必须是相互可兼容的,也就是说,结点和连接必须采用相同的技术或者足够类似的技术,这样才不致过度地增加交易成本。或者对于不同的通信网络之间,想要实现网络互联、业务互通,也必须采用相同的技术标准或协议。否则,要么无法实现互联互通,要么需要增加额外的成本来实现兼容[①]。此外,兼容性不仅涉及某行业的基础技术(如,通信网络技术、电子学技术、铁路轨道技术),而且还涉及产品和组件的具体装置(如,插头和插座,或者铁道轨距和车轮间距)。

对于消费者而言,购买互补性商品时兼容性问题也是首先要考虑的问题,否则也会增加使用成本,降低产品效应。

4.1.3 标准化

互补性商品或网络组件实现兼容性的一个基本方法是都采用一组相同的标准,这些标准既涵盖网络基础技术,也包括网络组件的具体装置。现实经济生活中存在两种标准,一种是公开的或正式的标准(open standard),常常是由官方或民间的标准实体来发布或同意。比如,国际电信联盟远程通信标准化组(ITU-T)就是国际电信联盟管理下的专门制定远程通信相关国

---

① 美国经济史上早期有一个例子是关于互补品不兼容时导致的问题。1860 年美国有超过 3 万英里的铁路轨道,其中铁轨之间的距离至少有五种规格,比如南部的铁轨是 5 英尺,而北部的多是 4 英尺 9 英寸,其他还有 6 英尺或 5 英尺 6 英寸的。规格的多样化使得铁路运输变得困难和昂贵。

际标准的组织。非正式的、非政府的组织像国际工程任务协会(IETF),以及一些行业组织像万维网联盟(W3C)。另一种是实际上的标准(defacto standard),就是在市场演化的过程中,某种产品被广泛采用而成为实际的标准,这种标准通常由某一个企业发起和控制。在网络行业中或存在网络外部性的环境中,努力使自己的商品成为标准是供应商孜孜以求的目标。如果无法成为标准,供应商将退而求其次,将自己的产品实现与标准的兼容。

在通信行业中,如果网络是由某个单一实体所拥有,例如,美国1984年以前的AT&T,那么网络技术标准和所导致的兼容性问题很容易解决。如果多家企业各自拥有网络的某一部分,那么将需要在不同的企业间建立明确的技术互联协议或隐含的技术理解,只有这样才可能使不同企业的网络实现互联互通、协同性运作。

4.2 规模经济性和范围经济性

作为典型的网络型产业,通信生产活动基于一定地域范围和一定规模的物理基础网络设施。建设这些基础网络设施需要大量的固定投资,网络一旦建成,在网络通信能力范围内则无需更多的投入,因此,通信业具有较高的固定成本和较低的变动成本。通信业具有显著的规模经济性和范围经济性与产业的成本结构特点相关。

4.2.1 规模经济性(Economies of Scale)

1. 定义和判断

规模经济性最早是由古典经济学家马歇尔(1920年)提出的,描述的是随着产出增加平均成本开始上升前的一种状态。关于规模经济性有多种定义,其中比较权威的定义是西尔韦斯特在《新帕尔格雷夫经济学大辞典》中给出的定义[①]:"考虑在既定的技术条件下,生产单位单一的或复合产品的成本,如果在某一区间生产的平均成本递减(或递增),那么,就可以说这里有规模经济(或规模不经济)。"据此可知,规模经济性是一个与成本有关的概念,它描述的是一种生产技术特点,是指企业在某一区间生产的平均成本递减的现象,如图4-2所示。

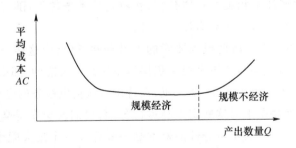

图4-2 平均成本与规模经济性

从定义出发,判断一种生产活动是否具有规模经济性,需要考察该生产活动的成本函数。一种方法是直接写出该生产活动的长期成本函数,在长期成本函数基础上得到长期平

---

① 西尔韦斯特在《新帕尔格雷夫经济学大辞典》中给规模经济做出的定义最权威,原因是《新帕尔格雷夫经济学大辞典》的编辑要求辞条撰写人的"学术专长堪称当今经济学各个分支和各种观点的代表"。

均成本函数,然后再通过对长期平均成本函数求一阶导数,确定该导数的正负号。如果一阶导数为负,表明存在规模经济;反之则存在规模不经济。或者,求解出长期平均成本函数极小值所对应的产量,在此产量以前的区域就存在规模经济,在此产量以后的区域则具有规模不经济。

另一种方法是通过计算成本—产出弹性系数(E_c)和规模经济系数(SCI)判断是否存在规模经济性。

所谓成本—产出弹性系数(E_c),指的是产出变动百分之一所引起的成本变动的百分比,用公式表示为

$$E_c = \frac{\Delta C(Q)/C(Q)}{\Delta Q/Q} = \frac{\Delta C(Q)/\Delta Q}{C(Q)/Q} = \frac{LMC(Q)}{LAC(Q)} \tag{4-1}$$

式(4-1)中,$C(Q)$表示长期总成本,Q表示产量,$LMC(Q)$表示长期边际成本,$LAC(Q)$表示长期平均成本;当$E_c>1$,即$LMC(Q)>LAC(Q)$时,表示企业存在规模不经济;当$E_c<1$,即$LMC(Q)<LAC(Q)$时,表示企业存在规模经济性。

实际上,根据成本—产出弹性系数判断规模经济,与前面根据长期平均成本的变动趋势判断规模经济是一致的。因为根据定义,我们知道长期平均成本函数为$LAC(Q)=C(Q)/Q$,通过对它求一阶导数,可以得到:

$$\frac{dLAC(Q)}{dQ} = \frac{C'(Q)Q - C(Q)}{Q^2} = \frac{1}{Q}[LMC(Q) - LAC(Q)] \tag{4-2}$$

所以,当$E_c>1$,即$LMC(Q)>LAC(Q)$时,长期边际成本的一阶导数大于零,长期平均成本函数处于递增区域,企业存在规模不经济;反之则相反。

规模经济系数(SCI)是与成本—产出弹性系数(E_c)相对应的一个概念,其定义式为:$SCI = 1 - E_c$。

显然,当$SCI>0$时,表示企业存在规模经济性,并且,SCI越大,规模经济性越显著;当$SCI<0$时,表示企业存在规模不经济。

2. 规模经济性的成因

规模经济性现象在许多行业都可以观察到,一般情况下都与初始大量的固定投入相关,这通常都与行业特定的生产技术相关。具体分析,在特定技术条件下,随着企业产出规模的扩张,导致长期平均成本下降的原因主要有以下三种:

(1)投入要素的不可分性。所谓投入要素的不可分性,就是指这样一种情况,"如果一种商品具有一个最小单位,在此单位之下其质量仍保持不变是不可能的,那么我们就称其商品是不可分的"。典型的例子如一辆卡车、一架飞机,在特定地区提供服务的电话网络、供电系统或供水系统等。如果我们在物质上对这些资本品进行分割,它们就会变得毫无意义或无法在对应的区域范围内提供服务。具有不可分性的资本品一般存在一个最大限度的生产能力,在此生产能力范围内,产量从零到最大产量之间,所需要支付的总成本相同。因此,这种由自然属性决定的不可分的投入产生了规模经济性。这种不可分性使得厂商即使只生产少量产品也必须拥有相对较多的设备。在这种情况下,随着产出数量增加,单位产出分摊的平均成本却在下降。为了说明资本品的不可分性与规模经济性之间的关系,我们假设初始某一具有不可分性资本品的价格为C_0,它所允许的最大生产能力为Q_0,在此生产能力范围内,产量与额外的成本c成正相关,长期成本函数用公式可以表示为

$$LTC(Q) = C_0 + cQ, 且 Q \leqslant Q_0 \qquad (4-3)$$

通过变形,式(4-3)可以转化为:$LAC(Q) = C_0/Q + c$,本式表明,在生产能力范围 Q_0 内,由于资本品的价格 C_0 不会随着产量的变动而变动,所以,随着产量的增加,长期平均成本将下降,呈现出规模经济性。

(2) 沉没成本。沉没成本是指由于过去的决策已经发生了的,而不能由现在或将来的任何决策改变的成本。沉没成本的特征决定了拥有沉没成本的企业,其长期平均成本函数可以用 $LAC(Q)$ 来表示,其中,C_0 在这里表示沉没成本。如,企业投入的新产品研发成本,软件开发成本以及企业用于商标、专利、广告宣传的成本支出等。这些成本随着产出的增加将会分摊到更多的产品上去,带来长期平均成本的下降,体现出规模经济性。

(3) 投入要素的物理性质带来的规模经济。这方面的例子有体积与面积的关系、周长与面积的关系等。例如,一条管道的流量可以定义为其横断面的面积 πr^2 与时间的乘积,而横断面的周长等于 $2\pi r$。如果要增大该管道的流量,只需要扩大管道截面的周长即可(假设管道壁不需要加固)。也就是说,只要简单地将生产管道的材料投入翻一番,便可以使管道的流量扩大到 4 倍。

如果将上述"既定的技术"的条件扩展,长期平均成本下降和规模报酬递增可能更多地涉及到技术进步、知识积累或管理效率的提升,而较少地涉及同样技术条件下投入规模的简单扩大。此时的递增报酬也被称为动态的递增报酬,或学习曲线带来的成本的动态变化。从成本函数的角度看,学习曲线效应描述的是企业长期平均成本"因为工人和管理者在熟悉他们的工作时,吸收了新的技术知识"而逐渐下降的现象。从生产函数的角度看,"学习曲线描绘了当企业的累积产出增加时,企业生产既定产出所需要的投入的减少数量"。

关于导致学习曲线的原因,研究认为主要来源于四种原因:①工人们在起初几次完成一定的任务时,需要较多的时间。当他们变得越来越熟练时,他们的速度加快了。②经营者在从材料的流进流出到生产本身的组织方面学会了如何将生产过程安排得更加有效率。③原先对产品设计十分谨慎的工程师们也掌握了能够估算设计中不增加缺陷而节省成本的经验。更好的和更专业化的工具以及工厂组织也能降低成本。④材料供应者可能学会如何处理企业所需的原料,并且可能将此优势以比较低的材料成本的方式传递给该企业。

3. 对通信业规模经济性的实证研究

通信业是典型的网络型产业,提供信息传输服务必须基于一个完整的、从源到宿、互补的通信网络。网络建成后,无论增加一次信息传输服务或者新增一个用户,边际成本都很低或几乎为零,这样其长期平均成本函数应该具备规模经济性特点。此外,通信网络设备专用性强,传输管道等设施也具备规模经济性特点。然而,如何从长期平均成本的变化趋势出发,估算通信行业的规模经济性以及最小有效规模并不容易。实践中,采取不同的方法对电信行业规模经济性进行实证研究一直以来是产业经济研究和行业管理实践的一个重要领域。

一种研究是从工程技术角度出发,通过对电信公司的网络及设备的实际数据计算估计规模经济性。比如,1993 年,日本邮政省邮政研究所中岛隆信和八田惠子以日本电信电话株式会社(NTT)的 10 个本地电信支社 1985—1990 年的实际数据,对本地电信公司的规模经济性进行了测算,结果表明,日本的本地电信公司在这一期间具有明显的规模经济性。图 4-3 显示了电信公司的单位运营成本随着用户数增加而呈现下降的趋势。

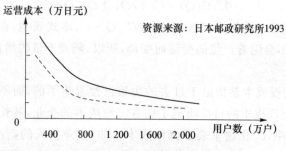

图 4-3 日本电信企业规模经济性示意图

英美、加拿大的一些研究人员提出与成本—产出弹性系数类似的指标,用于测算电信设备的规模经济性。其中的一个指标是"成本/资产—产出弹性"(CVE/AVE- Cost/Asset-Volume Elasticity)表示成本(或资产)增加的百分比与产出量增加百分比的比值。计算公式为

$$CVE=(\Delta C/C)/(\Delta V/V) \tag{4-4}$$

$$AVE=(\Delta A/A)/(\Delta V/V) \tag{4-5}$$

式(4-4)和式(4-5)中,C 表示成本,A 表示资产,V 表示产出数量,Δ 表示增加量。如果 CVE<1 或 AVE<1,则说明被测算的设备产出增加比率超过成本或资产的增加比率,单位产出成本递减,相应的资产存在规模经济性,反之,则不存在规模经济性。

另一个指标是平均成本弹性(Average Cost Elasticity, ACE),是在成本产出弹性(CEV)基础上转化而来的,计算的是成本变动率和产出变动率之间的关系。具体计算公式是

$$ACE=\left(\frac{1+C\%}{1+V\%}-1\right)\times 100\% \tag{4-6}$$

式(4-6)中,$C\%$ 为成本增加比率,$V\%$ 为流量增加比率。如果计算出 ACE<0 是负值,则说明成本增加比率低于流量增加比率,则单位流量成本随着流量规模的扩大是递减的,被测算的生产活动具有规模经济性;反之,则不存在规模经济性。比如 1% 的流量增加只带来 0.6% 的成本增量,那么,单位流量成本变动就是 -0.4%,存在规模经济性。

基于上述指标,1997 年,英国当时的电信管制机构(OFTEL)估算了的英国电信(BT-British Telecom)公司六大类主要设备的资产—产出弹性值(AVE),结果表明英国电信公司的这六类资产均具有规模经济性,如表 4-1 所示。其中,传输线路和管道具有更强的规模经济性。

表 4-1 BT 的资产—产出弹性值(AVE)

资产类型	AVE 资产—产出弹性
管道	0.0～0.1
核心传输设备	0.6～0.7
传输电缆	0.1～0.3
本地交换	
流量敏感部分	0.6～0.8
总设备	0.15～0.2
主交换设备	0.6～0.8
平均内陆传输	0.2～0.3

1980年,美国的梅耶(Mayer)等和曼特尔(Mantell)也基于美国电报电话公司(AT&T)的数据对电信网的规模经济性进行了研究。其中,梅耶(Mayer)等测算了AT&T传输网的平均成本弹性(ACE),结果为-0.3,小于零,说明AT&T的传输网络具有规模经济性。曼特尔(Mantell)则对AT&T的六大类资产进行了测算,同样得出了电信公司的这些资产具有规模经济性的结论。

麦克·高文(Mc. Gowan)采用加拿大西部一个省份的政府电话公司(AGT-Alberta Government Telephones)1968—1983年的数据进行了估计,发现其成本-产出弹性系数(CVE)为0.625,平均成本弹性(ACE)为-0.6,结论显示该公司的网络设备具有规模经济性。

此外,对电信业规模经济的研究还可以从成本函数角度出发,通过计算规模经济参数来估计产业的规模经济性。其中,超越对数成本函数应用较为广泛。超越对数成本函数是Chrisetensen,Jorgensen和Lau(1973年)提出的,该函数对投入、产出采用对数平方的形式,从而使成本函数不受要素替代弹性不变和转换弹性不变的限制,适用于多投入、多产出生产活动规模经济性的测算。早期该成本函数模型主要用来测算银行、保险业、制造业的规模经济性,后被应用于对电信行业规模经济性的研究。下面对超越成本函数做一个简要介绍。

设X、Y分别代表投入与产出,这样多种投入与多种产出的生产函数可以表示为:

$$f(Y_1+Y_2+\cdots+Y_m; X_1+X_2+\cdots+X_n)=0 \qquad (4\text{-}7)$$

利用生产函数与成本函数的对偶关系,可以得出多种投入、多种产出的成本函数为:

$$C=g(Y_1+Y_2+\cdots+Y_m; X_1+X_2+\cdots+X_n) \qquad (4\text{-}8)$$

利用超越成本对数技术,m种产出(Y_m)、n种投入(X_n)的成本函数可以表示为:

$$\ln TC = \alpha_0 + \sum_{i=1}^{m}\alpha_i \ln Y_i + \sum_{j=1}^{n}\beta_j \ln X_i + \frac{1}{2}\sum_{i=1}^{m}\sum_{j=1}^{m}\gamma_{ik}\ln Y_i \ln Y_k \\ + \frac{1}{2}\sum_{j=1}^{n}\sum_{k=1}^{n}\gamma_{jk}\ln X_j \ln X_k + \sum_{i=1}^{m}\sum_{j=1}^{n}\rho_{ij}\ln Y_i \ln Y_j + \ln\varepsilon \qquad (4\text{-}9)$$

式中,TC是n种投入产生的总成本,α_0、β、γ、ρ均为待定参数,$\ln\varepsilon$是随机误差项。满足对称性假定有$\gamma_{ij}=\gamma_{ji}$,$Y_{ij}=Y_{ji}$。

对于一个状态良好的成本函数来说,方程必须满足Christensen等提出的线性齐次性假定,即:

$$\sum \beta_j = 1; \sum Y_{jk}=0(k=1,2,\cdots,n); \sum \rho_{ij}=0(i=1,2,\cdots,m)$$

通过以上的假定,可将自由变量的个数减少至$(m+n+1)(m+n)/2$个,从而给出了更为准确的估计。

对于超越对数成本函数,规模经济的定义如下:

$$SCE = \sum_{i=1}^{m}\frac{\partial \ln TC}{\partial \ln Y_i} \qquad (4\text{-}10)$$

若$SCE \leqslant 1$,表示存在规模经济;相反,若$SCE > 1$,则表示规模不经济。

以电信业务总量为产出指标,以电信产业固定资产投资额和电信产业从业的工资薪酬为投入指标,以电信固定资产原值为总成本指标,国内学者万晓榆等选取我国电信业1978—2009年的相关数据,对我国电信业在样本年的规模经济性进行了测算,测算结果表明,在这一期间,SCE始终小于1,表明中国电信产业始终处在规模经济区域,只是2009年,SCE=0.957 51,已接近1,临近规模不经济区域(见表4-2)。

表 4-2　1978—2009 年电信产业的规模经济系数

年份	SCE	年份	SCE	年份	SCE	年份	SCE
1978	0.364 35	1986	0.380 08	1994	0.450 42	2002	0.714 35
1979	0.385 12	1987	0.388 69	1995	0.490 49	2003	0.744 63
1980	0.398 26	1988	0.413 99	1996	0.530 11	2004	0.814 57
1981	0.374 95	1989	0.409 44	1997	0.551 21	2005	0.861 32
1982	0.366 37	1990	0.430 28	1998	0.561 29	2006	0.897 23
1983	0.376 12	1991	0.445 39	1999	0.595 67	2007	0.934 6
1984	0.371 58	1992	0.443 45	2000	0.621 02	2008	0.947 97
1985	0.373 74	1993	0.434 72	2001	0.654 39	2009	0.957 51

4.2.2　范围经济性(Economies of Scope)

1. 定义和衡量

规模经济性研究的是企业生产产品的平均成本随着产量增加而递减的现象。范围经济性研究的是企业生产多种产品带来成本节约的问题。

范围经济性概念最早是由 Panzar 和 Willig (1975) 提出的，他们认为当企业联合生产多种产品时，其总成本低于分别生产这些产品的成本之和，此时联合生产就具有范围经济性。鲍莫尔、潘查、威利格(Baumol、Panzar、Willig,1981 年)在"范围经济"一文中从成本函数的角度定义了范围经济。

设 $N=\{1,2,\cdots,n\}$ 是产品整合，相对应的产出向量为 $Q=\{y_1,y_2,\cdots,y_n\}$，S 是 N 的某些子集，即 $S\subseteq N$，Q_S 代表生产 S 中的产品而其他产品产出为 0 的产出向量。如果对于任意非空子集 $S,T\not\subset N,T\neq\emptyset,S\cap T=\emptyset$，有 $C(Q_S)+C(Q_T)>C(Q_{S\cup T})$ 成立，则成本函数 $C(Q)$ 显示出范围经济性。其中，$IC_s(Q_{S\cup T})=C(Q_{S\cup T})-C(Q_T)$ 被称为生产子集合 S 的追加成本。

如果成本函数 $C(Q)$ 具有范围经济，则 $C(Q_S)+C(Q_T)>C(Q_{S\cup T})$，即 $C(Q_S)>C(Q_{S\cup T})-C(Q_T)=IC_S(Q_{S\cup T})$。反过来，如果 $C(Q_S)>IC_S(Q_{S\cup T})=C(Q_{S\cup T})-C(Q_T)$，则 $C(Q_S)>C(Q_{S\cup T})-C(Q_T)$，即 $C(Q_S)+C(Q_T)>C(Q_{S\cup T})$。

因此，成本函数存在范围经济性就意味着独立生产的成本大于联合生产的追加成本，即 $C(Q_s)>IC_S(Q_{S\cup T})$，$C(Q_T)>IC_T(Q_{S\cup T})$。当企业生产某组产品时，范围经济侧重的是单独生产该组产品的成本高于在其他产品基础上联合生产该组产品时的追加成本规模经济强调的则是大批量生产可以带来成本节约，两者侧重点不同。

以两种产品为例，假设一家企业生产两种产品的成本为 $C(Q_1,Q_2)$，由两家企业分别生产这两种产品的成本是 $C(Q_1,0)$ 和 $C(0,Q_2)$。"当企业以任意组合方式生产两种产品的成本能够低于两家单独企业各自生产一种产品的成本时，就产生了范围经济性。"用公式可以表示为：

$$C(Q_1,Q_2)<C(Q_1,0)+C(0,Q_2) \tag{4-11}$$

根据(4-11)式，可以计算范围经济系数(S_C)。范围经济系数(S_C)衡量的是当联合生产两种(或更多)产品而不是各自独立生产时，节约的生产成本的百分比，用公式表示为：

$$S_c=\frac{C(Q_1,0)+C(0,Q_2)-C(Q_1,Q_2)}{C(Q_1,Q_2)} \tag{4-12}$$

显然,$S_C>0$,存在范围经济,S_C的值越大,范围经济性的程度就越高。

2. 范围经济性的来源

从供给角度看,范围经济本质上源于对企业剩余资源的充分利用。如 Panzar 和 Willig (1981)认为,范围经济来源于共享投入(shared inputs)或者共享的准公共投入(shared quasi-public inputs),即一种投入用于生产一种产品的同时对其他产品的生产也有帮助。例如,可以将暂时闲置的生产能力(机械设备、生产线、厂房、热力资源、劳动力、技术等)用于其他生产过程。

一个典型的例子是范围经济来自于对有形资源的充分利用。如,企业可以充分利用厂房、设备和闲置的生产能力或者余热和边角碎料等有形资源,生产和提供其他副产品,从而降低生产成本。

此外,范围经济还来源于知识和管理能力等无形资源的充分利用。如,研发投入的溢出效应。这种溢出效应指的是在一个科研项目中产生的想法可能有助于开展另一个项目的研究,从而节约研发成本。又如,充分利用管理能力带来的范围经济。比如,企业家能力,特别是管理能力、管理经验、经营技能是重要的无形资源,这些经验、能力和技能不仅体现在企业家身上,而且还蕴藏于企业的组织、管理系统和企业文化之中。其中大部分具有通用性而不只是针对特定的产品。从另一个角度来说,多个产品能共享这种无形资源,也有可能提升对原料、设备等有形资源的利用率。

3. 对通信业范围经济性的测算

从工程技术角度直观地理解通信业对范围经济的利用较为容易,如,在一个融合的通信网络上提供多种服务;挖掘一条地下管道可以布放满足不同需求的线缆、电缆、光缆等;或者无论拥有 10 个还是 20 个电信分公司,都只需要有一个管理总部。但要想对电信业范围经济性进行实证分析却并不容易,因为这需要得到一家电信公司提供不同服务组合情况下对应的成本数据,这在现实中是不可能获得的。然而,借助于计算机模拟现实建立的仿真模型可以解决这个问题。20 世纪 90 年代末期,雅克·拉丰等为了验证电信企业的自然垄断性,采用了一个成本代理模型(The local exchange cost optimization model,LECOM)对其范围经济性进行过实证分析。他们选择了一个网络覆盖 8.12 平方英里的服务面积、有 179 000 个用户的普通城市建立了一个本地网络成本优化模型,针对电信公司可提供的长途交换业务(X_1)、本地交换业务(X_2)、长途专线业务(X_3)和本地专线业务(X_4)四种业务,采用穷举法来估计在不同用户密度区域(代表不同的市场需求)提供服务的范围经济程度。

具体估算时,他们首先估算了由一家公司提供一项业务(X_1,X_2,X_3,X_4)、提供两项业务($X_1X_2,X_1X_3,X_1X_4,X_2X_3,X_2X_4,X_3X_4$)、提供三项业务($X_1X_2X_3,X_1X_2X_4,X_1X_3X_4,X_2X_3X_4$)、提供四项业务($X_1X_2X_3X_4$)的成本,然后再计算出多家公司提供服务的成本之和,如 $C(X_1)+C(X_2X_3X_4)$、$C(X_2)+C(X_1X_3X_4)$、$C(X_3)+C(X_1X_2X_4)$、$C(X_4)+C(X_1X_2X_3)$、$C(X_1)+C(X_2)+C(X_3)+C(X_4)$、$C(X_1X_2)+C(X_3X_4)$、$C(X_1X_3)+C(X_2X_4)$、$C(X_1X_2)+C(X_3)+C(X_4)$、$C(X_1X_3)+C(X_2)+C(X_4)$、$C(X_1X_4)+C(X_2)+C(X_3)$、$C(X_2X_3)+C(X_1)+C(X_4)$、$(X_2X_4)+C(X_1)+C(X_3)$、$C(X_3X_4)+C(X_1)+C(X_2)$,在此基础上,比较一家企业提供四种服务的成本和多家企业分别提供不同服务组合的成本之和,并计算范围经济程度(即范围经济系数 S_C),最后的结论显示,在低密度市场中,明显存在范围经济。而在所研究的三个密度较高的市场中的两个,范围经济系数出现负值,说明范围经济性消散了,如表 4-3 所示。

表 4-3 范围(不)经济

每平方英里用户数	范围经济程度-最大/最小值
2 772	0.09/0.81
3 419	0.06/0.82
4 052	0.08/0.82
4 889	0.07/0.94
5 994	0.08/0.81
8 199	0.01/0.74
22 037	−0.02/0.70
25 323	0.01/0.74
170 060	−0.20/0.70

4.2.3 通信业的自然垄断性及发展变化

通信业供给方面具有的规模经济性和范围经济性特点,使得传统的通信产业被认为是自然垄断行业。然而,随着产业技术发展、市场需求数量和范围的扩张,通信业全行业自然垄断的特点逐渐弱化消失了。

1. 自然垄断及判定

自然垄断描述的是一种市场结构特点,即当全行业的需求只能容纳一家企业生产才最有效率时,该行业就是自然垄断行业。

(1) 早期的自然垄断理论

自然垄断概念出自经济学家穆勒(1848年)。穆勒在阐述关于地租问题时提出:"地租是自然垄断的结果",而地租形成的原因是拥有对自然要素的独占能力。1982年,克拉克森和米勒(Clarkson and Miller)提出规模经济导致自然垄断产生的理论,他们认为:自然垄断的基本特征是生产函数呈现规模报酬递增状态,即平均成本随着产量的增加而递减。因此,由一家企业来提供产品会比多家生产的效率更高,成本更低。假定一个产业只能容纳一家企业的生存,那么就会有一个幸存者为了降低成本而不断扩大产量,进行低价竞争,最终把对手挤出市场形成垄断,这就是自然垄断。之后,经济学家保罗·萨缪尔逊和斯蒂格利茨分别进一步阐述了这一理论。萨缪尔逊和诺斯豪斯(Samuelson and Nordhaos)提出:当企业有一直下降的平均成本曲线和边际成本曲线,具有持续递增的规模收益,就会产生自然垄断。自然垄断最明显的经济特征是平均成本在其产出规模扩大到整个产业的产量时仍然下降。因此,由一家厂商垄断经营就会比多个厂商提供全部产品更有效率。斯蒂格利茨认为:在某些情况下,生产一种商品所使用的技术导致一个市场上只有一个厂商或很少几个厂商。这种情况被称作自然垄断。当一个厂商的平均成本在市场可容纳的产量范围内不断下降,自然垄断便会出现。

显然,判定一个特定行业是否为自然垄断,不仅要看一个企业的成本函数是否处于规模经济区域,还要考察长期平均成本为最小时的产量相对于当时市场需求规模的大小。如果市场需求足够大,垄断厂商将会在平均成本曲线上升的部分进行生产,在这一点上,新进入的厂商就可以与垄断厂商进行削价竞争,因为新进入的厂商可以在平均成本最小时进行生产,因而具有更低的成本。所以,只要需求足够大,行业就不是自然垄断。

(2) 自然垄断理论的发展

早期的自然垄断理论建立在规模经济基础之上。实践中,被判定为自然垄断的行业大多纳入政府管制范围。然而,到了20世纪六七十年代,随着技术进步特别是替代性技术的出现、经济复杂度的增加和市场规模的扩张,自然垄断从实践到理论都开始受到冲击。实践中,美国处于管制环境下的自然垄断市场边缘出现了一系列竞争问题。如,受管制的铁路运输不断遭遇来自受管制或不受管制的卡车运输的竞争,受管制的电话公司不断面临来自私人网络和专线传输的竞争。这些新问题的出现引发人们开始产生疑问,原先被认为自然垄断的行业是否还满足自然垄断成立的条件?规模经济是否自然垄断的唯一相关属性?反思传统的自然垄断理论,只不过设定了在竞争者采取相同的技术、生产相同的单一产品而市场需求又有限情况下的一种特例。但如果竞争厂商采取替代性技术、提供类似的产品和服务或者提供多种产品和服务、市场需求扩张带来更大市场规模的情况下,自然垄断又该如何定义呢?

20世纪70年代末到80年代初期,鲍莫尔、潘查、威利格、夏基(Baumol、Panzar、Willig、Sharkey)等美国经济学家对这一问题进行了深入的研究,提出了成本次可加性的概念并在成本次可加性基础上重新定义了自然垄断性。

所谓成本次可加,指的是如果在某行业中某单一企业生产全行业所有各种产品的成本,小于多个企业分别生产这些产品的成本之和,则该行业的成本就是次可加的。成本次可加性强调的是,在产量区间内(满足全行业需求)的任一产出水平上处处都存在着平均成本递减的情况,其成本函数具有次可加性。

成本次可加性还可以通过成本函数来表达:对于成本函数 $C(y)$,如果对任何产出向量 $y_1, y_2, \cdots, y_k, 0 < y_i < y, y_i \neq y, i=1, \cdots, k$,且满足 $\sum y_i = y$,都有 $C(y) < \sum C(y_i)$ 成立,则成本函数 $C(y)$ 在产出水平 y 满足成本严格次可加性。如果成本函数在所有产出水平 y 的范围内,对任意的 $y < y_i$,都具有严格次可加性,则该产业就是自然垄断产业。

在此基础上,夏基等的研究结论还有:(1)成本次可加性是自然垄断的关键特征,任意产量水平上存在严格的成本次可加性是自然垄断的充要条件;(2)在生产单产品的情况下,每一产出水平都存在规模经济是该产品自然垄断产生的充分非必要条件;(3)在生产多产品的情况下,规模经济既不是成本次可加性(自然垄断)的充分条件也不是必要条件,而范围经济是成本次可加性(自然垄断)的必要非充分条件。进一步地,规模经济和范围经济同时存在也不一定存在成本次可加性(自然垄断)。此后,基于成本次可加性的自然垄断理论在经济学界获得了广泛认可,并在一系列实证研究中得到论证和发展。

(3) 规模经济、范围经济与成本次可加的关系

与传统的规模经济导致自然垄断的理论相比,成本次可加理论考虑了多产品、不同产量组合、在全行业需求范围内集中由一家企业生产带来成本节约的特性,对自然垄断的判断提出了更为严谨的条件。那么规模经济、范围经济与成本次可加的关系又如何分析证明呢?

首先来看规模经济与成本次可加的关系。在单产品生产情况下,每一产出水平都存在规模经济是该产品成本函数具备严格次可加性的充分非必要条件。

充分性证明:在单产品生产的情况下,如果在某个特定产量区间内,每一点都存在规模经济,则平均成本曲线在该产量区间内是严格下降的。对于任意 $0 < y_i < y, \sum y_i = y, i=1, 2, \cdots, k, AC(y) = C(y)/y < AC(y_i) = C(y_i)/y_i$,即 $y_i C(y)/y < C(y_i)$。又因为 $\sum y_i = y$,所以 $\sum y_i C(y)/y = C(y) < \sum C(y_i)$,根据前面成本次可加的定义,成本函数在该产量区间

内的每一点都具有严格次可加性。

非必要性证明:举一反例,给定成本函数为 $C(y)=C_0+ay^2$,其中,C_0 是大于零的常数,$y>0$,该函数在 $(0, y_s=\sqrt{2C_0/a})$ 范围内具有严格的次可加性,但平均成本函数 $AC(y)$ 在 $(\sqrt{C_0/a}, \sqrt{2C_0/a})$ 范围内是严格递增的,即在 $(\sqrt{C_0/a}, \sqrt{2C_0/a})$ 产量范围内不存在规模经济。

以上证明可以用下面的图 4-4 直观地表示出来。假设两家企业具有相同的生产效率,AC_1 表示单个企业生产时的平均成本曲线,AC_2 表示两个企业共同生产时的平均成本曲线。AC_1 和 AC_2 在产量 Q^* 点相交。当产量小于 Q_0 时,AC_1 不断下降,表示单个企业存在规模经济,并且 $AC_1<AC_2$,此时由一家企业生产的成本远小于由两家企业共同生产的成本,即在 $[0,Q_0]$ 产量范围内,成本函数满足次可加性。当 $Q^*<Q<Q_0$ 时,单个企业的平均成本 AC_1 开始上升,出现规模不经济,但此时仍满足 $AC_1<AC_2$。说明在 $[Q_0,Q^*]$ 产量范围内,即使存在规模不经济,成本函数仍然是次可加的。规模不经济与成本次加的临界点为 Q^*。

有学者将 $Q<Q_0$ 的情况称为强自然垄断,$Q_0<Q<Q^*$ 的情况称为弱自然垄断。强弱自然垄断的临界点可以通过求平均成本函数的最小值来获得。

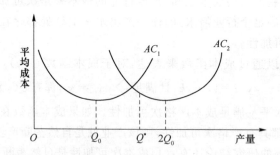

图 4-4　单产品条件下规模经济与成本次可加的关系

在多产品条件下,规模经济既非成本次可加性的充分条件,也非必要条件。为证明这一点,引入一个规模经济程度概念,规模经济程度可以表示为

$$S(y,w) = C(y,w)/\sum y_i C_i(y,w) \tag{4-13}$$

当 $S>1$ 时,规模收益递增;当 $S<1$ 时,规模收益下降;当 $S=1$ 时,规模收益不变。其中,$y=(y_1,y_2,\cdots,y_n)$ 为产出向量,$w=(w_1,w_2,\cdots,w_t)$ 为要素价格向量,$C(y,w)$ 为成本函数,$y_i>0, C_i=\partial C/\partial y_i$。

非充分性证明:举一个反例,考察两种产品的成本函数,$C(y_1,y_2)=y_1+y_2+(y_1y_2)^{1/3}$,$y_1>0, y_2>0$,由于规模经济程度 $S(y_1,y_2)=[y_1+y_2+(y_1y_2)^{1/3}]/[y_1+y_2+2/3(y_1y_2)^{1/3}]>1$,但对于任意 $y_1>0, y_2>0$,都有 $C(y_1)+C(y_2)=C(y_1,0)+C(0,y_2)=y_1+y_2<y_1+y_2+(y_1y_2)^{1/3}=C(y_1,y_2)$。即该成本函数处处不具有严格次可加性。所以在多产品情况下,规模经济并不是成本函数严格次可加性的充分条件。

非必要性证明:举一个反例,考察两种产品的成本函数,$C(y_1,y_2)=1+(y_1+y_2)^2+(y_1y_2)^{1/2}$,$y_1>0, y_2>0$,其规模经济程度 $S(y_1,y_2)=[1+(y_1+y_2)^2+(y_1y_2)^{1/2}]/[2(y_1+y_2)^2+(y_1y_2)^{1/2}]$,当 $y_1+y_2<1$ 时,$S(y_1,y_2)>1$,该成本函数显示出规模经济;当 $y_1+y_2>1$ 时,$S(y_1,y_2)<1$,该成本函数处处不具有规模经济;当 $y_1y_2<1/4$ 时,该成

本函数处处具有严格次可加性。

所以,当 $1 < y_1 + y_2$,且 $y_1 y_2 < 1/4$ 时,该成本函数是严格劣加的,但处处不具有规模经济。所以在多产品情况下,规模经济并不是成本函数严格次可加性的必要条件。

其次,在多产品情况下,范围经济是成本函数存在次可加性的必要而非充分条件。也就是说,如果成本函数是次可加的,则该组产品的生产过程存在范围经济;但存在范围经济却不一定能推断成本函数是否具有次可加性。这意味着,范围经济可以对自然垄断的成因做一些补充性解释,而不能决定成本次可加性或自然垄断是否存在。

必要性证明:$\forall S \subseteq N, S \neq \emptyset, T = \bar{S} \neq \emptyset$,令 $Q_1 = Q_S, Q_2 = Q_T$,则 $Q = Q_1 + Q_2 = Q_S + Q_T = Q_{SUT}$,成本函数 $C(Q)$ 满足次可加性,于是,$C(Q_1) + C(Q_2) = C(Q_S) + C(Q_T) > C(Q) = C(Q_{SUT})$,结论得证。

非充分性证明:范围经济表示对于一家厂商来说,生产多种产品比只生产一种产品更经济,而成本次可加性表示,对于整个行业来说,某组产品由一家厂商生产比由多家厂商分别生产更经济。如果某个厂商生产某组产品具有范围经济,但这并不意味着整个社会的需求量都应由该厂商单独生产。

2. 通信业自然垄断性及其弱化的原因

自然垄断理论说明自然垄断是一个和企业成本函数及行业市场需求相关的问题。传统电信行业由于在技术、成本结构方面的特点,具有显著的规模经济性,即最大的或独家垄断的电信企业的成本函数一直处于规模经济区域,因而被认为是自然垄断行业。前文国内外的实证研究也证实了这一点。萨缪尔森还曾对国民经济各行业的自然垄断强度作过实证分析研究,其研究结论是:在所有的行业中,自然垄断强度最高的是本地(固定)电话,其次是电力、铁路,再次是飞机制造业等。他甚至把本地电话列为"极端自然垄断"的行业。现实中,传统的电信业在各国也被当作自然垄断行业实行垄断经营,在美国主要由一家大的私营电信公司控制绝大部分市场,并在管制机构的管制下垄断经营。而在世界其他国家则由政府纳入公共部门范围,独家运营并向公众提供电信服务,这一局面一直持续到 20 世纪 80 年代。

然而,形成自然垄断市场结构的两个相关因素不是一成不变的。从供给侧看,技术变革和技术进步以及管理效率的提升等都会带来企业成本函数的变化,其中,最重要的一个变化就是提供同样的服务对应的成本降低了。从需求来看,随着经济发展和人们收入水平的提高,市场对通信业务的需求增加了。这就带来了自然垄断向非自然垄断转化的潜在可能性。

如图 4-5 所示,存在两种可能性。一种是平均成本曲线从 $AC(Q)$ 移动到 $AC(Q)'$,同时市场需求曲线从 $D(P)$ 移动到 $D(P)'$,此时,由于成本函数在 Q' 具有成本次可加性,自然垄断依然存在。另一种情况是,假定成本和需求变化的程度更大以致于平均成本曲线从 $AC(Q)$ 移动到 $AC(Q)''$,需求曲线从 $D(P)$ 移动到 $D(P)''$,在社会合意的价格 P'' 下,市场能够容纳四个有效率的企业。这样,市场就从自然垄断转变为非自然垄断了。

这样的变化确实在电信市场出现了。早在 1947 年,在美国长途传输业务市场就出现了第一个微波传输系统,建立于波士顿与纽约之间。到 20 世纪 50 年代,许多私人厂商和政府组织向美国联邦通信管理委员会申请建立他们自己的私人线路系统。相对于以往的有线传输系统,微波传输出现的经济意义在于它能够廉价地经过无线电波束传输大量信息。由于避免了在通信网络两点之间的有线连接,微波无线技术大大减少了提供长途电信服务的固定成本,而成本函数中固定成本组成部分的减少会导致更小的企业有效规模。与此同时,收入水平的提升也使电信服务的需求曲线向外移动。李斯特·泰勒(Leater Taylor)的研究发现,人们对长途电话服务需求的长期收入弹性估计值从 0.038 上升到 2.76,显示长途电话服务是一种普通商品。假定长途电话对收入的敏感性成立的话,个人可支配收入不断的趋势将引起城市间电信市场需求曲线持续向右上方移动①。这些变化使得人们对美国长途电信市场的自然垄断性产生了怀疑。

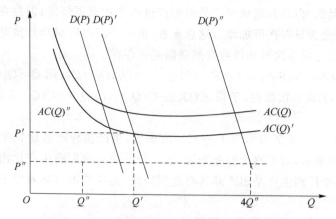

图 4-5　自然垄断向非自然垄断转化的现在可能性

然而,对这个问题的实证研究却没有明确一致的结论。比如,1962 年,美国电报电话公司(AT&T)和摩托罗拉公司所做的一项关于一条大约 200 英里微波传输系统的成本研究认为,在这条线路上存在明显的规模经济。还有其他一些基于 AT&T 的成本研究得出结论,在 1947—1976 年这一段时期,AT&T 通信服务的平均成本/边际成本数值范围从 1.58 到 2.12,显然存在非常显著的规模经济性,因而具有自然垄断性。1998—1999 年拉丰等人利用 LECOM 模型的研究得出电信公司在大部分市场具有范围经济性,因而存在自然垄断性。

但 1975 年,伦纳德·韦弗曼(Leonard Waverman)在他的研究中发现,20 世纪 60 年代中期长途传输电路的规模经济在 1 000~1 200 条时达到最大,但在 60 年代后期,纽约到费城的线路需求大约就达到 79 000 条。如果他研究的 1 000~1 200 条是长途传输电路的最小有效规模的话,他断定在美国许多城市间的长途传输市场都可以容纳多个长途业务服务商。此外,1982 年,戴维·埃文斯(Davide Evans)和詹姆斯·海克曼(James Heckman)所做的研究也支持了这一推论。他们基于 1958—1977 年美国贝尔系统的数据估计了一个多产品的成本函数,最后的经验估计显示,对美国 AT&T 在那一时期的产量结构,其成本函数不具备次可加性。1992 年,Shin 和 Ying 利用联邦通信委员会的《通信公共运营商统计》对 AT&T 拆分前(本地交换运营商)的数据进行测算得出:"成本函数明确不具有次可加性",因而不具有自然垄断特点。

3. 基础网络运营市场的竞争性

尽管对通信业的规模经济程度的估算不是一件容易的事情,但近年来通信业技术的迅猛变革和信息通信需求持续增长、持续多样化的发展,对通信产业市场结构从垄断到竞争变化带来的重要影响是不争的事实。20 世纪 70 年代开始,竞争的市场格局首先出现在美国的长途电信市场。80 年代后期,以英国开放市场引入新的运营商和美国 AT&T 的解体

---

① 自 20 世纪 40 年代末以来,美国人均收入水平不断提高。自 1949—1984 年,实际人均可支配收入每年大约增长 2.2%。——Economic report of the prisedent, February, 1986, Table B—26

为开端,世界各国电信市场都陆续进入打破垄断,引入竞争的产业组织变革进程。当前,以移动互联网为代表的信息通信业环境下,网业分离,在业务和应用层面已经是一个完全可竞争的市场。然而,在基础网络服务层面,网络性产业的基本特性并未改变。大量的基础设施建设费用、沉没成本以及快速的技术迭代带来资产淘汰,都意味着即使市场准入管制完全放开、不存在政策性进入障碍,也会由于产业具有较强的规模经济而存在一定的市场进入和退出障碍,难以形成一个完全可竞争的市场[①],因此,维持一个多寡头有效竞争的市场依然是行业管制的重要目的之一。

4.3 网络外部性(Network Externalities)

网络外部性是网络产业特有的属性,会对经济主体的价值函数产生影响。由于网络外部性的存在,单一的市场均衡被打破,网络扩张正反馈现象导致"赢者通吃",路径依赖、锁定和转移成本问题的存在成为行业的一般规律。

4.3.1 定义及衡量

1. 外部性及其分类

外部性的概念是由马歇尔和庇古在20世纪初提出的,是指经济主体(包括厂商或个人)的经济活动对他人和社会造成的非市场化的影响。即社会成员(包括组织和个人)从事经济活动时其成本与后果不完全由该行为人承担。

外部性分为正外部性(Positive Externality)和负外部性(Negative Externality)。正外部性是某个经济行为个体的活动使他人或社会受益,而受益者无须花费代价;负外部性是某个经济行为个体的活动使他人或社会受损,而造成负外部性的人却没有为此承担成本。

外部性又分生产的外部性和消费的外部性。即当外部性是由生产活动引发的,就称为生产的外部性;如果是由消费活动引发的,则称为消费的外部性。

2. 网络外部性及其来源

网络外部性是一种消费的外部性。网络外部性的概念最早是由罗尔夫斯(Rohlfs)于1974年提出的,他指出网络外部性是需求方规模经济的源泉。当一种产品对消费者的价值随着其他使用者数量增加而增加时,就说这种产品具有网络外部性。卡茨(Katz)和夏皮罗(Shapiro)在1985年对网络外部性进行了较为正式的定义:随着使用同一产品或服务的用户数量变化,每个用户从消费此产品或服务中所获得的效用的变化。网络外部性广泛存在于网络型产业中,是网络产业的特有属性。

网络外部性源于网络结构的互补性和消费者消费行为方面的"相互依存性"。经济学家发现无论是有形网络,还是无形网络,都表现出一种共同特征:当消费者通过购买特定产品或服务加入某一网络,他所获得的效用依赖于同一网络中使用同样产品或服务的人数。也就是说,在这种情况下,消费者的消费行为是相互影响的。某一消费者是否购买或使用这些产品或服

---

① 根据可竞争市场(Contestable Market)理论,可竞争市场是指来自潜在进入者的压力,对现有厂商的行为施加了很强的约束的那些市场。在这一市场上,不存在严重的进入障碍。完全可竞争市场是可竞争市场的极限情形,它是指一个进入绝对自由,退出绝对无成本的市场。这里的"进入自由",不是说进入没有成本,而是说相对于在位者而言,进入者没有生产技术上或者产量方面的劣势。

务,在很大程度上取决于其他消费者是否已经购买或使用了这些产品或服务。例如,在选择电话网络时,新用户更愿意选择原来用户多的网络。因为网络中的用户越多,潜在的通话对象就越多,该网络对新用户的价值就越大。同时,新用户的加入也增加了网络对原有电话用户的价值,因为随着新用户的加入,原有用户通话的潜在对象也增加了。这种消费行为之间的相互影响就是所谓的"消费的外部性"。事实上,网络外部性不仅仅存在于有形网络(如电信、传真机、铁路、航空等)之中,许多无形网络也表现出这一特征。如 Windows 操作系统的使用者就构成一个无形网络,使用 Windows 操作系统的人越多,Windows 操作系统对使用者的价值就越大,因为使用者将有更多的机会共享信息。此外,许多具有互补关系的产品,如典型的"硬件—软件范式",也是具有网络外部性的无形网络。比如,智能手机与应用软件、耐用设备与维修服务等。手机越普及,相应的软件就越丰富,软件越丰富,消费者就越喜欢购买这款手机。耐用设备越流行,相应的维修服务越普及方便,人们就越喜欢购买相应的耐用设备。

显然,网络外部性是指当一种产品对用户的价值随着使用相同产品或可兼容产品用户增加而增大时产生的效用;也就是说,由于用户数量的增加,在网络外部性的作用下,原有的用户免费得到了产品中所蕴含的新增价值而无须为这一部分价值提供相应的补偿。

3. 网络外部性的分类

上一部分内容中我们主要讨论了正的网络外部性,即由于用户数量的增加使原有消费者获得的益处。但显然,随着使用同一产品或服务的用户数量变化,每个用户从消费此产品或服务中所获得的效用变化,可能为正也可能为负。也就是说,网络外部性也可分为正网络外部性和负网络外部性。以在互联网上发送 E-mail 为例,如果使用 E-mail 服务的人多的话,E-mail 服务的价值就会提高,老用户可以获得更广泛的通达范围而得到额外的收益,这时 E-mail 就体现出正的网络外部性。但是网络是一种拥塞系统,如果大家都在同时大量使用服务,网络就可能出现拥塞,于是就会产生负的网络外部性。

网络外部性还可分为直接网络外部性和间接网络外部性。直接网络外部性是通过消费相同产品的购买者人数对产品价值的直接影响而产生的。双向网络中,消费者之间的连接具有交互性、所使用的产品具有互补性,因此,消费者的消费行为会直接对其他消费者带来影响,因而此时的网络外部性为直接网络外部性。如一个有 n 个使用者的电话网,会有 $n(n-1)$ 种可能的连接,第 $n+1$ 个使用者将通过给现有连接增加 $2n$ 个新连接,从而使原来 n 个使用者的连接价值增加,这样就给网络中所有其他使用者提供了直接的外部性。单向网络或互补商品间(无形网络)的网络外部性是间接网络外部性,如传统的广播电视网就是典型的单向网络,其网络外部性是间接的,即加入电视网络的用户越多,电视台提供的节目内容就可能越丰富,费用越低廉,对所有其他的用户都有益处。此外,如互补产品随着一种产品(如打印机)使用者数量的增加,市场出现更多品种的互补产品(如墨盒)可供选择,而且价格更低,从而消费者更乐于购买该产品(打印机),这就间接地提高了该产品的价值。再如,符合"硬件—软件范式"的无形网络也表现出这种间接的网络外部性。在这一范式中,硬件与软件之间存在某种消费外部性。使用硬件(如录像机)的人越多,愿意为其提供软件(如录像带)的企业就越多。而软件的品种增加、价格下降会提高硬件的价值。

4. 网络外部性的度量

这里,对网络外部性的度量主要指的是对直接、正网络外部性的度量。著名的梅特卡夫定律(Metcalfe's Law)给出了网络外部性的定量衡量方法。

出生于美国纽约布鲁克林的罗伯特·梅特卡夫(Robert Metcalfe)是美国科技先驱,他发明了以太网并于1979年创立了3Com公司。他提出的梅特卡夫定律的内容是:网络的价值等于网络节点数的平方,其中节点数指的是联网的用户数。梅特卡夫定律描述的是一种网络技术发展规律,即连接网络的用户数量越多,网络对于用户的价值就越大,网络的价值(有用性)与网络连接的用户数量的平方成正比。

如果用公式表示,即:

$$V = kn^2 \tag{4-14}$$

其中,V 为网络的价值;k 为系数;n 为网络连接的用户数。

根据梅特卡夫定律,在一个已有 n 个用户的网络,新增加一个用户为其他用户带来的网络外部性等于:

$$\Delta V = k(n+1)^2 - kn^2 = k(2n+1) \tag{4-15}$$

4.3.2 网络外部性对消费者效用函数的影响

网络外部性是由消费行为引起的、具有双向性特点。一个消费者的消费行为对其他消费者的效用函数产生效应但不反映在市场价格中,而且这种效应在消费者之间是相互的。因此,消费者对具有网络外部性的同一类产品或服务的效用评价函数不仅由其本身的消费行为决定,而且由其他消费者的消费行为决定。

为了说明这种影响,我们可以先写出在无网络外部性下消费者的效用函数。

不存在网络外部性的情况下,消费者对产品或服务的效用评价函数仅由产品或服务本身的一些属性变量来决定,如消费者 i 对某一产品的效用函数可以用下式表示:

$$U_i = U_i(x_1, x_2, \cdots, x_n) \tag{4-16}$$

式(4-16)中,$x_1, x_2, \cdots, x_n$ 分别表示产生效用的一些产品属性。例如,对于一台PC来说,这些属性可以是价格、CPU速度、显示器大小、硬盘大小、内存条、光驱、主板等。

但当网络外部性存在时,消费者对产品的效用评价发生了变化,其他消费者对同一产品或服务的消费活动也作为影响效用价值的因素而成为效用函数的解释变量。此时,消费者 i 对产品的效用函数可以表示为如下形式:

$$U_i = U_i(x_1, x_2, \cdots, x_n; c_1, c_2, \cdots, c_{i-1}, c_i, \cdots, c_m) \tag{4-17}$$

式(4-17)中,$c_1, c_2, \cdots, c_{i-1}, c_i, \cdots, c_m$ 表示其他消费者的消费活动,而这些消费活动对消费者效用函数产生了影响,这些影响可以是直接的,也可以是间接的。将此产品效用函数进一步简化,前一部分可作为消费者对产品本身属性价值的评价,而后一部分由众多其他消费者的消费活动所产生的外部性可集合为网络外部性价值,即消费者对网络外部性的评价。这样,消费者 i 的效用函数就可以表示为如下形式:

$$U_i = U_i(X; W) \tag{4-18}$$

式(4-18)中,X 为产品本身的价值,而 W 为网络外部性为消费者带来的价值,即网络外部性价值。

4.3.3 网络外部性对市场均衡的影响

一般商品[①]的市场均衡指的是在价格机制的作用下,市场在需求曲线和供给曲线的交点

---

① 不存在网络外部性的商品。

"出清",即达到均衡,此时的均衡点是唯一的。但在网络外部性存在的情况下,一般产品单一均衡的现象被打破了,取而代之的是多重均衡(Multiple Equilibrium)。为了分析网络外部性情况下的多重均衡,首先需要了解网络外部性对市场需求曲线的影响。

1985年,Katz和Shapiro提出的实现预期的需求理论,构建了网络外部性存在的情况下的产品需求曲线模型(Economides,1993)。

定义$p(n;n^e)$为预期销售n^e单位产品的情况下,对第n单位产品的支付意愿。这里,基于需求曲线向下倾斜的规律,支付意愿函数$p(n;n^e)$是关于n的递减函数;另外,根据网络外部性的定义和性质可知,$p(n;n^e)$是关于n^e的增函数,表示了网络外部性的存在。

在某一时点上,消费者支付意愿函数$p(n;n^e)$对应了此时刻的需求曲线$D_e(n^e)$。对于这一时刻的市场均衡就是当预期销售量被实现,即$n=n^e$时,市场达到的均衡,如图4-6所示,这是一种短期内的市场均衡。

在长期中,随着时期的动态演进,消费者预期不断发生变化,从而消费曲线也发生变化,此时的均衡已不像短期中那么简单。长期中,实现预期的需求曲线(Fulfilled Expectations Demand)如图4-7所示。

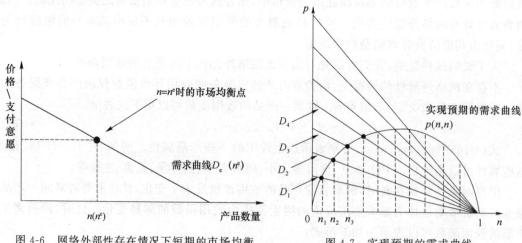

图4-6 网络外部性存在情况下短期的市场均衡　　图4-7 实现预期的需求曲线

图4-7中,每条短期需求曲线D_i表示在预期销售$n^e=n_i$时的消费者的支付意愿曲线,其中$i=1,2,3,\cdots$,如D_1为$p(n,n_1)$,D_2为$p(n,n_2)$,D_3为$p(n,n_3)$等。在这里,为了更有效地说明问题,所有的n^e、n_i都表示相对的市场份额(后面的两点假设保证了这一点),而非产品销售的绝对数量。

对于每条短期$n^e=n_i$需求曲线D_i,当$n=n_i$时,预期的销售量一被实现就达到短期均衡,这样,由每个短期均衡点$p(n_i,n_i)$连接组成的曲线$p(n,n)$就是实现预期的需求曲线。

以上的分析还假设:

$\lim_{n \to 0} p(n,n)=0$,即当用户网络大小为零时,消费者对产品的评价为零。这个假设适合于直接网络外部性占主导地位的行业,如通信行业,对于一个还没有用户加入的电话网络,是没有人愿意加入的。而对于那些间接网络外部性占主导地位的行业,这个假设并不适合,因为在其他用户没有接入网络时,单一产品的使用也能够为用户带来价值。

$\lim_{n \to \infty} p(n,n)=0$,即用户对产品的支付意愿在网络达到一定规模时,呈递减趋势。这个假设避免了无限制销售,保证了销售数量最终是收敛的,而且也与现实相符合。最后加入产品消费行列的消费者往往对产品有着最低的评价,而不管此时网络外部效应有多大。

实现预期的需求曲线,描述了网络外部性存在下市场需求的特殊性,即在产品销售初期用户不多时,由于网络外部性带来的价值很小,因而边际消费者对产品的支付意愿较小;随着用户数量的增加,网络外部效应逐渐显现出来,边际用户逐渐提高了对产品的评价,支付意愿逐步加大;最后,当相当多的用户加入产品网络后,边际用户对产品的支付意愿反而减小,因为那些有着较高支付意愿的消费群体已经成为产品的用户了,剩余的都是那些对产品评价相当低的消费者。因此,可以用实现预期的需求曲线作为网络外部性存在下的产品需求曲线。

在确定了需求曲线后,我们便可以着手分析网络外部性下的市场均衡。由经济学理论可知,市场的均衡点位于需求曲线与供给曲线的交点。为了简化分析,我们假设厂商以单一价格来提供产品,即供给曲线为一水平线,如图 4-8 所示。

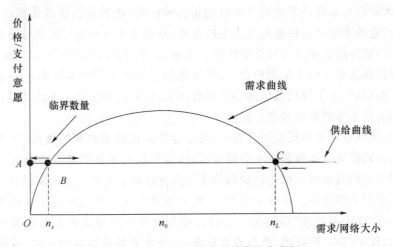

图 4-8 网络外部性情况下的多均衡分析

在图 4-8 中,实现预期的需求曲线和供给曲线出现了三个可能的均衡点 A、B、C。其中,A 点表示零消费($n^*=0$)下的市场均衡,在该点没有人消费产品,所以边际用户对产品的支付意愿为零,即没有人愿意购买此产品。这个均衡点也被称为悲观预期(Pessimistic Expectations)均衡。交点 B,表示小网络下($n^*=n_s$)的均衡。在这个均衡点的左边,价格高于消费者的支付意愿;在这个均衡点右边,支付意愿高于价格。这意味着,在这个均衡点的时刻,如果后来的消费者预期这个网络不会变得很大,就不会选择购买产品来加入这个网络,网络就有可能会退回到 A 这个悲观预期均衡点;反之则可能迅速扩张至 C 点。均衡点 C 表示的是大网络下($n^*=n_L$)的均衡。在均衡点 C 的左边,价格低于消费者支付意愿;而在均衡点 C 的右边,呈现的却是支付意愿低于价格。此时的均衡类似传统市场中的均衡,在均衡点 C 的右侧,边际消费者由于对产品及网络支付意愿过低而不再加入这个网络,尽管此时的网络效应是很大的。

进一步考察一下这三个均衡点的稳定性,可以看到三个均衡点的稳定性是不同的。

一般来说,只要消费者支付意愿高于产品价格,即需求曲线在供给曲线上面,就会有人购买产品,需求量就会增加,直至两条曲线的交点;而同时,只要消费者支付意愿低于产品价格,即需求曲线落在供给曲线下方,需求量就会下降,直至需求曲线和供给曲线的交点。由此可知,A、C 点都是稳定均衡点,而 B 点为非稳定均衡点。

在 B 点,任何一个边际用户的加入或退出,都会打破市场均衡。例如,当边际用户选择退出时,现有消费者对产品的评价就低于产品价格,因而造成更多消费者退出市场,直至达到零均衡,产品从市场上消失。另外,当边际用户选择加入网络时,由于网络外部性的存在,网络的扩大使得消费者对产品的评价高于产品市场价格,因而会吸引更多的消费者加入网络,直至达到下一个均衡——大网络下的均衡。

通过上述的分析可以看到,在网络外部性存在的情况下,一般商品的单一均衡被打破,取而代之的是一个具有三个均衡点的多重均衡。

4.3.4 网络外部性对通信产业的影响

网络外部性的存在会影响新技术(业务)采用。在网络外部性存在情况下的多重均衡中,小网络均衡点 B 对应的消费者数量被称为临界群体(Critical Mass),该点对应的数值也被称为"阈值",此时市场是不稳定的,一旦消费者数量突破阈值,就会发生强者越强、弱者越弱的正反馈效应(马太效应),最终或者达到大网络均衡占领市场,或者达到悲观预期均衡退出市场。因此,在网络产业的市场上存在着先入为主的现象,早期进入市场的厂商或首先获得安装基础(Installed Base)优势的企业会获得竞争优势。比如,在中国即时通信服务市场发展初期,腾讯公司推出的微信服务在获得上亿用户之后,传统电信公司迫于压力也推出了完全相似的即时通信服务——易信,但由于使用微信的用户基数巨大,且微信功能日益丰富完善,没过多久,传统电信公司的易信业务就被消费者忘记了。

正因如此,在网络产业市场发展进程中,可能存在次优技术获胜的情况,即当一个更优的技术由于无法达到临界群体数量而不会被采用时(这可能主要是供给者战略行为而导致的后果),一个相对次优的技术由于抢先达到阈值而最终在市场上获胜。这通常被认为是网络外部性造成市场效率损失的范例。在这个过程中,路径依赖和锁定效应可能也发挥了作用。所谓路径依赖,在经济学中指的是"即使在一个以自愿抉择和个人利益最大化行为为特征的世界中,经济发展过程中(如一些技术、产品或者标准)一个次要的或暂时的优势,或者一个看似不相干的事件,都可能对最终的市场资源配置产生重要而不可逆转的影响"。而锁定效应是指由于各种因素,从一个系统(可能是一种技术、产品或者标准)转换到另一个系统的转移成本大到转移不经济,从而经济系统达到某个状态之后就很难退出,系统逐渐适应和强化这种状态,从而形成一种选择优势把系统锁定在这个均衡状态之中。比如,一个购买了某种后来证明是次优技术或产品的用户十分痛苦,因为转移到一个更先进技术的转移成本(包括设备更新费用和学习成本等)可能十分可观,这样,似然私人转移成本将阻止消费者采用更优的技术。从经济整体看,由于网络外部性的作用,现有技术的安装基础有可能成为技术进步的障碍,这样,一个能实现帕累托改进的新技术可能不会被采用。

4.4 公共服务性

通信业是典型的网络型产业,具有规模经济性、范围经济性、网络外部性等特点。传统的邮电通信业和公路、铁路、机场、水电、煤气等行业一样,被称为基础设施行业或公用事业,其服务具有准公共物品的特点,行业承担着向社会提供普遍服务的义务。信息社会时代,泛在的信息网络基础设施成为社会发展中最重要的基础设施,是推进信息社会、网络和数字经济全面发展,实现社会包容性发展,实现社会文明、进步的重要物质技术基础,具有公共服务性特点。

4.4.1 公共物品、准公共物品和混合品

与私人物品相比,典型的公共物品具有消费的非竞争性、非排他性和效用不可分割性特点。即对于公共物品,一个人的消费不会减少另一个人的消费数量,在给定的生产水平下,向一个额外消费者提供商品或服务的边际成本为零;公共物品一旦提供,排除某人从公共物品中受益是不可能的,或者代价是昂贵的;公共物品是向整个社会共同提供的,整个社会的成员共同享用公共物品的效用,而不能将其进行分割。现实中,除国家安全防卫等少数具有典型公共物品特点的公共服务外,大部分公用事业提供的服务介于私人物品和纯公共物品之间,具有准公共物品或混合(公共)品的特点。和纯公共物品相比,准公共物品或混合品只具有部分公共物品的特点,或者行业内部分服务具有公共品和准公共品特点,部分服务具有私人物品特点。当然,在不断发展的技术和市场环境下,准公共物品等也不是一成不变的。

传统的通信业,包括邮政业和电信业均属于社会公用事业,由政府提供服务,具有公共物品或准公共物品的特点。现代信息通信业基于全球覆盖的、物理的、信息网络基础设施,在竞争的市场环境下提供信息服务和网络服务,在满足个人、企事业单位和社会机构的个性化、多样化需求外,还面向全社会提供公共基础网络设施服务、公共数据信息服务等,其公共性非但没有减弱,反而有所加强。如互联网,一经提供,就是一个具备一定规模、一定服务范围和服务能力的完整网络,具有开放性、共享性等特点;又如,具有一定规模,开放,共享的公共数据库资源,向公众提供公共数据信息服务。这些服务均具有效用不可分割性、消费的非竞争性特点,具备准公共服务的特点。特别是其中部分免费的网络和信息服务,如城市免费 Wi-Fi,除了具有非竞争性外,也不具备排他性特点,具有纯公共品的特点。

4.4.2 信息社会的最重要的基础设施

所谓基础设施(Infrastructure)是指为社会生产和居民生活提供公共服务的物质工程设施,是用于保证国家或地区社会经济活动正常进行的公共服务系统。它是社会赖以生存发展的一般物质条件。一般把基础设施分为两大类,一类是经济性基础设施(Economic Infrastructure),指的是像公路、铁路、机场、通信、水电、煤气等物理性基础设施(Physical Infrastructure);另一类是包括教育、科技、医疗卫生、体育、文化等社会事业的社会性基础设施(Social Infrastructure)。一个国家和地区基础设施的发展状况直接促进或者制约着整个社会生产活动的发展水平和人民生活质量的高低。在现代社会中,经济越发展,对基础设施的要求越高;完善的基础设施对提高社会经济活动效率,提升人民生活水平和生活质量起着巨大的支撑作用。

信息通信业从古老的邮驿传信,发展到当今的移动互联网,再到未来的万物互联网络,其在经济、社会发展中的作用早已不再局限于信息传递了,信息通信技术和信息通信业的发展已经成为社会生产方式变革、商业模式变革、社会生活变革、社会管理变革、国际关系变革乃至社会经济时代变革的重要推动力量。信息通信基础设施在社会经济中的地位,也从传统农业经济时代主要为统治者服务,工业经济时代主要为工业化大生产服务,发展到信息时代为社会整体经济活动和社会生活服务,成为整个社会最重要的基础设施。

4.4.3 向社会提供普遍服务

信息通信业的公共服务性还体现在要向社会提供普遍服务。所谓普遍服务,即指对任何

人都要提供无地域、无质量、无资费歧视且能够负担得起的电信业务。普遍服务这一术语最早由美国 AT&T 总裁威尔先生在 1907 年年度报告中提出，其原话为"一种政策，一种体制，普遍服务"（One network, one policy, universal service）。1934 年，美国首先将这一政策纳入法律条文，在《电信法》中明确规定："电信经营者要以充足的设施和合理的资费，尽可能地为合众国的所有国民提供迅速而高效的有线和无线通信业务。"20 世纪 80 年代末，国际经济发展与合作组织（OECD）做出的"普遍服务和电信资费改革"报告，将电信普遍服务明确定义为"任何人在任何地点都能以承担得起的价格享受电信服务，而且业务质量和资费标准一视同仁。"这一定义传达了普遍、平等、可支付三个方面的基本含义，蕴含着保障基本人权，促进社会公平，平衡区域发展的丰富内容，被国际社会广泛接受，成为各国际组织和各国政府致力追求的目标和重要的职责所在。

4.4.4 对信息通信业的影响

信息通信产业的公共服务性使得产业发展问题不仅是关乎企业自身利益和个别消费者利益的事情，而且是关系到社会整体发展和社会公众利益的问题。因此，历史上，由政府主导出资兴建通信网络、由国有通信企业提供服务成为世界各国普遍采取的模式。近年来，随着信息通信技术升级换代和信息社会发展进程的逐步推进，信息通信产业对国民经济和社会发展的影响日益深化，各国政府都从国家发展战略的高度，深度参与或积极主导制定行业发展战略和发展政策，如世界多数国家制定的宽带发展战略、我国政府制定的"互联网＋"发展战略；通过政府直接投资研发或激励投资政策，推动信息通信技术创新和技术扩散。采取市场化方式、优化资源配置、提高产业运行效率。此外，各国政府还通过立法加强行业规制，通过对行业市场准入、市场结构、竞争行为、服务定价等的适当干预，维持有效的市场竞争格局，提高市场运行效率和社会福利。与此同时，通过立法确立普遍服务制度，积极研究探索在信息通信技术快速发展和竞争性市场环境下保障普遍服务的有效机制，提高普遍服务的社会效益和经济效益，缩小数字鸿沟，推动公共服务均等化，实现信息社会的包容性发展。

第 5 章 通信业产出

5.1 通信业产出与分类

5.1.1 通信产品与通信服务

产品是生产性活动创造的,能满足消费者的需求和欲望,可为消费者带来有益效用的最终成果。社会生产性活动创造的产品的种类和结构取决于社会生产力发展水平、社会生产状况和产业结构状况。农业经济时代,土地上的产出被早期的经济学家认为是当时唯一的生产性活动的最终结果。工业经济时代,物质产品的加工、生产和创造被普遍接受为产出成果的主要表现形式。随着工业经济向信息经济时代迈进,现代服务业也得到了迅速发展,公共服务、消费性服务、生产性服务也纳入了社会生产活动的范畴,成为社会产出的重要组成部分。信息经济和数字经济时代,信息价值凸显,围绕着数据、信息的获取、加工处理,知识、智慧的凝聚和提炼,也是创造价值的社会生产性活动,因此,在现代经济条件下,人类社会生产性活动的概念大大拓宽,不仅包括有形物质产品的生产,还包括提供各种服务,进行信息产品(数字产品)的开发和创造,所有这些活动的成果都具有价值,并成为现代社会生产性活动创造的财富的组成部分。此外,需要注意的是,虽然人们可以根据产出成果的主要形式将现代生产性成果分为物质产品、服务产品和信息或数字产品等分类,但现代经济条件下,更多的产出成果是以上各种产出成果的融合,特别是数字经济时代,信息技术与传统生产技术、服务手段相融合,物质产品包含信息内容和服务,服务产品也借助于实物产品和信息服务的基础上。

通信产品是对通信业生产性活动带来的产出成果的一个统称,其内容与通信业业务范围的界定密切相关。传统的邮电通信行业中,产出内容就是邮电通信服务;在电信产业纵向一体化格局下,电信产品既包括依托网络提供的信息传输服务,又包括相关的通信设备等实物产品。当前,在信息通信业概念下,信息通信业范畴拓宽到信息通信技术和信息内容两大部分。其中,信息通信技术部分的产出包括软件、硬件设备和信息技术服务以及信息通信服务等;信息内容部分的产出则包括了基于现代互联网络等新媒体生产创造的各种内容。

信息通信(信息传输)服务是传统通信企业的主要生产经营活动内容,即主营业务。传统通信行业中主要包括邮政企业和电信通信企业,它们分别是依托邮政通信网络、电信通信网络提供通信服务的网络运营企业。其中,邮政企业最基本的通信生产活动是在邮政实物运递网络基础上,将用户交寄的实物介质信息,如信函、报刊等实现空间搬移,完整地送达收信用户的过程,提供的是邮件寄递服务,即邮政通信服务。电信企业的通信生产活动是在电信网络设施(主要是电话网络和电报网络)基础上,将用户通过电信终端提交的音频或文字信息转变成光、电信号传输后再还原为原始信息送达接收端用户的过程,提供的是语音和数据信号的传输服务,即电信通信服务。在这样的生产活动过程中,通信企业的产出既不是信息本身(信息是用户提交的,是邮、电通信企业的劳动对象),也不是其他任何有形的物品,而是对各种形式的信息进行传输、运递或搬移的有益效用,这种效用满足了消费者对信息传递的服务需要,因而具有使用价值。同时,通信企业在提供通信服务的过程中需要投入物化劳动、活劳动,劳动创造出新的价值,体现为向消费者提供通信服务的同时获得相应的交换价值。

5.1.2 传统电信企业的转型和产出变化

随着信息通信技术的融合发展、通信市场的开放和用户需求的变化,传统的以通信企业为主构成的通信产业正在演变为现代信息通信产业。在这一变革过程中,一方面,基于各种电子信息技术、通信技术实现信息传递服务的形式出现多样化趋势,相应地依托不同技术、不同商业模式提供信息通信服务的企业主体也呈现出多元化态势;另一方面,传统通信企业的传统通信业务在受到各类OTT业务的竞争后被替代效应明显,为避免沦为信息"管道"提供商,传统电信运营商纷纷转型,从几年前谋求向提供融合信息内容、通信服务以及多样化应用服务的全业务、综合信息通信服务的运营商转变,到近年来筹谋布局软件定义网络(SDN)、实现网络功能虚拟化,布局开发物联网连接、深入垂直行业应用,涉足大数据、云计算等服务。因此,从传统通信企业产出来讲,其业务范围在不断拓宽。

纵观各国主要的基础电信运营商近年来业务发展、转型和创新的足迹,经简单整理归纳后可以看到它们提供的服务和产品主要包括以下种类,如表5-1所示。

表5-1 电信网络运营商提供的服务和产品

序号	服务和产品类别	主要内容
1	电信通信服务	包括固定、移动语音业务和各类数据传输服务
2	网络连接服务	固定宽带接入、无线宽带接入、网络互联服务
3	物联网服务	提供车辆服务、智能抄表、无线POS、移动媒体、生产与环境监测、智能可穿戴设备等各行各业的物联网业务
4	平台内容服务	提供各类数据的上传下载,包括数据通信服务、软件、付费/高清电视、高速多媒体、视频等服务
5	信息处理能力	包括现有的各类增值服务以及未来的大数据、云计算等
6	信息服务	发布信息(如号码信息、企业黄页/白页)、广告以及提供信息搜索服务
7	行业应用	针对国民经济各行业提供信息化服务和应用、系统解决方案和技术、定制化服务和应用等
8	设备租赁及技术支撑	网络元素出租业务、IDC服务、网络维护等服务
9	通信及电子设备	出售通信终端设备、各类电子信息设备等

5.1.3 中国现行电信业务分类目录

从市场准入管理的角度出发,我国按照通信业务分类,实行许可准入的管理制度。因此,为配合相应的立法规定,我国适时推出和调整制定了相应的业务分类目录。

2000年《中华人民共和国电信条例》颁布实施时,推出了我国第一版《电信业务分类目录》,之后,随着电信新技术、新业务的发展,电信条例和电信业务分类目录都有多次调整。2015年,为进一步推进电信业改革开放,促进电信业务繁荣健康发展,扩大信息消费,规范市场行为,提升服务水平,保障用户权益,依据《中华人民共和国电信条例》,我国工业和信息化部又对《电信业务分类目录》重新进行了调整,并自2016年3月1日起施行。在《电信业务分类目录(2015年版)》中规定,电信业务包括基础电信业务和增值电信业务两大类。具体内容如表 5-2 所示。

表 5-2 我国《电信业务分类目录(2015 年版)》

A 基础电信业务			B 增值电信业务	
A1 第一类基础电信业务			B1 第一类增值电信业务	
A11 固定通信业务	A11-1 固定网本地通信业务		B11 互联网数据中心业务	
	A11-2 固定网国内长途通信业务		B12 内容分发网络业务	
	A11-3 固定网国际长途通信业务		B13 国内互联网虚拟专用网业务	
	A11-4 国际通信设施服务业务		B14 互联网接入服务业务	
A12 蜂窝移动通信业务	A12-1 第二代数字蜂窝移动通信业务		B2 第二类增值电信业务	
	A12-2 第三代数字蜂窝移动通信业务		B21 在线数据处理与交易处理业务	
	A12-3 LTE/第四代数字蜂窝移动通信业务		B22 国内多方通信服务业务	
A13 第一类卫星通信业务	A13-1 卫星移动通信业务		B23 存储转发类业务	
	A13-2 卫星固定通信业务		B24 呼叫中心业务	B24-1 国内呼叫中心业务
A14 第一类数据通信业务	A14-1 互联网国际数据传送业务			B24-2 离岸呼叫中心业务
	A14-2 互联网国内数据传送业务		B25 信息服务业务	
	A14-3 互联网本地数据传送业务		B26 编码和规程转换业务	B26-1 域名解析服务业务
	A14-4 国际数据通信业务			
A15 IP 电话业务	A15-1 国内 IP 电话业务			
	A15-2 国际 IP 电话业务			
A2 第二类基础电信业务				
A21 集群通信业务	A21-1 数字集群通信业务			
A22 无线寻呼业务				

续表

A 基础电信业务		B 增值电信业务	
A23 第二类卫星通信业务	A23-1 卫星转发器出租、出售业务		
	A23-2 国内甚小口径终端地球站通信业务		
A24 第二类数据通信业务	A24-1 固定网国内数据传送业务		
A25 网络接入设施服务业务	A25-1 无线接入设施服务业务		
	A25-2 有线接入设施服务业务		
	A25-3 用户驻地网业务		
A26 国内通信设施服务业务			
A27 网络托管业务			

5.2 通信产出的计量方法

对通信业产出成果进行计量,是我国国民经济统计制度对社会总产品(产值)、国民生产总值等总量指标统计的要求,也是通信业统计行业产出成果、分析通信业及通信企业发展水平和经济效益的基础。现代通信企业提供的产出除了通信服务这种基本的产出形式外,还体现出信息内容、应用、服务多样化的特点,因此,计量统计通信企业产出数量时会遇到一定的复杂性。首先遇到的问题就是通信企业各类业务的命名。

5.2.1 通信产品的命名

对于实物产品生产企业来说,产品的命名相对简单,往往与实物产品本身的名称是一致的。而通信企业最主要的生产成果是通信业务,不具实物形态,表现为一种有效用、有价值的信息传递过程,是一种服务产品。同时,这种服务还存在着不同的内容和方式,还有可能捆绑信息内容。如何对没有实物形态的信息通信服务产品进行命名,相对比较复杂。实践中,为了便于统计和核算,通信企业通常利用生产活动的对象物、消费者使用的终端设备或者企业提供服务的技术手段、生产设备等来命名和计量通信产品。比如,利用通信生产活动的对象物——信息载体来命名通信服务产品的有信函业务、话音业务、数据业务、短信业务、信息服务业务等。利用消费者使用的终端设备来命名通信产品的有固定电话业务、移动电话业务等。以生产技术手段命名的业务如 ADSL、DDN 专线、VoIP 业务、IPTV 业务、FTTx 业务等。对于通信企业提供的其他产出成果则根据实际服务内容来命名,如网元出租业务、设备代维业务、设备托管业务、系统集成业务等。

5.2.2 通信产品的计量

依据所选择计量单位的不同，当前通信产品的计量方法主要有两种，分别是实物计量方法和货币计量方法。

1. 实物计量方法

采用实物计量单位来统计计算通信服务产品数量的方法称为实物计量方法。实物计量单位是计量实物产品量的自然单位。由于通信服务产品不具有实物形态，是以信息载体、终端设备或处理技术手段等来命名的，因此，其实物计量单位一般也依照命名依据不同来选择，如通信数据业务以传输数据流量单位"MB""GB"来计量；话音业务数量用通话时长"分钟"、"万分钟"或通话"次"数来计量；邮政信函业务、包裹业务按照信函、包裹运递"件"数来计量；线路维护则用每年维护线对的长度"线对公里年"来计量；出租数据线路端口用端口容量"M"计量，或者对一定容量的数据线路端口用"个"来计量等。对于提供的接入服务则用用户数量"户"来计量。

采用实物计量单位的优点是简单、直观，能直接反映统计期内完成通信服务产品的数量多少；其缺点是不同类别的产品数量无法直接相加汇总，也无法横向比较其大小。实践中，采用实物计量方法来计量的通信服务产品数量指标主要有通信业务量、交换量、流量等。

2. 货币计量方法

采用货币计量单位来统计计算通信服务产品数量的方法称为货币计量方法。货币计量单位是一种价值形态的计量单位，它克服了实物计量单位的缺陷，解决了不同类别的通信产品无法相加汇总以及业务之间无法横向比较数量大小等问题。采用货币计量单位，只要能够采集到数据就可以计算出一个企业、一个地区或者全行业产品的总数量，并且可以对企业历年的产品数量进行横向和纵向的比较。由此可见，货币计量方法是一种更具有使用价值的计量方法。我国通信行业统计的"通信业务总量"指标，就是采用货币计量方法来计量通信服务产品数量的指标。

5.3 通信业产出指标

5.3.1 通信业务量

1. 通信业务量的概念

通信业务量是通信服务产品数量的实物计量指标，相当于工业部门的产品量。实践中，通信业务量是各类业务通用的通信服务产品数量指标，可以表示某个时段内正在处理的业务数量，或表示已完成信息传递过程的业务数量，还可以表示待处理的业务数量，如计划完成的业务数量或某一通信线路上预计承载的业务流量；既可以表示某类通信服务的总数量，又可以表示每用户或一定时段内的平均数量。

实践中，电信企业常统计的 MOU(Minute of Usage)值就是一个话音业务量指标，该指标的含义是平均每用户每月消费的通话时长，单位为分钟，也是通信企业每月平均为每位用户完成的话音传输量。随着数据业务比重的增加，电信企业用来统计数据业务量的指标 DOU (Data of Usage)值的统计越来越重要。DOU 表示的是平均每月每户数据流量，单位为 MB 或

GB。针对接入业务,如宽带接入业务或移动接入业务,则以用户数量表示业务量。

此外,通信业务量还可以表示专业产品数量或企业产品数量。传统上,通信产品可根据信息传递过程是否完整分为专业产品和企业产品,即当通信业务实现了"端到端"的传递过程就称为专业产品,而对仅完成了企业范围内生产过程的通信业务则称为企业产品。对企业产品,还以企业为界,根据发出信息、接受信息或转发信息生产活动的不同,命名为出口业务、进口业务和转口业务。当前,邮政通信企业产品依然保留这样的称谓,如进口函件、出口函件、转口函件等。而电信企业产品则通常以出网业务、入网业务或转接业务来表示。在这种情况下,当通信业务量表示专业产品数量时,它反映的是完成信息传递生产活动完整过程的产品数量,是通信业生产活动的最终劳动成果,如信函业务量。当通信业务量表示企业产品数量时,反映的是在通信生产过程中,以企业为界限完成阶段传递过程的通信产品数量,如出口函件业务量。

2. 通信专业业务量与企业业务量的关系

通信专业产品表示的是完成了整个生产活动过程的产品数量,而企业产品量表示的是完成企业阶段生产过程的产品数量,因此,企业产品量和专业产品量之间一般是整体与局部、包含与被包含的关系。只有当端到端的完整的通信服务过程是在一家企业网络内部完成时,专业产品与企业产品是相同的。在通信行业,由于计入出口或进口业务量的企业产品量通常会经历完整生产过程而成为专业产品量。尽管专业业务量和出口、进口业务量经济含义不同,前者反映经历完整生产过程的专业产品量,后者反映出口或进口阶段的企业产品量,但这两者在数值上是大致相等的。所以,专业业务量大小可以通过统计相应的出口或进口业务量而得到反映。由于通信业务收入通常是在出口环节计收,所以通常习惯用出口业务量统计数字来表示专业业务量的多少。在生产实践中,根据各类业务在生产过程中的处理流程,通信专业业务量指标分别由相关出口企业统计。如函件、包件、特快专递等业务是由收寄企业统计;订销报刊、各类业务用户数量、各类电话通话量、电信信息服务量、互联网使用量、出租电路数量等由受理业务的企业统计;一些零售业务的业务量,如报刊零售等由具体经办出售业务的企业统计;国家之间或两个及两个以上运营商共同完成的业务,由受理业务的企业统计。

5.3.2 通信业务总量

1. 通信业务总量的概念

通信业务总量是以货币形式表示的通信企业为社会提供各类通信服务的总数量,是用于观察通信业务数量发展变化总趋势的综合性总量指标,也是通信业的总产值指标。根据专业性质不同,通信业务总量包括邮政业务总量和电信业务总量。其中,邮政业务总量表示的是在一定时期内邮政企业为社会提供各类邮政通信服务的总数量。按照通信范围可分为国内邮政业务总量、国际邮政业务总量以及港、澳、台邮政业务总量。同样,电信业务总量表示的是电信企业在一定时期内为社会提供各类电信通信服务的总数量。按照通信范围可分为国内电信业务总量和国际及港、澳、台电信业务总量。按照专业可分为固定语音业务总量、固定数据及互联网业务总量、移动语音业务总量、移动数据及互联网业务总量、增值业务总量等。

2. 通信业务总量的计算

通信业务总量是以各类通信业务的业务量分别乘以相应的不变单价之后求和,再加上其他业务收入后求得的。其中,各类通信业务的业务量指的是各类通信业务以实物计量方法计算的专业产品数量,包括计费和免费业务的业务量,是通过统计各通信企业的出口业务量得到的。此外,对于其他一些未制定或不便制定不变单价的业务,就按照业务收入直接计入相加。具体的计算公式如下:

$$\text{通信业务总量} = \sum(\text{各类通信业务量} \times \text{不变单价}) + \text{其他业务收入} \quad (5-1)$$

$$\text{邮政业务总量} = \sum(\text{各类邮政业务量} \times \text{不变单价}) + \text{其他业务收入} \quad (5-2)$$

$$\text{电信业务总量} = \sum(\text{各类电信业务量} \times \text{不变单价}) + \text{其他业务收入} \quad (5-3)$$

式中,与各类通信业务量相乘的"不变单价"是一定时期内计算业务总量的同度量因素,是根据不变单价制定当年(基年)各类通信业务量与相对应的通信业务收入测算的平均单价,该不变单价一次制定,连续几年不变,目的是在统计通信业向全社会提供通信服务总数量时,消除通信业务价格因素变动的影响,在一定时期内保持通信业务总量指标只反映业务数量的增减变动情况,并可以实现业务总量纵向比较。以往在通信业务及资费变动不大的时期,不变单价通常一次测算制定后维持十年不变。但近年来,无论通信业务还是通信资费都在快速发生变化,十年一定的不变单价难以适应当前通信业务和资费的发展变化状况,所以,工信部已将过去十年调整一次改为五年调整一次。根据国家统计制度的统一规定,我国通信部门曾先后八次制定过不变单价,即1952年、1957年、1970年、1980年、1990年、2000年、2010年和2015年不变单价,当前电信业务总量统计中采用的就是2015年不变单价。不变单价的计算公式为(式中,基年指的是测算制定不变单价的当年)

$$\text{某通信业务不变单价} = \text{基年该业务的业务收入} / \text{基年该业务出口计费业务量} \quad (5-4)$$

当前,我国电信业务总量统计用的不变单价是以2015年为基年制定的(如表5-3所示),共包括16个业务种类,其中12种制定了业务不变单价,4种以业务收入计入。以业务收入直接计入的数量占比不超过10%。由于不变单价是制定基年相应业务的平均单价,因此,随着业务资费的变动,不变单价也会呈现出相同的变动趋势。以国内长途话音业务为例,八次不变单价分别为:3.05元/张[①]、2.67元/张、1.08元/张、1.38元/张、2.49元/张、0.65元/分钟、0.28元/分钟、0.146元/分钟。

表5-3 现行电信业务不变单价(2015年制定)

类别	序号	指标名称	计量单位	不变单价(元)	
				月度	年度
固定语音	1	固定本地及国内长途通话时长	分钟	0.146	
	2	固定国际及港澳台长途通话时长	分钟	1.662	
固定数据及互联网	3	家庭宽带接入平均用户	户	43.56	522.69
	4	单位宽带接入平均用户	户	94.63	1 135.51
	5	其他固定数据及互联网业务	以收代量	业务收入	

---

① 1980年及以前的国内长途电话以"张"为计量单位,相当于"次"。原因是我国电信业发展早期水平落后,用户打长途电话都需要到电信营业厅填写一张业务办理单据后,才能拨打电话。

续表

类别	序号	指标名称	计量单位	不变单价(元)	
				月度	年度
固定增值及其他	6	互联网数据中心出租机架平均数量	个	10 616.36	127 396.3
	7	IPTV 平均用户	户	13.72	164.59
	8	其他固定增值业务及其他固定业务	以收代量	业务收入	
移动语音	9	移动国内通话时长	分钟	0.109	
	10	移动国际及港澳台通话时长	分钟	1.416	
移动数据及互联网	11	无线上网卡流量	G	16.264	
	12	手机上网流量	G	80.224	
	13	物联网流量业务量	户	2.17	26.02
	14	其他移动数据及互联网业务	以收代量	业务收入	
移动增值及其他	15	移动短信业务量	条	0.060	
	16	其他移动增值业务及其他移动业务	以收代量	业务收入	

此外，在计算通信业务总量时还要注意，以时期数表示的业务量，如电话通话量、数据业务量、互联网使用量等，应当按照报告期内的累计数计算。而以时点数表示的业务量，如电话用户、无线寻呼用户、数据用户等，应采用报告期内的序时平均数计算。通常，序时平均数可以简化地用期初数值加上期末数值之后除以 2 得到。

3. 不同时期通信业务总量的比较

由于我国历史上分别采用过不同的不变单价计算通信业务总量，在研究分析不同历史时期通信业务总量的发展动态、计算发展速度时，就可能因不变单价不同而使两个不同时期的通信业务总量无法直接对比。为此，在计算不同时期通信业务总量发展速度时，可采取以下三种方法进行换算。

（1）不变单价换算系数法

在不变单价替换年度，即新的不变单价开始使用的第一年，以该年业务量按照新旧两种不变单价分别计算的业务总量进行对比，求出不变单价换算系数。设 β 为不变单价换算系数，则：

$$\beta = 替换年度按新单价计算的业务总量 / 替换年度按旧单价计算的业务总量 \quad (5\text{-}5)$$

β 可以近似地看成是新旧不变单价的价格指数。利用该系数，就可以将以旧单价计算的业务总量换算成以新单价计算的业务总量，以方便两个不同时期业务总量之间的分析对比。

例如，我国 2010 年电信业务总量，若按 2000 年不变单价计算为 30 955 亿元，按 2010 年不变单价计算为 10 192 亿元。计算 2010 年不变单价换算系数：

$$\beta = 10\ 192 \div 30\ 955 = 0.329\ 3$$

如我国 2008 年完成电信业务总量为 22 248 亿元(按 2000 年不变单价计算)，2011 年完成电信业务总量 11 772 亿元(按 2010 年不变单价计算)，计算 2011 年与 2008 年相比其发展速度时，可将 2008 年电信业务总量直接乘以 β 后再进行对比。

2011年与2008年相比的电信业务总量发展速度
＝2011年电信业务总量÷(2008年电信业务总量×β)×100%
＝11 772÷(22 248×0.329 2)×100%
＝160.7%

(2) 环比发展速度连乘法

在掌握了各时期环比发展速度的情况下,可以采用环比发展速度连乘法计算出按两种不变单价计算的业务总量的发展速度。如已知2008—2011年各年业务总量及环比发展速度如表5-4所示。

表5-4　2008—2011年各年电信业务总量及环比发展速度数据表

年度	电信业务总量(亿元)		环比发展速度(%)
	2000年不变单价	2010年不变单价	
2008	22 248		—
2009	25 681		115.4
2010	30 955	10 192	120.5
2011		11 772	115.5

2011年与2008年相比电信业务总量的发展速度
＝115.4%×120.5%×115.5%
＝160.6%

以上两种方法计算结果大致相同,实际工作中可以根据具体情况选择其一。换算系数法方法简单,但在业务量结构发生较大变化时,计算误差大。当掌握环比发展速度的数据资料时,可以采用环比速度连乘法,则比较方便、准确。

(3) 不变单价替换法

采用不变单价替换法,需要对历年的业务总量一律改用现行不变单价计算。其结构相对准确,但工作量大,一般在业务结构发生较大变化情况下采用。

5.3.3　通信业增加值

1. 通信业增加值的概念

增加值是各生产单位在生产过程中创造的新增加的价值,是常住单位生产的物质产品和服务价值超过生产中所消耗的中间投入价值后的差额部分。从我国国民经济整体角度看,国内生产总值(GDP)反映的就是我国在一定时期内(通常为1年)国民经济增加值的总量指标。

通信业增加值是计算通信行业在核算期内从事生产活动创造的新增价值的指标,是通信行业内所有的通信企业为社会提供通信服务的价值超过生产过程中消耗的中间投入价值后的差额。通信企业增加值之和构成通信行业增加值,国民经济各行业的增加值之和形成国内生产总值。在界定行业范围的基础上,考察通信业、信息通信业、信息产业、数字产业的增加值在国民生产总值中的比重,可以考察相关产业对国民经济总量的贡献程度。

2. 通信业增加值的计算

根据国家统计制度对增加值计算方法的规定,通信业增加值可以按"生产法"计算,也可以按"收入法"计算。按生产法计算,增加值等于总产出减去中间消耗;按收入法计算,等于劳动者报酬、生产税净额、固定资产折旧和营业盈余之和。理论上讲,这两种方法计算出的结果应该是一致的,但实际计算当中由于不同计算方法所用到的指标不同,最终结果可能存在误差。

(1) 生产法

生产法是从通信企业生产过程中产品价值的形成入手,剔除生产环节投入的中间产品(或中间消耗)的转移价值,得到新增加的价值即增加值的一种方法。计算公式为

$$增加值 = 总产出 - 中间消耗 \quad (5-6)$$

通信行业的总产出是指通信行业报告期内全部生产活动的总成果,是用生产者价格计算的通信企业为社会提供通信服务的总价值量,它反映了通信行业生产经营活动的总规模。对于通信企业,具体是指企业在报告期内生产经营活动所取得的全部业务收入,包括主营业务收入和其他业务收入(不包括营业外收入)。如电信企业包括的内容有话音业务收入、非话业务收入、增值业务收入等(不包括营业外收入)。

中间消耗是指通信企业在完成通信生产过程中消耗或转移的物质产品价值和服务价值。计入中间消耗要具备两个条件,一是消耗或转移的物质产品价值和服务价值必须与总产出的生产过程相对应;二是消耗的必须不是固定资产的非耐用消耗品。中间投入分为物质产品投入和非物质性服务投入,一般按购买者价格计算。邮电通信企业中间投入是企业生产经营活动中外购的动力、燃料、照明取暖、通信器材、业务用品、低值易耗品和支付的服务费用,以及业务费中支付给代办单位或本企业以外的个人部分。

以电信企业为例,其中间消耗包括的内容有:主营业务生产过程中发生在成本支出中的修理费、低值易耗品摊销和业务费用中扣除支付给劳动者的报酬、支付给国家的税金及规模以外的物质消耗和非物质消耗;在管理费用中消耗的物质产品和服务价值;为筹集资金在财务费用中发生的各种费用;除主营业务外,延伸扩展的其他服务而发生的成本费用支出,如在"其他业务支出"项下支出的向用户销售材料、出租固定资产、包装物、转让无形资产、承办待办工程,向用户提供其他劳务作业所产生的费用;出售电话号码簿、电报签收簿等物质产品消耗和非物质服务消耗。

(2) 收入法

收入法也称分配法,是根据生产要素在生产过程中应得到的收入份额计算增加值的一种方法。按照收入法计算的增加值由劳动者报酬、固定资产折旧、生产税净额和营业盈余四部分组成。该指标可以反映生产或劳务活动过程中的最终成果以及在国家、集体、个人三者之间的初次分配情况。按照收入法计算通信业增加值的公式为

$$增加值 = 劳动者报酬 + 固定资产折旧 + 生产税净额 + 营业盈余 \quad (5-7)$$

其中,劳动者报酬是指劳动者为企业提供服务获得的全部报酬。主要包括本年在成本费用中列支的工资(薪金)所得、职工福利费、社会保险费、公益金以及其他各种费用中含有和列支的个人报酬部分。如通信企业一线员工的工资,职工福利费,业务费中支付给劳动者个人的代办业务手续费和生产人员差旅费中支付给职工的补助费;管理费用中支付的管理人员工资、工资增长费用、职工福利费、差旅费中支付给职工的补助费、劳动保险费、待业保险费、工会经费、残疾人就业保障金、住房公积金、独生子女保健费以及发给职工的取暖津贴、出国人员补贴、交通补贴等。

固定资产折旧指企业当年提取的固定资产折旧,是企业报告期内为补偿生产活动所耗用资产而提取的价值,包括业务成本中计提的固定资产折旧和在管理费用中计提的管理用固定资产折旧。固定资产折旧反映固定资产在生产过程中损耗已转移的价值。

生产税净额指国家对企业生产、销售产品和从事生产经营活动所征收的各种税金、附加和规费扣除生产补贴后的净额。扣除内容主要有国家财政对企业的政策性亏损补贴、价格补贴和外贸企业的出口退税等生产补贴。对于通信行业生产经营活动而言,税金主要包括营业税、城市建设维护费、房产税、车船使用税、印花税、土地使用税等,还有缴纳的各种规费,如教育费附加、排污费、绿化费等,以及管理费用中"其他"项里支付给国家的部分,不包括企业所缴纳的"所得税"。

营业盈余是指生产单位的总产出扣除中间消耗、固定资产折旧、劳动者报酬、生产税净额后的剩余部分。

3. 通信增加值的分配

通信企业创造的增加值要根据生产要素在生产过程中应得到的收入份额在国家、集体和劳动者之间进行分配,反映了国家、企业和劳动者个人之间的分配关系。具体表现为支付给劳动者、支付给国家和留给本企业。

(1) 支付给劳动者

支付给劳动者是指增加值中分配给本企业职工的部分,核算时与通信企业中的"劳动者报酬"的核算范围一致。

(2) 支付给国家

指增加值中分配给国家的部分。包括企业向政府缴纳的各种生产税以及费,不包括"所得税"。邮电通信企业增加值计算表中的"支付给国家"部分与指标"生产税净额"计算范围一致。

(3) 留给本企业

留给本企业指增加值中经分配后留给本企业的部分以及支付给其他单位和上缴上级主管部门的部分。

5.3.4 通信业务收入

1. 通信业务收入的实质

(1) 通信业务收入的实质

通信业务收入是通信企业的主营业务收入,即通信企业为社会提供通信服务,用户在使用业务后,按业务资费交纳费用后形成的收入。本质上,通信业务收入就是通信企业销售通信服务产品所获得的销售收入,相当于制造类企业出售实物产品获得的销售收入,反映的是通信企业生产的通信服务产品得到社会承认并被用户消费而实现的价值量。只是作为服务业,其销售业务的收入就是业务收入。

(2) 通信业务收入与通信业务总量的区别

作为通信企业提供通信服务获得的收入,通信业务收入是得到社会承认并被消费而实现了的价值量。因此,通信业务收入也可以作为以货币计量的、通信企业在一定时期内生产的通信总产品价值量指标(总产值指标)。但通信业务收入与实践中我国通信业统计的另一个通信总产值指标"通信业务总量"是有差异的。其差异主要体现在:

首先,虽然以全行业口径统计的通信业务收入和通信业务总量都可以作为通信业的总产值指标,但两者计算时依据的价格不同,前者是现价,后者是不变单价。也就是说,通信业务收入是以通信业务当年现行资费为基础计算的总量,而通信业务总量是以不变单价为基础计算的总量。理论上,在通信业务资费均保持不变的情况下,同口径通信业务收入和业务总量应该相等或相差不大。但在通信业务资费调整变动的情况下,两者便会产生差异。而且,根据通信业务收入和业务总量的计量方法可知,相邻年份的通信产出数量的大小是不能通过直接比较通信业务收入得出的。而在不变单价确定后的执行年份中,通信业务总量的变化可以直接体现通信服务产品量的变化。

其次,通信业务收入所体现的产品价值量只包含获得业务收入的通信产品量,即通信业务中的计费业务量部分,而在通信企业完成的总产品数量中,除计费业务量外,还包括一部分免费业务量。如现行的邮政通信资费政策规定,现役军人用邮免费,邮电公事用邮免费等。电信业务中,也有大量的优惠免费业务。这部分业务虽然没有取得业务收入,但同样具有效用价值,作为体现通信总产品量(价值)的指标,当然应该包括这部分产品量(价值)。现行的通信业务总量统计指标中,包括了计费业务与免费业务两部分,因此,用通信业务总量指标作为通信业或通信企业的总产品数量(总产值)指标更合适。

基于上述原因,通信业务收入与通信业务总量在数值上一般是不相等的。但当通信业务总量中免费业务所占比重不大,且在不变单价制定当年,或者实际通信业务种类、资费变化不大的情况下,二者差异不应过大,特别是业务收入与通信业务总量中的计费通信业务总量部分应该大致相等。一旦出现差额过大的情况,如无其他特殊情况,则说明不变单价已与现行价格出现较大差异,已不适应当前业务发展现状,需要适时修订了。此外,如果除通信业务资费变化外,通信业务种类也出现较大变化,一些传统业务萎缩甚至消失,大量新业务涌现,通信业务总量统计中过多地使用了"以量代收"的情况,通信业务总量指标也就失真了,就需要重新修订相关业务分类和不变单价了。

表 5-5 列出了 1991—2016 年我国邮电通信业务总量及业务收入的实际数据,从中可以看到这两个指标值的差异。

表 5-5 1991—2016 年我国邮电通信业务总量及业务收入 (单位:亿元)

年份	邮电业务总量	其中电信业务总量	邮电业务收入	其中电信业务收入
1990 年不变单价				
1991	204.38	151.63	196.73	148.63
1992	290.94	226.57	281.90	221.75
1993	462.71	382.45	441.13	358.76
1994	688.19	592.30	685.95	571.79
1995	988.85	875.51	1 002.61	854.94
1996	1 342.04	1 208.75	1 276.84	1 097.49
1997	1 773.29	1 628.95	1 694.32	1 421.26
1998	2 431.21	2 264.94	1 986.54	1 699.99
1999	3 330.82	3 132.37	2 358.18	2 331.51
2000	4 792.75	4 559.92	3 621.65	3 227.22
2000 年不变单价				
2001	4 556.27	4 098.84	4 149.89	3 719.14

续表

年份	邮电业务总量	其中电信业务总量	邮电业务收入	其中电信业务收入
2002	5 546.41	5 051.65	4 626.16	4 115.82
2003	7 019.79	6 478.75	5 136.8	4 610.0
2004	9 712.29	9 147.99	5 725.5	5 187.6
2005	12 198.9	11 575.3	6 373.7	5 799.0
2006	15 321.0	14 592.1	7 120.6	6 483.8
2007	19 360.5	18 545.4	8 051.6	7 280.1
2008	23 649.5	22 247.7	9 108.2	8 148.0
2009		25 680.6		8 424.3
2010		30 955		8 988
2010 不变单价		10 192		8 988
2011		11 772		9 880
2012		12 984.6		10 762.9
2013		13 954		11 689.1
2014		18 149.5		11 541.1
2015		*23 141.7		11 251.4
2016		*35 948		11 893

注：①*2015 年、2016 年业务总量数据是以 2014 年微调的 2010 年不变单价计算的。
②本表格数据来源于各年通信业统计发展公报，经整理汇编而成。
③2009 年后的邮电业务总量及业务收入数据不再合并公布，因而表中只列示了电信业务总量和电信业务收入。

2. 影响通信业务收入的因素分析

通信业务收入是通信企业的主要财源，它不仅反映了通信企业为社会提供通信服务产品、满足社会对通信服务需要的程度，也说明了通信企业的生产经营规模和创收能力。市场经济条件下，通信业务收入不仅是弥补企业经营成本的经济来源，也是保持企业再投入、创新技术和产品、实现可持续经营的前提条件。全面分析影响通信业务收入增长变化的因素，有助于通信企业按照市场需求做出决策，合理调整业务并组织生产，以实现通信业务收入持续稳定地增长，实现通信企业发展的良性循环。

(1) 通信业务量与资费水平对业务收入的影响

假定某通信企业现有 n 种业务，令 R 表示通信业务收入，Q_i 表示第 i 种业务的业务量，P_i 表示该业务的单价，则该通信企业的业务收入可以表示为

$$R = \sum_{i=1}^{n} Q_i \cdot P_i \tag{5-8}$$

由式(5-8)可以直观地看出，通信业务收入的大小取决于两方面因素：一是通信业务量 Q 的大小；二是资费水平或平均资费水平 P 的高低。通信业务量的变化又受到供求两方面多重

因素的影响,一方面,通信企业自身的生产能力决定其可提供的业务规模;另一方面,通信企业所在地的经济发展水平和发展速度、所在地居民人均收入、生活方式及消费心理变化,以及由于竞争性业务之间的替代影响等,都会影响市场对通信业务的需求水平。影响资费水平的因素主要有政府对通信业务资费政策的调整、市场供求因素、成本因素以及竞争因素等。近年来,随着通信技术发展、成本下降、网络覆盖和业务的普及,通信业务特别是移动业务和数据业务大幅度增长。但与此同时,由于市场竞争、OTT业务替代、传统通信业务低值化趋势以及政府对网络接入服务提速降费的要求等因素,通信业务资费迅速下降。造成通信业增量不增收的现象严重,业务收入增长幅度与以往相比大幅降低。

(2) 用户数量与ARPU(Average Revenue Per User)值对业务收入的影响

如果将通信业务收入公式中的业务量 Q 以用户数量 N 表示,则该公式中的 P 就不能再是资费,而是单位用户带来的平均收入,即ARPU值。ARPU值反映的是单位用户在一定时期内(通常为一个月)对通信服务的消费水平,它可以表示消费者对通信服务总的平均消费水平,也可以表示对某一项通信服务的平均消费水平。当该值表示的是消费者对通信服务总的平均消费水平时,它实际上就相当于人均通信消费支出。当它表示的是对某一项通信业务的平均消费水平时,它反映的是使用该业务的消费者的人均消费水平。此时,通信业务收入的计算公式为

$$R = N \times \text{ARPU}$$

或者

$$R = \sum_{i=1}^{n} n_i \times \text{ARPU}_i \tag{5-9}$$

其中,N 为总的用户数,n_i 为某项通信业务的用户数,ARPU表示人均通信消费支出,ARPU_i 表示消费者对某项通信业务的平均消费支出。

此时,影响通信业务收入的因素就表现为用户数量和用户平均消费水平的高低。

从全球电信通信业发展角度看,近年来全球范围内电信企业ARPU值出现不断下降后又逐渐回升的趋势。原因主要有以下几个方面,一是在电信用户大规模扩张时期,伴随着用户数量的持续扩张,低端用户数量比例上升,造成了代表人均通信消费水平的ARPU值不断降低。当然,如果此时用户数量的增加可以抵补由于ARPU值下降带来的影响,通信业务收入仍然可以持续增长。反之,则通信业务收入下降。二是随着通信技术的进步,话音通信成本和资费不断下降,同时,随着用户市场逐渐饱和,市场竞争加剧,特别是OTT业务出现后,对传统电信业务替代明显,传统话音业务、短信业务低值化趋势明显,带来的人均通信支出水平不断下降。三是一些国家和地区通信业务收费方式从计时从量收费转变为包月定额收费,也会限制话音业务ARPU的增长。上述都是对电信业务收入可能带来负面影响的因素。然而,随着宽带业务和移动数据业务的快速发展,近年来,一些积极探索业务转型,努力开拓市场的电信企业,已经开始使用户ARPU值下滑幅度减缓甚至到不降反升。

(3) 通信业务收入影响程度分析

根据上述通信业务收入与业务量和资费的关系式以及业务收入与用户数量和ARPU值的关系式,可以进一步分析通信业务量和资费、用户数量和ARPU对通信业务收入的影响程度。其计算公式如下

业务量变动对业务收入的影响=(实际业务量-基期业务量)×基期资费 (5-10)

资费变动对业务收入的影响＝(实际资费－基期资费)×实际业务量 (5-11)

用户数量变动对业务收入的影响＝(实际用户数量－基期用户数量)×基期 ARPU 值

(5-12)

ARPU 值变动对业务收入的影响＝(实际 ARPU 值－基期 ARPU 值)×实际用户数量

(5-13)

[例 5-1] 假设某移动分公司 2016 年用户数量和月均 ARPU 值与 2015 年相比,增减变动情况如表 5-6 所示,试分析该分公司业务收入受用户数量变动和 ARPU 值变动的影响程度。

表 5-6 用户数量、ARPU 值对业务收入影响程度分析表

业务种类	用户数量(万户)		ARPU 值(元/月)		对收入的影响(万元)	
	2016 年	2015 年	2016 年	2015 年	用户数量变动	ARPU 值变动
移动电话	23	20	65	45	1 620	5 520

解:

用户数量变动对业务收入的影响＝(23－20)×45×12＝1 620 万元

ARPU 值变动对业务收入的影响＝(65－45)×12×23＝5 520 万元

该移动分公司 2016 年通信业务收入比 2015 年增加:1 620＋5 520＝7 140 万元

通过分别对用户数量与 ARPU 值对业务收入的影响分析,不仅可以明确用户数量变动及 ARPU 值变动对业务收入的影响程度,而且还可以了解企业的竞争战略选择及其效果。例 5-1 的计算结果表明,2016 年该公司通信业务收入比 2015 年增加了 7 140 万元,其中,由于用户数量增加而引起业务收入增加的数额为 1 620 万元,但由于 ARPU 值增加使业务收入增加的幅度更大,达到 5 520 万元。因此,在用户市场饱和的情况下,积极开发新业务,提升用户使用业务的数量和 ARPU 值是提升企业业务收入的主要途径。

5.3.5 通信企业利润

1. 利润概述

通信企业利润是企业纯收入的一部分,又称盈利,它是通信企业在一定期间经营活动的所有收入扣除成本费用后的差额,是衡量通信企业经营管理业绩的最主要的指标之一。在市场经济条件下,作为自主经营、自负盈亏的商品生产者和经营者,实现利润最大化是通信企业生产经营最主要的目标之一。

在企业管理实践中,利润又是一个具有多层次含义的概念,具有不同的计算口径和计算方法。有反映各项业务毛利的利润指标,如主营业务利润、其他业务利润、投资损益等;有反映税前利润的指标,如利润总额;有反映税后利润的指标,如税后净利润;有反映未分配利润的指标等。此外,对于上市公司来说,从投资者角度出发最关心的企业利润指标主要有 EBIT、EBITDA 以及税后净利润等概念。

其中,EBIT(Earnings Before Interest and Tax)指的是未扣减利息收支、所得税之前的利润,该指标反映的是在剔除融资成本和所得税负担水平影响后企业的盈利能力,这个指标有助于投资者更好地分析和判断企业创造收入、控制成本的能力。

EBITDA(Earnings Before Interest,Taxes,Depreciation and Amortization)指的是未扣减

利息收支、所得税、折旧及摊销前的利润,该指标不仅剔除了融资成本和所得税负担水平的影响,还剔除了企业资本开支对盈利水平的影响。税后利润指的是所得税后的利润水平,它的高低直接关系到投资者的可分配收益的大小。

2. 通信企业利润的内容

按照现行的《企业会计准则》的规定,我国通信企业的利润总额包括营业利润和营业外收支净额两部分。用公式表示为

$$通信企业利润总额＝营业利润＋营业外收支净额 \qquad (5\text{-}14)$$

其中

$$营业利润＝营业收入－营业成本－营业税金及附加－期间费用－$$
$$资产减值损失－公允价值变动损失＋投资收益$$
$$营业外收支净额＝营业外收入－营业外支出$$
$$税后利润＝通信企业利润总额－企业所得税$$

由上述计算公式可以看出,与传统的核算方式不同,现行会计准则下通信企业的营业利润不区分主营业务利润与其他业务利润,而是将主营业务和其他业务相关的收入、成本和税金等统一在"营业收入""营业成本""营业税金及附加"中进行列报计算。这一方面是因为市场经济中企业经营规模不断扩大,经营内容呈多元化发展,不同经营业务收入相当,主营业务与其他业务的界限已经很模糊;另一方面是为了使我国会计准则体系与国际准则趋同。

此外,由于现行会计准则引入了公允价值计量模式,该准则下的营业利润计算还增加了"公允价值变动收益"项目和"资产减值损失"项目,并将"投资收益"纳入营业利润的范围,这样使企业的营业利润不仅反映了企业正常生产活动所产生的经常性收益状况,也反映了企业利用资产对外投资也是企业营业活动的一项内容,所获得的报酬也应属于营业利润。这样的会计信息更加简洁透明,便于财务报告使用者充分了解企业的财务状况和经营成果。

5.4 通信产品结构分析

通信产品结构指的是通信企业为满足社会广大消费者的通信需求,为社会提供的各种通信业务构成及其数量比例关系。当前,随着国民收入水平的不断提高,通信技术水平的飞速发展以及近年来我国通信规模和能力的提高,我国消费者对通信服务的需求层次和需求结构呈现出多层次、多样化的发展变化的趋势。通信服务种类、结构、产品数量以及收入结构等都发生了深刻的变化。从行业角度和区域经济发展角度出发研究通信产品结构的发展变动趋势,有助于政策制定者和行业管理者从整体上把握通信业发展方向,制定适合我国国情的通信发展战略,选择符合市场需求和有发展前景的通信技术、通信业务,从而推动我国通信事业不断向前发展。从通信企业自身发展角度来看,在市场竞争条件下,加强对行业和企业自身产品结构的研究,把握市场当前和未来发展变化的趋势,有助于通信企业充分发挥自身优势,不断开拓创新、优化产品结构,进一步增强市场竞争实力。

根据分析目的的不同,对通信产品结构的研究可以从专业角度、区域角度或者企业角度等进行。具体的可以采用一般总量指标进行结构对比分析,如分析通信业务总量结构、业务收入结构等。也可以运用发展速度指标进行分析,如通过分析比较各类业务历年的发展速度,寻求

具有增长性的业务作为业务发展的重点。此外,还可以采用营销理论中评价产品组合的各种方法,如产品结构分析法、产品生命周期法、收入盈亏法、三维分析法等,综合运用产品销售增长率、市场占有率、利润贡献率等指标进行产品结构优化分析。

5.4.1 我国通信产品专业结构[①]

从邮政通信和电信通信两大专业发展的对比分析来看,历史上邮政通信方式先于电信通信产生,但自电信通信技术产生以后,其发展的速度、规模和水平都快于邮政。从我国发展情况来看[②],改革开放初期,邮政业务总量占邮电业务总量的比重为43.8%(1978年),之后,随着电信业快速发展,邮政业务总量逐步降低至2001—2008年期间的10%以下,最低年份不足5%(2007年4.2%)。特别是"八五"时期(1990—1995),我国电信业务呈现出快速发展的态势。电信业务总量占整个邮电业务总量的比重逐年提高,如图5-1所示。这种产出结构模式同样表现在两大专业业务收入的对比中,如图5-2所示。这种产出结构变化反映的是更快速度的电信通信技术方式对传统邮政通信方式的替代。

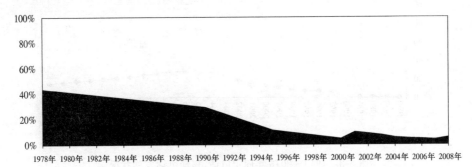

图 5-1　1978—2008年间各主要年份电信、邮政业务总量结构图
资料来源:根据原信息产业部公布的统计数据绘制

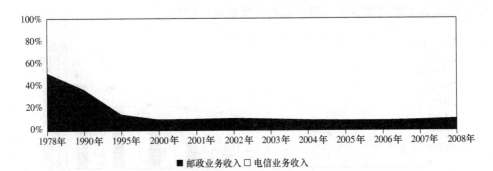

图 5-2　1978—2008年间各主要年份电信、邮政业务收入结构图
资料来源:根据原信息产业部公布的统计数据绘制

---

① 本节的数据和图表,除特别说明外均来源于工业和信息化部官方网站公布的统计公报。
② 数据截止2008年。2008年后我国邮电管理体制改革后,邮政划归交通部管辖,工信部不再公布邮电汇总的业务总量和业务收入等统计指标。

5.4.2 我国通信业务用户结构

从我国电信业发展看,改革开放前我国电信业十分落后,改革开放后电信业才开始起步、踏上发展的快车道。随着电信网络基础设施的建设和发展,电话用户规模逐渐扩大。电话用户普及率(固定电话普及率＝固定电话用户数/居民总户数;移动电话普及率＝移动电话用户数/居民总人口数)逐渐提升。进入 21 世纪后,我国赶上移动通信技术迅速发展的良机,移动通信业务规模迅速扩张,跨越了发达国家电信业发展中从固定电话开始到固定电话广泛普及的阶段,直接进入发展移动电话通信的阶段。移动电话通信发展之后对固定电话替代效应明显,使我国固定电话普及率达到 30% 左右就开始下降,而移动电话普及率持续攀升,直到目前几乎完全普及。图 5-3 显示了 1949—2016 年我国固定电话和移动电话用户普及发展状况。

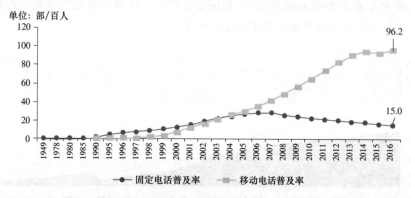

图 5-3　1949—2016 年固定电话、移动电话发展状况

2017 年 6 月,我国移动电话用户总数 136 467.1 万户,其中 4G 用户 88 812.0 万户,占比达到 65%。移动宽带用户(3G＋4G)占比达到 76%。我国固定电话用户总数 20 010.1 万户,互联网宽带接入用户 32 195.2 万户,其中光纤接入用户超过 80%。

近年来,我国互联网宽带接入用户发展情况如图 5-4 所示。

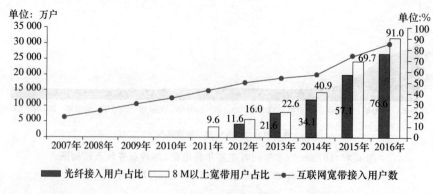

图 5-4　2007—2016 年我国互联网宽带接入发展情况

5.4.3 我国通信业务结构

从通信业务结构看,近年来,互联网业务、特别是移动数据业务发展迅猛,传统话音业务和

短信业务都出现不同程度回落。如图 5-5、图 5-6、图 5-7 所示。2016 年,在 4G 移动电话用户大幅增长、移动互联网应用加快普及的带动下,移动互联网接入流量消费达 93.6 亿 GB,同比增长 123.7%,比上年提高 20.7 个百分点。全年月户均移动互联网接入流量达到 772 M,同比增长 98.3%。其中,通过手机上网的流量达到 84.2 亿 GB,同比增长 124.1%,在总流量中的比重达到 90.0%。固定互联网使用量同期保持较快增长,固定宽带接入时长达 57.5 万亿分钟,同比增长 15.0%。

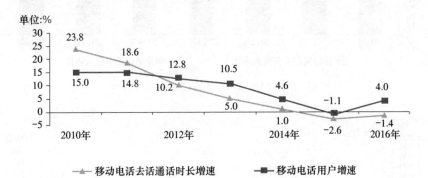

图 5-5 2010—2016 年移动通话量和移动电话用户同比增长各年比较

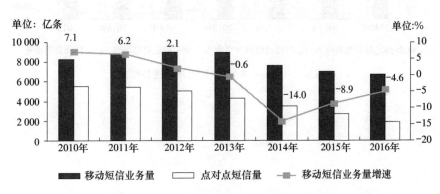

图 5-6 2010—2016 年移动短信量和点对点短信量各年比较

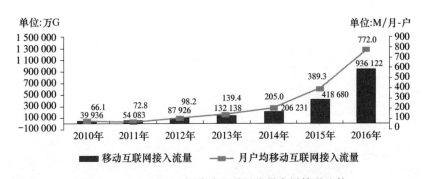

图 5-7 2010—2016 年移动互联网流量发展情况比较

5.4.4 我国通信业务收入结构

从我国通信业务收入结构看,移动通信业务收入占电信业务收入的比重超过 70%。数据类业务,包括移动数据业务和固定数据业务持续增长,特别是移动数据业务对业务收入贡献突出。而语音业务,包括移动语音和固定语音业务都出现增速下滑。如图 5-8、图 5-9 所示。

图 5-8　2010—2016 年通信业务收入结构

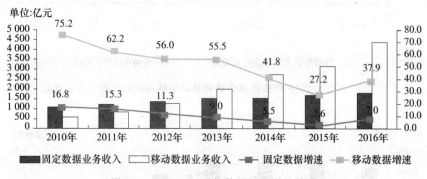

图 5-9　2010—2016 年数据业务增长情况

第6章 通信成本

在通信行业发展进程中,通信成本一直是管制机构关注的重点问题。早期的电信业由于在产出范围内具有规模经济被认为是自然垄断行业,而规模经济、自然垄断都是与产业成本结构直接相关的特点,判断经济规模和垄断环节必然离不开对通信成本函数的分析。在通信业发展进程中,无论是在早期垄断市场结构下,管制机构对垄断电信运营商的服务价格实施基于成本的管制,还是后来引入竞争后,以成本为导向或基于成本,对诸如网间接入和互联互通结算价格进行定价和管制,以及对普遍服务成本补偿政策的制定等,无不与通信成本密切相关。因此,获得必要的成本信息就成为管制者制定电信政策的基础;利用各种方法和模型测算电信成本、估计电信成本函数就成为通信产业经济学研究的核心问题。

然而,在对电信成本问题的认识上,管制机构和被管制的电信运营企业之间存在着信息不对称。这种信息不对称的存在,很难避免电信公司利用对成本信息的掌握获取信息租金。对消费者来说信息租金是一种福利损失,但同时它又是电信公司降低成本、提高效率的激励因素。如何平衡租金与效率这两者之间的关系,成为各国管制者和政策制定者在建立和优化管制机制时需要解决的问题,而对电信企业成本函数的估计和对成本信息的把握又成为解决这一平衡机制的前提。

6.1 通信成本概述

6.1.1 成本的一般概念

关于成本的一种正式的定义是"为达到某一目标而使用或放弃的资源"(Horngren,Foater,and Datar,1994)。企业最基本的经济活动就是进行生产经营活动,为满足消费者的需求提供产品或服务,同时获得相应的收益。在这一经济活动过程中,企业需要耗费一定的资源,这些资源包括劳动对象、劳动手段以及劳动力等生产要素,将这些资源的耗费以货币计量就表现为企业生产经营活动的成本。

通信成本即通信企业在向消费者提供信息传递等服务过程中耗费的各种资源的货币表现。

6.1.2 研究通信成本的不同角度

现实中涉及具体成本问题时,成本又是一个有多重定义、含义复杂的范畴。在通信行业中,有关通信业务成本的确定方法非常复杂,并且常常充满争议。从不同专业角度出发,研究成本的目的不同,有关成本概念、解释、成本测算模型和基础数据来源等都可能不同,甚至导致完全不一致甚至相反的结论。从各国通信业运营和监管的实际经验来看,研究和测算通信成本主要有以下不同角度。

1. 会计核算角度

从会计核算角度核算确定的成本可称为会计成本。会计成本是按照一套通行的企业会计制度和成本核算规定进行核算的成本,目的是核算通信运营企业一定经营期间的损益状况,从而对内制定生产经营决策,对外向投资者、债权人、征税人等利益相关者传达企业经营活动的信息。因此,核算中成本、费用列支项目以及核算办法都必须按照公认的会计核算原则或各国政府制定的企业会计准则要求来进行,所以也将其称为法定成本或制度成本。会计成本在财务会计中是一个流量概念,它表现为企业资源的不利变化,即成本会引起企业收益的减少,具体表现为企业资产的流出或负债的增加。会计成本的核算对象是实在的,一般是企业销售的产品或劳务。核算所采用的资料都是实际的生产费用、单耗水平和分配标准,核算时必须以有关会计凭证为依据,核算后必须进行账务处理,并要定期编制成本报表。应用会计成本方法来确定通信运营成本,可以直接从通信运营企业的损益表或更为详细的会计报表中提取。

2. 经营管理角度

一般来讲,除日常会计核算的成本概念外,凡以特定成本管理为目的的成本概念均可归入管理成本范畴,如责任成本、质量成本、差别成本、战略成本、项目成本、工程成本等。管理成本概念丰富多样,与企业经营管理活动多样性和活动目的多样性密切相关。在通信行业,网络建设是一种常规基本建设活动。在通信企业进行前瞻性管理决策时,需要用到工程成本的概念。工程成本是针对某一特定投资项目(如电信网络扩容),在特定技术工程实施方案基础上,用预计投入的各种资源(包括人、财、物等)的价值计算得出的,也被称为项目管理成本。因此,工程成本是工程技术和计量经济技术相结合的一种成本计算方法。由于通信网络建设工程一般是针对当前和未来一段时期市场需求来设计的,并且总是采用当前最新技术来实现的,因而,工程成本的计算中使用的成本概念往往是前瞻性成本概念,工程成本分析的主要目的是通过对多种工程实现模型进行技术经济评价后,确定最终选择的最佳工程实施方案。

3. 经济学角度

从经济学角度定义成本揭示的是成本的本质,描述的是成本的一般概念。如经济学从资源稀缺性角度出发,把成本定义为一种资源性耗费。基于此,经济成本概念中不仅包括显性成本,即企业投入生产经营过程中的各项费用的实际支出,还包括隐性成本,即并不体现于市场交易的比较隐蔽的机会成本。这里,机会成本指的是在稀缺性的世界中,由于采用一种方法利用资源而放弃了其他方法利用资源带来的损失。这样,经济成本实际上不仅要考虑企业生产过程中实际支出的所有成本,还要加上企业占用资源的机会成本。显然,企业会计核算的财务成本仅包含实际货币流出、流入的交易,机会成本很少被明确地考虑到。而经济学家则常常试图"揭开货币的面纱",分析隐藏在货币交易背后的实际结果和衡量一项活动的真实资源耗费。因此,考虑了机会成本的经济成本,对确定使消费者和生产者剩余最大化的有效价格和进行管理决策具有更重要的意义,也成为企业经营管理活动中定义各种管理成本的依据。

此外,一些经济学家认为,经济成本中不仅应该考虑机会成本,还需要忽略沉没成本[①]。所谓沉没成本指的是没有机会成本的资产投入。或者说,沉没成本是一种投资在"专用性"资

---

① 2001年诺贝尔经济学奖得主斯蒂格利茨教授说,普通人(非经济学家)常常不计算"机会成本",而经济学家则往往忽略"沉没成本"——这是一种睿智。他在《经济学》一书中说:"如果一项开支已经付出并且不管做出何种选择都不能收回,一个理性的人就会忽略它。这类支出称为沉没成本(sunkcost)。"

产上的投资，它一旦投入即使完全停止生产也不可能改变或者避免。考虑了沉没成本之后的经济成本概念，包含了实际支出中扣除了沉没成本之后的部分及其机会成本。这一概念在产业组织学中受到广泛重视。它对于企业经济决策和制定战略十分重要。对于电信网络运营企业来说，决定其生产能力的大量的网络设施投资，特别是代表过时技术的网络设备投资，很大程度上就可以被看作是一种沉没成本。此外，用于安装本地环路铜线网络的劳动、支出，在广告方面的支出等都可以看作是沉没成本。如果按照边际成本定价，这些都不应该包括在内。

对一个行业或产业来说，沉没成本的状况还是是否构成行业进出壁垒的关键并最终决定市场结构。贝恩咨询公司（Bain）早在 1956 年就指出过，若一个产业的固定成本或沉没成本很高，就会形成进入门槛。那些具有明显规模经济和庞大硬件投入的资本密集型产业，如能源、通信、交通、房地产、集成电路、医药等产业，其超额回报可谓诱人，但其惊人的初始投入和高额退出成本则往往使许多市场的"准进入者"却步，因为这首先是一场"谁输得起"的比拼。由于这些高沉没成本的产业往往同时具备低边际成本的特性，"输得起"的一方最终会成为市场的赢家。许多资本实力雄厚的企业正是利用沉没成本来建立自己的竞争优势。小企业通常只能选择沉没成本较低的竞争性行业求得发展。

总结以上成本概念和计算方法，不同角度研究和界定的成本概念既有联系，又有区别。在管理类学科中，更多的是从核算角度来研究成本的构成和计算。而经济成本则是从资源耗费本质来定义和研究成本。经济成本概念是建立会计成本和管理成本概念的基础，并指导会计成本和管理成本的核算；但并非所有的经济成本概念都能在现实的经济活动中提取到相应的数据并进行准确的测算。会计成本反映一定的经济学含义，但成本内容和核算方法的确定要遵循相关会计核算制度的规定，有时并不完全反映经济学含义。管理成本在分析和计算方法上常常考虑企业经营管理活动的具体需要，会用到运筹学、技术经济学、系统工程等方法。

6.1.3 通信业成本分析中常用的成本概念

1. 短期成本和长期成本

在经济学分析中，根据厂商投入生产要素的变动状况将成本分为短期成本和长期成本。短期内投入的不随产量变动而变动的要素投入，称为固定成本（FC）；短期内随着产量变动而变动的要素投入，称为变动成本（VC）；单位产量变动引起的成本变动，称为边际成本（MC）。长期看，所有的要素投入都会发生变动，因而对应一个较长期限的变动成本称为长期增量成本（Long Run Incremental Cost，LRIC），长期增量成本既包括短期变动成本，也包括短期内不发生变动但对企业长期运营而言所必需的资本投入。通信企业在经营管理活动中与此对应的概念也被称为流量敏感成本和流量不敏感成本。

（1）流量敏感成本

在电信通信成本分析中，常把电信成本区分为流量敏感成本（Volume-sensitive Cost）和流量不敏感成本（Volume-insensitive Cost）。在决策电信业务资费以回收成本时，这种区分非常重要。

流量敏感成本是指随着通信业务量的增减变动而变动的成本。例如，电话网内交换单元的总成本是由电话网的使用量或经过交换机的话务量决定的，当话务量增加时，需要更多的交换机容量，交换单元的成本就会相应地增加。

流量敏感成本实质上就是通信企业的变动成本，只不过其变动单元是通信业务流量。通信企业的业务量指标除通信流量外,还有用户数量、通信时长、通信次数等,因此,对应不同的业务量内容和计量单位,相应有不同的变动成本。如电信本地网中对应用户线部分的成本就是随着用户数的增加而增加的。又如,通信企业业务经营费用中的代办业务酬金就具有变动成本的性质,随着代办业务量的增加,代办业务酬金支出也会增长。但无论怎样,理论上变动成本的变动性是就发生的成本总额而言的,如果从单位成本来看,又可以是相对固定的,不受业务量增减变动的影响。在通信企业经营实践中,有些变动成本的变动与单位业务量的变动不是严格按照一定比例变动的,此时,按照每单位业务计算的变动成本是一种平均变动成本。图6-1描述了变动成本总额和单位变动成本随着业务量增长变动的趋势。

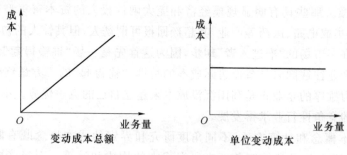

图 6-1 变动成本的变动趋势

此外,从成本归集角度看,由于流量敏感成本是随着业务量发生变化的,该成本发生的原因就是该项业务。因此,在计算通信业务成本时,流量敏感成本常常可以直接归集或分摊到成本对象中去。

(2) 流量不敏感成本

流量不敏感成本是指在一定时期和一定的生产规模范围内,不随业务量增减变化而变化的成本。虽然这种成本也是为了提供业务而发生的,但成本总水平并不随着该项业务业务量的变化而变化。流量不敏感成本在发生时往往无法增加或减少,只能全部发生或全部避免。换句话说,避免产生某种流量不敏感成本的唯一方法是将该种业务完全停止下来。例如,电信企业在两个交换局间投资建设了一条数据传输线路,之后的一段时间内不论其间承载的传输业务量是多大,只要传输业务量不超过该线路的最大容量范围,就不需要建设或者租用新的线路。因此,在这段时间内就这条线路的投资提取的折旧就是流量不敏感成本。要想避免这种成本,除非开始就不建设这条线路。

实质上,流量不敏感成本就是通信企业基于流量的一种固定成本。当然这里所说的不敏感或者固定不变,也是指对应一定业务量的固定成本总额不变。如果从单位业务量的固定成本来看,随着业务量的增加,分摊到单位业务量上的平均固定成本相应减少。可见,就单位固定成本而言,它又是变动的,即随着业务量的增加而递减,体现规模经济性。

如果用图形表示,则固定成本总额、单位固定成本的变动趋势如图6-2所示。

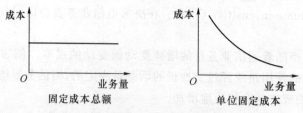

图 6-2 固定成本的变动趋势

此外,某些流量不敏感成本的这种固定性是有条件的,如同上文所讲,交换局间传输线路投资的不敏感性或固定性,只体现在一定的传输业务容量范围内,当这两个交换局间传输需求量超过传输线路最大容量范围时,就需要建设或者租用新的传输线路,否则,就有业务流量溢出而无法保证该传输方向上的通信质量。此时,两交换局间的传输成本总额不再体现为固定不变,而是随着业务量的增加体现为一个梯度变化。因此,固定成本的这种固定性是相对的,是在一定的业务规模情况下或一定的时期内是固定的。

不同于流量敏感成本,由于与业务量的发生没有直接对应变动关系,在计算业务成本时,某业务专用的流量不敏感成本可以直接归集到成本对象,而非专用的流量不敏感成本则需要经过必要的分摊才能计入。

最后,理论上可将通信企业生产经营过程中的所有成本通过成本性态分析,分为固定成本和变动成本两大类,之后借助于成本函数,可描述企业总成本变动与业务量变动之间的关系。即,如果已知企业的固定成本为 FC,变动成本为 $VC(Q)$,当业务量为 Q 时,其总成本函数可以写成 $TC(Q)=FC+VC(Q)\times Q$。平均单位成本 $AC(Q)=TC(Q)/Q$。

实践中,由于通信企业技术的复杂性,存在着大量既具有固定成本特性又有变动成本特性的混合成本,因此完成这一过程并不是十分容易的。

(3) 增量成本

增量成本(Incremental Cost)是指相对于某个特定产出增量而产生的前瞻性经济成本,它不包括沉没成本或历史成本。增量成本反映的是当一家运营商新推出某一种业务时对应的经营成本的变化。以公式表示为

$$IC(Q,\Delta)=C(Q,\Delta)-C(Q) \tag{6-1}$$

更确切地说,增量成本反映的是运营商选择某种方案时,相对于基准选择方案而发生的总成本的变化。为了计算增量成本,需要把其他选择方案与基准选择方案进行对比,确定出产出增量和相应的成本增量。因为决策时需要考虑时间因素,所以从动态角度考虑,需要对替代方案和基准方案的成本进行折现。因此,增量成本的准确定义是,提供某一预计产出水平的业务所发生的成本的现值,与提供其他预计产出水平的业务所发生的成本的现值之差。由于产出的变化既可以很小,比如边际产出;也可以很大,比如某种业务的产出总量。因此,增量成本可以是从边际成本到总成本范围之间对应的某一个数量。

以增量成本总额除以产出增量,可以得到平均增量成本。平均增量成本表达的含义是在公司所有其他产品和服务的产出水平保持不变的情况下,增加某个产品或服务的产出所带来的平均成本的变化量。

这里用一个简单的例子来说明增量成本和平均增量成本的概念。假定某通信公司 A 决定扩大某项新业务,如增加语音信箱业务,为此肯定会增加额外的成本,比如购置资本设备或者雇用新的员工。在基准方案中,即提供新业务之前,年度总成本为 1 000 美元,产出是 100 个单位的语音信箱服务;在其他增量方案中,假设公司 A 提供的其他服务保持不变,公司 A 提供的语音信箱服务增至 150 个单位,年度总成本增加到 1 050 美元。如果不考虑时间贴现因素,总成本的变化量为 50 美元,也就是说,公司 A 扩大语音信箱服务的增量成本为 50 美元。因为增加了 50 个单位的语音信箱服务,所以单位增量成本为 1 美元。由此可见,对于公司 A 来讲,只有当扩大语音信箱服务所获得的收入不少于 50 美元时,该项决策才满足效率原则。

与增量成本对应的一个成本概念是"可避免成本"(Avoided Cost)或称为"减量成本"

(Decremental Cost),它是指运营商减少产出或者相对于某个产出减量所节约的前瞻性经济成本。同样,可避免成本也不包括沉没成本或历史成本。

(4) 长期增量成本

考虑时间跨度,增量成本又有短期和长期增量成本(Long Run Incremental Cost,LRIC)的区分。短期计算时,公司的设备生产能力(固定成本)保持不变,增量成本相当于变动成本。而长期增量成本是指在未来较长的一段时期内,为了满足用户和业务量增长的需求,企业扩张现有网络容量而带来的总成本的增量。这个成本增量不仅包括短期内变动的可变成本,也包括短期内不发生变化,但对长期而言却是必需的固定投资。由于长期增量成本也是一种前瞻性成本,在测算时同样要求根据最有效率的成本标准,而不是企业实际发生的成本来计算。具体的,就是要求基于当前可以利用的或已经验证的、最适用的、技术最先进的、价格最合理的网络设备来计算成本。这种技术是一个新进入市场的服务提供者所必须采用的。

理论上,"长期"是指相对于运营和投资周期而言的一个足够长的时期,在这一时期内所有的投入都是可变的。这种模糊的定义在实际应用中首先遇到的一个问题就是成本计算期的确定。对电信网络运营企业来说,如果技术变动不大,网络发展处于比较稳定的时期,固定成本与相应的变动成本形成了较为稳定的比例,那么选择不同成本计算期计算的结果可能不会有很大的差异;但是,如果网络处于大规模的发展建设期,则取定不同的计算期限就会对增量成本的测算结果造成较大影响。在实际应用中,对长期增量成本中"长期"的定义需要根据实际情况确定,并没有形成统一认识。

从"增量"角度看,实际应用中,长期增量成本的"增量"概念也有不同。最常见到的增量概念有两种,一种是业务增量,另一种是网络元素增量。对应业务增量的一个应用案例是"全业务长期增量成本(Total Services Long Run Incremental Cost,TSLRIC)",TSLRIC 指增加一类业务所增加的成本。它是长期增量成本的一种,其"增量"用的是"一类业务"。由于它不含共同成本,一般在用于定价时需要给予适当加成。欧盟采用的长期平均增量成本(Long Run Average Incremental Cost,LRAIC)就是一种全业务长期增量成本。

对应网络元素增量的一个应用案例是"全要素长期增量成本"(Total Elements Long Run Incremental Cost,TELRIC),是美国 FCC 为满足 1996 年《电信法》的要求而专门开发制定的,属于长期增量成本的一种,其内容包括增加某类网络元素所增加的长期成本以及部分共同成本的分摊,因此,在定价实践中需要利用适当的加成来补偿剩余的共同成本。

2. 业务成本、网间互联成本、网元成本

在研究通信企业提供的产品或服务成本时,涉及的成本概念有业务成本、网间互联成本、网元成本等概念。

(1) 业务成本

通信业务成本泛指通信企业提供的各项业务的专业成本,是通信企业提供各项通信服务所花费的包括设备、资金,以及人力资源等的全部代价。具体到特定业务,则以业务名称加以限定,如数据业务成本、宽带接入业务成本等。

电信市场引入竞争后,通信基础网路运营企业提供的服务既有零售业务也有批发业务。其中,直接面向家庭、个人和政企集团客户提供的用于最终消费的话音业务、数据业务、线路租用、系统集成等属于零售业务。而向其他通信网络运营商、转售商提供的网间互联、网络接入、网络元素出租以及转售业务等属于批发业务。对应的业务成本也有零售业务成本和批发业务成本之分。

产业融合趋势下,通信企业提供的服务向多元化、综合化方向发展。通信企业除提供传统电信企业提供的业务外,还提供包括信息内容、平台、技术服务支撑以及行业应用等多种服务。业务种类越多对应的业务成本越复杂。

(2) 网间互联成本

网间互联成本概念是针对不同电信运营商的通信网络在互联互通时,由于相互之间需要占用和使用对方网络资源而提出来的。在通信网络实现网络互联、业务互通的情况下,当一个通信业务完成,需要两个或两个以上的网络共同参与完成时,提供接续或转接服务的网络为完成该次业务支付的成本即为互联互通成本,也称接入成本或转接成本。一般情况下,网间互联与网间接入具有相同的含义,指的都是不同网络运营商之间网络互联、业务互通时相互提供的接续服务。但在某些国家和地区,接入的含义更加广泛,不仅包括网间互联,还包括使用对方的各种设施,如管道、机房、铁塔、杆线等。

20世纪80年代以前,大多数国家的电信网络都是垄断经营的,网间互联问题一般只存在于国家间。电信市场打破垄断引入竞争后,为了维持有效竞争,需要扶持竞争者,督促在位主导运营商为新进入的竞争运营商提供互联互通服务,实现多个电信运营商之间的有效互联。此时,就需要明确核算主导运营商的互联接入成本,以制定有效的网间互联结算价格、实现对主导运营商付出接入成本的合理补偿。

具体的,网间互联或接入成本主要由三部分构成:一是初始成本;二是连接设施成本;三是互联使用费用。

初始成本指的是主导运营商为了实现网络互联首先需要对网络软件进行修改支出的费用。在提供网间互联互通服务时,主导运营商常常需要对本网侧交换和传输设施以及相关软件进行修改以适应互联要求。如必须重新编写交换机的程序,以使交换机能够辨认互联相关通信流量,并将之发送到与之互联运营商网络的电话号码上去。相应地,还必须分配更多的码号并且对设备进行调整。所有这些都是为了实现网间互联需要在一开始对网络进行的修改,因此这个过程中发生的费用被称为初始成本。

连接设施成本指的是为建立通信网络之间的互联所增加的各种设施的费用,既包括建立互联点增加设立的各种网关设备、传输线路和无线链路的费用,也包括管道等其他辅助、附属设施的建设、安装、维护和运营的费用。连接设施成本和初始成本都可以看成是为了实现网间互联发生的固定成本。在一些国家,由于网间互联被认为有利于新运营商及其客户的利益,因此这笔固定成本需要完全由新运营商来承担。但是从有利于竞争角度出发,一些国家的管制机构也实行由新老运营商共同承担的做法。其中,最简单、最常见的一种处理方法是要求每个运营商支付各自到互联互通连接点为止的相关设施费用。

互联使用成本指一个网络为了接续完成另一个网络发起的业务(如一次呼叫)而发生的本侧网络资源的占用与消耗,这部分成本需要由发起呼叫并收取通信资费的通信企业对完成接续业务的通信企业进行以支付互联费的方式进行补偿。

(3) 网元成本

网元成本,即网络元素成本,或称非绑定网络元素(Unbundling Network Element,UNE)成本,是从网络元素角度来审视的一种相对独立的业务成本。

非绑定网络元素概念是国外电信产业为了尽快在本地电话市场引入竞争而提出来的。由于电信服务需要全程全网联合作业,只有具备全网的所有环节才能提供完整的电信服务。但在电信市场发展初期,通常只有垄断的、长途本地纵向一体化的电信公司才拥有完整的网络设施。当新的、竞争的电信运营企业进入市场,想要在短期内建立一个能够与主导电信企业竞争的网络几乎是不可能的,尤其在本地环路部分。为了能尽快引入竞争,1996 年美国电信管制机构提出了非绑定网络元素的概念,要求主导运营商按照网络结构和功能相对独立的原则,将电话网本地环路分割为不同的网络元素提供给新进入的运营商。新进入的运营商可以根据自己的情况来决定租用主导运营商提供的部分或全部网络元素。这样做一方面是为了让新进入市场的运营商通过租用自己还不具备的网络元素迅速进入本地电话市场提供通信服务,从而在短期内形成本地通信市场的竞争局面;另一方面通过要求在位运营商提供非绑定网络元素出租,可以使新进入市场的竞争者不必承担其他不必要网络元素的费用,带来成本负担上升而造成价格扭曲。

以这些非绑定的功能相对独立的网络元素为对象归集核算的成本即为网元成本。网元成本可以直接作为网络元素出租定价的依据。同时,由于网络元素又是本地电话网络的组成部分,也是提供本地电话业务的基础,因此也可以以网元为基础,根据网元占用情况来计算通信公司提供特定业务的成本,或者用来作为制定不同通信网络之间本地接入业务定价的依据。

美国为了促进本地运营商向新进入的竞争者开放网络、提供拆分的本地网络元素出租服务,以促进不基于设备的进入,在 1996 年《电信法》中明确列出了原有本地交换运营商必须实行的非绑定网络元素的目录。这个目录包括本地环路、网络接口设备、本地汇接交换设施、局间传输设施、信令和呼叫数据库、运营支持系统以及话务员服务和查号服务等设施。美国电信管制机构认为,要求电信网络主导运营商将其网络进行非绑定网络元素分拆的做法至少有三个好处。

第一,它减少了电信网络运营市场的进入障碍,使得新进入者在无须建设整个本地网络的基础上,通过租用或接入主导运营商的网络来提供业务。

第二,从长远来看,该做法可以阻止原有运营商利用任何可能的垄断优势,包括规模经济、控制路权、拥有无线系统的天线位置等,有利于促进电信行业竞争。

第三,它允许新进入者增加创新收益。如新进入者可以租用原有运营者的非绑定本地环路,应用与原有运营商不同的新技术(如基于 IP 的分组交换)提供服务。对于广大电信用户来说,则可以从这种新的、更好的服务及更多的竞争选择中获益。

美国本地非绑定网络元素拆分出租、促进竞争的监管方式也被引入世界其他国家和地区。然而从美国后期的管制实践来看,监管机构要求主导运营商分拆网络元素并基于成本制定出租价格,可能为竞争者快速进入市场创造了条件,但由于计算网络元素成本时使用的成本概念是长期增量成本,造成在位运营商投资建网的历史成本无法得到完全补偿。最终结果是,一方面难以激励在位运营商提供非绑定网络元素出租的积极性;另一方面进一步影响了在位运营商持续投资建设本地网络的积极性。

3. 建设成本、运营成本、租用成本、资金成本

在测算某项通信业务成本或某个网络元素成本时,首先要分析该业务或网络元素的成本结构,基于相应的成本结构建立成本结构模型,归集成本数据测算成本结果。在构建成本结构时,常用到的成本概念有建设成本、运营成本、租用成本和资金成本。

(1) 建设成本

建设成本也可以称为设备成本,指的是提供通信服务所用到的通信基础网络设施对应的设备的折旧提取额。测算建设成本,可以提取电信企业进行通信网络设施建设投入的各类设备的历史成本数据,再按照规定折旧年限计算年平均折旧汇总得出,具体包括用户接入设备、交换设备、传输设备以及网管、信令、计费等网络设备和房屋建筑等配套设施的购置建设、安装测试等费用。

建设成本的大小与网络设备内容、数量、购建单价以及折旧政策相关。

(2) 运营成本

运营成本主要指网络建成后,日常运营维护等支出的费用。包括人员工资、职工福利费、日常运营维护设备折旧费、维修费、业务费、低值易耗品费以及必要的管理费、营业费用和财务费用等。

(3) 租用成本

租用成本主要指通信企业在生产经营中租用外单位的网络设施,如管道、传输线路等,以及生产管理用房屋、电源等配套设施支出的费用。通信业引入竞争后,一些新进入市场的运营商常常需要租用原有运营商的网络设施来提供通信服务。因此,租用成本可能是构成业务成本的一个组成部分。

(4) 资金成本

资金成本是机会成本概念在企业成本构成分析中的具体应用,是指企业所占用资金的一个合理回报。如果业务成本结构中包含机会成本,则该业务成本即是一种经济成本概念。

企业通常采用发行股权或借债的方式得到投资所用的资金。在成本研究中,通常采用加权平均资本成本(Weighted Average Cost of Capital,WACC)来表示资金成本,该成本可看作是资金的机会成本。加权平均资本成本(WACC)的计算公式为

$$\text{WACC} = r_D \left(\frac{D}{V} \right) + r_E \left(\frac{1-D}{V} \right) \tag{6-2}$$

式(6-2)中 r_D 表示债务成本,r_E 表示股权成本,D 表示公司债务的市值,V 表示公司的总市值。WACC 表示对于同样的风险水平,运营商投资于某个项目而不是其他项目所放弃的收益,所以它代表的是企业占用资金的机会成本。

6.2 通信企业成本构成特点

6.2.1 我国电信企业费用要素构成[①]

通信企业的财务成本和费用信息是计算各类业务成本的基础和依据,但企业会计核算的成本费用构成,要遵照国家颁布的有关法律法规执行。以我国为例,2003 年以前,我国邮电通信企业执行《邮电通信企业会计制度》,将通信企业成本和费用归结为七项业务成本和两项期间费用。其中,通信主营业务成本包括工资、职工福利费、折旧费、修理费、低值易耗品摊销、业务费、邮件运输费。期间费用包括管理费用和财务费用两项。

---

① 2006 年,我国财政部颁布了新的《企业会计准则——基本准则》(中华人民共和国财政部令第 33 号)和《财政部关于印发〈企业会计准则第 1 号——存货〉等 38 项具体准则的通知》(财会〔2006〕3 号),以及财政部制定《企业会计准则——应用指南》,并要求 2007 年 1 月 1 日起在所有上市公司施行,同时鼓励其他企业执行。同时,执行《企业会计准则——基本准则》的企业,不再执行现行准则、《企业会计制度》《金融企业会计制度》及各项专业核算办法。执行这些新的规定后,我国通信企业的财务核算方法将会有相应的调整。但在成本核算科目分类上没有太大的影响。

2003年起,财政部结合电信企业的实际情况制定并开始实施《电信企业会计核算办法》,同时废止《邮电通信企业会计制度》。依照该办法,电信企业的成本、费用按照通信网络划分为固定本地电话网、长途电话网、数据通信网、移动通信网、卫星通信网、无线寻呼网、专用通信网等进行核算。电信企业的费用要素按照其经济性质分为生产费用、共同费用和期间费用三大项。其中,生产费用为各专业网络运营的直接费用,共同费用指企业各通信网之间、通信网与管理部门之间共同耗用的各项费用。这些费用将根据"谁受益、谁分担"的原则,月终按照《电信企业会计核算办法》规定的分摊方法和标准,分摊并分别计入各专业网络的成本费用中去。期间费用指通信企业日常发生的营业费用、管理费用和财务费用。这些费用在每年末将按照各通信网成本占总成本的比例分摊,分别计入各专业网络的期间费用。

2006年,我国颁布了新的企业会计准则体系,并于2007年开始要求所有上市公司执行。2013年,为规范企业产品成本核算工作,保证产品成本信息真实、完整,财政部又针对部分行业颁布了《企业产品成本核算制度(试行)》,其中,第二十九条明确规定,信息传输企业一般设置直接人工、固定资产折旧、无形资产摊销、低值易耗品摊销、业务费、电路及网元租赁费等成本项目。其中,直接人工是指直接从事信息传输服务人员的职工薪酬;业务费是指支付通信生产的各种业务费用,包括频率占用费、卫星测控费、安全保卫费、码号资源费、设备耗用的外购电力费、自有电源设备耗用的燃料和材料费等;电路及网元租赁费是指支付给其他信息传输企业的电路及网元等传输系统及设备的租赁费等。

6.2.2 通信企业成本特点

1. 通信企业成本构成特点

通信业是典型的网络性行业,提供的是信息传输服务,具有规模经济性和范围经济性特点,因此,通信企业成本构成一般具有以下特点。

(1) 没有原材料耗费项目

通信企业的生产活动主要是以网络为基础为用户提供信息通信服务,与产品制造业相比,不存在为制造实物产品而耗费的原材料,因而在通信企业成本核算当中也不包括原材料耗费项目。

对于产品制造业来说,一般的企业生产成本主要包括三部分内容,即作为劳动对象的外购原材料和半成品等的耗费;作为劳动手段的资本品,包括各类生产用固定资产的耗费;劳动力的耗费。其中,外购原材料和半成品等劳动对象的耗费一般是制造业产品总成本支出中的重要组成部分。对通信企业来说,其产品的生产过程就是将信息进行空间位置上的搬移,这种"信息传递服务"产品不具有实物形态,无须像产品制造业一样消耗构成实物产品主体的原材料。当然,通信企业在生产经营过程中也会用到一些单据、卡、邮袋等辅助材料,但是这些消耗在通信企业总成本中所占的比重很小,因而在成本核算中也不单独立项核算。

(2) 固定成本比重相对较大

通信企业向用户提供信息通信服务的物质技术基础是通信网络设施,而建设通信网络往往需要大量的固定资产投资。当网络建成运行后,用户使用现有通信网络通信所带来的变动成本十分有限。换句话说:当具有一定容量规模的通信网络建成后,通信企业每年提取的折旧费用、相应的网络运营维护费用就是既定的,只要网络在运行着,这部分支出就不会减少。此时,用户使用通信网络引发业务流量,只要在网络容量所能提供的通信能力范围内,就不会对上述支出造成大的影响。也就是说,用户多上一次网、多传输 1 GB 流量或多拨打一次电话几乎不需要电信企业增加任何支出。因此,在通信企业总成本中,占绝大比重的是包括设备折旧等在内的固定成本开支,而与通信业务量相关的变动成本占的比重很小。在一定的网络规模范围内,单位业务量的边际成本几乎为零,单位业务量的平均成本随着业务数量的增加而不断降低。这一成本特点造就了通信行业具有规模经济性的产业特性。

(3) 单项业务成本核算困难

通信企业的总成本可以加总计算,而具体到某项特定业务的成本则不容易核算清晰。这是因为通信业还具有范围经济性特点,多业务共享成本现象十分普遍。这一特点造成在核算通信企业提供的各项业务成本时,需要对多业务的共享成本(Share Cost)和为了管理企业支出的共同成本(Common Cost)在各业务之间进行分摊。实践中,由于分摊工作既牵扯工程技术又牵扯业务流程,还涉及财务核算,异常繁重。而且,分摊过程中,由于存在多重分摊标准、分摊方法及计算模型,每一步不同的选择都有可能导致相差迥异的成本结果。因此,在通信行业想要清晰核算某项业务的成本并非如想象中那么容易。多数国家的行业管制机构在监管实践中都曾遭遇过这一难题。

(4) 服务区域及用户密度对成本影响大

通信企业所服务的地理区域范围及其用户密度对通信企业成本影响很大。这一特点与通信业规模经济性相关联,也是通信业推行普遍服务政策需要首先考虑的问题。具体说,通信企业不论是在经济发达、人口稠密的城市地区提供服务,还是在经济欠发达、人口密度相对较小的广大农村地区提供服务,都需要建设相应覆盖范围和具有一定规模的网络设施。在城市地区,由于人口密度大,社会经济水平和人们的生活水平较高,相应的用户数量也多,业务需求量也大。通信企业网络固定成本分摊到较大规模的业务量中,单位成本必然降低。但对于地广人稀的地区来说,对应于一定的网络建设成本,较小规模的用户数量和业务需求,使得在这些地区提供通信服务的企业很难达到规模经济,单位成本常常居高不下。曾有普遍服务案例研究,某电信企业为了完成当时的"乡通工程"要求,要在我国西部某地区投资建设电话线路,该地区幅员广阔,自然环境恶劣。经测算发现该工程中,成本最大的地区,平均每部农村电话的建设成本在 1 万元以上,大部分农村地区电话的建设成本也在五六千元,而建成后这些地区的通话费估计只有每月 30 元左右。这和在我国经济发达城市开通一部电话只有几百元的建设成本相比,差距十分明显。

2. 通信企业短期成本特点

短期成本是指在相对一个较短的时期内,当企业生产能力和技术水平都不发生变化,只随着业务量变化而产生的成本。由于通信业成本构成中没有消耗性原材料,大量成本集中在网络设备和人员开支上,网络生产规模范围内的可变成本相对极低,边际成本几乎为零,因此,规模内业务量的变化基本上不引起短期成本的变化。

3. 通信企业长期成本特点

长期成本是在相对较长的时期内,当网络规模和技术可变,其他成本随之而变的情形下产生的成本。

(1) 长期网络成本具有二维变动性

电信网的效用具有二维变动性,指的是无论是用户数量的增加,或者是通话时长的增加,一般都会增加电信网的投入,从而引起通信成本的变动。在传统的网络规划方法中,一般按照用户数量的增加来规划网络容量,这是因为业务量一般随着用户数量的增加而增加。但是,这并不能说明两者具有必然的因果关系。例如,业务量的增加很可能是因为用户通话习惯的改变,不一定是因为用户数量的增加;而当用户数量增加时,如果每个用户的通话量降低,也不一定使总的业务量增加。因此,用户数量和业务量是两个独立的变量,而电信网的成本也就成为用户数量(n)和业务量(t)这两个自变量的二维函数 $C=f(t,n)$。

如果,随着用户数量和电信业务量的增加,电信网的增量成本为

$$dC = \frac{\partial C}{\partial n}dn + \frac{\partial C}{\partial t}dt \tag{6-3}$$

式(6-3)中,dC 是电信网成本的增量,而 dn 是用户数量的增加,dt 是业务量的增加。考虑 C_0 是管理运营电信企业发生的、但是与 n 和 t 都无关的成本,则电信网的总成本为

$$C = \iint \left[\frac{\partial C}{\partial n}dn + \frac{\partial C}{\partial t}dt\right]dndt = f_1(n) + f_2(t) + C_0 \tag{6-4}$$

(2) 用户独占资源与共享资源

在不同的电信网络中,用户对网络资源的占用关系也不同。例如,本地网中的用户线为用户独家占有,属于独占资源,任何其他用户不能使用,而用户数量的增加就意味着用户线数量的增加,因此,用户独占资源成本 C_s 与业务量无关,仅与用户数量有关。

$$\frac{\partial C_s}{\partial t} = 0, dC_s = \frac{\partial C_s}{\partial n}dn,$$

$$C_s = \left(\int \frac{\partial C_s}{\partial n}dn\right)dn = f_1(n) + C_0 \tag{6-5}$$

对于用户共享的网络资源,如长途骨干线路,由于是全体用户共同分享使用的,所以对它占用的数量就与用户数量无关,而只与业务量有关。如果业务量增加需要扩容,则成本也会增加,因此用户独占资源成本 C_y 与用户数量无关,仅与业务量有关。

$$\frac{\partial C_y}{\partial n} = 0, dC_y = \frac{\partial C_y}{\partial t}dt,$$

$$C_y = \left(\int \frac{\partial C_y}{\partial t}dt\right)dt = f_2(t) + C_0 \tag{6-6}$$

一个电信网络的成本构成,可以包括仅与用户数量有关的成本(用户独占资源)、仅与业务量有关的成本(用户共享资源)、与用户数量和业务量都无关的成本,以及与用户数量和业务量都有关的成本。但是,如果某项成本与用户数量和业务量同时有关,则必然是既"独占"又"共享"的网络资源,从逻辑上讲,这是不存在的。因此,电信网络的总成本由用户独占资源、用户共享资源和与用户数量及业务量都无关的设备设施这三部分构成,即

$$C = f_1(n) + f_2(t) + C_0 \tag{6-7}$$

不同的电信网络,其成本结构中都包括以上三项内容。但网络不同,用户独占资源和共享资源占比不同,因而成本构成用户敏感成本和流量敏感成本的构成也不同。哪种成本在总成本中占比更大,整个网络就更多地体现相应的成本变动特性。如在传统的市话网中,用户线和终端交换机大约会占到总建网成本的60%~70%,因此,市话网成本更多地体现出用户敏感而非业务敏感的特性,即随着用户数量的增加,总成本增加。但市话用户使用业务数量增加并不会增加总成本。而对于移动通信网而言,基本上不存在用户独享的资源,所有无线信道和传输线路都是网络中所有用户共享使用的,在网络容量范围内,新增用户不一定会带来新增网络成本,而通信业务量的大幅度增加却可能引发网络拥塞,导致网络扩容增加建设成本。因而,移动网络成本更多地体现出对业务量敏感的特性。长途网的情况与移动网类似,如表6-1所示。

表 6-1 不同网络类型的网络成本特点

网络类型	用户独占资源	用户共享资源	结论
市话网	用户线、终端交换机	中继线、汇接局	对用户数量敏感,对业务量不敏感(相对)
移动通信网	基本没有	大规模网络	对业务量敏感,基本与用户数量无关
长途电信网	基本没有	终端、复用、交换设备	对业务量敏感,与用户数量无关

6.3 通信业务成本测算

6.3.1 通信成本测算的目的

在通信行业,从行业管理的角度出发研究成本有这样一些目的,一是把握通信行业成本结构特点,测算其规模经济性和范围经济性,论证其自然垄断性并为行业管制机构制定市场结构干预政策提供成本依据;二是测算相关业务成本,为垄断业务定价和资费管制提供定价基础和数据支撑;三是测算普遍服务成本,为制定通信业普遍服务政策服务。

实践中,一般的计量经济学方法、工程设计模型在通信成本测算中都发挥过重要的作用。产业经济研究中开发设计出来的基于计算机运算的各种成本代理模型,也为管制者提供了一个获得通信业务成本信息的简化途径。近年来,适合大比例成本分摊的作业成本法也在通信行业得到广泛的应用。

6.3.2 通信成本测算路径

管制实践中,管制者需要的成本信息往往与特定业务相关。而通信行业中某种特定业务的成本常常无法直接从企业现有的会计账目上获得,而且从会计账目获得的历史成本信息往往不能完全满足管制决策中考察前瞻性成本数据的需要。因此,实践中需要结合实际情况,采取一定的方法设立相应的成本结构模型,结合可采集到的成本数据、分析计算得到所需要的业务成本信息。

总结国内外电信管制实践经验,根据归集计算通信业务成本思路和获取成本信息途径的不同,可将通信成本的测算路径(方法)分为三种:即自上而下(Top-down)、自下而上(Bottom-up)和标杆法(Benchmark)。

1. 自上而下

采用"自上而下"法,主要利用企业财务可提供的现有总成本数据信息,如年度总支出、投资总成本和运营总成本等,把这些总成本在运营商提供的所有业务中按照一定的原则进行分摊后,加总计算得出每种业务的总成本。之后,用总成本除以对应业务的总业务量,即可得到不同业务的平均成本。图 6-3 描述了这一成本测算路径。

"自上而下"法从通信企业的总成本数据信息出发,通过分摊后计算不同业务的平均成本,测算时所用的成本信息包含了运营商发生的全部历史成本,可直接从通信企业财务信息中提取,方便易行。但其结果中不可避免地会包含企业的一些低效支出,无法保证是最有效率的成本。

此外，采用"自上而下"方法测算业务成本的一个关键步骤是成本分摊，必须研究确定一个较为合理的成本分摊体系，将各项总成本在不同业务之间进行合理的分摊。否则，也难以保证成本测算的准确性。

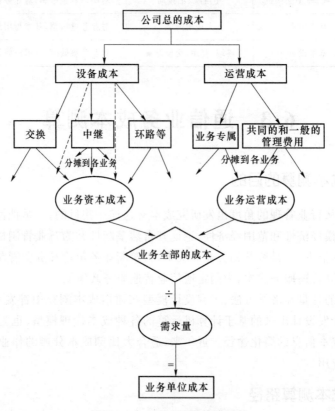

图 6-3　自上而下法测算路径图

采用"自上而下"测算方法的优点有：第一，可以比较全面地反映电信网络中不同成本要素之间各种复杂的联系；第二，与实际网络的发展和演化方式比较一致；第三，有可能真实地反映运营商预期将会发生的成本。

但是，这种方法也有缺点，例如，建模过程非常复杂且需要很长时间（一般需要1~2年时间才能完成）、容易产生误差、建模过程不透明、模型过于复杂可能导致错误地分摊成本、不能准确反映成本因果关系、模型包含某些运营非效率因素等。

2. 自下而上

在可获取某项通信业务基础成本数据信息且资料较为充分的情况下，可以按照"自下而上"的途径制定业务成本测算方法。采用"自下而上"法测算某种电信业务的平均成本时，首先，需要将该种电信业务对应的成本从企业提供多种业务所需要的设备和其他投入要素中识别出来；其次，需要将该业务所需要的各种投入要素成本，按照各自使用比例汇总在一起，求出该业务的总成本；最后，将汇集加总的业务总成本除以该种业务的需求总量，就得到这种业务的平均成本。图6-4描述了这一成本测算路径。

相比"自上而下"法，"自下而上"法从识别特定业务对应的各项投入要素成本信息出发，归集汇总提供该业务的总成本，之后再结合该业务的需求量求出平均成本。采用这种方法测算电信业务成本，由于初始信息即为业务相关成本信息，避免了企业总成本在不同业务之间分摊造成的偏差,测算的成本结果可能更为准确。

但"自下而上"法对基础数据的要求也十分详细,具体包括投入要素的成本数据以及提供不同种类业务时投入要素的详细使用情况。此时,历史成本和前瞻性成本均可作为成本分析的基础。

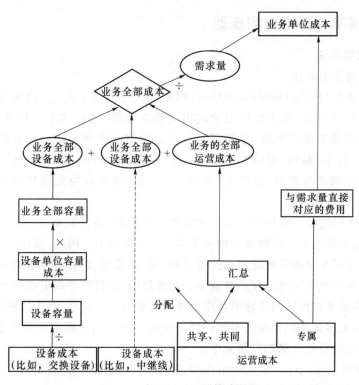

图 6-4　自下而上法测算路径图

采用"自下而上"测算方法的优点有:第一,完成成本测算所需的时间大大少于"自上而下"模型,一般情况下,这种方法只需要 6 个月左右的时间就能完成;第二,原理容易理解,成本测算过程透明,比较容易对估计结果进行验证;第三,能够正确反映成本因果关系;第四,更容易剔除运营商的非效率因素;第五,可以为"自上而下"模型的测算结果提供一个印证标准。

但是,它的缺点在于难以详尽地反映现代电信网络中复杂的关系;可能忽略和低估设备数量,因而可能造成低估所测算的成本。

3. 标杆法

标杆法或称对标法(Benchmark),这种思路适用于当一国管制机构或者通信企业没有能力进行相关成本测算时采用。具体做法是该国管制机构或电信企业可以将其他国家或地区的电信成本测算结果作为"成本标杆",确定相应电信业务的成本分布区间,然后再结合本国或本企业电信网络实际部署情况、要素投入情况及业务需求差异等进行相关参数的调整和最终成本结果的估算。显然,由于国与国或企业与企业之间电信网络覆盖范围、规模、技术条件以及国家经济条件、自然环境等的巨大差异,这种方法的适用性会受到一定的局限。通常只适用于测算国(或企业)与参照的标杆国(或企业)之间各方面差异不大的情况。

采用这种路径进行成本估算通常需要经历两个步骤:第一,定义需要借鉴或者比较的成本对象,确定相关的成本范围;第二,充分考虑与参照国家的不同国情,对测算结果进行调整。

欧盟在1997年制定发布的网间互联建议书中,接入成本的测算就采取了这种路径,为欧盟各成员国运营商之间的网间互联制定了适宜的定价区间。在缺少详细内部成本数据的情况下,这一定价区间被用来作为确定网间互联结算费用的基础。而且,欧盟定期会对该建议书进行更新,以及时反映欧洲内部网间互联费用下降的趋势。

6.3.3 通信成本测算方法和模型

1. 完全分摊成本法

(1) FDC法的基本原理

完全分摊成本法(Fully Distributed Cost,FDC)是一种"自上而下"的成本测算方法。是直接从企业会计信息出发,基于会计记录的历史成本数据,通过成本分析建立"自上而下"的成本分摊机制和成本测算模型,分摊、归集、测算通信业务成本的一种方法。美国、英国、荷兰、瑞士、捷克、日本、韩国、尼泊尔等多个国家都采用过FDC法测算电信业务成本,并基于测算结果制定电信业务资费,体现了"平均成本定价"方式在电信资费定价实践中的具体应用。

完全分摊成本法的核心思想是建立一种成本分摊机制,将共同成本(包括共享成本)分配给不同的业务,与专属成本一起构成每种业务的完全分摊成本。因此,其核心工作是确定成本分摊系数。在确定成本分摊系数时遵循受益原则,即"谁受益多,谁多承担成本",就是按照各项业务的受益比例分摊共同成本和共享成本。按此原则,测算时要确定各项业务的受益程度,例如,骨干网传输成本按传输网传输的各项业务的流量分摊。此外,当无法精确按受益原则确定分摊系数时,则更多地考虑分摊的可操作性。实践中最常用的确定分摊系数的方法主要有三种,即相关产量法、总收入法和归属成本法。

① 相关产量法(Relative Output Method,ROM):共同成本在不同业务之间的分摊基于该业务在企业总业务量中所占的比例。

② 总收入法(Gross Revenue Method,GRM):共同成本在不同业务之间的分摊基于该业务收入占企业总收入的比例。

③ 归属成本法(Attributable Cost Method,ACM):共同成本在不同业务之间的分摊基于该业务的专属成本(即可直接计入成本)在所有业务专属成本之和中所占的比例。

设 AC_i 表示业务 i 的专属成本,F 表示需要分摊的共同成本,f_i 是业务 i 的成本分摊系数,FDC_i 表示业务 i 的完全分摊成本,则有:

$$FDC_i = AC_i + f_i \cdot F \tag{6-8}$$

设 Q_i 为业务 i 的业务量(产量),R_i 为业务 i 的收入,三种分摊方法中的分摊系数可表示为

$$\text{ROM}: f_i = \frac{Q_i}{Q_1 + Q_2 + \cdots + Q_m} = \frac{Q_i}{\sum_{i=1}^{m} Q_i} \tag{6-9}$$

$$\text{GRM}: f_i = \frac{R_i}{R_1 + R_2 + \cdots + R_m} = \frac{R_i}{\sum_{i=1}^{m} R_i} \tag{6-10}$$

$$\text{ACM}: f_i = \frac{AC_i}{AC_1 + AC_2 + \cdots + AC_m} = \frac{AC_i}{\sum_{i=1}^{m} AC_i} \tag{6-11}$$

(2) FDC 方法的优缺点

FDC 方法的优点显而易见：首先，FDC 成本模型考虑了所有的成本因素，可以使公司的所有成本都得到补偿，有助于鼓励运营商投资；其次，基于账面记录的成本数据，便于数据的提取；最后，FDC 法具有很强的可操作性，简单实用。

由于以上优点，使 FDC 方法有广泛的应用，但同时 FDC 方法的不足之处表现在：首先，只基于账面数据，很难清楚划分属于各业务的专属成本和共同成本；其次，将共同成本分摊给各业务时，分摊方法具有随意性，采用 ROM、GRM、ACM 三种分摊方法结果不仅不唯一，有时可能差别很大；最后，由于 FDC 法计算出的业务成本是历史成本，如果直接用于制定通信业务资费特别是网间互联结算资费的时候，可能会把公司历史上一些低效率的投资转嫁给消费者或互联单位，使它们承担比较高的费用，从而降低效率或不利于竞争。

(3) FDC 法下的成本结构模型示例

以采用 FDC 法对某电信公司提供的长途业务成本的测算为例，实际操作时，首先需要在了解电信公司财务成本结构的基础上，结合相关业务生产活动特点确定业务的总成本结构。比如，根据电信公司提供服务需要基于网络，网络运行需要运营维护，企业投资需要补偿并获得合理回报等，可以构建出电信业务成本的成本结构，包括建设租用成本、运营维护成本、投入资金成本和其他成本四部分，如表 6-2 所示。其中，建设租用成本就是企业的网络设备成本和机房等配套设施成本，再加上租用其他企业线路设施的费用支出，体现在每一年就是每年相关设备和设施的折旧，加上线路年支出租用费用；运营维护成本是指为了维护网络正常运行电信企业每年的开销，包括相关维护人员费用、支出的维护费、材料费和管理费等，这在企业成本的相关科目中可以获得；投入资金成本指的是企业占用资金应付出的费用，包括借贷资金利息和自有资本的合理回报；此外，还有一些其他支出，如研究与开发(R&D)费用等放在其他成本。

表 6-2 业务成本构成参考模型

建设租用成本	设备投资建设成本	包括各类设备，如节点、传输等设备折旧
	配套投资及线路租用成本	房屋等配套设备折旧、租用线路等费用
运营维护成本	工资、职工福利费	
	维护费	
	低值易耗品	
	业务费	
	管理费	
投入资金成本	财务费用	
	合理投资回报	
其他成本	R&D 费用等	

上述成本结构模型构建完成后的第二步工作，就是基于模型收集企业财务成本数据，划分归集各类业务的年度总成本费用，在这个过程中，专属成本直接计入所属业务成本，共同成本和共享成本按照分摊比例在各业务之间进行分摊后再计入业务成本。最后，结合各类业务量的调研数据，计算各类业务的平均成本。

2. 长期增量成本法

LRIC 法是为测算网络元素成本、网间互联成本开发出来的成本测算方法，在一些国家也用于测算普遍服务成本。与 FDC 法不同，LRIC 法中的成本计算是基于前瞻性成本的，即以当前最有效的技术和设备作为成本计算依据，而不是企业的实际成本。因此，测算出的成本结果是最有效率的成本标准。以此制定网间互联结算资费或网络元素出租价格可有效地促进竞争，有利于减少重复建设，以及激励主导运营商降低成本。

早期，网间互联互通结算价一直以基于历史成本的完全分摊成本（FDC）为基础制定，随着 LRIC 法的提出和在欧美一些国家的应用，这种基于前瞻性成本的长期增量成本（LRIC）法逐渐被更多国家认可，并成为 WTO 等国际组织极力推荐的方法[①]。采用前瞻性长期增量成本法的国家和地区有澳大利亚、加拿大、哥伦比亚、丹麦、法国、秘鲁、英国、美国、委内瑞拉和中国香港地区等。在运用长期增量成本方法的过程中，一些国家在结合理论经济分析、计量经济分析和网络规划技术的基础上，开发出多种版本的成本代理模型，利用计算机的超强迭代优化运算能力，对网间互联成本进行测算，大大提高了成本测算效率。

长期增量成本的最大特点是成本具有前瞻性，在测算路径上通常采用的是"自下而上"的测算方法。

(1) LRIC 的基本假定

由于 LRIC 是一种前瞻性成本，对应的是一个相对较长期限内的成本增量，因此，在测算 LRIC 时，首先需要对以下三个基本问题进行假定：计算期限假定、网络结构假定、成本增量假定。

① 计算期限假定

从计算期限看，理论上 LRIC 的"长期"是指相对于运营和投资周期而言的一个足够长的时期，在这一时期内所有的投入在理论上都是可变的。在这种意义上，长期增量成本模型中使用的计算期限应当是一个"相对"技术投入变动的一个"较长"的时期。但在实际应用中，对长期增量成本中"长期"的定义并没有形成统一认识。美国联邦通信管理委员会（FCC）在全要素长期增量成本概念中定义的"长期"是："一个足以使所有成本都可变动并且可以避免的期限。这个'长期'的确定应确保价格不仅可以回收短期运营成本，而且可以回收固定投资成本，并且可以保证固定成本尽管在短期内是不变的，但仍然是一种可以直接归属于某种网络元素的成本。"可见，FCC 将"长期"定义为投资回收期，而投资回收期会受到网络规模、技术进步率以及业务资费的影响。一般的，在网络规模较小、技术进步速度较快以及业务资费较高的情况下，投资回收期会比较短，"长期"的时间范围也就不宜过长；在网络规模较大、技术进步速度较慢以及业务资费较低的情况下，投资回收期会比较长，"长期"的时间范围也就不宜过短。

② 网络结构假定

LRIC 是基于最有效技术测算出来的，而通信技术进步会改变网络结构，如技术进步可能带来网络结构的层级减少、节点减少等，因此，在建立测算模型前必须明确将基于什么样的网络结构进行测算。实践中，网络结构假设存在三种选择：交换节点可变假设、现有交换节点假设和现有网络设计假设[②]。

交换节点可变假设指可以使用目前最有效和可行的网络结构、规模、技术和运营决策进行网络优化，可以对交换节点的位置进行重新安排。

---

① 北京邮电大学经济管理学院教育部重点实验室软科研项目"长期增量成本测算理论与模型研究"。
② 也译作焦化土地假设（Scorched Land）、焦化节点假设（Scorched Node）和现有网络设计假设。

现有交换节点假设指在位运营商的现有交换中心是给定的,但可以使用最有效的技术。

现有网络设计假设指目前的网络设计以及网络技术不会变动,但会考虑折旧变动以及通货膨胀等因素。

在计算在位运营商的投资成本时,很多国家的电信管制机构都使用现有交换节点假设,或者现有网络设计假设,但是拒绝使用交换节点可变假设。例如,FCC 认为:"按照第二种方法(现有交换节点),将依据本地运营商现有的交换局位置,使用最有效的技术确定前瞻性经济成本,以此确定网间接续和非捆绑网络元素的价格。这种方法一方面可以减少本地运营商的某些忧虑,以为前瞻性成本没有考虑现有的网络设计;另一方面又根据与现有网络结构相容的有效技术和新技术定价。这种前瞻性成本和现有网络设计的假设非常接近于在位运营商开放网络元素时,实际预期将会产生的成本。"

③ 成本增量假定

前瞻性长期增量成本是指由于提供某项业务增量而增加的成本,或不再提供某项业务增量而可以避免的成本。从"增量"角度看,实际应用中,长期增量成本的"增量"概念也有不同。最常见到的增量概念有两种,一种是业务增量,另一种是网络元素增量。如全业务长期增量成本(Total Services Long Run Incremental Cost,TSLRIC),其"增量"是"一类业务",即增加提供一项业务带来的增量成本。而在全要素长期增量成本(Total Elements Long Run Incremental Cost,TELRIC)中,增量指的是某类网络元素,其内容包括增加该类网络元素所增加的长期成本以及部分共同成本的分摊。

(2) 长期增量成本法的评价

长期增量成本法的优点体现在可以促进竞争、避免交叉补贴和增进效率。

首先,长期增量成本的最大特点就是测算的成本是最有效率的成本,因此,以此为基础确定网间互联结算价格或制定非捆绑网络元素价格,有利于竞争者的进入,可以促进竞争。

其次,按照长期增量成本法定价,至少可以保证能够回收全业务长期增量成本或全要素长期增量成本的价格是不存在任何补贴的,因此,可以避免或消除可能导致的交叉补贴,从而减少经济扭曲。

最后,从经济学的角度来说,按照长期增量成本法定价可以带来配置效率、技术效率和动态效率。配置效率是指只有当消费者认为他所购买的产品和服务的价值高于购买该产品和服务时所支付的成本(即价格)时,价格才会鼓励消费者购买该产品和服务。按照长期增量成本法确定的价格,反映了提供此类业务所消耗的稀缺资源的价值,并且为消费者的消费决策提供了一个正确的价格信号。

技术效率是指在某一行业,以最低的增量成本提供产品和服务,这将使提供产品和服务过程中使用的稀缺资源达到最小化。按照长期增量成本法确定的价格,为市场参与者提供了正确的市场准入信号和扩大生产的激励,因为只有增量成本最小的运营商,才有可能在市场上生存。

动态效率是指运营商为消费者提供他们希望得到的产品和服务,并且有激励投资于新技术或改进现有技术。按照长期增量成本法定价鼓励最有效率的运营商进入市场和提供服务并设法在竞争中取得优势,并且鼓励运营商进行合理的投资,从事新的技术创新和服务创新。

然而,长期增量成本法的最大缺点在于实际操作上的困难。按照长期增量成本法定价需建立"自下而上"或者"自上而下"的模型测算前瞻性成本,这些模型都需要对现实做某种程度的抽象,其过程十分复杂。而且,在计算全业务长期增量成本时,还需要对网络设计、运营商的"效率"水平以及其他一些重要环节做一系列的假设或者变通。

此外,如果长期增量成本的测算结果低得不切实际,就会对竞争和投资激励产生严重的扭曲。如美国的管制机构(FCC)在计算本地运营商非绑定网络元素的长期增量成本时,假设的效率水平就被认为是无法实现的。在这种情况下制定的管制价格过低,无法为投资带来应有的收益,因此使在位运营商严重缺乏投资激励。

3. 成本代理模型

(1) 成本代理模型

运用成本代理模型(Cost Proxy Model)测算成本,就是运用计算机的超强计算能力,模拟建立一个与实际生产过程场景相近的替代模型,运用迭代、优化等算法,不断优化生产技术流程,寻找最有效生产成本的过程。

从概念上看,成本代理模型就是在对产业内代表性公司技术过程描述的基础上,写出的一组描述该公司成本的成本函数。简单地说,一个成本代理模型应该包括一组寻求最大限度近似公司所采用技术成本的典型函数。例如,交换机的成本应该由简单的线型关系 $a+bx$ 代表,其中 a 代表交换机的固定成本,bx 代表交换机的可变成本,它是交换机能够处理的用户终端数 x 的函数。电信网络配线部分的成本可以由类似的一个函数 $(a+bx)d$ 代表,在此种情况下,a 和 bx 分别代表单位距离配线的固定和可变成本,d 代表配线设施的总长度。更加复杂的成本代理模型包括计算机算法。算法可根据用户位置、可用技术的范围和价格投入信息等详细数据设计一个完全假设的网络,使用者可选择不同的网络配置能力,通过对网络技术、路由和容量配置的改变迭代求得所需业务的最小成本。

由此看来,成本代理模型实际上也可看作一种"自下而上"的对前瞻性成本进行测算的方法。由于这种模型完全建立在工程设计与优化技术的基础之上,因此对于测算中所需要数据的投入与一般的基于会计成本的测算方法不同。代理成本模型要求的数据项更多,但由于对实际数据收集的要求低,因而更具灵活性。此外,代理成本模型可以做到对网络的完全重新设计,并且通过计算机强大的迭代优化计算能力,求出最优化技术和组网方式下的业务成本。因而在内置网络优化例程方面,代理成本模型相对会计模型具有优越性。

然而,基于工程设计的成本代理模型虽然在成本估计方面是非常有力的工具,利用这种方法,管制者可以最大限度地跨越成本信息不对称的鸿沟。但采用这些工具究竟能在多大程度上减少由于非对称信息带来的负面效果,很大程度上取决于成本代理模型本身的复杂程度和管制者对模型中涉及的众多因素的考虑能力。实践中,可操作的成本代理模型往往包含了过多的、需要定义的技术和经济参数,因此,非对称信息仍然不能完全消除,管制障碍依然存在。

(2) 成本代理模型的应用

Rand 模型:是美国兰德(Rand)公司的 Mitchell(1990 年)为加利福尼亚的 GTE 和大西洋贝尔电话公司开发的 Rand 模型。该模型抛开了以前常用的一系列的计量研究方法,运用成本代理模型尝试估计从 AT&T 拆分出来的本地电话公司的产业规模经济度。Rand 模型对本地网络的主要结构进行了简化,只包括本地环路、本地交换和局间中继,又采用了客户公司提供的实际数据对模型进行校准和调整。

LECOM 模型:本地交换成本优化模型(LECOM)是马克·肯尼特(Mark Kennet)开发的一种本地网工程设计与优化软件。佛雷德·盖思米(Farid Gasmi)和让·雅克·拉丰(Jean-jacques laffort)应用了这一模型,通过软件模拟获得不同管制政策下各种技术类型的电信公司的行为及其成本函数,从而对自然垄断问题、各种管制机制的比较、普遍服务义务与交叉补贴等重大政策问题进行了研究和反思。LECOM 模型的运行不依赖于公司的成本数据,与 Rand 模型的显著不同之处在于它运用了用于网络设计的特殊计算机算法和网络优化程序,能够对本地交换网络中的交换中心进行优化布局,可以更好地对前瞻性成本进行估计。

HCPM 模型:在 LECOM 之后,由产业界和管制机构分别开发的其他一些电信工程设计过程模型的建模复杂度逐渐增加,在许多方面都比 LECOM 模型能提供更详细和更精确的成本描述。其中,1998 年美国 FCC 选择的混合成本代理模型(HCPM)就非常典型。HCPM 模型主要是为了管制目的开发的成本测算工具,可提供在高成本区域提供普遍服务的成本估计;可为网间互联和非绑定网络元素定价提供成本支持;还可为管制者了解提供本地电信服务的前瞻性成本提供参考。HCPM 包括若干独立的模块:如输入数据;本地网路计算;打印后续模块所用结果报告等一系列计算机程序模块。FCC 在测算普遍服务成本研究中所采用的 HCPM 版本包括三个模块:一个是聚类算法模块,它根据用户位置的临近关系划分服务区;一个是聚类接口模块,计算每一个集团的区域面积和用户线密度,把每个用户的位置分配到格状化地图的对应方格中;一个是环路设计模块,采用网路设计算法,把在每个服务区内的方格单元与中心服务区域接口相连,然后把每个服务区接口连接到中心交换局。此外,HCPM 还包括能够用于测算数据交换和局间传输成本的模块;生成环路设计和局间模块的结果报告;估计网络设备的总体投资和这些设备的年经费。

在美国,前瞻性成本代理模型主要用于估计提供普遍服务的成本,因此,美国模型大部分的开发工作集中在本地交换网的配线和干线部分。而在其他许多国家,开发成本代理模型的主要目的是提供网间互联的成本估计,因而网络交换和网间互联成为研究模型开发涉及的主要对象。如德国的城市互联成本模型,日本用于电信网本地和城市间互联的长期增量成本模型。

4. 作业成本法

作业成本法(Activity Based Costing)也称 ABC 成本法,是一种通过对所有作业活动进行动态追踪反映,计量作业和成本对象的成本,评价作业业绩和资源利用情况的成本计算和管理方法。它以作业为中心,根据作业对资源耗费的情况将资源成本分配到作业中,然后,根据产品和服务所耗用的作业量,最终将成本分配到产品与服务。

作业成本法是美国芝加哥大学的青年学者库伯(Robin Cooper)和哈佛大学教授卡普兰(Robert S Kaplan)于 20 世纪 80 年代提出的,最早应用于制造业,主要针对的是当时由于技术变革引发的企业生产自动化程度不断提高,制造业成本结构中直接人工成本越来越少,间接费用在成本中的比重越来越大,传统的成本核算方式越来越难以适应这一局面,提出来的一种新的成本核算和成本管理方式。

进入 20 世纪 90 年代,作业成本法被越来越多的银行、电信、电力、政府机构、医院等服务行业所接受,而且从服务行业间接成本占较大比例的成本构成特点看,似乎更适合应用作业成本法。与制造业相比,通信企业的成本管理更为复杂,由于存在共同成本和共享成本占较大比例的行业特点,使得通信成本在部门或业务间进行准确的分配非常困难。在电信行业垄断经营时期,成本问题并不突出。电信市场引入竞争以后,情况发生了很大的变化。为实现公平竞争,防止交叉补贴,各国电信管制机构加强了垄断环节业务的资费管制,要求主导电信企业提供准确的管制业务成本数据;此外,日益增强的竞争压力也迫使通信企业开始思考如何降低成本、提高效率,如何有针对性地制定价格策略,如何考察不同业务的盈利性等问题。这些问题的解决必须有详细、准确的成本信息做支持。当以往传统的成本核算及成本管理体系的缺陷逐步暴露出来,国外电信企业开始纷纷建立新的成本核算和成本管理体系。据了解,国际上已经有多家电信公司采用作业成本管理方法。如美国的 AT&T、Bellsouth、Worldcom、英国的 BT、巴西的 CTBC Telecom、葡萄牙的 Portugal Telecom 以及西班牙等欧洲一些电信公司。近年来,我国通信企业也在积极探索将作业成本法应用于企业实际经营管理当中去。

(1) 作业成本法的基本理论

不同于传统的成本测算方法中将企业各项费用直接分摊到产品中去,作业成本法引入"作业"概念并以此为桥梁,首先将作业与作业引发的资源消耗对应起来,求出作业成本,之后,再将产品与完成产品的作业对应起来,分摊作业成本并归集到成本对象,形成产品成本。所以,作业成本法的指导思想是:作业消耗资源,产品消耗作业。

首先,作业是一项可重复执行的任务或活动,作业直接引起资源消耗,执行的作业越多,所消耗的资源也越多。但为什么要执行一项作业是有原因的,企业中的每一项活动都是围绕着提供产品或服务而开展的。如在电信公司里,一般作业主要围绕着客户、业务等外部对象。然而,也有一些由内部原因引起的作业,如内部支持作业。例如,人力资源管理或 IT 业务,一般是由公司内部其他部门的需要所引起的。其次,客户、业务可能引发不同级别的作业。传统的成本核算,如完全分摊成本法,将成本直接分配到客户、业务。这些方法实际上忽略了这样一个原则——资源常常是由作业消耗的,而不是由客户、业务直接消耗的,作业与资源的关系更直接。作业成本核算方法将每一步的成本分摊都建立在直接关系基础之上,根据客户、业务等实际消耗作业的比例分配成本。

(2) 作业成本法的相关术语

作业成本法引入了许多新的概念,如资源、资源动因、流程、作业、作业动因、成本对象等,其定义如表 6-3 所示。

表 6-3 ABC 术语定义

术语	定义	例子
作业(Activity)	一系列可重复执行的任务	递送货物到客户
作业动因(Activity Driver)	引发作业执行的事件或因素	发送给客户的发票数
任务(Task)	工作的基本要素,一系列任务组成一项作业(活动)	在数据库中记录客户定单
流程(Process)	一系列的相联系作业(活动)以获取一定的成果(产出)	处理客户定单
资源(Resource)	在执行业务工作中所作用的资源	人工成本、固定成本、资金、运营成本
资源动因(Resource Driver)	把资源分配到作业上的可计量(数量)特征	人数、花费的时间、建筑面积、机时
成本对象(Cost Object)	需要计算成本的实体	客户、产品或服务

图 6-5 显示了作业成本计算中各概念之间的关系。资源按资源动因分配到作业或作业中心,作业成本按作业动因分配到产品。分配到作业的资源构成该作业的成本要素(图中的黑点),多个成本要素构成作业成本池(中间的小方框),多个作业构成作业中心(中间的椭圆)。作业动因包括资源动因和成本动因,分别是将资源和作业成本进行分配的依据。

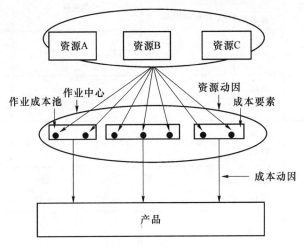

图 6-5　作业成本法成本分配示意图

(3) 作业成本法的核算步骤

通常情况下,作业成本法核算的一般流程分为四个基本步骤,核算具体程序如下。

① 确认作业,建立作业中心。建立作业成本核算体系从确认作业开始,作业划分的口径要适宜,不宜太粗或太细。作业划分得太粗难以揭示作业流程,达不到实施作业成本法的初衷;若划分得太细则难以凸显重要信息,且易导致不必要的资源浪费,加重成本负担。实际操作时,可先绘制企业的生产流程图,直观地分解出作业,再将相关或同类作业归并起来。同时以职能部门为目标调查分析各职能部门的作业,进行汇总,以保证作业的完整性。

② 归集资源费用。将企业消耗的各项资源,即各项成本费用进行分类汇总,通过资源动因将归集的资源分配到每个作业中心的成本中,整理出每个作业涉及的资源。

③ 分析作业动因。作业动因是计算单位成本分配率的基准,各动因要与相对应的消耗相关。作业动因选取完毕后,计算作业成本分配率,即每单位作业消耗的成本。计算方法为该作业总资源成本除以该作业动因总数。

④ 分配和计算产品或服务的成本。将各产品或服务所消耗作业的数量,与作业成本分配率相乘,计算各作业的成本。各项作业成本累加,再汇总直接材料、直接人工等成本,形成了产品的最终总成本。

(4) 作业成本法在我国通信企业的应用案例

以某电信企业运维作业中心为例,设计作业成本法的实施。假设运维作业中心由客户电缆维护、管线维护、设备维护、运维管理 4 个主要子作业构成。假定仅对该企业的固定网本地电话业务(TEL)和因特网接入业务(ADSL)等两项业务所涉及的运维作业共同成本进行归集和分配。假定某电信企业与运维作业有关的人工间接总成本共 13 286.7 万元,其中电缆维护花费 6 909.9 万元,该作业的 TEL 业务量为 29 646 件,ADSL 业务量为 45 252 件;管道维护花费 2 508 万元,该作业的 TEL 业务量为 17 109 件,ADSL 业务量为 11 862 件;设备维护占用 3 553.2 万元,该作业的 TEL 业务量为 110 万个,ADSL 业务量为 31 万个;运维管理占用

316.6万元,该作业的TEL业务量为113万户,ADSL业务量为37万户。如表6-4所示,针对不同的子作业,采用适当的作业动因所计算出的产品运维作业成本信息更加相关。

表6-4 产品运维作业成本计算表

运维子作业	资源耗费（万元）①	作业动因	作业动因率 ②=①/(③+④)	业务量		产品运维作业成本（万元）	
				TEL③	ADSL④	TEL ⑤=②×③	ADSL ⑥=①-⑤
客户电缆维护	6 909.9	故障件数	923.0	29 646件	45 252件	2 736.0	4 173.9
管道维护	2 508.0	故障件数	866.0	17 109件	11 862件	1 482.0	1 026.0
设备维护	3 553.2	用户端口	25.2	110万个	31万个	2 772.0	781.2
运维管理	316.6	用户数	2.1	113万户	37万户	237.3	79.3
合计	13 287.7					7 227.3	6 060.4

ADSL的成本⑥=②×④,但考虑尾差影响,所以用⑥=①-⑤计算。

第7章 通信资费

7.1 通信资费理论基础

7.1.1 通信资费及资费体系

1. 通信资费

通信资费是通信企业在向消费者提供通信服务时,按照事先确定的收费项目和收费单价(price)向消费者计收应支付费用(charge)的收费标准,也是消费者享用通信服务后计算通信费用支出总额的依据。通信资费就是通信服务产品的价格,服务产品的价格习惯上被称为资费。

市场经济条件下,一个可以实现资源配置效率的价格,可使厂商在弥补成本的基础上获得不超过正常水平的利润(超额利润),能够维持简单再生产和扩大再生产,并愿意留在市场持续提供产品和服务。可使消费者愿意支付购买产品和服务。同时,对于潜在的市场进入者来说,这个价格也是其据以判断是否能够进入市场的一个正确信号。然而,非完全竞争的市场情况下,有效价格很难实现,扭曲的价格必然影响生产者和消费者的有效选择,造成经济效率的损失。同样,通信资费对通信企业和消费者的行为都有影响。从通信企业来看,追求利润最大化是企业经营的目的。合理的资费水平是保证通信企业获得相应收入,弥补生产经营过程中成本费用支出并获取利润的前提条件,同时,能够取得一定经营利润的资费水平又是企业能够不断投资采用新技术、开发新业务、提高服务水平的重要保证。在社会资源市场化配置的条件下,能够保证为投资者带来一定投资收益的资费水平也是引导社会资源向通信行业流动的重要因素,是促进通信行业整体发展水平不断提高的条件。对于消费者来说,追求消费效用最大化是消费者选择产品或服务进行消费的准则。消费者总是期望以尽可能少的支出享用到尽可能多和优质的服务。因此,一个消费者认同的资费水平是促使消费者更多地选择通信业务服务的前提。

信息通信业的技术经济特点造成该行业市场的不完全竞争性,产业链上的部分环节还存在瓶颈垄断现象,部分环节市场上还存在市场势力,因此,为了维护消费者利益,确保资源分配效率和公平竞争,管制介入或干预通信资费制定是通信业发展历史上各国普遍采取的做法。然而,市场是动态变化的,不同的市场结构下,什么样的定价是有效率的定价,管制机构在什么情况下应介入干预,干预定价能否接近有效定价都是值得研究的问题。

2. 通信资费体系

通信企业提供的各种业务的资费标准总和构成通信资费体系,因此,通信资费体系是企业提供服务种类的一种体现。

从专业分类角度看,传统通信资费体系主要包括电信通信业务资费和邮政通信业务资费两大类,每类又包含若干细类。比如电信资费按业务种类又分为固定电话业务资费、移动电话业务资费、数据业务资费、增值业务资费、互联网接入业务资费、网元出租业务资费等。电话业务又分为本地、长途等业务资费;邮政资费按照邮件运递的地域范围可分为国内业务资费、港澳台业务资费和国际业务资费。其中,国内业务资费又分为函件资费、邮政包裹资费、特快专递邮件资费等。现代信息通信企业的业务结构变化很大,资费体系结构也就不同。如我国电信企业资费体系一般包括固定业务和移动业务两类,固定业务又包括宽带接入业务资费、电话业务资费。移动业务资费主要包括数据业务资费、话音业务资费和短信业务资费等。

从市场细分角度看,可根据需求结构差异,利用资费设计不同业务,因而形成不同的资费体系结构。比如,根据客户细分,可将通信资费划分为面向一般消费者(end users)的零售业务资费和面向企业的批发业务资费。其中,零售资费又可以根据消费者性质分为集团客户资费、住宅用户资费和个人用户资费;根据需求数量分为高端、中端、低端客户资费;根据需求时段不同分为高峰期资费和低峰期资费。批发业务资费又可进一步分为网间接入资费、转售业务资费、互联结算资费等。根据市场结构差异,形成包括竞争性业务资费和非竞争性业务资费的资费体系。

7.1.2 通信资费的计费依据

消费者购买商品并根据商品单价和购买数量支付总费用。通信服务产品的消费和费用的计收同样如此。在电信行业,消费数量可以用时长(或次数)、流量、容量(或通信质量)等衡量,单价也就对应为使用一定时间(一个计费周期)的价格或者单位流量和单位容量的价格。传统的电信企业中,话音业务是主要的通信产品,是面向连接的服务,通话时用户占用固定带宽的话音通路,具有一定的通信质量(Qos)保证,因而话音业务通常以通话时长为计费依据(过去也曾有以通话次数为计费依据的),则其价格就有如××元/分,××元/秒或××元/次。现代通信网络上数据业务成为主要流量,不同于面向连接的服务,现代的数据服务是分组方式传送并且非面向连接,而且用户接入占用的带宽也有不同,因此,其生产过程中资源的消耗和占用不仅与流量相关,而且与占用的带宽(也代表着数据业务的质量)相关。从提高资源的使用效率目的出发,数据业务可基于流量计费(Volume-Based)或基于带宽计费(Capacity-Based)。如××元/M流量、××元/2 M带宽/月。此外,现代通信企业在提供通信服务并同时提供信息服务的时候,信息服务的收费既可以按照信息数据量的大小收费,也可以根据信息内容的质量按照信息完整内容作为一个整体来收费,如××元/每部影视内容、××元/首歌曲。

邮政企业的通信服务是基于实物信息的传递来完成的,其生产过程主要依据交通运输网络,因此,邮政通信服务资费的定价依据与交通运输部门极为相似。邮件的质量、占用空间的大小以及需要运送的里程都会成为邮件定价的基础,此时,寄递邮件的单价就是在考虑里程和邮件尺寸基础上的单位价格,随着里程和邮件尺寸的不同,单价也会存在差异。此外,对于质量在一定范围以下,寄递频繁的信函业务出于方便企业和用户的考虑采取统一的单价。

7.1.3 常见的通信资费模式

1. 线性资费和非线性资费

按照消费者支出的费用总额(总价格)与业务使用量之间的关系区分,通信业务资费可以分为线性资费和非线性资费。线性资费的收费结构中只包括一个收费项和单一的定价水平,非线性资费中包括多个收费项目或多种收费水平。

(1) 线性资费

线性资费(Linear Pricing)是最基本的资费模式,其资费结构中只包含一种收费项目和单一的收费水平,收费额(总价格)与业务使用量之间成正比例关系。线性资费包括线性从量资费(Linear Meter Rate)和定额资费(Flat Rate)。

线性从量资费是指消费者就某一商品或服务支付的费用总额同购买该商品和服务的总数量存在严格正比例关系的一种定价模式。在通信行业,通信企业按照单位业务数量制定一个固定不变的资费比率(p,即单价),根据用户使用的通信业务数量(q)的多少收取通信费用的资费模式(如图7-1(a)所示)就是线性从量资费。线性从量资费结构中只包含一项基于单价的收费。企业收费的一般模型是

$$费用总额(总价格) = 业务单价 \times 业务使用量 \qquad E(q) = pQ \qquad (7-1)$$

在线性资费模式下,消费者的通信费用支出总额随着业务使用数量的增加而呈比例递增。对于通信企业而言,线性从量资费模式是一种基于使用量计费(Usage-Based Charging)的方式,这种收费方式是简单的平均成本定价方式的体现。实践中,许多通信业务的标准资费都是线性从量资费。

线性资费结构形式简单,计收简便,但从经济学角度考虑却不尽合理。如线性从量资费不论用户使用量多少,都按照相同单位费率收取费用,而在通信行业这种存在规模经济性的行业中,随着业务使用量的增加,边际成本是降低的。因此,这种资费模式对于业务使用量大的用户来说不公平。此外,线性从量资费模式下,用户消费总支出与业务使用数量成正比,为了降低通信支付成本,用户将尽可能减少对通信业务的使用,这样将不利于消费者福利的提升。从企业来看,简单地采用线性从量资费也不利于企业利润的提升。

定额资费指的是按照业务使用时间而非业务数量收费的一种方式,定额资费不考虑用户实际消费数量多少,只按照消费时间,如一年或一个月,对用户收取一个固定数额的费用(e)。在缴费周期内,消费者缴纳的通信费用与业务使用数量无关,是固定的,但随着缴费周期的增加,支出的总费用与缴费周期成正比(如图7-1(b)所示),因此,也可看作是一种线性资费。在定额资费模式下,缴费期内单位费率随着业务使用数量的增加而递减。其收费模型为

$$费用总额(总价格) = 定额资费 \times 缴费周期数 \qquad E = eT(e \text{为常数}, T \text{为月或年});$$
$$缴费周期内的单位费率 \qquad p = e/Q$$

定额资费在数据业务定价中应用十分广泛,如当前宽带接入业务普遍实行的包年制或包月制收费,用户只要按期缴纳一个固定的费用就可以随时接入互联网,在缴费期内永久在线。

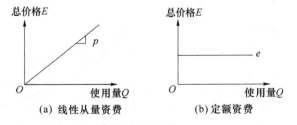

图7-1 线性资费

从经济有效性角度考虑,定额资费同样也存在局限性。定额资费模式下,由于用户无论使用多少业务都不会带来更多的费用支出,这种"自助餐"式的收费方式对用户消费存在错误的

正向激励,有可能造成用户过度占用和使用通信资源。当通信资源不足时容易造成网络资源紧张、拥塞等问题。同时,企业采用定额资费时,为了弥补成本,资费水平必须定的足以抵补平均用户成本,这样,业务需求少、实际使用数量少的用户就必须付出超出平均资费水平的费用。这可能导致业务需求数量少的用户群体减少,企业的收益也会随之下降。

(2) 非线性资费

非线性资费(Nonlinear Pricing)是指消费者就某一商品或服务支付的费用总额(总价格)与购买该商品和服务的总数量不存在严格正比例关系的一种定价模式。20 世纪 70 年代,非线性资费在诸如电力、通信、自来水、煤气、铁路、民航等公用事业领域开始得到广泛应用。

二部资费(Two-Part Tariff)是非线性定价中最简单、最基本的一种,它要求消费者先缴纳一笔固定费(e),然后再根据消费量(q)和单价(p)支付使用费,即费用总额(总价格)$E=e+pq$,如传统电信公司对电话用户收取月租费和通话费。

当非线性资费方案中存在多个价格分项时,则为多部资费(Multi-Part Tariff)或阶段性资费(Block Tariff)。理论上,对应任何一个微小的消费增量都可以收取不同的价格,这时的费用总额(总价格)连线就成为一条平滑的曲线,如图 7-2 所示。

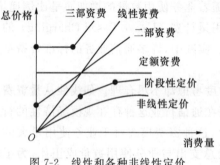

图 7-2 线性和各种非线性定价

可以用一个数学表达式,表达非线性资费结构下总价格的一般形式:

$$E=\begin{cases} e+m_1 y, & y<y_1 \\ e+m_1 y_1+m_2(y-y_1), & y_1 \leqslant y \leqslant y_2 \\ e+m_1 y_1+m_2(y_2-y_1)+m_3(y-y_2), & y_2 \leqslant y \leqslant y_3 \\ \vdots \\ e+m_1 y_1+\cdots+m_n(y-y_{n-1}), & y_{n-1} \leqslant y \end{cases} \quad (7-2)$$

其中,E 为企业的总收入或消费者的总支出,e 为固定的进入费,$m_i(i=1,2,\cdots,n)$ 为边际价格(Marginal Price),y 为消费量,n 为价格分项。当 $n \to \infty$ 时,总价格曲线和边际价格曲线就成为一条平滑的曲线,如图 7-3、图 7-4 所示。

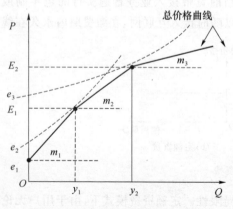

图 7-3 非线性定价的总收入曲线

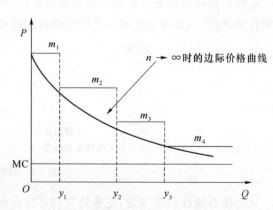

图 7-4 非线性定价的边际价格曲线

消费者异质性、信息不对称和企业具有定价权是非线性定价的前提条件。消费者异质性指消费者对增量产品价值的评价具有差别，对增量消费具有价格弹性，从而对产品的需求数量存在差别。在信息不对称的情况下，消费者知道自己的需求类型，而企业无法分辨，此时，企业就向消费者提供一个非线性价格方案，消费者在这个价格方案中进行自我选择(Self-Selecting)，从而揭示其类型信息。因此，n 部定价实质上等价于 $n-1$ 个自我选择的二部定价。如图7-3所示，粗体线表示的是一个四部资费，实际上等价于三个进入费分别为 e_1、e_2、e_3，使用费为 m_1、m_2、m_3 的可以自由选择的二部资费，且满足 $e_1<e_2<e_3$，$m_1>m_2>m_3$，消费者根据自己的消费需求自动对应三类，分别选择三个二部资费方案，而不会在虚线部分进行消费。最后具有市场定价权可保证企业将高于边际成本定价。

市场经济中，非线性定价在许多领域都很常见，特别是固定成本高、变动成本低，具有规模经济性的行业，随着使用数量的增加，边际成本递减，边际价格递减，它体现的是一种边际成本定价的模式。在通信行业，多部资费的例子如传统移动电话业务的收费结构为三部资费，包括入网费、月租费和使用费；分段资费的例子目前更为常见，如根据使用业务数量不同制定的各种分档资费。

2. 单产品资费和捆绑资费

根据一项资费下涵盖的业务种类，通信资费又有单产品资费和捆绑资费（多产品资费）之分。其中单产品资费是只包含一种业务的资费，或只针对一种业务的资费，也称独立资费。捆绑资费是将不同的产品和/或业务构成一个产品组合，制定一个资费提供给消费者，也称套餐资费或资费套餐。

全业务运营模式下，将不同种类的业务捆绑打包成一个"产品束"提供给消费者在通信行业越来越流行。捆绑资费基于购买两种或两种以上的产品收取，通常在包内所有单产品售价之和的基础上提供一定的价格折扣。现实中电信业的捆绑定价有很多，如电信公司将电话业务、数据业务、信息内容打包制定捆绑资费，资费标准低于单独购买每种业务后的资费之和；又如"购手机送话费"或者"预存话费送手机"是许多移动公司的促销策略，其价格也低于分别购买两种产品的定价之和。

营销学中，捆绑销售是一种行之有效的市场营销策略。厂商实行捆绑销售有其自身的利润动机。一般来讲，如果厂商对其所有用户收取相同的单位价格，不同消费者对其产品的不同价值认知会降低厂商从消费者那里抽取剩余价值的能力。通过捆绑销售，厂商能够从优势产品和其他产品的捆绑中对不同的用户实行价格歧视，便可以从具有不同偏好的消费者中获取更多的消费者剩余。对消费者来说，当购买产品量达不到打包产品时，需要支付不同的单价购买不同的产品，而当购买某一种产品的数量达到一个捆绑中所包含的产品数量时，选择捆绑资费就可以以优惠的价格购买到一定数量的另一种产品。

捆绑又分为"纯捆绑"和"混合捆绑"。纯捆绑是指消费者不能分开购买的一组产品或服务；混合捆绑是指消费者可以购买打包的产品，也可以分开购买个别的产品。

3. 前向收费和后向收费

前向收费和后向收费是互联网企业常用的两种收费模式。前向收费即面向信息使用者或浏览者收费，包括用户包月费、点播费等。后向收费主要通过对企业单位或信息提供者收取费用，包括广告发布费、竞价排名费、冠名赞助费、会员费等费用。这两种收费模式结合起来是互联网企业采用最多的盈利模式。互联网企业面向前端用户侧的大部分内容资源免费，后端向广告商、增值服务商等进行收费。互联网企业的这种收费模式与互联网企业的特点有关，即大部分属于平台型企业,面对的是一种双边市场。所谓双边市场指的是两组参与者需要通过平台进行交易,而一组参与者(这里是最终用户)加入平台的收益取决于加入该平台的另一组参与者(这里是企业用户)的数量,这样的市场称作双边市场。从用户角度看,前端和后端的用户之间具有交叉网络外部性,即每一端的用户都会随着另一端用户数量的增加而获得额外的收益,消费者可以获得更多的信息服务等,厂商类用户可以获得更多的消费者。从互联网企业来看,两端用户及其交易数量的增加都会给平台带来收益,而对两边用户的定价结构和水平则会影响两类用户对平台的选择。从弥补成本的角度看,前向收费和后向收费的资费水平并不与提供给前端用户侧和后端厂商的相应服务成本对应,可能和两边用户的数量或价格弹性相对应,但企业收费总额最终可在弥补企业总成本的基础上获得盈利,这体现的是一种双边市场定价的思想。

在通信基础网络运营市场,前向收费就是运营商直接向消费者收取话音和流量等费用。传统的电信运营商是向最终用户计费、收费,因此业务支撑的重点是前向收费。随着移动互联网、电子商务进入爆发式发展阶段,运营商遭受互联网企业 OTT(Over the Top)业务的冲击以及互联网企业为推广应用、提升产品销量、提升服务水平,尝试为访问用户产生的流量买单,催生了流量后向收费的商业模式。运营商对最终用户使用 OTT 业务不收费,但对 OTT 提供商收取费用,OTT 提供商通过其他业务创新获得收入,形成共赢的局面。

7.2 通信业务定价理论

7.2.1 最优定价

按照经济学的解释,在自由竞争市场条件下,竞争性企业按照边际成本定价(Marginal Cost Pricing),是社会总福利实现最大化以及资源配置最优(First Best)的定价方法。

如图 7-5 所示,以 P 表示社会认可的某种特定服务或商品的价格,Q 表示产量。如果需求曲线为 $D=f(P)$,则逆需求曲线可以写成 $P=p(Q)$。社会总收益(SB)为消费者消费产品获得的好处,即需求曲线下面的部分,则 $SB = \int_0^q p(Q) dQ$。

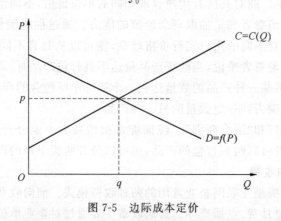

图 7-5 边际成本定价

此时,假定企业成本函数为 $C=c(Q)$,在不存在生产外部性的情况下,企业成本函数可以用来表示社会总成本函数(SC),则 $SC=c(Q)$,令 W 表示社会总福利,则

$$W = \text{SB} - \text{SC} = \int_0^q P(Q)\mathrm{d}Q - C(Q) \tag{7-3}$$

求使社会总福利最大化的定价需要对 W 求一阶导数,并令其等于零,即

$$\frac{\mathrm{d}W}{\mathrm{d}q} = p(Q) - c'(Q) = 0$$

得出

$$p = c'(Q)$$

由于 $c'(Q)$ 就是边际成本(MC),因此,按照 $P = \text{MC}$ 决定的价格水平能实现社会总福利最大化。

如图 7-6 所示,在完全竞争市场中,如果 $P = \text{MC}$ 而高于平均成本(AC),就存在超额利润。超额利润会吸引新的竞争者加入市场并降低价格,最终会导致 $P = \text{MC} = \text{AC}$,此时市场达到均衡,资源配置最优,社会总福利最大化。

但在电信通信等存在规模经济性特点的行业里,边际成本在产出范围或市场需求范围内递减,边际成本曲线位于平均成本曲线下方(如图 7-7 所示)。此时,如果采用边际成本来制定通信资费,就会使价格确定在 P_0 的位置,企业就会出现亏损 P_1BAP_0。因此,在成本递减产业按照边际成本定价是不现实的。

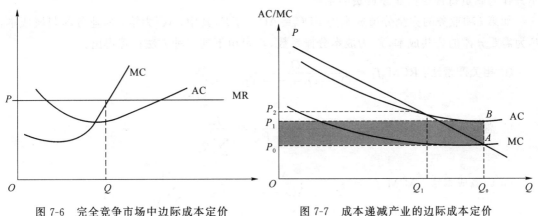

图 7-6 完全竞争市场中边际成本定价　　图 7-7 成本递减产业的边际成本定价

如果管制机构坚持实现资源配置效率的最优,要求具有成本递减特点的企业按边际成本定价,那么就需要对成本递减企业给予相应的财政补贴来弥补边际成本定价带来的亏损,以保证企业的收支平衡和财务稳定。但这种依赖政府税收补贴的定价机制是一种外生机制,并非价格机制本身的作用。如果用于补贴的税收不存在对资源配置的扭曲作用,该方法仍然是一种使资源得到最优化配置的方法。然而,非扭曲税收假设的不成立限制了这种方法理论上的合理性。同时,由于电信行业的固定成本占比很大而可变成本所占比例较低,如果政府如数补贴,一方面会带来难以承受的财政负担;另一方面又会诱使企业越来越依赖这种补贴,与政府讨价还价,想尽方法不断增加补贴。此外,补贴政策还可能使企业减弱降低成本的愿望而导致企业生产效率降低。

7.2.2　成本补偿定价和效率增进

由于在成本递减行业单纯实行边际成本定价方式是不现实的,依靠财政补贴的做法理论上缺乏合理性,在实践中也不尽完美。因此,需要找到一种依靠价格水平和价格结构调整的方

法来解决最优定价时成本递减行业面临的亏损问题,这样,成本补偿定价就成为成本递减产业定价时需要考虑到的问题。理论上,解决这个问题的思路可以从成本与需求两个方面来考虑。

1. 平均成本定价

通信行业自身的行业特点决定了通信企业无法按照边际成本制定资费。为了弥补企业亏损,在财务上实现"收支平衡",最直观的方法就是采取平均成本定价(Cost-distributed Pricing)。

平均成本定价首先要获得业务的平均成本。如果企业只生产一种产品,将固定成本按照产品产出总数量进行均摊,再加上平均变动成本,就可获得平均成本并基于此制定价格。但当企业提供多种产品并具有规模经济性和范围经济性时,就需要选择适当的方法将大量共同成本或共享成本在不同产品、不同业务或者不同的消费者之间进行分摊后,再计算平均成本后定价。

完全分摊成本(Fully Distributed Cost, FDC)定价法就是一种基于成本分摊的定价方法。该方法在通信行业应用十分普遍。其核心思想是依据通信企业实际发生的成本数据,将包括共享成本和共同成本在内的公共成本按照相关产量法、总收入法、归属成本法原则分配给不同的业务,再加上每种业务的归属成本(直接成本),计算每种业务的完全分摊成本,该完全分摊成本即每种业务的总成本。之后以业务总成本除以相应的业务量,计算所提供业务的平均成本并作为制定每种通信业务资费的基础。

如第 i 项业务的完全分摊成本为 $FDC_i = AC_i + f_i F$,其中,AC_i 为第 i 向业务的归属成本,F 为需要分摊的公共成本,f_i 为成本分摊系数,f_i 可由下列三种方法计算得出:

① 相关产量法:RCM $f_i = \dfrac{Q_i}{Q_1 + Q_2 + \cdots + Q_M} = \dfrac{Q_i}{\sum\limits_{j=1}^{M} Q_j}$

② 总收入法:CFM $f_i = \dfrac{R_i}{R_1 + R_2 + \cdots + R_M} = \dfrac{R_i}{\sum\limits_{j=1}^{M} R_j}$

③ 归属成本法:ACM $f_i = \dfrac{AC_i}{AC_1 + AC_2 + \cdots + AC_M} = \dfrac{AC_i}{\sum\limits_{j=1}^{M} AC_j}$

采用完全分摊成本定价法,定价公式为

$$P_{i,t+1} = \frac{FDC_{i,t}}{Q_{i,t}} = \frac{AC_{i,t} + f_i F_t}{Q_{i,t}} \tag{7-4}$$

其中,$P_{i,t+1}$ 为业务 i 在 $t+1$ 期的价格,$FDC_{i,t}$ 为业务 i 在 t 期的全分摊成本,$Q_{i,t}$ 为业务 i 在 t 期的业务量。采用完全分摊成本法确定资费可以完全弥补通信企业的实际支出,操作方法简单实用。

然而,从经济效率的角度出发,许多经济学家都不赞同 FDC 定价,认为完全分摊成本定价法存在许多局限性。例如,Friedlaender(1969 年)指出,FDC 定价过于武断,几种分配方法产生的成本分配结果各不相同,并且存在循环论证的嫌疑。Brown 和 Sibley(1986 年)则指出,FDC 定价实际上是平均成本定价,反映经济效率的价格弹性、边际成本等概念在 FDC 定价中没有发挥作用。Baumol 则认为,FDC 定价无法避免交叉补贴(Cross Subsidy)问题,因为不论采用哪种分配方法,其结果都是无交叉补贴的(Subsidy-free),因此 FDC 定价不能作为判断是否存在交叉补贴的依据。FDC 定价仅仅考虑了已经或正在进行生产的产品的成本,无法对生产或不生产某种产品的成本进行增量比较,而后者才是判断交叉补贴是否存在的依据。但是,显然 FDC 定价的最大优势在于它符合人们的直观感受,并且简便易行。

2. 拉姆塞定价

相对于边际成本定价是可实现社会总福利最大化的"最优"定价,在收支平衡约束条件下最大化社会总福利的定价被称为"次优"(Second-best)定价。拉姆塞定价[①](Ramsey Pricing)的规则是,价格在边际成本上的加成,应同对应的价格需求弹性成反比。根据这一定价规则,价格弹性较低的客户将被收取较高的价格,因此将为固定成本的补偿做出更多贡献。拉姆塞定价是价格歧视和非线性定价的理论基础,在实践中也曾经得到广泛的应用。如美国的州际贸易委员会在 1983 年放弃了 FDC 定价,开始采用拉姆塞定价对铁路运输的价格进行规制(Baumol,1989 年)。

首先,假设企业只生产一种产品,也只对应一个消费者群体。假设企业的逆需求函数与成本函数可以表示为:$P=p(Q)$,$C=c(Q)$。如果企业成本函数显示规模经济特征,价格必须高于边际成本。如果采取平均成本定价,用数学表达式表示就是,平衡预算要求必须有 $PQ=c(Q)$,所以 $P=c(Q)/Q$。如果同时考虑企业收支平衡和社会福利,我们可以通过求在保持企业预算平衡前提下的社会福利最大化问题来解决这个问题。根据上述假设,单一产品在预算约束下的社会福利最大化问题的拉格朗日表达式为

$$W(Q,\lambda) = \int_0^q p(Q)\mathrm{d}q - c(Q) + \lambda[PQ - c(Q)] \tag{7-5}$$

式(7-5)与 Q 相关的最大化的一阶条件为

$$\frac{\mathrm{d}W}{\mathrm{d}Q} = P - c'(Q) + \lambda\left[P + Q\frac{\mathrm{d}P}{\mathrm{d}Q} - c'(Q)\right] = 0 \tag{7-6}$$

式(7-6)中,$c'(Q)=\mathrm{MC}$ 为边际成本,λ 为拉格朗日乘数,将(7-6)式除以 P,则有

$$\frac{P-\mathrm{MC}}{P} = -\lambda\left(\frac{P-\mathrm{MC}}{P} + \frac{Q}{P}\frac{\mathrm{d}P}{\mathrm{d}Q}\right) \tag{7-7}$$

整理式(7-7),得

$$(1+\lambda)\frac{P-\mathrm{MC}}{P} = -\lambda\frac{Q}{P}\frac{\mathrm{d}P}{\mathrm{d}Q} \tag{7-8}$$

令 $\varepsilon = -(P/Q)(\mathrm{d}Q/\mathrm{d}P)$,$\varepsilon$ 表示需求价格弹性。

$$\frac{P-\mathrm{MC}}{P} = -\frac{\lambda}{1+\lambda}\frac{Q}{P}\frac{\mathrm{d}P}{\mathrm{d}Q} = \frac{\lambda}{1+\lambda}\frac{1}{\varepsilon} \tag{7-9}$$

设 $R = \dfrac{\lambda}{1+\lambda}$,则

$$\frac{P-\mathrm{MC}}{P} = \frac{R}{\varepsilon} \quad \text{或者} \quad P = \frac{\mathrm{MC}}{1-\dfrac{R}{\varepsilon}} \tag{7-10}$$

式(7-10)中,R 被称为"拉姆塞系数",指的是对边际成本收费给予一定的加成或打一定折扣的系数。式(7-10)表明,在成本递减产业,企业为了实现收支平衡,就有必要将资费定在比边际成本略高的水平上。此外,式(7-10)还表明,单一产出下的平均成本价格可以通过对边际

---

① 拉姆塞定价最早是由英国经济学家 F.P. Ramsey(1927 年)提出的。他原本考虑的是最优商品税(optimal commodity tax)问题,即如何制定税收比率使得在达到一个最低税收收入的前提下最小化社会总福利损失。显然,当把最低税收收入看作是固定成本时,这两个问题是等价的。在早期的公用事业定价和垄断规制领域,拉姆塞定价并未受到理论界应有的重视,后被法国经济学家布瓦特(Boiteux,1971 年)重新发掘,因此又被称为拉姆塞—布瓦特弹性反比法则(Ramsey-Boiteux Inverse Elasticity Rule)。

成本打一定的折扣或给予一定的加成获得,折扣或加成的比例与拉姆塞系数和产品的需求弹性有关,需求弹性越大,折扣或加成的比例越低。实质上,式(7-10)可以看成是以边际成本表示的平均成本价格的一种表达方式。

将上述定价中单一产品的情形扩展到多种产品的一般情形。同样为了达到企业预算平衡,在多产品或多用户群的情况下,对每个产品或每个用户群的定价不再需要单独满足预算平衡,而只要存在满足预算平衡的多种价格组合即可。拉姆塞定价就是各种价格组合中依据"弹性反比"法则,以收支平衡为前提、实现社会福利最大化为目的求得的一组次优价格。

拉姆塞(Ramsey,1927年)和布瓦特(Boiteux,1952年)的研究表明:一般情况下,如果因为价格上升而导致需求下降的损失得到了补偿,最优定价要求各种商品补偿需求是一样的,也就是说各种商品由于价格上升导致需求下降的比例应该是一样的;在各种商品需求相互独立的情况下,价格超过边际成本的幅度应该与商品的需求价格弹性成反比,即

$$\frac{(P_1-\mathrm{MC}_1)/P_1}{(P_2-\mathrm{MC}_2)/P_2}=\frac{\varepsilon_2}{\varepsilon_1} \tag{7-11}$$

拉姆塞定价法则的经济含义是:

① 在最优价格组合处,价格偏离成本的程度与商品的需求弹性成反比。需求弹性越大的商品,价格偏离边际成本的比例越小;需求弹性越小的商品,价格偏离边际成本的比例相对越大。

② 上述定价原理也适用一种产品但存在多种不同需求用户的情况。在这样的情况下,式(7-11)的含义就是对于需求弹性大的消费者,价格偏离边际成本的比例小,而对于需求弹性小的消费者,价格偏离边际成本的比例大。

③ 如果各种商品的需求弹性相同,或者单一商品的需求弹性为常数,则价格必须与边际成本成比例。此时的拉姆塞定价就是平均成本定价。

拉姆塞定价法目标明确,就是使社会福利达到最优化或尽可能优化。定价中考虑了用户需求弹性对于价格的影响,对具有不同消费行为的消费者采用了不同的定价水平,形成灵活的非线性价格结构。

但该定价方法也存在不足之处。最大的问题是计算比较复杂,需要估算边际成本、需求弹性,对消费者偏好分布也要进行预测,其结果准确与否将直接影响定价效果。此外,拉姆塞定价的理论基础是市场需求弹性,但单个厂商对弹性的感觉往往不同,反映了不同业务中厂商的主导力。因此,定价能否真实反映市场需求弹性很难监管且易被滥用。此外,拉姆塞价格与需求弹性成反比,意味着需求弹性越小,产品价格越高,而需求弹性小的产品往往正是必需品,必需品的定价高将使低收入人群的福利受到损害,因此这种定价方法存在价格歧视,从公平角度看存在欠缺。因此,拉姆塞定价常常停留在一种理论定价方法上而很难有效地应用于定价实践。

3. 二部定价

具有边际成本递减特性的通信企业,在考虑其成本结构、需求结构的基础上实施的二部定价(Two-Part Pricing),也属于成本分摊定价的一种。从增进福利的角度看,二部资费定价虽然次于边际成本定价,但优于平均成本定价,可看作相对边际成本定价的一种次优选择(Second Best)。下面,我们利用图7-8来分析二部资费的定价原理。

二部资费(Two-part Tariff)是非线性定价中最简单、最基本的一种,它要求消费者先缴纳一笔固定费(e),然后再根据消费量(q)和单价(p)支付使用费,即费用总额(总价格)$E=$

$e + pq$。

作为最简单的一种非线性资费,二部资费是由两种收费项目构成的资费结构。一是与使用量无关的按一定时间段(通常为一个月)收取的固定费(e);二是按使用量收取的"从量费"(pq)。从与成本结构的对应关系看,二部资费当中的基本费 e 的收取可看作是对企业固定成本的补偿,从量费 p 可看作是对可变成本的补偿。显然,采用二部资费定价法确定资费的好处非常明显。因为,不论使用量的多少,固定成本的全部或一部分总能通过基本费收回,这将有助于企业经营的稳定。

首先,假设电信企业的边际成本(MC)固定不变,规模经济性使电信企业在一定的产出范围内表现为平均成本(AC)递减(如图 7-8 所示)。在此条件下,如果只按照边际成本制定业务使用费(从量费)P_0,则 $P_0 = \mathrm{MC}$,产量为 Q_0。此时,企业的亏损额为 P_2BAP_0,就等于企业的固定成本总额。为回收固定成本,电信企业可以简单地把固定成本总额除以用户总数量,得到平均每个用户承担的固定费用,记为 E_0。如某用户使用的业务量为 Q_i,则该用户的电信业务费用总支出为 $E_i = E_0 + P_0 Q_i$。如果用户数为 n,则电信企业对该业务的收费总额为 $R = nE_0 + \sum_{i=1}^{n} P_0 Q_i$,其中,$nE_0$ 收回了固定费用总额,$\sum_{i=1}^{n} P_0 Q_i$ 收回了的变动成本总额。

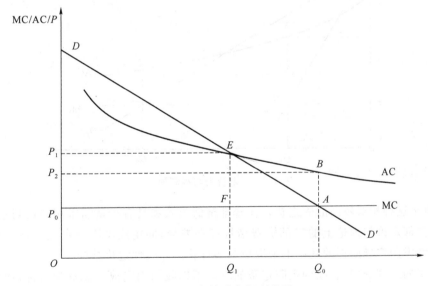

图 7-8 二部资费与福利增进

其次,从增进福利的角度看,二部资费定价方法虽然次于边际成本定价,但优于平均成本定价。

从图 7-8 中可以看到,如果按照平均成本确定资费,则价格为 P_1,此时产量为 Q_1,企业收取的费用总额为 P_1EQ_1O。其中,弥补固定成本的费用总额为 P_1EFP_0。此时,社会福利总额等于消费者剩余,为 DEP_1。如果按照边际成本定价,资费为 P_0,产量为 Q_0,此时企业收入总额为 P_0AQ_0O,亏损额为 P_2BAP_0,消费者剩余为 DAP_0,则社会福利总额为 $DAP_0 - P_2BAP_0$。短期内,由于企业的固定投入是一定的,因此,无论按照平均成本定价还是边际本定价,企业的固定成本支出总额都是相同的,即 $P_1EFP_0 = P_2BAP_0$。这样,采用二部定价时的社会福利总额就为 $DEP_1 + EAF$,它虽然比边际成本定价时的消费者剩余 DAP_0 小,但比平均成本定价时的消费者剩余 DEP_1 大。这样就证明了与平均成本定价相比,二部资费定价具有增进社会福利的作用。

但是,需要注意的是上述二部资费可增进社会福利的结论是在企业收取的定额费用不会使消费者退出消费为前提条件的。由于通信行业固定成本比较大,如果全部的固定成本都依靠定额费收回,尽管消费者数目庞大,但仍有可能存在固定费比较高的状况。这种相对较高的固定费对低收入和具有少量需求的消费者存在两方面的影响:其一,他们会觉得与自己的使用量相比,高额的固定费对他们不公平;其二,如果固定费用太高而使得它大于按边际成本价格支付所能得到的消费者剩余,过高的固定费可能使这部分消费者退出消费,消费者退出消费自然会带来社会福利的损失。如图 7-9 所示,由于固定费的收取,消费者需求曲线由 D_1 下移至 D_2,那么,变动后的社会总福利为 PP_0M 减去固定成本 $EKMP_0$,由于固定成本前后不变,所以 $EKMP_0$ 等于 $FBAP_0$,因此,存在消费者退出的二部资费的社会福利的变化为 PAP_0-PMP_0,福利减少 PAM。

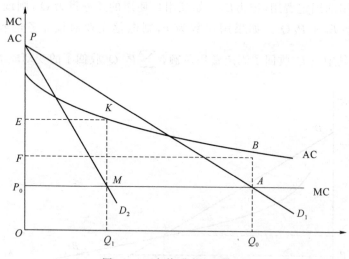

图 7-9 二部资费与福利损失

正是由于这种相对较高的固定费存在着排挤低收入和具有少量需求用户的可能性,实践中,企业的二部定价与理论上的二部资费结构存在差异,固定成本不一定完全通过基本费收取,而是在考虑用户异质性的基础上采取更为多样化的非线性定价结构。

如"现实的二部资费"。在确定固定费的时候不以收回固定成本总额为目标,而只以收回部分固定成本或"用户成本"为目标,降低通过固定费收回固定成本的比例,与此同时,提高从量费的单价收取水平。

再如"选择资费"。对一定需求量以下的用户采用同一从量资费,而对一定需求量以上的用户采用二部资费。将收费形式选择权交给消费者,由消费者根据自己的需求决定缴费方式。

选择资费中还可以根据消费者对业务需求程度不同,针对不同的用户群分别确定不同的固定费和从量费。其中,实行高费率从量费的,收取低的固定费;而实行低从量费的,则对应高的固定费。用户可以根据需要选择适合自己的资费方式。

此外,还有附最低使用量的二部资费(非线性资费结构中的三部资费),即对应定额收费有一个固定的业务使用量,在该使用量之内消费者在定额资费之外无须再交任何费用,但超过该使用量的部分则按照一定费率收取线性从量资费。

4. 非线性定价

非线性定价(Nonlinear Pricing)指的是企业根据消费者消费数量的差异而采取的一种差别定价方式。这种非线性定价可以看作是一种价格歧视(二级价格歧视),但不同于从性别、年龄、身份等人身特征上实施的价格歧视,非线性定价对消费者的区分是基于数量特征的,这就使得任何消费者,只要他消费的足够多,从理论上都可以享受到较低价格的服务,因此,相对于基于人身特征的价格歧视而言,非线性定价更为公平,在一定程度上避免了价格歧视的合法性纠葛。

(1) 非线性定价的效率增进

从经济有效性看,相对于消费者没有选择余地的线性定价而言,拥有更多选择方案的非线性定价可以实现帕雷托改进,因而任何一个大于边际成本的线性定价都可以用一个帕雷托占优的非线性定价取代。Willig(1978年)对此进行了证明。如果消费者的类型是连续分布的,在一个 n 部定价之下,只要最低的使用费仍然超过边际成本,那么,在保留原有 n 种价格方案的同时,引入一个新的价格方案,其使用费低于原有的最低使用费但高于边际成本,其固定费高于原有的最高进入费,即 $e_n > e_{n-1}$,$mc < m_n < m_{n-1}$,这时,原有消费行为不变的消费者的剩余保持不变,但选择了新价格方案的消费者将获得净剩余。同时,由于新价格仍然高于边际成本,企业的利润也有所增加。因此,$n+1$ 部资费的总剩余要大于 n 部资费的总剩余。也就是说,$n+1$ 部的定价方式要比 n 部定价更具经济效率。

(2) 基于消费者异质性的非线性定价模型

非线性定价的可行性在于消费者的异质性,即不同的消费者对于同样的商品或服务及其不同的数量组合的评价可能完全不同,因此也愿意支付不同的价格。换句话说,即使面临同样的价格方案,消费者的购买量也存在巨大差异,这就给企业提供了根据消费者购买量上的差异来区别消费者的可能。设计一个较好的非线性价格方案需要了解消费者类型的信息,而传统的经过加总的总需求曲线掩盖了消费者之间的异质性,对于非线性价格方案的设计是不够的。

这里介绍两种描述消费者异质性的非线性定价模型,一是消费者类型参数,二是需求档案函数。前者主要用来对非线性定价方案及其福利状况进行规范的理论分析,后者更便于企业进行非线性定价实践。但这两种方法在实质上是等价的。

① 消费者类型参数(Consumer Type Parameter)模型

Brown 和 Sibley(1986年)在传统的需求函数中引入类型变量 θ 来反映消费者的类型,即 $Q_D = q(p, \theta)$,逆需求曲线则为 $p = p(q, \theta)$。类型变量 θ 的分布可以通过对收入、人口、种族、地域等经济学变量进行统计或回归分析而获得,其密度函数为 $f(\theta)$,分布函数为 $F(\theta)$。Michell(1978年)在对美国 AT&T 公司本地电话定价的研究中发现 θ 一般服从对数正态分布。通常假定 θ 具有强单调性,即不同的消费者的需求曲线不会相交。且有 $\frac{\partial Q}{\partial p} < 0, \frac{\partial Q}{\partial \theta} > 0$。这一方法实际上是将总需求函数分解为每个消费者的个人需求函数,但这一分解并未损失总需求函数中所包含的任何信息,因为 $D = \int_{\min}^{\max} p(q, \theta) f(\theta) d\theta$。

图 7-10 给出了类型参数为 θ 的消费者需求函数。当企业向消费者收取的边际价格为 $p(q)$ 时,$\theta < \underline{\theta}$ 的顾客将退出市场,最大的消费者为 $\bar{\theta}$,当 $\bar{\theta} \to \infty$ 时,$p(q) \to c$。最优的价格方案必然从下方同消费者需求曲线相交于边际成本处,这意味着对于最大的消费者的最后一单位消费收取的价格应当等于边际成本。

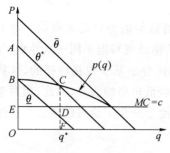

图 7-10 类型为 θ 的消费者需求

如图 7-10 所示,对于类型参数为 θ^* 的消费者而言,其消费量为 q^*,该消费者也被称为消费量为 q^* 时的边际消费者(marginal consumer),因为他对于购买或不购买第 q^* 单位的服务无差异。而 $\theta<\theta^*$ 的顾客都不会购买第 q^* 单位,$\theta>\theta^*$ 的顾客都将购买第 q^* 单位。该消费者支付的价格随消费量的增加逐渐从 $p(0)$(OB 段)减少为 $p(q^*)$(FC 段)。其消费者剩余为弧形三角形 ABC 围成的面积,企业从该消费者那里获取的生产者剩余为弧形梯形 BCDE 围成的面积,用公式表达为

$$\mathrm{CS} = \int_0^{q^*} [p(q,\theta) - p(q)] \mathrm{d}q \tag{7-12}$$

$$\mathrm{PS} = \int_0^{q^*} [p(q) - c] \mathrm{d}q \tag{7-13}$$

社会总剩余为

$$W = \int_{\underline{\theta}}^{\bar{\theta}} \{[p(q,\theta) - p(q)] f(\theta) \mathrm{d}\theta + [1 - F(\theta)][p(q) - c]\} \mathrm{d}q \tag{7-14}$$

如果考虑企业收支平衡,企业面临的盈亏平衡约束为

$$\Pi = \int_0^{\infty} \{[1 - F(\theta)][p(q) - c]\} \mathrm{d}q - F \geqslant 0 \tag{7-15}$$

运用拉格朗日函数在盈亏平衡约束下最大化社会总剩余,可得满足盈亏平衡约束下的社会总福利最大化的价格方案满足下述关系:

$$\frac{p(q) - c}{p(q)} = \frac{\lambda}{1+\lambda} \frac{1 - F(\theta)}{p(q) f(\theta) \partial \theta / \partial p} = \frac{\lambda}{1+\lambda} \frac{1}{\xi(q, p(q))}$$

在此,$\xi(q,p(q))$ 为类型变量为 θ 的边际消费者消费第 q 单位商品时的弹性。可以发现,这一最优非线性价格方案相当于拉姆塞定价,原因是非线性定价将每一个增量市场都视为不同的产品市场,因此每一个消费增量都应当服从拉姆塞定价。

② 需求档案函数(Demand Profile Function)模型

尽管消费者的异质性可以通过消费者类型参数反映出来并进行模型化,但这一类型参数毕竟内嵌于消费者的消费行为中,难以观察,并且需要大量经验数据进行推断。Robert Wilson(1993 年)通过一个相对而言更为容易观察的变量——消费者购买的数量来反映消费者的异质性,并在此基础上定义了需求档案函数 $N(p,q)$,即在价格为 p 时至少购买 q 单位商品的人数。需求档案函数放弃了要求已知每一个消费者的类型参数及其在全部消费者中的分布这一严格假设,转而通过消费者购买量的差异来表现其异质性,这类数据在当前顾客信息管理计算机化的时代显然不难获得,因此需求档案函数在企业的定价实践中更具有实用价值。

表 7-1 给出了一个离散型的需求档案函数。它通过一个数据表来表示,左边表头中,每一行的数字(2、3、4、5)表示不同的价格,上面表头中每一列的数字(1、2、3、4、5)表示购买数量,表格中部区域的数字为按该价格至少购买该数量的消费者人数。最后一列就是经典教科书中的需求表,连续时就成为需求曲线 $D(p)$。如果仅仅知道总需求的信息而进行线性定价,那么利润最大化的线性价格为 4 元/个,此时的消费量为 150 个,生产者剩余、消费者剩余和总剩余分别为 450 元(150×4−150×1)、85 元(45+30+10)和 535 元(450+85)。然而,如果知道需求

档案函数并进行非线性定价,那么最优的价格方案为(4,4,3,3,2)。这时,生产者剩余、消费者剩余和总剩余分别为 480＞450 元、130＞85 元和 610＞535 元,实现了帕雷托改进。

表 7-1 需求档案函数

价格 $p/$元·个$^{-1}$ \ 数量 $q/$个	$N(p,q)$					合计	总需求
	1	2	3	4	5		
2	90	75	55	30	5		255
3	80	65	45	20	0		210
4	65	50	30	5	0		150
5	45	30	10	0	0		85
边际价格 $p(q)/$元·个$^{-1}$	4	4	3	3	2		4
总价格 $P(q)/$元	4	8	11	14	16		
生产者剩余 $R(p(q),q)/$元	195	150	90	40	5	480	450
消费者剩余 $CS(q)/$元	45	30	50	5	0	130	85
总剩余 $TS(q)/$元						610	535

注:假设企业的边际成本为 1 且保持不变,固定成本为 0。

需求档案函数可以沿横向(价格)和纵向(数量)两个方向进行理解。从横向看,当价格不变而数量变动时,函数反映消费者在这一价格下愿意购买至少 q 个商品的人数;从纵向看,当数量不变价格变动时,函数反映该消费者在这一购买量下对商品的估价超过 p 的人数。但这两种理解具有同样的结果,即以价格 p 至少购买 q 单位商品的人数同对 q 单位商品的估价超过 p 的人数是相同的。以表 7-1 中 $N(4,3)=30$ 为例,从横向看,这 30 个消费者可以被理解为愿意以 4 元钱购买 3 个(包括 4 个和 5 个)单位商品的人数;从纵向看,这 30 个消费者也可以被理解为对于 3 单位商品的估价超过 4 元/个(包括 5 元/个)的人数,即 $N(p,q)=\#\{t|D(p,t)\geqslant q\}=\#\{t|v(q,t)\geqslant p\}$,式中,$\#$ 表示符合条件的人数。这一结论可以用来估计需求档案函数的具体形式。

需求档案函数既可以是离散的也可以是连续的,事实上,同消费者类型参数模型一样,需求档案函数反映的是以非连续形式表现出来的消费者需求信息,它本身也包含着总需求的信息并可以据此推导出来,$D(p)=\sum_q N(p,q)=\int_0^\infty N(p,q)\mathrm{d}q$,对于第 q 单位商品的需求价格弹性为 $\eta(p,q)=-\dfrac{p}{N}\dfrac{\partial N}{\partial p}$。离散型和连续型的需求档案函数具有相同的性质,即 $\dfrac{\partial N}{\partial p}<0$,$\dfrac{\partial N}{\partial q}<0$,且 $\lim\limits_{p\to\infty}N(p,q)\to 0$,$\lim\limits_{q\to\infty}N(p,q)\to 0$,即需求档案函数递减且趋向于 0。

根据需求档案函数同样可以推导出最优非线性定价方案。这时,总消费者剩余为

$$\mathrm{CS}=\int_0^\infty \int_{p(q)}^\infty N(p,q)\mathrm{d}p\mathrm{d}q \tag{7-16}$$

生产者剩余为

$$\mathrm{PS}=\int_0^\infty N(p(q),q)[p(q)-c(q)]\mathrm{d}q \tag{7-17}$$

企业面临的盈亏平衡约束同样为

$$\varPi = \int_0^\infty N(p(q),q)[p(q)-c(q)]dq - F \tag{7-18}$$

运用拉格朗日函数在盈亏平衡约束下最大化总剩余,可得

$$\frac{p(q)-c(q)}{p(q)} = \frac{\lambda}{1+\lambda}\frac{1}{\eta(p,q)} \tag{7-19}$$

$\eta(p,q)$为第 q 单位商品的需求价格弹性。这一结论同前面利用消费者类型参数得出的最优非线性定价方案相同。要设计出一个帕累托占优的非线性价格方案,类似表 7-1 的比较粗略的离散型需求档案函数就足够了,如果想要设计出一个最优的非线性定价方案,就需要对需求档案函数的具体形式进行估计或假设,这时需求档案函数模型同前面的消费者类型参数模型在计算与求解上就没有本质的差别。

7.2.3 高峰负荷定价

1. 适用高峰负荷定价产品的特征

同一种商品或服务的边际成本随服务时间的不同而不同在公用事业中很常见,这一问题即为公用事业的高峰负荷定价(Peak-Load Pricing)问题。适合高峰负荷定价的产品具有以下特征:①市场对于产品的需求在不同的季节(一年中)或者不同的时间段(一天中)是不一样的,存在着巨大的波动,表现出明显的高峰需求和非高峰需求。也就是说,企业在不同时期面临的需求曲线存在很大不同;②企业在不同时期的生产规模或生产能力短期内难以发生大的改变。由于对应于不同时段的不同需求对生产能力的要求不一样,因此,高峰负荷定价问题实际上是与生产能力的最优选择相联系的;③由于产品本身或生产技术等原因,产品的储存成本非常高或者根本就无法储存,因而波动的需求不能依靠存货来满足,因此,生产和消费必须几乎同时进行。

2. 从成本补偿角度进行的分析

实质上,峰谷定价仍然属于边际成本定价,然而同样的产品在不同时期具有不同的边际成本就使得问题更为复杂[①],例如,如何在不同时期分摊固定成本或共同成本。法国经济学家施泰纳(Steiner,1957 年)等对峰谷定价问题做出了突出贡献,他们的研究表明,由于在峰谷进行生产和消费的边际成本不同,有效的价格同样应当随时间的不同而有所差异,并且,所有的固定成本都应当由峰谷期一起承担。

具体的分析是通过一个简化的模型来实现的:假设一种产品在两个相等的时段进行生产(高峰时段和非高峰时段)且只发生两种成本:每期每单位的运营成本 b,b 为常数;单位生产能力成本 β,假定 β 与所需要的资本数量无关。所以,从长期看,如果存在超额生产能力,单位产品的边际成本为 b;而如果需要新增生产能力,则边际成本为 $b+\beta$。此外,假定每段需求曲线已知,两条需求曲线相互独立,不失一般性,假设高峰需求曲线 D_1 在任何产出水平上都在非高峰需求曲线 D_2 的上方。分析的目的是决定每一时段的最优产出以及消费者所支付的价格。

由于在不同时段需求不同,可以将这两种需求看作是两组消费者对同一产品(生产能力)的需求。总需求的最优规模可以由两组需求之和得到,即图 7-11 中由 D_1、D_2 垂直相加后的

---

① 这时,对于从消费的角度来看是同样的商品或服务,而从生产的角度来看却是完全不同的。有关价格歧视和非线性定价的争论也主要在于如何定义"相同的市场"和"不同的市场",非线性定价将同一种商品的任何一个增量市场都视为不同的市场。

折线 DAB 所表示的需求曲线。由于问题的关键是确定最优生产能力,所以暂不考虑运行成本 b。这样就成为总需求对生产能力的均衡问题。图 7-11(a)折线 DAB 与边际生产能力成本 β 的交点就是均衡点,它决定了最优生产能力规模和消费者应该支付的价格。

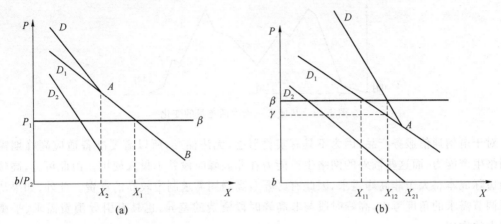

图 7-11 高峰负荷定价

假设总需求曲线的转折点为 A,从图形上看,生产能力成本曲线与总需求曲线的交点有两种情况,可能在 A 的下方[如图 7-11(a)所示],也可能在 A 的上方[如图 7-11(b)所示]。在第一种情况下,如图 7-11(a)所示。此时最优生产能力为 X_1,在生产能力为 X_1 处,只有高峰需求的消费者对生产能力有需求,那么对于该时段的合适价格为 $P_1=b+\beta$。此时,X_1 规模也完全可以满足非高峰需求最大需求 X_2。所以,对于非高峰需求,只要价格能弥补运营成本 b,就应该满足其使用需求。因此,非高峰需求的价格为 $P_2=b$。因此,在第一种情况下的边际成本价格为 $P_1=b+\beta$(价格包括边际生产能力成本和边际运营成本);$P_2=b$(只包括边际运营成本)。在这样的价格组合下,不存在任何可以弥补其生产成本但没有被生产的产品,也不存在任何一个单位的产出生产成本没有弥补。此时,两个时期的价格存在差异完全是成本差异造成的。

在第二种情况下,生产能力曲线与总需求曲线的交点位于 A 点之上,如图 7-11(b)所示。此时最优生产能力规模为 X_{12}。给定这一生产能力,每一时段的产出都应该扩张到最大生产能力这一点。最优产出为 $X_1=X_2=X_{12}$。最优生产能力在决定产出的同时也决定了价格,高峰负荷时段和非高峰负荷时段的价格分别为 $P_1=b+\gamma$,$P_2=b+\beta-\gamma$。此时如果仍然采用 $P_1=b+\beta$,$P_2=b$ 价格组合,则高峰时段需求量为 X_{11},非高峰时段需求量为 X_{21},$X_{21}>X_{11}$,低峰时期的需求量反而高于高峰时期的需求量,显然是不合理的。

由此看来,在高峰负荷定价中,价格的决策与生产能力决策联系在一起。在高峰负荷情况下,联合需求曲线与生产能力边际成本曲线的交点决定了最优生产能力的同时也决定了高峰和非高峰时段的最优价格。

当然,现实中高峰需求和非高峰需求的时间段可能并不相等,威廉姆森(Williamson,1966年)的研究消除了各时段相等的假设后使结论更接近于现实。但其研究得出的结论仍然是非高峰价格等于边际运营成本,原因在于非高峰时段生产能力并不稀缺。而高峰时段价格不仅要弥补运营成本,而且要弥补全部的生产能力成本,从而证明了高峰负荷与非高峰负荷定价差异性存在的合理性。

在通信行业,电信业务的需求量在不同时期的分布通常是不均匀的,高峰负荷需求和非高峰负荷需求之分十分明显。图 7-12 显示的就是通过观测记录得到的某城市固定电话网上一个中继路群上一天内话务需求的典型分布示意图。

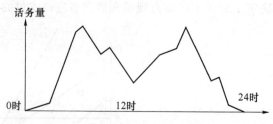

图 7-12 某城市一天内话务量的变化

对于电信通信服务产品,因为不具有实物形态,无法储存,所以需要准备适应高峰期需求的网络生产能力,而这些额外的网络生产能力在非高峰时段并不投入使用。由此可见,高峰需求的边际成本将大于非高峰需求,因此有必要对高峰期需求制定较高的资费。此外,如果从价格可调节需求的角度考虑,高峰时段与非高峰时段资费的差异,也具有引导消费需求、平衡生产能力的作用。

通过上述分析可以看到,本质上,高峰负荷定价仍然是一种短期边际成本定价,是基于短缺供给造成的。如果生产能力足够充足,无论高峰期还是非高峰期都无须额外增加成本,也无须采取高峰负荷定价。比如,1994 年,由于网络容量足够大,英国电信就废除了高峰期定价。

3. 企业有定价权时的高峰负荷定价

基于同样的产品在不同时期具有不同的边际成本的假定,如果企业具有定价权,问题就转化成在垄断的市场上,企业追求利润最大化的定价方法了。例如,一家通信公司提供某项通信服务时的边际成本为 $MC=0.02+0.0001Q$,其中,Q 为业务消费量。假定该业务用户在晚上和白天的需求存在差异,其中白天的需求大于晚上,则白天为高峰期,晚上为非高峰期。已知两个时期的(逆)需求函数分别为:

晚上　　$P_n=0.2-0.001Q$

白天　　$P_d=0.8-0.0005Q$

如果该通信企业处于垄断市场,且不受管制约束,企业为了实现利润最大化,将按照 $P=MC=MR$ 定价。根据已给定的需求函数,可分别求得:

$MR_n=0.2-0.002Q$

$MR_d=0.8-0.001Q$

根据 $MC=MR$,可以分别解得 $Q_n=85.7$,$Q_d=709.1$,代入需求函数可得 $P_n=0.1143$;$P_d=0.4455$。

7.2.4 捆绑定价

前面提到过的捆绑销售是一种将不同的产品以固定比例组合在一起打包销售的方式。相对于分开单独售卖产品,捆绑或混合捆绑有可能增加企业利润,增进定价效率。但并非所有的产品都有捆绑的意义,一般地看,可实施捆绑销售的产品须在消费者眼中的价值是有差异的,而且相对价值差异对不同的产品需求是负相关的,这意味着消费者愿意对其中的一种产品支付的越多,对另一种产品愿意支付的就越少。如果需求是正相关的,消费者将会对两种产品同时支付更多,此时捆绑销售将不会增加企业的总收入。

下面以一个例子说明捆绑定价对企业增加收入带来的影响。

某互联网公司提供的两项在线业务是手机游戏和电子书,假定这两项业务主要面对两类消费者是青少年用户和普通成人用户。假定青少年用户对两类产品的支付意愿(Willingness to Pay,WTP)或保留价格均为11元(WTP=11元);普通客户对游戏的支付意愿是2元(WTP=2元),对电子书的支付意愿是20元(WTP=20元)。客户支付意愿如表7-2所示。

表7-2 客户支付意愿(保留价格)

用户 业务	青少年用户	普通成人用户
电子书(b)	11元	20元
手机游戏(g)	11元	2元

如果企业提供两项服务的边际成本均为MC=5元,每个客户对一种业务的需求数量最多为1。令P_b为电子书定价,P_g为手机游戏定价,P为纯捆绑定价。对于消费者来说,只有当其支付意愿大于等于价格的时候(WTP≥P),购买行为才会发生。如果WTP=P,消费者剩余均转移至企业手中;如果WTP<P,则消费者剩余为WTP−P。对于互联网企业来说,为了实现收入最大化,互联网企业最好将产品定价定在小于或等于客户支付意愿的水平。因此,如果企业拆零售卖,则根据两类用户对两种产品的支付意愿,利润最大化定价应该是电子书定价:P_b=20元,手机游戏定价:P_g=11元,此时,利润为21元;如果纯捆绑销售,由于两类用户对两种产品的支付意愿之和都为22元,因此,应将价格定为:P=22元,此时收入为44元;如果混合捆绑销售,则宜将价格定为:捆绑定价P=22元,电子书拆零单独出售价P_b=19.5元,手机游戏定价为11元,此时,青少年用户购买捆绑产品,普通成人用户购买电子书,利润最大化为28.5元。之所以将电子书定价为19.5元,是引导普通成人用户单独购买电子书,而不购买捆绑产品,因为普通成人用户对手机游戏的保留价格为2元,低于提供一个产品的边际成本5元,企业放弃了这部分需求。

捆绑价表7-3列出了拆零售卖、纯捆绑销售、混合捆绑销售两种产品三种情形下互联网公司的利润。

表7-3 拆零销售、纯捆绑销售、混合捆绑销售的利润对比 (MC=5元)

单价 客户	青少年用户	普通成人用户	公司利润
拆零 P_g=11 P_b=20	电子书 手机游戏	电子书	11+20−2×5=21
纯捆绑 P=22	电子书＋ 手机游戏	电子书＋ 手机游戏	22+22−4×5=24
混合捆绑 P_b=19.5 P=22	电子书＋ 手机游戏	电子书 (选b有剩余0.5, 而选b+g无剩余)	22−10+19.5−5=26.5

上述定价策略是基于企业提供业务的边际成本均为 5 元制定出来的,如果 MC＝1 元,公司定价又会发生变化。所以拆零、纯捆绑或混合捆绑的定价不仅与用户的支付意愿相关,还与企业提供产品的边际成本相关。

7.2.5 双边市场定价

双边市场及其定价理论是近年来国内外产业组织理论研究的热点问题之一。最新研究表明,软件产业、媒体产业以及新兴的数据业务和互联网产业都可以用双边市场的概念和理论来解释。

1. 双边市场

所谓双边市场(Two-Sided Market)指的是两组参与者需要通过平台进行交易,而一组参与者(最终用户)加入平台的收益取决于加入该平台的另一组参与者(最终用户)的数量,这样的市场称作双边市场。双边市场平台的基本结构如图 7-13 所示。

图 7-13 双边市场平台的基本结构

很多产业如软件平台、大型购物中心、互联网交易平台等都有一些相似的特点,即通过公共平台把两种不同类型的客户群连接到一起并对两者都提供业务。

Rochet 和 Tirole(2004 年)从平台定价结构的角度给出了双边市场的严格定义:考虑一个平台,对买者和买者的每个交互作用分别收取价格 a_B 和价格 a_S。如果在平台上实现的交易量 V 仅仅取决于总价格水平 $a=a_B+a_S$,即对总价格在买者和卖者之间的分配是不敏感的,则双方之间的交互作用的市场是单边的。但如果交易量 V 随着价格 a_B 和价格 a_S 的变化而变化,而总价格水平 a 保持不变,则说这个市场是双边的。

这个定义表明一个双边市场应该满足以下几个条件:

① 存在一个具有中介作用的平台,把市场的两个边联系在一起;

② 平台具有向两个边定价、收取费用的权力;

③ 平台上的交易量与平台的定价结构有关,也就是说,不同的定价结构可能会导致不同的交易量。

从以上定义中可以看出,在价格结构上的任何变动都将影响到双方对平台的需求及其参与规模,并影响到交易总量。因此在双边市场中,价格结构在平衡双边用户的需求方面显得格外重要。定价问题也成为双边市场理论的核心问题。

2. 双边市场的分类和特点

在论及双边市场的定价方式前,首先需要了解双边市场的类型,因为不同的双边市场类型可能采用的定价方式会明显不同。Evans(2003 年)提出的三种类型是双边市场理论研究中经常被引用的一种分类方式。

① 市场创造型。这种双边市场的特点是双边用户的交易,能通过中介平台来提高搜索交易对象的效率和买卖双方配对成功的可能性。电子商务平台、房屋中介、婚姻中介、猎头公司、超市等都属于这类双边市场。

② 受众创造型。这种双边市场平台的主要职能是多吸引观众、读者和网民等,这样企业

才会愿意到平台上发布广告和产品信息。电视、报纸、杂志、网站等就属于这类市场平台。

③ 需求协调型。这类双边市场能帮助两边的用户通过平台来满足相互的需求。Windows 操作系统、银行卡系统、移动增值业务平台等都属于这种双边市场。

双边市场结构是一种"哑铃"形的市场结构，与传统单边市场相比较，具有不同的特点，主要体现在以下两个方面。

首先，双边市场具有交叉网络外部性。网络外部性是指某种产品或服务的价值随着该产品或服务的消费规模的增大而增加。而双边市场中的网络外部性更多的是一种具有"交叉"性质的网络外部性。这种网络外部性主要取决于参与到平台另一边的用户规模，有研究把这种网络外部性称之为"交叉网络外部性"。比如软件开发商对某种操作系统的需求取决于有多少消费者使用该操作系统；而消费者对该操作系统的需求则取决于能够在该操作系统上运行的软件规模。

其次，双边市场同时向两边用户销售具有相互依赖性和互补性的产品或服务。所谓相互依赖性和互补性是指这些平台企业的产品或服务在促成双边用户达成交易方面是相互依赖和相互补充的，缺一不可。只有双边用户同时对平台企业提供的产品或服务有需求时，平台企业的产品或服务才真正有价值，否则价值就不存在。也就是说，在双边市场中，平台企业对参与交易的双边用户所制定的价格总水平固然重要，但更重要的是其价格总水平在参与交易的双边用户间进行合理的分配。平台企业最重要的任务就是使双边用户同时产生对平台企业产品或服务的需求。所以，双边市场区别于单边市场最大的特征就是不同类型的参与主体对平台企业的产品或服务需求的相互依赖性。

3. 双边市场的定价方式

以上三种类型大致涵盖了目前双边市场的基本形态。下面就这三种双边市场类型的定价方式进行讨论。

(1) 市场创造型

市场创造型双边市场一般可以明确地观察到交易用户以及两边交易的次数，因此平台可以采用注册费、交易费以及二部收费制等方式，实际上注册费和交易费这两种收费方式也是二部收费制的特殊形式。电子商务平台先向用户收取一个注册费，用户缴纳注册费后，就获得了到平台上交易的资格，随后平台按照交易次数向用户收费，这时的收费可以是一个和交易金额有关的费用(按照交易金额一定的百分比收费)，也可以是一个独立于交易金额的费用(即每次交易收取固定的费用)。

(2) 受众创造型

受众创造型双边市场两边的用户之间没有直接的交易关系，而且在很多情况下，该市场类型往往与负外部性联系在一起，也就是说，观众对于电视等媒体上的广告持比较厌恶的态度，因此，平台对于用户收费难度较大，只有将收费的重点放在企业这一边。另外，平台通常很难观察到用户和平台之间交易的次数，如电视台很难知道电视观众观看了多少次广告，因此即使平台对于用户收费，收取交易费也不是很合适，往往采用注册费的方式，也就是用户缴纳一定的费用后，在一定的时段内可以任意使用该服务。对于企业一边，采用的收费方式可以灵活多样，常用的收费方式都可以采用。

(3) 需求协调型

需求协调型双边市场的两边有交易关系，平台往往是作为一个基础平台，一边是产品提供商,一边是消费者,产品提供商在基础平台上开发产品提供给消费者,消费者通过平台购买产品。从另一个角度看,平台和产品提供商之间实际上是基础产品和应用产品的关系,它们共同组成完整的产品组合提供给消费者使用。如果将提供基础产品的厂商作为平台来考虑,原来作为间接网络外部性的情况就变成了双边市场的情况。对于消费者一边,平台的收费方式可以是以上提到的几种方式,信用卡平台对用户收取年费、移动数据业务平台对于用户按照交易次数收费,对于产品提供商一边,软件操作系统平台对于应用开发商收取版税费用,而信用卡平台对特约商家收取交易额的一定比例等。

近年来对于双边市场定价理论和应用的研究成果非常丰富。涉及通信业的有基于双边市场定价理论研究运营商网间语音业务结算问题、电子商务平台的双边定价策略和基于交易平台数据业务的定价问题等研究成果。

4. 双边市场定价的影响因素

双边市场定价一般以平台利润最大化或者社会福利最大化为目标,这与单边市场是一致的。平台定价策略的首要问题是确定从哪边获利和如何定价。

在定价策略上,双边市场和单边市场不同,平台企业面对价格弹性不同且相互之间存在网络外部性的两边,定价的焦点问题是为交易平台的两边吸引尽可能多的用户。因此,平台往往不拘泥于某一边的盈亏,而采用不对称定价策略,以低价大力培育客户基础,通过网络外部性的作用来吸引更多的用户到平台上来交易,与此同时,在另一边收取高价以保证平台的收入和盈利。

一般认为,影响双边市场定价策略有以下因素。

① 两边的需求价格弹性。与单边市场定价策略相同,双边市场定价往往会对弹性较小一边的价格加成比较高,而对弹性较大的一边则价格加成比较低,这一边甚至低于边际成本定价,或者免费乃至补贴。

② 收回成本。网络产业的固定成本投入一般都很高,无论是营利性平台还是非营利性平台都必须收回成本,按照拉姆塞定价法定价可实现预算平衡。

③ 交叉网络外部性。网络外部性越强,即网络外部性参数越大,平台两边价格的不对称性也就越严重。在强网络外部性的条件下,平台的一边可能会出现负价格。

④ 两边收费的难易程度。在平台某一边收费可能比较困难,如网站较难向上网者收费,就只能主要依靠向企业收取广告费来获得收入。

⑤ 平台观察用户参与和交易量的难易程度。平台可能较难观察到用户的参与程度和交易量,如媒体平台可能不清楚有多少用户在看它们的节目。在这种情况下,平台会倾向于收取注册费,而不是按交易量来收费。

⑥ 单归属和多归属。单归属是指用户只在一个平台上注册交易,而多归属是指用户同时在多个平台上注册交易。我国移动电话用户一般都是单归属,要么加入中国移动的网络,要么加入中国联通的网络,很少有用户同时使用两家运营商的服务;而超市平台供应商则属于多归属,供应商一般会把产品供应给多个超市销售,而很少只向一个超市供货。单归属会形成平台间的竞争瓶颈,平台通常对单归属的一边制定低于成本的价格,而对多归属的一边设定高价。

⑦ 排他行为。竞争环境中的平台通常会采用排他行为来阻止用户的多归属行为,如采用各种优惠措施诱使用户放弃多归属行为或者采取拒绝交易的方式来迫使用户只在其平台上

交易。

⑧ 产品差异化。在现实中,平台往往会实施产品差异化策略。平台两边的产品差异会影响用户"归属数量"的决策,从而影响平台的定价策略。

⑨ 互联互通。竞争性平台(如信息中介和电子商务平台)之间的互联互通可以提高效率和社会福利,用户接入一个平台,就可以访问互联平台的信息资源。从定价角度看,平台为了收回互联互通的成本,通常会提高价格。

以上介绍了双边市场定价的主要影响因素,双边市场的理论和实证研究往往就是根据这些影响因素来建立数学模型,并对模型进行验证的。

7.3 通信业定价实践

在完全竞争的市场条件下,市场机制形成的均衡价格是经济有效的价格并引导资源实现最佳配置。但在偏离完全竞争市场结构的状态下,厂商的数量、竞争实力及力量分布等都会影响定价机制。缺乏竞争压力的企业一般以追求利润最大化为目的,制定可获得垄断利润的价格。管制机构介入、干预定价的目的则主要是在保护消费者利益的基础上,维护市场运行效率,谋求最大化社会总福利。

7.3.1 通信业管制定价

管制机构管制定价的目的决定了定价管制实施的范围,即只在垄断市场前提下针对垄断业务实施价格管制,或在寡头竞争市场上,针对具有市场势力可以影响价格制定的企业进行干预。一旦市场竞争进入有效竞争状态则撤销价格管制。各国通信业价格管制发展历史体现的就是这样一种路线。在通信业打破垄断之前,对垄断通信企业提供的各项业务实施价格管制是各国普遍的做法。当电信市场引入竞争,价格管制重点逐步从面向消费者的零售业务转移到网间互联结算价格、网络接入价格等批发业务资费的管制。此外,管制机构定价活动还涉及通信资源的配置、普遍服务业务定价和补偿等问题。这里重点介绍在通信业资费管制中常用的两种方法。

1. 合理报酬定价

出于对消费者剩余和企业利润分配公正的考虑,在政府定价的规范分析中,通常给出的定价结果是在企业预算约束(利润约束)下可实现社会福利最大化的定价。实践中,通过限定企业实际投资的报酬率来对企业的利润进行限制,进而约束垄断企业的定价水平,这在各国通信行业的政府定价实践中应用相当广泛。所谓合理报酬约束,就是管制者将企业真实投资的报酬率限定在某一合理的水平。

在经济学中,投资报酬率一般都定义为收益与投资额的比重。为便于分析,假设企业生产只有两种要素投入,资本(K)和劳动(L)。那么,企业的资本收益就等于企业的毛收入(R)减去劳动成本(wL)、年折旧(D)、税收(T)等费用后的差额($R-wL-D-T$)。其中 w 为劳动要素的价格,wL 就是投入劳动要素的总成本。假设企业的累计折旧为 Dc,那么实际的投资额就为 $iK-Dc$。其中 i 为单位资本要素的购置成本,iK 就是资本总的购置成本。根据定义,报酬率可以定义为

$$\rho = \frac{R-wL-D-T}{iK-Dc} \tag{7-20}$$

合理报酬约束就是将报酬率 ρ 定在合理的水平。

实践中,合理报酬率 ρ 的取值往往与具体问题和行业有关。为了鼓励行业投资,管制机构有可能将合理报酬率制定得高于一般市场收益水平并根据市场状况定期调整。理论上,其取值范围应不低于资本的机会成本(市场平均资本收益率),不高于无约束条件下垄断企业的资本报酬率。

例如,美国 FCC 对 AT&T 曾采取的合理报酬管制的公式为

$$Y=OE+d+T+r(V-D) \tag{7-21}$$

其中,Y 为业务收入,OE 为运营成本,d 为当年折旧,T 为税收,r 为合理报酬率,V 为资产总额,D 为累计折旧。实际操作时,通过控制合理报酬率控制企业总收入。单产品时,只考察总收入和总成本。多产品时,需要经过成本分摊后,只针对垄断业务总收入和总成本进行考察,以避免交叉补贴。

由此看出,合理报酬率定价并非直接限定企业的价格,而是在承认企业成本的基础上,通过控制资本收益率限定企业收益,进而间接控制企业的价格水平。实践中,这种管制方式的影响主要体现以下两方面:

① A—J 效应。指的是政府采取合理报酬定价模型对企业进行价格管制时,由于允许的收益直接随着资本的变化而变化,从而使被管制企业将倾向于使用过度的资本来替代劳动等其他要素的投入,导致产出是在缺乏效率的高成本下生产出来的。这一观点是 Averch and Johnson(1962 年)最早提出的,因此也称 A—J 效应。

A—J 效应的存在使得合理报酬定价对于通信行业的发展,既有正面影响也有负面影响。其中正面影响是,这种定价方法保障了企业投资获得合理收益,有利于促进通信企业加大通信设施的投资力度。特别对于发展中国家来说,鼓励对通信基础设施的投资有利于国家通信事业的整体发展。负面影响则是,合理报酬率管制是以承认企业的实际成本为前提的,在企业各项成本能够收回且可获取相当利润的前提下,成本增加(或减少)带来的风险(或收益)都会由消费者承担,因此,企业没有降低成本、提高生产效率的动力。在规定的合理报酬率下,企业利润总额与净资产数额相关,净资产数额越大,利润越多。因此,被管制企业会选择更多地使用资本以提高产品或服务的价格,进而增加企业总收入和利润的策略。这样,在既定的产出下,必然会导致被管制企业过度投资而缺乏降低成本、提高生产效率的动力。

② 管制成本过高。合理报酬率管制须基于准确的业务成本信息和合理的报酬率水平才有意义。实践中,由于通信产业成本的复杂性,管制者一般难以准确估计和分摊被管制企业的运营成本。同时,合理报酬率水平的确定也需要根据市场环境和政策导向不断调整,管制双方通常要就投资回报率的水平进行反复讨价还价,这样的管制过程常常需要付出高昂的信息成本,而且,被管制企业基于利润最大化的目标,还有刻意隐瞒信息的趋向,从而加剧了信息的非对称性,导致该管制方法的低效率。

阅读资料

美国的投资回报率管制分为两个阶段。第一阶段:1934—1965 年,FCC 对 AT&T 使用投资回报率管制。每隔一段时间,AT&T 向 FCC 递交经营报告,供联邦通信委员会研究以确定是否需要对当前的价格进行调整。联邦通信委员会通过掌握 AT&T 公司的投资情况,再

设定一个与当时经济发展水平相适应的投资收益率,达到控制AT&T总收入的目的。只要AT&T公司的总收入不超过这个收益率,就不进行调整;反之,就要求降低价格。20世纪60年代早期,FCC对AT&T设定的收益率在8%左右。这种管制方式仅考察总收入和总成本,不涉及各单项业务的收入和成本情况以及多项业务之间的价格结构。

1964年FCC开始调查不同业务成本,证明AT&T确实利用垄断业务高价格补贴竞争业务低价格的方式,对市场竞争对手构成极大威胁。FCC认为需要改变对AT&T长途价格的管制办法,从而进入投资回报率管制的第二阶段。

第二阶段:1968年3月,开始采用完全分摊成本的方法。其基本思路就是将全部成本分为两大部分,即公共成本和与业务相关的直接成本。问题的关键是如何分配公共成本。美国投资回报率管制第二阶段是针对分业务、在完全分摊成本的基础上进行的管制。

2. 价格上限和价格下限管制

"价格上限"(Price Ceiling)和"价格下限"(Price Floor)管制是引入竞争后,在出现了可以自主定价的竞争企业后,对原垄断企业的价格管理办法。

价格上限管制也叫最高限价管制,是指对被管制企业的产品或服务的价格设定上限并不允许超过规定上限的一种管制方法。

价格下限管制指的是政府对具有垄断势力的企业或一些行业实施价格下限管制,规定其价格不能低于某个临界水平,目的是防止垄断企业价格下降太快或实施掠夺性定价,使新进入市场的竞争性企业难以生存,同时防止行业低价竞争,降低质量,从而损害消费者利益。价格下限管制曾在美国和加拿大实行过。我国电信行业引进竞争初期,价格战异常惨烈,也有学者提出为了防止电信资费降得过低,造成电信企业亏损,导致国有资产流失,政府应当对电信企业定价在实施上限管制的同时制定价格下限,实施"上下限"管制,但未真正实施过。

RPI-X资费管制就是一种典型的价格上限管制。在通信业资费管制中得到了广泛的应用。具体来说,就是企业生产的一组商品的平均价格上涨率不能超过给定的零售价格指数(Retail Price Index,RPI)上涨率减去企业的生产效率增长率(X)。如果假设上一期的价格为$\overline{P_{t-1}}$,以它作为基期,则在RPI-X资费管制下,本期价格就是

$$\overline{P_t} \leqslant \overline{P_{t-1}}(\text{RPI} - X)$$

设定价格上限的目的旨在通过生产效率因子"X"激励被管制企业努力降低成本,提高效率。只要X大于零,就意味着被管制企业价格的上涨幅度应低于零售物价的上涨幅度(不超过RPI-X),相当于要求企业提高生产效率和降低价格。如$X>\text{RPI}$,RPI-X为负值,则意味着被管制企业应该降低价格;如$X<\text{RPI}$,RPI-X为正值,则意味着被管制企业可以适当涨价,但仍应低于零售物价指数。

"RPI-X管制"政策是在英国电话通信公司实行民营化时,由李特查尔德(1983年)作为合理报酬率定价的替代方案提出来的,随后扩散应用到煤气、电力等其他产业。在英国之后,其他国家也纷纷借鉴这种方法进行电信及其他类似行业的资费管制。

李特查尔德的研究表明,价格上限管制对于促进竞争、减少管制成本与时间、提高厂商的生产率与研发动力、改善厂商的获利能力以及保护消费者权益等方面都具有积极的作用。

① 在合理的价格上限内,被管制企业经营绩效的提升与其利润直接相关,因此,对企业具有较强的激励作用。企业可以通过降低成本、改善经营绩效以获取更多利润。

② 可有效避免企业靠过度投资获取利润的行为，从而克服了投资回报率管制下的 A—J 效应。

③ 管制者无须评估企业的投资水平，从而有效克服了投资回报率管制的信息非对称性，降低了管制成本。

④ 在价格上限内，被管制企业可以采用更具弹性的定价方法以应对市场的竞争，而竞争的结果是获得更多的消费者剩余。

⑤ 管制者无须每年调整价格，通常可以将 3~5 年作为价格调整周期。这样，在价格调整周期内，被管制企业有降低成本的动机，由此带来社会福利的提高。

同时，价格上限管制也存在一些问题。

① 确定生产效率的因子比较困难，不确定性因素较多。这样，管制者往往在最初设定时都将其设为较小的值，而此时就有可能会出现成本和价格差距太大使消费者剩余减少的现象。

② 生产效率因子的确定过程仍难以完全避免管制捕获的可能性。在实际操作中，企业的生产效率因子难以准确计算，多是依靠管制者与被管制企业之间的谈判来决定。谈判中，政府干预就有可能发生，管制者可能会因追求个人利益而做出非效率的决定。

③ 被管制企业存在通过降低服务质量来增加利润的动机，因此，有可能会出现所谓的服务质量和利润的交换。

④ 可能带来棘轮效应。企业的生产效率越高，对应的价格上限可能就会越低。棘轮效应一词最初来自对苏联计划经济的研究，在计划经济体制下，企业的年度生产指标根据上一年的实际生产能力不断调整，好的表现反而由此受到惩罚（因此，聪明的经理用隐瞒生产能力来对付计划当局）。这种标准随业绩上升而上升的趋向被称为"棘轮效应"。

除此之外，还存在其他一些不足之处，如价格上限管制下价格与零售物价指数之间相互影响，价格调整缺乏灵活性等。

1987 年，美国联邦通信委员会（FCC）对美国的地方和长途电话业务进行管制时，提出以 "RPI-X 管制"取代合理报酬率管制。同时，美国的许多州对 AT&T 公司提供的州际电话业务也采取了"RPI-X 管制"，具体实施情况分为三个阶段。

第一阶段（1991—1995 年）：这时期的价格上限规制制度含有利润分享机制，由两个选择方案（不同的 X 值，让企业自行选择）组成。若企业选择的 X 值越大，则超过生产效率目标的利润所得必须分享给消费者的比例就越低，因此增加了企业提高生产效率的诱因。

第二阶段（1995—1997 年）：第一阶段实施后，FCC 发现原先设计的 X 值过低，为了不使利润分享机制影响价格上限促进企业提高生产效率的基本原则，渐渐废除分享机制，并且降低长途电信业务以及专线业务两项业务的价格调降限制，增加 LECs（Local Exchange Companies）的价格弹性以适应竞争。

第三阶段（1997—2000 年）：此阶段开始完全废除利润分享制，采取纯粹的价格上限规制，FCC 重新设定 X 值为 7.5%，认为利益分享机制使得价格上限对刺激效率的提高无效。但承诺保障企业的最低报酬率为 10.25%，若报酬率没达到 10.25%，则允许下年度调高州际接入费率以达到报酬率 10.25%。

2005 年 9 月，我国原信息产业部和国家发改委联合下发通知，从 2005 年 10 月 1 日起，国内长途电话通话费、国际长途电话以及港、澳、台地区的电话通话费、移动电话在国内的漫游通话费和固定电话本地网营业区间通话费将实行资费上限管理，其余由各运营商自行定价。

表 7-4 部分国家实施电信资费价格上限管制情况

国家	管制方式	管制对象	管制项目
英国	价格上限管制（1984年开始实施）	英国电信(BT)	市话、长途及国际通话费,专线服务,接入费
美国	价格上限管制（1989年开始实施）	AT&T	住宅及小型商用服务群组,800号免费服务电话,大型商业用户
澳大利亚	价格上限管制（1989年开始实施）	TELSTRA	市话月租费、市话通话费及接续费,长途及国际电话通话费,专线服务
加拿大	价格上限管制	Bell	市内电话业务,接续费
日本	价格上限管制	NTT	对社会经济有重大影响以及不具竞争的业务,如 ISND,市内电话出租服务
瑞典	价格上限管制	Telia	线路出租
比利时	价格上限管制	(不详)	基本语音电话服务
新加坡	采用国际费率比较	新加坡电讯	市话,国际及出租专线等
葡萄牙	采用上限管制	TP/TLP	PSDN,专线服务

数据来源:OECD(1995、1999)。

3. 国外电信资费监管变化

随着电信技术持续创新、市场主体不断增加和业务替代日益加剧,电信市场的竞争性越来越强,电信业务定价交由市场竞争决定已成为各国的共同选择。总结部分市场化先行国家的电信资费监管重点和职能的转变,其变化主要体现在以下方面。

(1) 监管重心从零售环节向批发环节转变。国外对电信业务零售价格的监管越来越少,多交由电信企业自主定价,市场竞争越充分的国家运营商在定价方面的自由度越大。据国际电信联盟 ITU 统计,全球对固定和移动宽带零售价格进行监管的国家仅占 20%,其中,欧美发达国家的监管最为宽松。与此同时,监管机构将重心转向极易出现市场失灵的批发环节,包括基础电信企业之间的网间结算价格、基础电信企业与产业链下游企业之间的业务批发价。在网间结算方面,目前超过 80% 的国家采用政府定价或政府指导价;在批发价格方面,全球至少 60% 的国家对其进行监管,例如,新西兰监管机构 2015 年批准新增"铜缆接入线路批发价"收费项目,捷克电信监管机构 2016 年要求移动运营商降低业务批发价格,增强下游虚拟运营商的竞争力。

(2) 对移动漫游费的干预从国内走向国际。近年来,全球加快推进国内资费一体化进程,纷纷取消国内漫游费。据 ITU 统计,超过 60% 的国家只有一个资费区,即不按地域实行差别定价,一些地理面积大国也积极推进下调或取消国内漫游费。例如,印度监管部门 2015 年 4 月再度下调国内漫游费上限,其最大国有电信企业 BSNL 已于 2015 年 6 月全面取消国内漫游费;巴西参议院 2015 年通过"取消同一网络的移动用户漫游费"的决议。同时,随着全球经济一体化不断加深,各国将监管重心转向加强协调和推动跨国跨区域业务资费下调。欧洲议会

2015年投票决定从2017年6月15日起全面取消28个成员国之间移动话音、短信和移动上网数据流量的漫游费。俄罗斯国家反垄断局2015年6月发表声明,要求海关联盟之间下调乃至取消跨国漫游费。

(3) 对资费水平的监管从关注资费普惠转向精准补贴。随着电信业务的广泛普及,电信资费监管开始由推动资费水平下降以普惠大众,转向关注低收入群体、特殊群体以及公共服务机构。据ITU统计,2015年全球近八成国家建立了电信普遍接入或普遍服务政策,近半数国家设立了普遍服务基金,对收不抵支、市场机制难以运转的高成本地区进行补贴。最近几年,发达国家在前期推动普遍接入的基础上,开始探索对低收入群体或特殊群体进行直接补贴。如美国联邦通信委员会(FCC)在2014年修订了面向学校和图书馆的E-rate补贴项目,推动宽带网络覆盖全美学校和图书馆,调高补贴项目预算支出,仅2015年Wi-Fi网络覆盖的学生就新增了1 000万。2016年FCC又通过了扩展生命线补助项目,为符合条件的低收入家庭提供宽带服务补贴。

(4) 加强企业资费水平监测和公示,保障用户的知情权。在市场化环境下,国外监管机构纷纷加强电信资费监测和比较分析。据ITU统计,全球六成国家对电信资费信息进行监测比较并向社会公开。例如,经济合作与发展组织(OECD)将成员国ICT接入与使用情况在网上公布,并发布各成员国的移动国际漫游费报告;FCC连续5年发布《国际宽带数据报告》,其中包含近40个国家的350余家电信运营商的资费数据;英国Ofcom每年向公众公布电信管制政策及政策执行情况,涉及重大变化的还需召开听证会;欧盟则将各成员国的漫游费和结算价格等信息在网上进行公示。

(5) 加强电信市场开放和促进竞争,保障用户的选择权。国外监管机构通过多种举措强化市场竞争,给用户更大的选择权。为促进移动领域市场竞争,多数国家均开放了移动虚拟运营服务并开放移动号码携带业务,包括巴西、印度、南非、俄罗斯等金砖国家在内,全球超过七成国家移动用户号码可携带。在宽带网络方面,加拿大监管机构CRTC于2015年宣布开放光纤接入网,要求其最大的宽带网络运营商开放其拥有的高速光纤接入网络,供中小型竞争对手租赁使用。

(6) 加强事中事后执法和惩处,保护消费者权益。国外监管机构在放开价格水平监管的同时,加强对运营商价格行为的规范及监管,加大执法力度,保护消费者权益。近两年,美国监管机构针对运营商限制用户访问速度的行为,在全面调研的基础上,先后两次对运营商处以高额罚款。2015年1月,虚拟运营商TracFone因在未事先告知的情况下,对使用量达到1 GB以上的"无限流量套餐"用户大幅降低网络速度直至切断数据服务,美国联邦贸易委员会(FTC)对其处以4 000万美元的罚款,禁止其在数据套餐中使用任何欺诈性的广告描述。2016年,FCC指控AT&T向消费者出售了号称无限流量的数据套餐,但却在消费者使用了一定量的数据后为套餐计划实施限速,且限速大幅低于公司在广告中向消费者承诺的标准速度,涉嫌在无线数据套餐服务中欺诈消费者,对AT&T开出1亿美元的罚单。

7.3.2 通信企业定价

在现实市场中,价格行为是厂商行为的主要组成部分之一,定价决策也是企业营销战略组合要素,从某种意义上讲,企业的各种竞争策略最终都将在定价决策上得到体现。一般地,企业定价方法主要有成本导向定价法、需求导向定价法和竞争导向定价法。

1. 成本导向定价

成本导向定价法是以产品成本为中心,制定对企业最有利价格的定价方法。实践中常见有成本加成定价法、目标利润定价法、边际贡献定价法等。

(1) 成本加成定价法是以产品的平均成本加上固定百分比的利润来确定产品价格的方法,其定价公式为

$$P=C(1+r) \tag{7-22}$$

式(7-22)中,P 为价格;C 为产品的平均成本;r 为成本加成比率。

(2) 目标利润定价法(即盈亏平衡法)是在已知固定成本和平均变动成本的情况下,首先根据预期产出数量,求出保本点的价格,其计算公式为

$$P=F/Q+V \tag{7-23}$$

式(7-23)中,P 为价格;V 为平均变动成本;Q 为预计产量;F 为固定成本。之后,可在保本点价格上再加上目标利润。其定价公式为

$$P=F/Q+V+E \tag{7-24}$$

式(7-24)中,E 为单位产品的目标利润。

(3) 边际贡献定价法是企业在定价时,只计算变动成本,不计算固定成本,在变动成本的基础上加上一定的边际贡献形成价格。定价公式为:价格＝平均变动成本＋边际贡献。

三种方法中的前两种都是基于平均成本的定价方法,在产品成本信息容易获得时,可方便、迅速地解决定价问题。基于平均成本的定价方法对企业和消费者都比较公平,但会存在以企业为中心,忽视市场需求、价格缺乏竞争力等缺陷。边际贡献定价法适合短期定价,在市场供过于求,竞争激烈,企业生产能力富余时,可采用这种方法。此时虽然价格低于总成本,但只要边际贡献为正,就可以补偿部分固定成本,减少亏损并保住市场。

2. 需求导向定价

需求导向定价法是依据买方对产品价值的感受和对商品的需求程度来定价,而不是直接以成本为基础。需求导向定价法主要包括购买者理解价值法和需求差别定价法。

(1) 购买者理解价值法,又称认知价值法,即根据购买者对产品价值的认识和理解来确定价格,所谓"理解价值"或"认知价值"是指买方观念中商品的价值,也就是消费者的最大支付意愿。只有当买方理解价值大于等于商品价格时,才有可能发生购买行为。企业定价越接近消费者理解价值,消费者剩余就越多地转移成为企业的利润。因此,企业需通过各种营销策略和手段影响买方的感受,使之形成对买方有利的价值观念,然后再根据产品在买方心目中的价值来定价。例如,通信企业建立高端业务品牌,通过梳理品牌形象或提供额外服务等,使消费者认同品牌价值并愿意出高价购买,就可以视为这一定价法的具体应用。

(2) 需求差别定价法。指企业根据市场需求的时间差、数量差、地区差、消费水平及心理差异等来制定商品价格。在经济学分析中,需求差别化定价也被称为价格歧视,是指在同一时期,对平均成本相同的同一种产品或服务,根据购买者对产品或服务需求的迫切程度不同,制定不同价格的企业行为。

从价格管制的角度看,应当限制以获取最大限度利润为目的的差别定价,但应当允许不以取得垄断利润为目的的价格差别,这是提高企业利润和增强企业竞争力的一种有效手段。因此,在当前竞争的通信市场中,通信企业根据需求差别对用户群进行细分并实施差别化定价是非常普遍的一种做法。

3. 竞争导向定价

竞争导向定价法是指在竞争的市场条件下，企业特别是后进入市场的企业可以通过研究竞争对手的既定价格、生产条件、服务状况等，以竞争对手的价格为基础，确定自己产品或服务的价格。采取竞争导向定价，根据企业定价行为的主动或被动，可以分为两种方式，即跟随定价法和主动定价法。

(1) 跟随定价法。其特点是价格与成本、需求不发生直接联系，企业定价只瞄准市场上竞争对手的价格，只要竞争对手价格不动，即使生产成本或市场需求发生变化了，价格也不动；反之，虽然成本或需求都没有变动，但竞争者的价格变化了，也随着调整价格。不同的市场结构下，采取跟随定价的企业不同。当市场接近充分竞争时，单个企业规模相对市场需求太小，根本无力改变市场既定价格，通常只能采取跟随定价。但在寡头竞争市场结构条件下，跟随定价往往是拥有较大市场势力或在位企业遇到竞争威胁时采取的定价方式。因为，拥有这样市场地位的企业，往往可以引导市场价格，在其市场地位没有受到威胁的时候，通常采取主导定价而不必跟随定价。但是当规模较小的企业或者新加入市场的竞争企业，为了在现有的市场份额中分一杯羹，采取低价策略时，为了维护其市场地位，常常会跟随竞争者的价格变动趋势采取跟随定价法，或制定更低的价格最终达到排挤竞争者的目的。

(2) 主动定价法。这种定价方法是指企业在研究和了解竞争对手的价格以及生产和服务等的状况下，通过比较，寻找优势，积极主动地调整自己的产品或服务价格，以使自己在市场的竞争中占据主动地位。在寡头竞争的市场结构下，与拥有市场势力或市场在位者的跟随定价法相对应，新加入市场的企业或规模较小的企业，为扩大市场份额，通常会采取主动定价法，以争取竞争优势。在垄断竞争市场上，主动定价法是常用的定价方法。竞争企业会在竞争中设法树立起自身的竞争特色，使之无人能敌，之后就可以在该领域拥有定价权力。

7.3.3 近年来通信业务定价主要变化

移动互联网和光纤接入的发展，使通信业务结构与传统电信通信时代相比发生了很大变化，移动通信替代固定通信，数据业务替代话音业务，互联网应用替代传统电信业务等已成为明显趋势。同时，免费的即时通信、社交软件等互联网应用的蓬勃发展，对传统通信业务定价模式也产生了巨大的冲击。全球电信企业在业务结构调整和资费模式选择方面都面临着巨大的挑战。在这样的环境下，各国电信企业在业务资费制定方面不可能沿用传统模式，也不会局限于使用某种单一的定价方法，而是根据市场环境和实际竞争状况，综合应用多种方法，积极尝试、努力创新，推出许多不同于传统电信业务的资费模式。

1. 套餐成为电信资费的主要模式

采取资费套餐模式定价并非当前电信企业的创新，而是电信市场引入竞争后为避免与竞争者之间陷入无休止的价格战而广泛采取的一种定价模式。全业务运营时代，套餐模式呈现多样化特点，资费套餐内容中不仅有依据消费业务数量差异制定的选择资费，还有包含不同业务种类、不同使用数量、不同用户捆绑、不同终端捆绑以及前述各种因素、各种组合构成的多种套餐种类。甚至部分公司还推出在确定各类业务的收费规则后，由用户自己组合、选择适合自己的业务和购买数量、自行组合的DIY套餐模式。当前，套餐已经成为电信运营商最主要的资费模式。

2. 语音、短信业务低值化，流量成为套餐业务主要内容

移动互联网时代，智能手机已不再只是简单的通话工具，而是成为集娱乐、社交、学习、通信、商务、支付、理财等多功能于一体的平台工具。所有这些业务和应用的基础是数据业务。此外,具有信息发送、语音通话、视频通话等多功能于一体的各类OTT[①]业务发展对移动短信、语音业务替代明显,为应对这一趋势,各国移动运营商纷纷调整资费策略,不断降低语音、短信等传统业务资费,甚至将这些业务作为数据业务附加赠送的免费业务,数据流量逐步成为套餐的主要区隔,国外部分运营商还推出无限流量套餐服务。

在固定业务领域,电话业务持续萎缩,宽带接入(FTTx)成为业务主流,包年制或包月制资费是最流行的资费模式。

3. 基于终端的差别定价和多终端共享数据套餐

目前,移动业务终端不限于手机,还有各类平板电脑、数据卡等。基于终端的差别定价就是为不同类型的终端制定差异化的、有针对性的流量套餐。如AT&T针对智能手机和iPad的套餐中,推出过流量单价分别为每200 MB/15美元、1 GB/10美元的差别定价。韩国运营商的LTE资费体系中,也针对终端类型建立了不同的终端套餐,如LTEPad套餐、LTE数据卡套餐等。

一些运营商还针对用户拥有多个终端推出多终端共享数据套餐。如AT&T推出的数据套餐,允许用户使用多种智能手机、平板电脑和其他设备共享数据流量,并且同时享有国内的无限通话时长和短信。在此套餐中每加入不同的终端,则需额外支付不同的费用。例如,一个用户使用一部智能终端选择每月6 GB流量的套餐,同时可享用免费的话音和短信业务,需90美元。如果该用户准备另外加两部智能手机进入此套餐,可共享6 GB流量,也享有免费的话音和短信,每部35美元,共70美元。再加一部平板电脑进来另外再支付10美元,加一部移动热点设备20美元。此用户每月共计套餐资费为190美元。

4. 支持流量和其他业务互转,实现流量货币化

如我国某运营商在包含流量、语音和短信的套餐中,支持流量、语音和短信的互相转化。如按照1 MB流量=1条短信=0.5分钟话音的转化率,当用户套餐包中某项业务有余而其他业务不足时,可以实现业务之间的互相转化。此外,还有运营商推出"流量银行"服务,即企业建立一个针对移动用户的流量管理与交易平台,该平台也是为企业用户提供营销服务的推广平台。用户只要下载APP或登录网页版"流量银行",就能使用流量查询、存取和购买等服务,富余流量还可以转赠他人。此外,用户还可以通过参加流量平台上的企业推广活动,免费赚取流量。用户甚至还可将第三方积分与流量相互兑换,用流量来购物结算,真正实现流量的货币化功能。

7.4 中国通信资费政策改革历程

新中国建立以来,中国的经济体制走过了从计划经济到市场经济的转变历程,通信业也从邮电合营、政企合一、完全垄断经营逐步改革,实现了邮电分营、政企分开、引入市场竞争。在通信资费管理政策上,也走过了一条具有中国特色的通信资费改革道路。这个过程,大体可以分为五个阶段。

第一阶段(1950—1978年):低资费阶段

新中国成立初期,我国国民经济基础条件比较落后,人均收入水平相对较低。邮电通信实

[①] OTT是指互联网公司越过运营商,发展基于开放互联网的各种视频及数据服务业务。

行政企合一、由政府垄断经营,业务种类单一,发展缓慢,总体水平非常落后。这期间的邮电通信业务资费与其他行业产品的定价方式一样,主要由政府计划制定,采取全国统一的定价方式。由于认识到通信行业是国民经济的基础产业,具有公用性质,其资费的高低直接影响到国民经济其他部门的投入成本和产品价格以及处于低收入情形下人民大众的生活,因此,对通信业务普遍实行了低资费政策。特别是对普通居民用户经常使用的基本通信业务如信函、市内电话等采取低资费政策,对普通居民相对使用量不大的国际电话、长途电话等业务实行较高的资费标准。

第二阶段(1978—1995年):高资费阶段,资费结构矛盾突出

从改革开放到"八五"期末,通信业特别是电信业经历了跨越式大发展阶段。这一时期,政府为了加快电信业发展,改善通信基础设施落后的总体面貌,出台相应的资费政策,筹措发展资金。同时,在运用价格规律调节供求矛盾的基础上,运用交叉补贴手段,根据不同用户的承受能力确定相应的资费水平。这一时期,国家陆续批准了电信企业收取电话初装费、邮电附加费等政府性基金,同时多次上调市内电话资费和长途电话资费水平。随着汇率的变化,还六次上调了国际和港澳台电话资费水平。运用价格规律,既缓解了当时的供需矛盾,又为电信企业提供了大量的建设资金,促进了我国电信事业的高速发展。此外,这期间通信资费基本上是以总成本辅以专业间的交叉补贴[①]为基础,结合供需状况和用户的承受能力来制定的,实行的是政府定价和政府指导定价。

由于以专业间的交叉补贴为基础,逐渐地形成了两大突出的问题:一是通信资费的结构性矛盾突出。如电信资费偏高,邮政资费偏低;不同电信业务资费之间比价关系不合理,如本地网营业区内电话资费偏低,国际电话和出租电路等业务资费标准偏高等。二是长期的专业间的交叉补贴和不分专业的总体核算制度,导致了网间结算和专业核算的滞后,没有形成以专业成本为基础的定价体系。

第三阶段(1995—2000年):降低交叉补贴,理顺资费结构性,实现资费再平衡[②]阶段

这一阶段,市场竞争逐步展开,和世界上大多数国家电信市场引入竞争后的情形相同,过去长期垄断形成的交叉补贴问题以及资费结构不合理问题成为通信资费的突出矛盾。为了解决这些矛盾,政府开始加大资费调整的力度和频次。运用价格引导资源配置,逐步理顺业务之间比价不合理的突出矛盾,从以交叉补贴为基础的定价逐步向以成本为基础的定价过渡,进一步优化了资费结构,实现了资费再平衡。

总体来看,这一阶段是我国以政府主导的电信资费结构调整力度最大、范围最广的时期。先后在1996年、1997年、1998年和2000年四次进行电信资费的结构性调整。特别是2000年,信息产业部、国家计委、财政部联合发布《关于电信资费结构性调整的通知》,对我国电信资费进行大范围结构性调整。涉及内容:降低国内长途电话资费,改革计费单元;调整固定本地电话资费结构,改革计费单元;降低出租电路资费、互联网业务资费;取消电信业务附加费;放开部分竞争充分的电信业务资费,实行市场调节价;试行光纤、管道和其他网络元素等出租业务;调整相关的长市话网间结算标准等。5年中,国际及港澳台资费下降60%~70%,2 Mbit/s

---

 ① 这个时期交叉补贴的特点是以电补邮,以长补市,以国际补国内。
 ② 资费再平衡指各国电话业务资费从过去严重背离成本到回归成本的一个过程。如美国,在长途业务领域引入竞争后,竞争使长途电话资费迅速下降,原有长途对本地的交叉补贴机制难以为继,因而本地电话资费随之上调。上调后业务资费更接近各自成本,因此称这个过程为资费再平衡(Rate Rebalance)。

长途数字数据电路月租费下降84%,经营性中继线月租费下降近90%,因特网资费下降70%~80%,市话资费标准改为"3+1"(前3分钟2角,随后1分钟1角),略有上升,本地电话初装费和移动电话入网费标准分别下降81%和75%(2001年7月1日完全取消)。

2000年9月,《中华人民共和国电信条例》的颁布实施,确立了电信资费政策的基本框架。根据条例规定,基础电信业务资费实行政府定价、政府指导价或者市场调节价;增值电信业务资费实行市场调节价或者政府指导价。市场竞争充分的电信业务资费实行市场调节价。但条例还同时规定,实行政府定价、政府指导价和市场调节价的电信资费分类管理目录,由国务院信息产业主管部门经征求国务院价格主管部门意见制定并公布施行。

第四阶段(2000—2014年):资费形成机制市场化阶段

这一阶段,电信资费形成机制逐步走向市场化,市场定价范围也逐步扩大,直至全面放开,通信资费持续下降,如表7-5所示。但在市场竞争初期,运营商之间的价格战异常激烈,资费套餐又多又乱,部分甚至侵害消费者利益,因此,从规范市场,维护消费者利益出发,政府监管部门连续几年出台政策,在持续放松对电信业务资费管制定价主导权、促进电信资费下调的同时,加强了对于市场价格竞争秩序和价格总体水平的监管。具体措施有以下内容。

2001年,国家计委与信息产业部联合发布《电信资费审批备案程序规定(试行)》,对于部分执行政府定价或指导价的电信业务,允许电信经营者自主定价,但须事先在电信监管部门备案审批。这标志着电信资费管理开始由直接定价转向间接监管。

2002年,"信息产业部、国家发展计划委员会关于部分电信业务实行市场调节价的通知",进一步对部分已经形成较充分竞争的电信业务的收费项目实行市场调节价。这次调整涉及的电信业务包括固定本地电话、长途电话、移动电话智能网业务、IP电话等共有34项,大多数为增值业务。同时,为了规范电信业务经营者价格行为,完善电信服务明码标价监督管理措施,维护电信用户和电信业务经营者的合法权益,促进电信市场公平、公开和合法竞争,国家计委、信息产业部还制定印发了《电信服务明码标价规定》,要求各省、自治区、直辖市及计划单列市、副省级省会城市计委、物价局、通信管理局遵照执行。

2002年,为进一步规范电信市场竞争行为,严肃国家资费政策,维护电信市场秩序,保障电信资费监管部门依法行政职权,信息产业部在全国范围内建立了电信资费违规行为通报制度。

2004年,信息产业部发布《关于进一步加强电信资费监管工作有关事项的通知》,针对竞争初期,电信公司价格竞争中违反资费政策行为和妨碍竞争的定价行为。提出统一电信资费监管思路和监管尺度,加强对企业损害消费者权益和妨碍公平竞争的资费定价行为的监管,大力整顿规范市场经营秩序。

2005年,信息产业部和国家发改委发布《关于调整部分电信业务资费管理方式的通知》,规定2005年10月1日起,对国内长途电话通话费、国际长途电话及台港澳地区电话通话费、移动电话国内漫游通话费和固定电话本地网营业区间通话费实行资费上限管理。资费上限标准暂按现行资费标准执行。

2006年信息产业部发布《关于保障移动电话用户资费方案选择权的通知》,为维护消费者权益,就保障移动电话用户资费方案选择权的有关事项做出规定。

2007年,信息产业部、国家发改委召开会议后决定采取措施,不再批复非单向收费资费项目,推进移动电话单向收费,并计划在整体资费水平逐步降低的前提下,全面实现手机单向收费;降低移动电话国内漫游费,下调国内漫游费价格上限,允许企业自主向下浮动;利用半年时间全面清理电信公司名目繁多的套餐资费,要求电信企业简化套餐形式,提高资费透明度。

2008年,信息产业部、国家发改委下发《关于降低移动电话国内漫游通话费上限标准的通知》,规定移动电话国内漫游通话费上限标准为,主叫每分钟0.6元,被叫每分钟0.4元,占用国内长途线路不再另行加收国内长途通话费。

2008年,工业和信息化部官方网站发布了《关于取消短消息业务网内网间差别定价有关问题的通知》,要求自2008年12月1日起,各级电信企业停止推出涉及短消息业务网内网间差别定价的资费方案[①]。

2009年,工信部和国家发改委下发《关于简化移动电话拨打长途电话资费的通知》,要求运营商从2010年1月1日起,简化移动电话拨打长途电话的资费结构,实行单一计费方式,即只需支付"长途通话费"一项资费。2009年12月28日,工信部下发《关于进一步落实规范电信市场秩序有关文件精神的通知》,要求各电信企业按照《关于规范电信资费方案管理的指导意见》规定,进一步规范电信资费方案管理。

2014年,《中华人民共和国电信条例》进行了修订。国务院放开了网间互联协议和电信资费定价的限制。电信资费由原来的"实行以成本为基础的定价原则"改为实行市场调节价。之后,工信部、发改委联合发布《关于电信业务资费实行市场调节价的通告》,放开所有电信业务资费的管制,电信企业可自主制定具体资费结构、资费标准和计费方式。但《通告》同时要求,电信企业自主制定电信业务资费方案时,要考虑用户的不同需求,提供业务打包等多种资费方案供用户选择。资费方案中需列明资费标准、计费方式、对应服务等内容。对涉及用户基本通信需求的固定语音、移动语音、短信息、宽带等业务,电信企业进行打包销售的前提是必须另外提供包内单项业务单独的资费方案,国家鼓励电信企业为城乡低收入群体提供更加优惠的资费方案。在同一本地网营业区(或业务区)内,电信企业应保证具有同等交易条件的同类用户对资费方案具有同等的选择权利。

表7-5 电信综合资费水平下降幅度

资料来源:2003—2012年数据来源于工信部历年公布数据,2013年为作者估算数据。

第五阶段:(2015年至今)对通信资费管理进入政策引导阶段

2015年起,我国政府已全面放开电信资费的定价权。对通信资费的管理进入政策引导阶段。如为配合我国政府2013年提出的"宽带中国"发展战略,国务院和政府管理部门多次提出

---

① 如之前中国移动短信在网内网间的收费标准不同,即全球通、动感地带用户在中国移动网内发送短信每条0.1元,发送给联通或小灵通用户的是每条0.15元;神州行用户则分别为0.15元、0.2元。

宽带提速降费要求。2015年年初，国务院总理提出宽带提速降费要求；2015年5月国务院办公厅印发了《关于加快建设高速宽带网络实施宽带网络提速降费指导意见》，提出明确目标，督促运营商提速降费。2017年2月，国务院常务会议对提速降费提出了新要求，"抓紧再出台一批提速降费新措施，提高网络服务能力和质量"，要求电信运营商要充分认识到提速降费既是市场行为也是企业的社会责任。下一步要在前两年的基础上，坚持问题导向，重点针对网络提速中的薄弱环节，分析网络降费的需求与重点，精准施策，统筹联动，提升网络服务性价比和用户满意度，推动中国经济转型升级。2017年政府工作报告中提出提速降费要迈出更大步伐。2017年9月1日，工业和信息化部与中国电信、中国移动、中国联通三家基础电信企业宣布全面取消手机国内长途和漫游费，并将大幅降低中小企业互联网专线接入资费。

7.5 电信业务资费水平的国际比较

自2009年起，ITU在《衡量信息社会》年度报告中，通过计算和公布IPB(ICT Price Basket)指数，来考察各国信息通信服务的普及价格，反映考察阶段绝大部分国家和地区人民使用ICT服务的负担程度，这已成为世界各国尤其是发展中国家衡量ICT服务价格可承受性的重要参考指标。

IPB指数主要包括移动蜂窝电话一篮子价格、固定宽带包月最低价格、移动宽带预付费500 MB最低价格3项指标。计算时，ITU首先调查并计算出各个国家和地区的各项指标情况，换算成美元得到绝对价格；然后根据该绝对价格占居民月人均国民总收入(GNI)的比例，计算得到相对价格；最后按相对价格由低到高的顺序进行全球排名。

ITU报告中发布的IPB指数采用各个国家或地区的人口规模最大的城市或首都的主导运营商的资费水平。举例来说，固定宽带包月最低价格采用的是北京联通的价格；移动蜂窝电话一篮子价格采用的是北京移动的价格。其中，移动蜂窝电话一篮子价格相对复杂，包括30个语音通话和100条文本短信的最低价格。语音通话在时间上按高峰期、非高峰期和周末，在空间上按打给固定用户、网内用户和网外用户，分配不同的权重，计算得出拨打30次通话累计50.9分钟的通话费用。

2016年11月22日，国际电信联盟(ITU)发布了《Measure the Information Society Report 2016》，其中对全球各个国家和地区上一年度ICT服务价格进行调查，形成IPB指数。报告显示，中国各项电信资费水平处于全球中低水平阵营。

其中，移动蜂窝电话一篮子价格的绝对值和相对值水平均处于全球低端阵营，国际排名靠前（按资费从低到高排名）。我国移动蜂窝电话一篮子价格绝对值为4.00美元，在193个国家和地区中排名第22位；相对值为0.65%，在全球184个国家和地区中排名第37位，处于全球资费最便宜国家之列。

固定宽带包月最低价格的绝对值和相对值均处于中端水平阵营，国际排名居中（按资费从低到高排名）。我国固定宽带包月最低价格绝对值为19.27美元，在190个国家和地区中排名第81位；相对值为3.12%，在182个国家和地区中排名第89位。

移动宽带预付费500 MB最低价格绝对值处于全球低端水平阵营，相对值处于中低端水平阵营，国际排名靠前（按资费从低到高排名）。我国移动宽带预付费手机上网500 MB最低价格的绝对值是4.82美元，在184个国家和地区中排名第36位；相对值为0.78%，在全球178个国家和地区中排名第53位。

第8章 通信市场及竞争

20世纪80年代，电信市场引入竞争，通信市场结构、竞争状况和市场运行绩效成为各国通信行业管制机构和政策制定者关注的问题。近年来，信息通信技术融合、发展和不断创新，引发信息通信行业融合、市场相互渗透。数字经济时代，现代信息通信业从市场环境、市场结构、市场供求、行业管理政策等多方面相较以往都发生了或正在发生着巨大的变化。在这样的行业背景下，现有的、规范的产业组织理论和分析方法以及以此为基础制定的相关产业政策仍是认识市场、分析市场、引导和维护市场有效竞争的重要理论依据和主要手段。然而，数字经济条件下不断变化的产业生态，又启示人们需要不断创新产业组织的理论和方法，从而适应当前和未来变化的市场竞争环境，进一步有效规范竞争行为，提高市场运行效率。

8.1 通信市场概述

8.1.1 通信市场的变革

通信市场是近三十多年来发展变化最剧烈的市场之一。信息技术（IT）和通信技术（CT）的融合、信息通信技术（ICT）的发展和不断创新，引发通信行业从市场构成、供给主体、通信产品和服务功能、通信产品和服务需求、市场商业模式、市场边界、管理政策等多方面都发生了巨大的变革。具体来看这些变革体现在以下四个方面。

（1）传统通信技术手段和通信方式下的邮政通信市场和电信通信市场，已经转变成基于信息通信技术的、融合的信息通信市场。

（2）传统的从设备研发制造、到网络建设运营、到邮电通信服务提供的纵向一体化市场，已经裂变组合演变为设备技术市场、软件开发市场、系统集成市场、网络运营服务市场、网络接入市场、通信业务和应用市场、信息服务市场、内容分发等多种市场，并伴随着商业模式创新和新业态的涌现，形成越来越多的细分市场。

（3）传统通信技术条件下，通信市场以厂商为中心，网络运营商就是业务提供商，市场供给主体简单，产业链条以封闭的线性方式呈现，市场边界清晰。现代信息通信技术融合条件下，网络业务和应用服务分离，市场供给主体多元化和多样化。在信息通信市场上，围绕客户需求，互联网企业、网络运营商以及各类新型的运营主体，以开放协同的平台化方式构造新型商业生态系统，最大限度地整合资源，立体化、全方位满足多样化客户需求，深入渗透到社会生活、国民经济运行与管理的各个方面。信息通信市场边界不再是静态的、清晰的，而是动态的、不断生长变化的。

（4）传统通信网络服务功能单一，只满足普通消费者和企事业单位的信息传输和信息寄递需求。现代信息通信市场上，以移动互联网、物联网为代表的网络服务，已经发展成为既满足通信需求，也满足娱乐需求、社交需求、交易需求、信息发布需求、文化教育需求、金融、医疗等多种需求的服务，并进一步发展为满足国民经济各行各业转型升级，实现"互联网＋"与信息化深度融合发展需求的多种行业应用服务。

8.1.2 通信市场范围的界定

市场是商品交换的场所,界定市场的两个核心要素是产品要素和地理区域要素,产品要素界定了哪些产品属于同一个市场;地理区域要素则界定了一个市场的地理区域覆盖范围。

实践中,基于一定的市场范围,判断经营者是否拥有市场势力,竞争行为是否会妨碍市场竞争,是决策是否实施反垄断政策或介入管制干预的前提。各国反垄断立法和相关政策中通常会有对相关产品市场范围的界定方法。在融合发展趋势下,现代信息通信市场复杂程度不断提升,科学合理地界定相关通信市场,对识别竞争者和潜在竞争者、判定经营者市场份额和市场集中度、认定经营者的市场地位、分析经营者的行为对市场竞争的影响等关键问题具有重要的作用。从我国看,《中华人民共和国反垄断法》实施后国务院反垄断委员会颁布了《关于相关市场界定的指南》,该指南可作为当前通信业管制过程中界定相关通信市场范围时的参照。

1. 相关市场的含义

根据我国《关于相关市场界定的指南》,相关市场指的是经营者在一定时期内就特定商品或者服务进行竞争的商品范围和地域范围。相关商品市场是根据商品的特性、用途及价格等因素,由需求者认为具有较为紧密替代关系的一组或一类商品所构成的市场。这些商品表现出较强的竞争关系,可以作为经营者进行竞争的商品范围。相关地域市场是指需求者获取具有较为紧密替代关系的商品的地理区域,这些地域表现出较强的竞争关系,可以作为经营者进行竞争的地域范围。

2. 界定相关市场的基本依据

实践中,相关市场范围的大小主要取决于商品或地域的可替代程度。在市场竞争中对经营者行为构成直接和有效竞争约束的,是市场里存在需求者认为具有较强替代关系的商品或能够提供这些商品的地域,因此,界定相关市场的主要方法是从需求者角度进行需求替代分析。但当供给替代对经营者行为产生的竞争约束类似于需求替代时,也应考虑进行供给替代分析。

所谓需求替代,就是根据需求者对商品功能用途的需求、质量的认可、接受的价格以及获取的难易程度等因素,从需求者的角度来确定不同商品之间的替代程度。原则上,从需求者角度来看,商品之间的替代程度越高,竞争关系就越强,就越可能被判定属于同一相关市场。

所谓供给替代,就是根据其他经营者生产设施投入、承担的风险、进入目标市场的时间等因素,从经营者的角度确定不同商品之间的替代程度。原则上,其他经营者生产设施的投入越少,承担的额外风险越小,提供紧密替代商品越迅速,则供给替代程度就越高,因此,界定相关市场尤其在识别相关市场参与者时就应考虑供给替代。

3. 界定相关市场的一般方法

如何界定相关市场,实践中可根据实际情况采用不同的方法。国外反垄断执法机构通常根据案件具体情况运用客观、真实的数据,借助经济学分析方法来界定相关市场。界定相关市场时,可以基于商品的特征、用途、价格等因素进行需求替代分析,必要时进行供给替代分析。在经营者竞争的市场范围不够清晰或不易确定时,也可以按照"假定垄断者测试"的分析思路来界定相关市场。但无论采用何种方法界定相关市场,都要始终把握商品满足消费者需求的基本属性,并以此作为对相关市场界定中出现明显偏差时进行校正的依据。

(1) 需求替代分析

从需求者角度进行需求替代分析是界定相关市场最主要的方法。运用需求替代分析法界定相关商品市场和地域市场时,可以考虑的因素包括但不限于以下方面,具体如表 8-1 所示。

表 8-1 需求替代分析时需要考虑的因素

市场范围	主要考虑的因素
相关商品市场	① 需求者因商品价格或其他竞争因素变化,转向或考虑转向购买其他商品的证据 ② 商品的外形、特性、质量和技术特点等总体特征和用途。商品可能在特征上表现出某些差异,但需求者仍可以基于商品相同或相似的用途将其视为紧密替代品 ③ 商品之间的价格差异。通常情况下,替代性较强的商品价格比较接近,而且在价格变化时表现出同向变化趋势。在分析价格时,应排除与竞争无关的因素引起价格变化的情况 ④ 商品的销售渠道。销售渠道不同的商品面对的需求者可能不同,因而相互之间通常难以构成竞争关系,此时,销售渠道不同的这些同类商品成为相关商品的可能性较小 ⑤ 其他重要因素。如需求者偏好或需求者对商品的依赖程度;可能阻碍大量需求者转向某些紧密替代商品的障碍、风险和成本;是否存在区别定价等
相关地域市场	① 需求者因商品价格或其他竞争因素变化,转向或考虑转向其他地域购买商品的证据 ② 商品的运输成本和运输特征。相对于商品价格来说,运输成本越高,相关地域市场的范围就越小,如水泥等商品;商品的运输特征也决定了商品的销售地域,如需要管道运输的工业气体等商品,其市场只能局限于存在运输管道的特定地理范围 ③ 多数需求者选择商品的实际区域和主要经营者商品的销售分布 ④ 地域间的贸易壁垒,包括关税、地方性法规、环保因素、技术因素等。如关税相对商品的价格来说比较高时,则相关地域市场很可能是一个区域性市场 ⑤ 其他重要因素。如特定区域需求者偏好;商品运进和运出该地域的数量

(2) 供给替代分析

在界定相关市场时,如果供给替代对经营者行为产生的竞争约束类似于需求替代时,也应考虑供给替代。从供给替代角度界定相关商品市场,一般考虑的因素如表 8-2 所示。

表 8-2 供给替代分析时需要考虑的因素

市场范围	主要考虑的因素
相关商品市场	① 其他经营者对商品价格等竞争因素变化做出反应的证据 ② 其他经营者的生产流程和工艺,转产的难易程度,转产需要的时间,转产的额外费用和风险,转产后所提供商品的市场竞争力,营销渠道等
相关地域市场	① 其他地域经营者对商品价格等竞争因素变化做出反应的证据 ② 其他地域经营者供应或销售相关商品的即时性和可行性,如将订单转向其他地域经营者的转换成本等

(3) 假定垄断者测试

"假定垄断者测试"也是界定相关市场的一种辅助分析思路,可以帮助解决相关市场界定中可能出现的不确定性。根据我国关于假定垄断者测试方法的现行规定,该方法并非界定相关市场的普遍方法和主要思路,而是在相关市场边界不够清晰或不易确定时,用来帮助解决相关市场界定中可能出现的不确定性的一种思路。假定垄断者测试方法是在替代分析原理基础上的定量测度,本质上仍然是替代分析,如果运用需求替代分析、供给替代分析已经能够清晰界定相关市场,就不必再运用假定垄断者测试方法。

假定垄断者测试分析方法的基本思路是:一个被假定的垄断者,在持续的一段时间里适度提高价格,结果消费者转向了其他替代品,那么替代品与假设垄断者提供的产品则属于同一市场,有竞争关系;反之,则不属于同一市场。

具体的,采用假定垄断者测试法来界定相关商品市场时,首先从需要关注的商品开始考虑,该商品也被称为目标商品。假设该经营者是以利润最大化为经营目标的垄断者,即假定垄断者,那么要分析的问题是在其他商品的销售条件保持不变的情况下,判断假定垄断者能否持续一段时间(一般为1年)、小幅地(一般为5%~10%)提高目标商品的价格,或者目标商品涨价是否会导致需求者转向购买具有紧密替代关系的其他商品,从而引起假定垄断者销售量下降。做了上述假设后,结果有两种:一种情况下,如果目标商品涨价后,即使假定垄断者销售量下降,但其仍然有利可图,则目标商品就构成相关商品市场;另一种情况是,如果涨价引起需求者转向具有紧密替代关系的其他商品,使假定垄断者的涨价行为无利可图,则需要把这些替代商品增加到相关商品市场中,这些替代商品与目标商品形成商品集合。接下来,继续分析如果该商品集合涨价,假定垄断者是否仍有利可图。如果答案是肯定的,那么该商品集合就构成相关商品市场;否则还需要继续进行上述分析过程。

随着商品集合越来越大,集合内商品与集合外商品的替代性就会越来越小,最终会出现某一商品集合,假定垄断者可以通过涨价实现盈利,由此便界定出相关商品市场。

4. 通信业相关市场的界定

实践中,通信业相关市场的界定可以应用以上界定相关市场的一般方法,以需求替代分析为核心,辅以供给替代、假设垄断测试等定性和定量分析。比如,为界定某一种通信业务的相关市场时,首先需要考察消费者是否可以获得其他替代性服务,如采用不同技术但具有相同功能的异质服务的竞争。同时,还要考察该业务是否存在多家企业提供同质或异质服务的竞争,据此来判定这些服务是否属于同一市场。如宽带接入服务,就该服务本身来讲,通常在一个本地网范围内可能不存在多家电信运营商提供的宽带接入服务,但宽带市场开放后,消费者还可以获得有线电视服务商通过有线电视线路提供的宽带接入服务和电力企业通过电力线提供的宽带接入服务,以及其他接入服务提供商提供的宽带接入服务,甚至移动网络服务商提供的移动宽带接入服务。这些业务之间都存在替代性。因此,在界定宽带接入服务相关市场时,需要将以上各种宽带接入方式都考虑进来形成同一个宽带接入业务市场。

在判定相关地域市场时,由于通信行业提供的服务受到物理网络和号码、频率资源等的制约,地理区域特性明显,再加上通信企业收费方式的限制(如移动漫游费、全国和本地流量差别定价),消费者很难享受到跨区竞争的好处。这些特点为通信行业界定市场的地理区域范围带来便利。然而,地理区域范围大小的确定对于通信行业来说却是一个关键问题,会直接影响对市场竞争程度的判断。在界定市场范围时,如果地理区域范围设定得过小,可能会减弱市场的竞争程度,而扩大地理区域范围又会出现人为夸大市场竞争程度的问题。以宽带骨干网接入市场为例,如果从全国范围来看,我国宽带骨干网接入市场至少有两家以上的运营商在提供接入服务,但如果将地理区域限制在南北两地,则明显出现南北两地几乎都是一家骨干网运营商垄断市场的局面。因此,根据不同的通信服务种类,合理划分地域市场对于分析判别市场的竞争程度,进而实施相应的管制政策至关重要。因此,实践中,通信业在界定业务市场范围时,可将业务进行细分,之后再根据业务特点确定提供业务的区域,从而确定出一定区域范围内的某种业务市场。

8.1.3 通信市场主体

简单地说,市场主体指的是参与市场交易活动的个人或组织。较为正式的市场主体定义是指在市场上从事经济活动,具有独立经济利益和资产,享有民事权利和承担民事责任的个人和组织体。市场主体参与商品交易活动一般都带有明确目的,需要在满足社会需要中追求自身利益最大化。单纯从市场供求角度看,市场主体一般包括投资者、企业(或经营者)、消费者。现代经济条件下,市场主体一般具有独立性、平等性和合法性特点。其中,独立性指市场主体具有相对独立的经济利益,能够独立自主地参与市场的经济活动;平等性指任何一个市场主体在参与市场经济活动时的法律地位都是平等的,应在同等的条件下参与市场竞争,任何市场主体在从事商品交易活动过程中都不应有任何特权;合法性是指市场主体参与市场交易活动的行为是合法的,符合特定市场条件下相关法律的规定。

通信市场主体包括市场供给主体和市场需求主体。当前,由于通信市场正在转变为融合的信息通信市场,相关的细分市场复杂多样,为简化分析,此处更多地结合我国通信市场的发展现状,对相关市场的投资者和运营主体进行介绍。

1. 市场供给主体

市场供给主体是指在通信市场上通过提供通信产品和服务满足社会需求的各类通信企业,包括电信市场供给主体及邮政市场供给主体。随着网络通信技术及应用的进一步深化,通信市场供给主体呈现出多元化和多样化的趋势。

(1) 投资主体

传统上,世界多数国家通信市场的投资者主要是政府,相应的邮电通信企业均为国有企业。伴随着全球电信市场的开放进程,先后有发达国家,如美国、英国、德国、法国等,和部分发展中国家在内的多数国家的电信业引入了多元化的投资主体,世界范围内的电信企业产权多元化的格局已经形成。

从我国电信市场来看,随着我国通信市场的开放以及加入WTO服务贸易协定后,我国政府先后出台了一系列政策,逐步放宽了对外资和非公有制资本准入的限制。这些政策主要包括:①国务院2001年年末发布并于2002年1月1日开始执行的《外商投资电信企业管理规定》,允许外国投资者和中国投资者以合资企业方式经营电信业务,但需要满足相应投资额和投资比例要求。②2005年,国务院发布了《国务院关于鼓励支持和引导个体私营等非公有制经济发展的若干意见》(简称"国务院36条")规定:放宽非公有制经济市场准入,允许非公有资本进入垄断行业和领域。加快垄断行业改革,在电力、电信、铁路、民航、石油等行业和领域,进一步引入市场竞争机制。对其中的自然垄断业务,积极推进投资主体多元化,非公有资本可以参股等方式进入。③2006年12月,国务院办公厅转发了国资委的一份《关于推进国有资本调整和国有企业重组的指导意见》规定:下一步要将国有资本向关系国家安全和国民经济命脉的领域集中,增强国有经济的控制力;要通过股份制改造、引入战略投资者、重组上市等方式实现国企产权多元化,增强企业的活力和竞争力。④2007年3月,国务院专门就中国服务业的改革问题发布了《关于加快发展服务业的若干意见》(简称"国十条")进一步明确:要深化电信、铁路、民航等服务行业改革,放宽市场准入,引入竞争机制,推进国有资产重组,实现投资主体多元化。此外，按照中国政府向 WTO 的承诺，到 2004 年，外商在中国移动通信领域的股权就可增至到 49%，到 2007 年，外商在固定电信领域的股权允许增至到 49%，且对两大领域的投资均没有地域的限制。

近年来，随着以上政策的逐步落实，我国电信市场已经呈现出国有资本、外国资本和民间资本并存的多元化投资格局。

(2) 供给主体

当前，随着电信市场向信息通信市场的发展，信息通信业中市场供给主体呈现多样化局面，从产品和业务角度看，主要有基础网络运营企业、增值服务提供商、通信服务转售商、虚拟运营商、互联网企业以及相关的设备和软件提供商等。

① 基础网络运营商：目前，我国的基础网络运营商共有 6 家，其中中国电信、中国联通、中国移动提供基础电信业务及增值电信业务。中国广电[1]提供基础电信业务，中国卫通[2]从事卫星运营服务业，重点提供卫星空间段运营、地理信息与位置服务和卫星地面应用三部分业务。中国铁塔[3]提供铁塔的建设、维护和运营服务，以及基站机房、电源、空调配套设施和室内分布系统的建设、维护、运营及基站设备的维护。

② 增值服务提供商：截至 2016 年 4 月，我国提供增值电信业务的提供商也发展至 35 000 多家[4]，业务领域涉及在线数据交易及处理业务、国内多方通信服务业务、因特网虚拟专用网业务、因特网数据中心业务、存储转发类业务、呼叫中心业务、因特网接入服务业务、信息服务业务。

③ 虚拟运营商/电信业务转售商：虚拟运营商是指那些具有部分网络和技术能力或者完全不具备网络，通过租用基础网络运营商的部分网络和技术能力或者直接向电信运营商批发业务，但以自己的品牌、自己的设计业务组合销售基础电信业务和增值服务的运营商。电信业务转售商是虚拟运营商的模式之一。虚拟运营商最早在欧美一些发达国家出现，成为与基础网络运营商既合作又竞争的一类市场主体。2013 年 1 月 8 日，我国工业和信息化部出台《移动通信转售业务试点方案》（征求意见稿）规定，"基础电信商应保障在试点期间至少与 2 家以上转售企业合作"，并明确转售业务商比照增值电信业务管理，且不能自建网络、无号码资源，地位将类似于 SP 企业。也就是说，我国的虚拟运营商也必须依赖基础网络运营商才能生存。2013—2014 年试点期间，我国共发放了 5 批 42 张电信业务转售商牌照。为保证该试点的实施，工信部还规定了强制措施，要求"拥有移动网络的基础电信业务经营者应保障在试点期间至少与 2 家以上转售企业签署合作协议，并开展合作"。此外还分配了 170 号段作为虚拟运营商的专属号段。

④ 互联网企业：广义上是指以计算机网络技术为基础，利用网络平台提供服务并因此获得收入的企业。按照网络企业间的协作关系，广义的互联网企业可分成三类。第一类是基础层互联网企业，主要是以提供网络设备、通信环境、接入服务等网络运营所必需的基础设施为

---

[1] 工信部于 2016 年 5 月 5 日向中国广播电视网络有限公司颁发了《基础电信业务经营许可证》，批准中国广播电视网络有限公司在全国范围内经营互联网国内数据传送业务、国内通信设施服务业务。成为我国第四家基础网络运营商。

[2] 中国卫星通信集团公司，2001 年成立，2009 年中国卫通将基础电信业务剥离并入中国电信后，重组并入航天科技集团，成为我国从事卫星运营服务的核心企业。

[3] 中国铁塔股份有限公司，是由中国电信、中国移动、中国联通三家电信企业联合出资成立的通信基础设施综合服务企业，2014 年 7 月 18 日正式挂牌。

[4] 截至 2016 年 4 月底，全国增值电信业务经营许可企业共 35 252 家。其中包括 95% 以上为民营企业，其余的为国有控股企业和外商投资企业。

主。这类互联网企业包括基础网络设备提供商、电信网络运营提供商和宽带接入服务提供商。第二类是服务层互联网企业,这类互联网企业主要从事网络应用设施的生产和开发,提供技术服务、技术咨询、技术创新等服务,其产品是网络软件、网站开发等。第三类是终端层互联网企业,这类企业主要是基于互联网平台,提供相关的免费应用及增值信息服务的公司,它的主要经营模式是通过建立自己的网站,提供搜索引擎、综合门户、即时通信、电子商务等众多业务和应用,以吸引大量用户(访问者),从而获得巨大商机,比如我国的阿里巴巴、腾讯、百度等。狭义的互联网企业则是指上述第三类企业。

⑤ 设备和软件提供商:设备和软件提供商是指面向基础网络运营商建设和运营通信网络需求、各行各业建设维护信息通信系统需求以及广大消费者通信终端设备等需求,提供软、硬件设备和相关服务的企业。这些厂商既涉及网络运营市场,也涉及行业应用和消费市场。我国通信设备制造业开放较早,外国设备制造商进入我国通信市场也较早,国内设备制造商也相对较成熟。

2. 市场需求主体

通信市场需求主体指的是各类通信市场上对通信产品和服务形成有效需求的所有客户。传统通信市场满足一般的通信服务消费需求,其需求主体包括家庭和个人,企业、政府机构及其他社会组织等。引入竞争后,主导运营商还承担向其他竞争性企业提供互联互通服务、网络设备出租和业务转售服务等,因此,通信市场需求主体除了零售业务市场面对的最终消费者外,还包括批发业务市场面对的其他通信企业。现代信息通信市场背景下,如果简单地从产业链角度看,每一个产业环节的下游环节就构成了本环节的市场需求主体,本环节又是上游环节的需求主体的组成部分。如众多的设备制造商面临的市场需求主体就是网络运营商,终端设备制造商面临的需求是最终消费者;网络运营商面临的市场需求主体就是其他的网络运营商、接入服务提供商、互联网企业和一般的通信业务消费者。信息通信产业基础设施性的特点决定了信息通信业服务的社会广泛性,"互联网+"时代,信息通信业不仅服务于社会各行各业的消费者、企事业团体,还深入渗透到传统的各行各业,为行业提供垂直服务。

(1) 个人和家庭消费者

个人和家庭消费者一般被称为最终用户(End Users),其需求构成最终消费需求。移动互联网时代,个人和家庭用户是智能终端、移动互联网接入、互联网宽带接入、数据消费以及各类应用的主要需求者。个人和家庭收入水平和消费者偏好决定其需求的数量、品种和质量。

(2) 政企客户

包括各类企业、社会组织和政府部门,也称集团客户需求。集团客户需求除了一般的通信需求外,还有如内部网络建设需求、网络维护需求、设备和网路资源租用需求、设备托管需求、虚拟专网需求等。

(3) 行业应用需求主体

信息通信服务业的发展对社会最大的贡献是消除信息不对称,降低交易成本。针对不同行业发展特点和特定需求,开发针对不同行业的垂直应用服务,解决数据汇集需求、数据服务需求、信息服务需求等是当前及未来信息通信市场发展的趋势。当前,多种行业物联网部署和行业应用案例纷纷涌现,如车联网、智能抄表、无线 POS、移动媒体、生产与环境监测、智能可穿戴设备等各行各业的物联网业务。近年来,各国通信企业转型发展的战略部署显示,未来这部分市场需求将是通信市场需求发展的主要方向。

8.2 产业组织结构分析理论和方法

8.2.1 结构—行为—绩效范式

微观经济学在分析市场运行效率时主要关注的是完全竞争和完全垄断两种市场结构,但现实中的市场通常都是上述两个极端市场结构中间的一种状态,拥有多家企业,规模往往相差很大,其中一家或几家企业具有市场势力,有能力将产品定出高于竞争对手的价格却仍然有竞争力,这种状况被称为寡头垄断或不完全竞争。破除垄断后的通信产业就符合这样的特点,对这类市场竞争和效率的研究则是产业组织理论的关注重点。

传统产业组织理论的基本研究方法是20世纪50年代前后由哈佛学派提出的SCP范式(Structure-Conduct-Performance Paradigm),即结构—行为—绩效范式,其代表人物是哈佛大学的梅森与贝恩。该学派在一系列实证研究后提出在市场结构、市场行为和市场绩效三者之间存在着稳定的因果关系,不同的市场结构能够产生不同的市场行为,不同的市场行为又会产生不同的市场绩效,于是提出市场结构影响市场行为,市场行为影响市场绩效的"结构—行为—绩效"(SCP)分析框架,如图8-1所示。

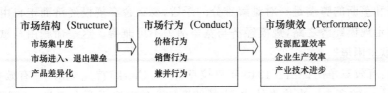

图8-1 SCP分析框架

随着时间推移,SCP范式的缺点逐渐显现出来。

(1) SCP研究中使用的结构变量不足以反映产业之间的差异。在不同的产业中,企业的成本和需求结构不同,竞争对手反应行动的次序不同。而SCP研究只是一种广度上的跨产业研究,难以从深度上体现出这些异质性。

(2) SCP范式在因果关系的确定上过于简单,结构影响行为,行为影响绩效外还存在其他的因果关系,如图8-2中的虚线所示,如现实中存在多种行为反过来也可以影响市场结构,其中最直接的就是企业兼并行为。而结构—行为—绩效范式只提到其中的几种而已。

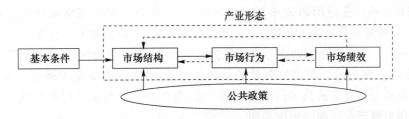

图8-2 双向动态的SCP框架

随着产业组织理论的不断发展,博弈论、计量经济模型和信息经济学等方法被大量应用,学界对结构、行为、绩效三者之间关系的探讨逐步深入,许多遵从于传统框架的产业经济学家也努力把产业组织理论和新古典经济理论结合起来,把关注点从市场结构转到市场行为上来。产业组织理论发展到今天出现了新的特征。①将SCP框架扩展,增加了产业基本条件,如产业技术经济特点等来体现产业的差异性;②建立了双向动态的 SCP 分析框架,如图 8-2 所示。从长期(动态角度)来看,可以认为市场行为和市场绩效会反作用于市场结构;③从重视市场结构的研究转向重视市场行为的研究,并大量应用博弈论对市场行为进行深入分析。

8.2.2 有效竞争及衡量标准

有效竞争指的是规模经济与竞争活力相兼容的一种市场结构,研究专注的是在具有规模经济的行业中,如何在不损害规模经济的前提下,保持多家企业相互竞争并提高市场运行绩效的问题。通信业是典型的规模经济性行业,有效竞争理论及其观念影响深远。追溯起来,有效竞争理论的发展主要经历了以下三个阶段。

第一阶段:规模经济与竞争活力悖论——马歇尔困境。19 世纪末,新古典经济学派的代表人物之一阿尔弗莱德·马歇尔(Alfred Marshall)在观察大机器工业时发现,企业在自由竞争中追求规模经济能够使生产效率得到提高,单位成本下降。然而,马歇尔在对生产规模的研究中发现了由"大规模"引发的垄断问题。在其经典著作《经济学原理》中,马歇尔指出,在追求规模经济的过程中会出现垄断。垄断者为了追求超额利润会从两方面带来损害:首先是人为操纵价格,排挤竞争者或抵制新进入者,扼杀了自由竞争的原则,使经济丧失活力;其次是为了抬高价格而减少产量,掠夺更多的消费者剩余,使社会资源不能得到有效配置。由此,人们意识到规模经济和垄断的弊端是一对难解难分的矛盾,要么舍弃规模经济而走自由竞争之路,要么失去竞争而走规模经济之路,规模经济与竞争活力不可兼得。这一命题由马歇尔提出,因此也被称为"马歇尔困境"。

第二阶段:有效竞争的提出。1940 年克拉克(J. M. Clark)首先提出了"有效竞争"(Workable Competition)的概念。克拉克认为,市场的有效竞争取决于两个变量,即规模经济和竞争活力,而实际上追求规模经济和竞争活力本身从经济意义上看都是在追求资源的优化配置和经济效率的提高,因此二者的目标是一致的。但是,由于市场整体规模的有限性,市场领先者为了追求更大的规模经济而进行的扩张就可能会利用自己的市场势力削弱市场的自由竞争机制。因此,有效竞争的概念实际上提出了规模经济与竞争活力相互兼容的"度"的问题,即其目标在于如何发挥规模经济与竞争活力的综合作用,达到社会经济效率最大化。

第三阶段:有效竞争衡量标准的提出。虽然克拉克定义了有效竞争概念,但是并没有给出实现有效竞争的客观条件和具体的衡量标准。此后众多学者针对有效竞争衡量标准进行了深入的研究,其中以梅森和贝恩为代表提出了有效竞争的衡量标准。1939 年,梅森(Mason, E. S)在美国建立的产业组织研究小组对市场结构、竞争行为和市场绩效进行了经验性研究后,提出了两个衡量有效竞争的标准:一是市场结构标准,二是市场绩效标准。1959 年梅森的弟子贝恩(Bain, J. S)将梅森的两个标准扩展为三个标准:市场结构标准、市场行为标准和市场绩效标准,即基于 SCP 分析范式的有效竞争衡量标准,完善了产业组织理论。表 8-3 是贝恩提出的衡量市场有效竞争的具体标准。直到今天,有效竞争及其衡量标准仍成为一些国家制定竞争政策和实施产业管制的理论参照。

表 8-3 衡量市场有效竞争的三大标准

有效竞争的标准	具体衡量标准
市场结构标准	集中度不太高;市场进入容易;没有极端的产品差异化
市场行为标准	价格没有共谋;产品没有共谋;对竞争者没有压制政策

续表

有效竞争的标准	具体衡量标准
市场绩效标准	存在不断改进产品和生产过程的压力;随着成本大幅度下降,价格能向下调整;企业与产业处于适宜规模,销售费用在总费用中不存在过高现象;不存在长期过剩的生产能力

8.2.3 竞争政策和行业管制

在图 8-2 的 SCP 分析框架中,公共政策也是一项重要内容。公共政策主要指的是竞争政策(反垄断)和行业管制。图中的箭头表示,政府可以根据行业市场结构、竞争行为和市场绩效状况,实施相应的政策和措施,从而影响一个行业的结构和行为,以改善该行业的经济绩效。

竞争政策和行业管制都是政府基于立法实施的公共政策的组成部分。其中,竞争政策依据的是反垄断法或竞争法,而行业管制的法律依据是行业立法。竞争政策通过反垄断以促进竞争,目的是维护自由和公平的市场竞争机制、促进提高资源配置效率和企业生产效率并增加消费者福利。竞争政策是一种横向干预政策,对所有的行业都适用,包括通信行业。执行政策时,一般在事后针对企业妨碍市场竞争的行为,由反垄断执行机构实施法律干预。全球电信市场开放竞争首先就是从美国电信市场上的反垄断开始的。AT&T 公司和电信贝尔系的发展史基本上代表了美国电信业的发展轨迹,体现着美国反垄断政策和通信产业组织的变迁。行业管制则针对市场失灵,为了纠正市场失灵,维护公共利益、提升社会福利,从特定行业特点出发,依据本行业法规,由行业监管机构从事前、事中到事后对行业实施结构性或行为性干预。

目前,全球有 90 多个国家都有反垄断立法。反垄断立法中一般包括的内容都会涉及禁止限制竞争行为;禁止滥用主导地位的行为和对市场集中的控制。我国 2008 年颁布实施了《中华人民共和国反垄断法》,反垄断法在上述内容框架基础上,还针对中国行政垄断问题增加了对滥用行政权力排除、限制竞争的约束。

8.3 通信市场结构

8.3.1 市场结构的影响因素

市场结构(Market Structure)有狭义和广义之分。狭义指市场中买方或卖方的构成。广义是指一个行业内部买方和卖方的数量及其规模分布、产品差别的程度和新企业进入该行业的难易程度的综合状态,也可以说是某一市场中各种要素之间的内在联系及其特征,包括市场供给者之间、需求者之间、供给和需求者之间以及市场上现有的供给者、需求者与正在进入该市场的供给者、需求者之间的关系,是反映市场竞争与垄断关系的概念。

传统经济学中,根据卖方市场中企业数量、企业对产品价格的影响、进入市场难易程度、产品差异化程度等将市场结构划分为完全竞争、完全垄断、垄断竞争和寡头垄断四种离散结构。产业组织理论研究认为,相关商品市场中,市场集中程度、市场进入和退出的难易程度、产品差异化以及企业的一些竞争行为等因素对市场结构有着直接的影响,并进而最终影响市场运行的效率。

1. 市场集中程度

市场集中程度反映的是特定产业或市场中,卖者具有的相对的规模结构状况,反映了相关市场规模是集中在少数大企业手中,还是分散在众多小企业手中,以及是否存在垄断力量。产业组织理论中有多种方法可以测度特定市场的集中程度,但在各国反垄断实践中最常用的主要是市场集中度指标(CR_n)和赫芬达尔-赫希曼指数(HHI)。

(1) 市场集中度

市场集中度(Concentration Ration)指标是最常用、最简单易行的市场绝对集中度的测量指标,指的是行业内规模最大的前 n 位企业的市场份额之和。其中,市场份额可以用各企业的产值、产量、销售额、销售量、职工人数或资产总额等指标来计算。市场集中度的计算公式为

$$CR_n = \sum_{i=1}^{n}(X_i/X) = \sum_{i=1}^{n}S_i \tag{8-4}$$

式(8-4)中,CR_n 为产业中规模最大的前 n 位企业的市场集中度,X 为产业/市场的总规模,X_i 为第 i 位企业的规模,S_i 为第 i 位企业的市场份额,n 为产业内规模最大的前 n 位企业数。

分析中,通常选择 $n=4$ 或者 $n=8$,此时,市场集中度 CR_4、CR_8 就分别表示产业内规模最大的前四位企业的市场集中度或前八位企业的市场集中度。n 一定时,CR_n 数值越大,说明市场集中程度越大,垄断力量越强,竞争程度越弱。

产业组织理论研究中,哈佛学派的贝恩是最早使用市场集中度指标对产业市场的垄断和竞争程度进行分类研究的学者。贝恩根据产业内前四位和前八位企业份额计算的市场集中度指标,对产业市场结构的垄断竞争程度进行了重新分类,如表 8-4 所示。根据贝恩的计算,按照前四位或前八位企业市场集中度的不同,寡头竞争市场被分为五种类型。

表 8-4 贝恩的市场结构分类

市场结构 \ 集中度	CR_4 值(%)	CR_8 值(%)
寡占 I 型	$75 \leqslant CR_4$	—
寡占 II 型	$65 \leqslant CR_4 < 75$	或 $85 \leqslant CR_8$
寡占 III 型	$50 \leqslant CR_4 < 65$	$75 \leqslant CR_8 < 85$
寡占 IV 型	$35 \leqslant CR_4 < 50$	$45 \leqslant CR_8 < 75$
寡占 V 型	$30 \leqslant CR_4 < 35$	或 $40 \leqslant CR_8 < 45$
竞争型	$CR_4 < 30$	或 $CR_8 < 40$

资料来源:[美]J. S.贝恩的《产业组织》,1981 年版,第 141-148 页。

哈佛学派通过对不同产业市场经验数据的观察和分析,将市场结构与市场运行效率联系起来。贝恩提出的"共谋假说"认为,高集中度的行业有利于企业共谋,进而提高价格和利润。他收集了 42 个制造业的数据并将其分为两类进行验证,其中一类是 $CR_8 > 70\%$ 的行业,另一类则是低于 70% 的行业。研究结果显示行业集中度越高,平均利润率越大,验证了他的假设。在贝恩研究的基础上,20 世纪六七十年代其他学者所做的产业层面的补充研究也发现市场集中度和利润率之间有统计显著性。特别是在行业进入障碍较大时,这种关系表现得更强。因此,20 世纪 70 年代,结构-绩效研究被广泛应用。然而,批评者仍指出该理论存在大量的概念问题和解释问题。芝加哥学派的经济学家提出的"效率假说"认为,市场集中度和效益之间的

统计学关系不是由于共谋而是效率的结果。按照这一解释,企业获得高利润可能来自低成本而非高价格,而市场集中也可能不是共谋的原因,而是高的生产效率导致的结果。之后,随着产业组织理论研究的逐步深入,人们发现,由于行业千差万别,竞争情况各异,通过宽泛的行业横截面数据的研究试图寻找市场结构与效率之间的通用结论没有太大意义,还需要针对不同产业特点,综合结构、竞争行为等多种因素进行综合考量。

此外,日本经济学家植草益根据对不同规模产业计算的 CR_8,将市场结构分为极高寡占型和高、中寡占型以及低集中竞争型和分散竞争型 4 类,如表 8-5 所示。

表 8-5 植草益的市场结构分类

市场结构		CR_8值(%)	产业规模状况/亿日元	
粗分	细分		大规模	小规模
寡占型	极高寡占型	70< CR_8	年生产额>200	年生产额<200
	高、中寡占型	40< CR_8 <70	年生产额>200	年生产额<200
竞争型	低集中竞争型	20< CR_8 <40	年生产额>200	年生产额<200
	分散竞争型	CR_8 <20	年生产额>200	年生产额<200

资料来源:[日]植草益的《政府规制经济学》,1992 年版。

(2) 赫芬达尔-赫希曼指数

HHI(Herfindahl-Hirschman Index)指数也可以简写成 H 指数,是另一个用来测量市场集中程度的指标。HHI 指数计算的是某特定行业市场上所有企业市场份额的平方和。用公式表示为

$$\mathrm{HHI} = \sum_{i=1}^{N}(X_i/X)^2 = \sum_{i=1}^{N} S_i^2 \tag{8-5}$$

式(8-5)中,X 为产业市场的总规模,X_i 为产业中第 i 位企业的规模,S_i 为产业中第 i 位企业的市场占有率,N 为产业内的企业总数。

计算 HHI 指数时,通常不考虑市场份额的百分号,因此 HHI 值最大为 $\max(\mathrm{HHI})=10\,000$,即独家垄断的情形;最小值 $\min(\mathrm{HHI})=10\,000/N$,即 N 个企业均匀分布的情形。如果计算时将百分号考虑进来,则 HHI 指数最大为 1,最小为 $1/N$。HHI 指数值越大,说明企业间市场份额的差距越大,表明市场的集中程度越高,垄断势力越强,竞争程度越弱。

与市场集中度 CR_n 相比,HHI 指数的计算需要更为详细的市场信息,因为它计算的是市场中所有企业的市场份额的平方和,而市场集中度 CR_n 只需要计算最大的几家公司的市场份额。但 HHI 指数比市场集中度指数 CR_n 对市场结构的变化更敏感。例如,当市场集中度 CR_4 均为 70%情况下有两种不同的市场结构,结构一中前四位企业的市场份额分别为 30%、25%、10%、5%,其他多家企业共同占有剩余 30%的市场份额,结构二中前四位企业的市场份额分别为 50%、12%、5%、3%,其他多家企业共同占有剩余 30%的市场份额,可以计算出结构一的 HHI 指数为 2 550,而结构二的 HHI 指数为 3 578,相差 1 028。HHI 指数更有效地反映了占有 70%份额的四家企业的规模差异。正因为如此,实践中,HHI 指数更多地被各国在实施反垄断政策中用于对市场结构的判断。

1980 年,日本公正交易委员会以 HHI 为依据对市场结构进行分类并予以公布,其结果如表 8-6 所示。

表 8-6　日本基于 HHI 值的市场结构分类

市场结构	寡占型				竞争型	
	高寡占Ⅰ型	高寡占Ⅱ型	低寡占Ⅰ型	低寡占Ⅱ型	竞争Ⅰ型	竞争Ⅱ型
HHI 值	HHI≥3 000	3 000>HHI≥1 800	1 800>HHI≥1 400	1 400>HHI≥1 000	1 000>HHI≥500	500>HHI

资料来源：日本公正交易委员会编：《日本的产业集中》，高等教育出版社 2000 年版。

美国司法部也根据 HHI 指数来确定市场结构以及用于判断是否应对相应市场的企业兼并行为关注并实施干预。根据美国《横向合并指南》(2010 年)规定，当 HHI 指数小于 1 500 时，市场结构属于低度集中市场，此时企业间横向兼并行为一般不具有反竞争效果，不必考虑兼并行为导致 HHI 的增幅。当 HHI 指数位于 1 500～2 500 时，市场结构属于中度集中市场，此时，企业横向兼并引发 HHI 指数的增幅就需要关注，如果增幅低于 100 时，兼并行为不具有反竞争效果，一旦兼并行为引发 HHI 指数的增幅超过 100，则可能导致严重的竞争关注。当 HHI 指数大于 2 500 时，市场结构即为高度集中市场，此时企业兼并行为引发 HHI 指数的增加幅度如果低于 100，仍被认为不具有反竞争效果。如果 HHI 指数增幅介于 100～200 之间，就可能导致严重的竞争关注；大于 200，则兼并行为被认为可能增强市场势力而被禁止。

2. 市场进入和退出壁垒

(1) 进入壁垒。进入壁垒是影响市场结构最重要的因素。贝恩在《对新竞争者的壁垒》中定义为："和潜在的进入者相比，市场中现有企业所享有的优势。这些优势是通过现有企业可以持久地维持高于竞争水平的价格而没有导致新企业的进入反映出来的。"也就是说，市场壁垒是允许在位企业赚取超额利润而不受到进入威胁的一切因素。或者说，进入壁垒是潜在进入企业或新进入企业与市场中在位企业竞争可能遇到的种种不利因素或需要额外承担的成本。显然，进入壁垒具有保护在位企业的作用。一个市场的进入壁垒越高，就越会限制进入企业的数目，从而影响市场竞争程度。

根据市场进入壁垒的来源，进入壁垒又分为外生壁垒和内生壁垒。外生壁垒依赖于市场的基本特征，企业无法控制。不同的市场，由于行业技术、经济特点不同，存在不同类型的外生市场进入壁垒，特别是行业规模经济效应明显、呈现自然垄断特点的市场，进入壁垒较高。当市场具有这些特征时，新企业进入困难且在市场上生存代价巨大。内生壁垒指市场内现有企业可以控制的相关因素造成的市场进入壁垒。其中包括市场内企业为维护其利益而可能采取的各种战略性行为和报复性行为。

从通信业看，构成通信市场进入壁垒的因素很多，既有外生的，也有内生的。外生的进入壁垒如行政性行业准入限制、规模经济、资本需求、网络外部性和转换成本等。内生的进入壁垒有市场在位企业为阻止新企业进入的策略性行为，如拒绝新进入企业的互联互通要求，或收取高额的互联互通费用。此外，还有专利、知识产权的保护行为等。

衡量市场进入壁垒的大小可采用规模障碍系数、阻止进入价格以及必要资金量、产业和企业的专利、特许数量等。

如：规模障碍系数 $d=$(最优规模/市场容量)$\times 100\%$，其中，最优规模可以理解为最小有效规模(MES)，一般用市场中中等规模企业的规模代替，市场容量指市场总规模。产业经济学家的经验研究发现，规模障碍系数与市场进入壁垒之间的确存在关联，具体如表 8-7 所示。

表 8-7　规模障碍系数与市场进入壁垒之间的关系(植草益)

规模障碍系数 d	进入壁垒(规模经济障碍程度)
10%～25%	高度
5%～9%	较高
<5%	中等或较低

又如,贝恩在经验研究的基础上提出,可用最高阻止进入价格高于该产业平均成本的百分比来衡量进入壁垒的程度,阻止进入价格与进入壁垒之间的关系如表 8-8 所示。

表 8-8　阻止进入价格与进入壁垒之间的关系

(销售价格－平均成本)/平均成本	进入壁垒程度
当销售价格比平均费用高 10% 时,新企业仍难以进入的行业	高壁垒产业
当销售价格比平均费用高 6%～8% 时,新企业仍难以进入的行业	较高壁垒产业
当销售价格比平均费用高 4% 时,新企业仍难以进入的行业	中壁垒产业
当销售价格高于平均费用 1%～2% 时,新企业就容易进入的行业	低壁垒产业

(2) 退出壁垒。退出壁垒指的是企业在退出某个产业市场时所遇到的各种阻碍和限制。一般情况下,退出壁垒和进入壁垒是相关的,进入壁垒高,退出壁垒也高。形成退出壁垒的因素很多,常与以下因素相关,如资产专用性很强和存在大量的沉没成本。资产专用性强与沉没成本有关,如果企业投资的资产专用性很强,那么在企业退出这个行业时,这些巨额的资产往往很难转售变现。如果这些资产根本无法转售或者只能以很低的价格转售,那么资产转售后损失的价值就形成沉没成本。另外,如果企业在专利、广告和营销方面投入大量的资金和人力成本,退出市场也会形成沉没成本。沉没成本越大,企业退出市场的壁垒就越高。此外,政府为了一定的目标,往往会制定政策和法规限制某些企业从市场上退出,如对于一些公用事业部门,出于确保稳定服务的目标,对有关企业的退出往往是加以限制的。还有员工解雇成本、联合生产问题等也会形成一定的退出障碍。

3. 产品差别化

产品差别化是指企业在提供给顾客的产品上,通过各种方法造成足以引发顾客偏好的特殊性,使顾客能够把它同其他竞争性企业提供的同类产品有效区别开来,从而达到使企业在市场竞争中占据有利地位。产品差别化是一种有效的非价格竞争手段。企业通过实施产品差别化策略可以让消费者感知其产品的独特性,进而影响消费者对其产品产生偏好和忠诚,这样即使企业将产品价格定得高于竞争对手,客户仍然可以接受。企业可以通过以下一些方法达到产品差别化的目的,如设计与众不同的产品外观、包装,赋予不同的品牌,提供特殊的服务,利用不同的分销渠道或者采取独特广告宣传和促销等。企业产品差别化程度越大,市场上其他产品对自己产品的替代性就越小,企业依赖产品差别化就可以找到稳定的目标市场,并垄断这个市场。这样做的结果会使市场结构从竞争走向垄断竞争。

产品差别化程度可用产品需求交叉弹性来衡量。产品需求交叉弹性表示的是某种商品需求量变动的百分比与另一种商品价格变动的百分比的比值。假定现有两种商品 X、Y,以 E_{cx} 表示商品 X 对商品 Y 的交叉弹性,以 $\Delta Q_x/Q_x$ 表示商品 X 需求量变动的百分比,以 $\Delta P_y/P_y$ 表示商品 Y 价格变动的百分比,则商品 X 对商品 Y 的交叉弹性的计算公式为

$$E_{cx}=\frac{(\Delta Q_x/Q_x)}{(\Delta P_y/P_y)} \tag{8-6}$$

当交叉弹性E_{cx}为正值时,表明随着商品 Y 价格的变动,商品 X 的销量出现了同方向变动,说明两种商品具有替代性。当交叉弹性为负值时,表明随着商品 Y 价格的变动,商品 X 的销量出现了反方向变动,说明两种商品具有互补性。交叉弹性系数的绝对值越大,这种替代性或互补性就越强。当交叉弹性为零时,说明两种商品之间不存在替代或互补关系,是独立的,此时两种产品的差别化程度最大。

产业组织理论的经验研究认为,广告密度(产品广告费总额/销售收入)与产品差别化存在联系,植草益对比了 31 种产业(不包括投资品)广告费支出与产品差别化程度的数据发现,在较高的产品差别化产业中,广告密度或广告投入的绝对额相对也较大。

8.3.2 通信市场结构分析

1. 电信通信市场结构的演变

从电信到信息通信,在通信业发展的百余年历程中,通信市场走过了从垄断、引入竞争到融合竞争的过程。

电信行业发展初期特殊的技术经济属性,使得该行业有如下几个特点,一是电信生产技术单一,基础网络的建设需要投入大量的资金,进入壁垒很高。二是生产规模达到一定量级后边际成本很低,因此网络型产业的平均成本曲线非常陡峭,在产量达到某一水平后开始急剧下降并接近于零,具有显著的规模经济性。三是加之市场需求有限,一般被视为自然垄断行业。因此,各国电信市场在发展初期多是垄断结构,但造成垄断的背景、原因不同。除美国外,世界其他国家的电信市场基本上只有一家国有公司垄断运营,是典型的纵向一体化垄断市场结构。

美国最早期的电信市场是电话发明专利保护下形成的垄断,贝尔发明电话于 1876 年,之后有 17 年的专利保护期。专利期满后不到十年的时间里,在全美范围内出现了 6 000 多家电话公司,抢走了 AT&T 将近一半的市场份额,曾一度使原来垄断的 AT&T 处于极大的困境。然而,由于当时电信技术单一,通信企业提供的服务产品难以形成差别,随着竞争持续,在位运营商 AT&T 凭借拥有网络规模和成本优势,逐渐占据上风,AT&T 还在竞争中采取了一系列的排除市场竞争的行为,逐渐强化其垄断地位。其中包括借助推行普遍服务战略,大规模实施交叉补贴(在保持长途电话高额资费的同时,对市话业务低于成本销售,利用长话利润对市话业务进行补贴);同时 AT&T 利用其拥有长途和本地线路的垂直一体化优势,拒绝为竞争者提供长途网络接续服务,使得其他独立的、竞争的电话公司由于缺乏互联互通,基本上处于一个"岛状网络的竞技场"上,难以与 AT&T 抗衡。

在当时的技术经济条件下,AT&T 的拒绝互联和交叉补贴策略取得了极大的成功。在短短的几年内,6 000 多家电话公司的绝大多数不是倒闭就是被 AT&T 兼并,剩下的 1 500 家也已朝不保夕。最使美国举国震惊的是,1910 年 AT&T 一举兼并了当时居于电报业垄断地位的西联公司(Western Union),从而把全美国的电信行业基本置于自己一家的垄断之下。这时,美国政府不得不出来干预 AT&T 的无限扩张。1913 年美国司法部在联邦法院对 AT&T 提出了第一次反垄断起诉,诉讼的结果以双方院外调停方式达成妥协,AT&T 接受了政府的条件(Kingsbury Commitment),而司法部撤销了对 AT&T 的起诉。政府开出的条件包括:AT&T 停止兼并其他电话公司;为其他电话公司提供网间接续;出让西联公司并保证永远不进入电报业；AT&T在美国承担普及电话服务（Universal Service）的责任。1934年，美国通过电信法并成立了以普遍服务为目标的联邦通信委员会（FCC）。从此，"普遍服务"开始成为美国政府电信政策的一部分，而电信行业则开始建立了包括政府管制、垄断经营、普遍服务、交叉补贴、网间接续等项内容的经营体制，成为与市场经济中其他行业不同的一个特殊行业。后人评价这一事实时认为，在AT&T利用行业优势大肆吞并市场之时，美国政府出面干预的结果是承认了AT&T普遍服务的理念，并明确了AT&T的业务领域范围，这在一定程度上默许和保护了AT&T的垄断。

从1913年到1984年被拆分前，AT&T在电信业中的垄断地位整整维持了70年。1984年美国司法部正式拆分AT&T之前，AT&T是一家具有设备研发制造，全面控制着美国长途、市话和国际通信业务市场，并建设和拥有遍及全国的电信通信网的巨型纵向一体化垄断企业。1982年，AT&T的总资产和净收入在全美Top500家公司中名列第一，销售收入名列第二。其贝尔电话公司在全美48个州拥有6 874个本地电话交换局，控制着1.462亿部电话，占全美电话总数的80%，并且主要集中在人口密集的城市地区。其他1 432家独立的电话公司，只拥有20%的市场份额。AT&T的长途业务部，1980年占据的长途市场份额为98.3%。其西电公司的电信设备市场占有额一直在2/3左右。贝尔实验室用于研发的预算比其他电信公司研发经费的总和还多。

20世纪80年代以后，以英美电信市场结构变革为首，全球范围内拉开了世界电信行业市场化改革的序幕。世界各国纷纷采取结构性干预政策，放宽市场准入限制，鼓励竞争，逐步建立起竞争性的电信市场结构。在这一过程中，各国所采取的步骤和改革模式各有不同，大致可以分为三类。

一是以美国为代表的纵向分离模式，即通过对垄断运营商网络和业务的拆分，将竞争性业务与垄断性业务分离，开放可竞争市场，以此来构造竞争的市场结构。如美国拆分后的AT&T，只保留了长途网络运营和设备制造，拆分出去的贝尔集团按地域分割成7个本地电话公司。自此，美国的长途电信市场形成了AT&T、Sprint和MCI三家竞争经营的局面，本地市场则在加强对接入定价管制的同时，鼓励基于设施的进入。1996年，美国通过了新的《电信法》，该法案对"1934年电信法"做了大幅度修改，开放所有的电信市场，明确地显示了进一步放松管制的特点。其中，修改的一个重要内容是放松了对不同种类的电信和媒体公司相互进入彼此业务领域的限制，允许不同的媒体市场相互渗透，促使美国全国范围内的从电信运营到硬件制造、软件开发、网络通信、互联网服务、广播电视等各个领域展开新的竞争和重组，从而极大地推动了美国国内对"信息高速公路"网络的建设。继美国通过拆分垄断运营商开放市场之后，巴西和印度的电信市场也采取了类似的改革模式。

二是以英国为代表的竞争型纵向一体化模式，即保留原有垄断运营商，通过开放市场引入新的竞争者，形成两家或多家纵向一体化的竞争者参与竞争。20世纪80年代初，英国的邮政和电信还是由同一家国有企业"英国邮政局"统一经营，1981年英国政府通过了"英国电信法"，将邮电分营，分别建立了英国电信公司和皇家邮政公司。1982年由C&W、巴克利商人银行发起成立了由C&W控股的莫克瑞通信公司（Mercury），与英国电信（BT）在固定电话市场形成双寡头垄断竞争格局。1991年，英国政府又向Cellnet和Racal-Vodafone颁发了移动通信运营许可证，竞争经营移动通信业务。同年，英国政府发布了"竞争和选择：90年代的电信政策"白皮书，调整了管制政策，彻底结束了双寡头垄断市场格局，开始鼓励基于网络设施的新进入者进入市场并向这些新运营商颁发经营许可证。与此同时，还允许以转售方式提供电信服务。2003年,为了适应通信业融合发展趋势,英国颁布了新的《通信法》,依法成立了新的管制机构OFCOM,建立了新的通信管制框架。在新管制框架下,英国取消了对通信市场准入颁发许可证的做法,改为一种规定企业"权利义务条款"的进入方式。至此,全面放开了对通信市场的准入管制,为建立全面竞争市场铺平了道路。2003年年末,英国电信市场上大约有170个固定电信运营商,5个移动通信运营商和59个移动业务提供商,以及700多个互联网业务提供商。继英国之后,欧洲大部分国家都采取了类似的改革模式。

随着英美国家电信市场的开放,全球各国纷纷开始效仿,打破传统电信市场(固定电话)垄断,开始引入竞争。

三是混合模式,即将上述两种方式结合起来,一方面拆分原有的垄断运营商;另一方面引入新的竞争者,构造竞争的市场格局,如中国的电信市场改革。

这一阶段竞争性市场格局的迅速形成主要有以下原因:一是信息通信技术的发展使一部分业务领域的市场进入成本和供给成本大大下降,降低了电信市场的进入壁垒,弱化了其自然垄断特性,使得整个通信业的部分市场成为可竞争或潜在可竞争的市场;二是信息通信技术的发展和融合使通信服务更加多样化,替代性竞争大大加强;三是20世纪70年代后,西方社会经济发展中"滞胀并存",引发人们开始关注政府直接管制基础性行业的弊端。同时,整个经济学界针对经济问题,开始倡导自由市场经济,影响到了政府政策导向。政府管制思路发生变化,改革先行的国家纷纷以形成竞争机制为目标,修改或推出新的立法,探索建立更为有效的市场竞争框架。

20世纪末、21世纪初期,随着移动通信技术和互联网技术的发展与应用的普及,打破了原有的本地固定电话网络通信的自然垄断格局,信息技术、通信技术融合,电信网、计算机网、广电网三网融合,通信需求融合信息需求等,使得传统"竖井"式的电信业、互联网业、广电业行业相互渗透、融合,开放的制度环境、不断放松的市场准入限制以及信息通信技术(ICT)持续的创新和发展,引发新的竞争主体以及替代性技术和应用不断涌现,现代信息通信业已经逐步进入一种全面融合竞争的局面。

2. 中国电信市场竞争结构形成历程

1994年联通公司成立之前,我国的电信市场是政府主导的行政性垄断市场。这和世界上其他大多数市场经济国家政府直接经营电信业,不允许其他主体进入市场的做法所造成的结果是一样的。

1994年中国联通公司的成立标志着我国电信通信市场打破垄断,引入了竞争。1998年后,我国通信业进一步加大改革力度,实现了政企分开、邮电分设。1999年通过专业资产拆分,将原独家垄断的中国电信公司一拆为四,形成了专门经营固定网络的中国电信公司,专门经营移动网络的中国移动通信公司以及另两家经营卫星通信和无线寻呼的公司。在此期间,还成立了网通控股公司(俗称小网通,1999年成立)和铁道通信信息有限责任公司(2000年成立,2004年更名铁通公司),初步形成了多家运营商共存的市场局面。

2002年,以打破固定电话通信领域的垄断为重点,我国又对中国电信实施了企业、资源、业务和市场的分拆和重组,以南北地域为界,成立了新的中国电信和中国网通,由此形成了中国电信、中国网通、中国移动、中国联通、中国卫通、中国铁通六家基础电信运营商在不同电信市场竞争经营的市场格局。

2009年,我国以发展第三代移动通信为契机,为合理配置现有电信网络资源,实现电信运营商全业务经营,形成适度、健康的市场竞争格局,同时也为了防止垄断,又避免过度竞争和重复建设,发放了三张 3G 牌照,重组形成了包括中国移动、中国联通和中国电信在内的三家拥有全国性网络资源、实力与规模相对接近、具有全业务经营能力和较强竞争力的市场竞争主体,电信资源配置进一步优化,市场竞争架构进一步完善。

三次拆分重组后,随着通信市场各项开放政策的落实,我国通信市场开放力度逐年加大。"十二五"期间,我国三网融合、移动转售、宽带接入网业务开放试点稳步推进,IPTV 用户数达到 4 589 万户,42 家民营企业获得移动通信转售业务批文、发展用户 2 059 万,61 个试点城市 138 家(次)民营企业获得宽带接入网业务试点批文。

2014 年 7 月,为减少电信行业内铁塔以及相关基础设施的重复建设,提高行业投资效率,进一步提高电信基础设施共建共享水平,缓解企业选址难问题,增强企业集约型发展的内生动力,从机制上进一步促进节约资源和环境保护,同时,有利于降低中国移动的总体投资规模,有效盘活资产,节省资本开支,优化现金使用,聚焦核心业务运营,提升市场竞争能力,加快转型升级,中国移动通信有限公司、中国联合网络通信有限公司和中国电信股份有限公司共同出资设立的中国通信设施服务股份有限公司(后更名为中国铁塔股份有限公司,简称铁塔公司)正式挂牌成立。三大运营商各持有 40.0%、30.1% 和 29.9% 的股权。铁塔公司的成立意味着我国基础网络资源市场的集中,也会对我国电信业务的市场竞争带来影响。

2016 年 5 月,为全面推广三网融合工作,进一步扩大电信、广电业务双向进入的深度和广度,促进市场竞争,依中国广播电视网络有限公司申请,工业和信息化部履行法定程序,向中国广播电视网络有限公司颁发了基础电信业务经营许可证,允许该公司授权其控股子公司中国有线电视网络有限公司在全国范围内经营互联网国内数据传送业务、国内通信设施服务业务。这意味着,中国广电成为继移动、联通、电信后,中国面向社会公众提供服务的第四大基础电信运营商。

8.3.3 通信市场竞争格局的规律及解释

破除市场垄断、提高市场竞争活力是电信市场开放后行业监管的主要目标之一。然而,管理实践中,开放后竞争形成的市场格局有无规律可循?什么情形下需要管制干预?电信资源约束下保持几家竞争者可形成有效的竞争格局?这些问题是各国电信管制实践中都遇到的问题,也是产业组织理论研究关注的问题。

1. 市场份额分布的两个规律[①]

在研究市场集中规律的过程中,前人利用统计模型结合经验研究发现,在一定的条件下,市场格局有一些规律可循。

(1) 市场集中的"M 法则"。由 Mosteller(1965 年)提出,因此被称为"M 法则"。根据在市场份额分布方面的研究,Mosteller 认为,在不存在市场准入限制、主导企业不滥用市场势力的情况下,市场经过长期竞争后,各家企业的市场份额与以下公式计算值大致吻合。

$$S_j = \frac{1}{N} \sum_{i=j}^{N} \left(\frac{1}{i}\right) \tag{8-7}$$

式(8-7)中,N 代表市场中的企业数量,S_j 指排位在第 j 家企业的市场份额。"M 法则"已经在发达国家的上百个行业得到验证,涉及百货零售、电子制造、汽车、饮料、银行业等制造业及服务业。根据"M 法则"的份额分布公式,可以计算得到表 8-9 的内容。

[①] 全业务环境下电信竞争格局优化措施研究,摘自《2009 年中国通信统计年度报告》之专题分析。

表 8-9　企业数量与市场份额分布

企业数量	企业市场份额分布(%)					HHI
	第一位	第二位	第三位	第四位	第五位	
1	100					10 000
2	75	25				6 250
3	61	28	11			4 505
4	52	27	15	6		3 433
5	46	26	15	9	4	2 972

(2) 市场格局集中的"三四规则"。由波士顿咨询创始人 Henderson(1976 年)提出,他认为在竞争性市场上,有影响力的企业数量绝对不会超过三个,而在这三个企业中,最有实力的竞争者的市场份额又不会超过最小者的 4 倍,被称为"三四法则"。通过经验观察他还指出:两个相邻的竞争者之间,2∶1 的市场份额似乎是一个均衡点。要改变这一比例通常得不偿失;市场份额小于市场领先者份额 1/4 的企业,不可能有效参与市场竞争。

基于这两条经验结论可以得到:①有效的市场上通常只能容纳 3 家企业,对应的份额服从 4∶2∶1 分布;②从公共政策角度讲,最可能或者最优的份额是,领先者获得 60% 以上的份额,最小者份额不低于 15%。

2. 市场集中规律的理论解释

在市场竞争过程中,企业一方面因为成本低、经营效率高的原因,会占据较高的市场份额;另一方面还通过选择竞争策略,如与其他企业串谋或采取排他性定价策略,提高自身的市场份额。这是提高市场集中最为关键的两个原因。

下面用经济理论模型来分析这两个关键原因对市场份额分布的定量影响。假定市场上有 N 家企业,提供类似产品或服务,那么某个企业 i 的利润为 π_i:

$$\pi_i = pq_i - c(q_i) - F_i$$

其中,π_i 为企业 i 的净利润,q_i 为产品或服务数量,$c(q_i)$ 为可变成本,F_i 为固定成本。P 为业务的平均价格水平,则 $p = f(Q) = f(q_1 + q_2 + \cdots + q_n)$。

由企业 i 利润极大化条件,得到 i 的最优定价方程:$p + q_i f'(Q) \dfrac{dQ}{dq_i} - C'(q_i) = 0$

假定 $\dfrac{dq_j}{q_j} = \alpha \dfrac{dq_i}{q_i}$,$0 \leqslant \alpha \leqslant 1$,其中参数 α 代表企业间串谋程度。

结论一:企业间成本差异越大,市场集中度 HHI 越高,产业利润率越高。而且成本低的企业市场份额也高。原因如下:

当市场中企业间不存在串谋时,参数 $\alpha = 0$。均衡情况下,企业 i 的收入市场份额 s_i、市场集中度 HHI、市场利润率 $\left(\dfrac{\pi}{R}\right)$ 这三个指标分别为

$$s_i = \frac{q_i}{Q} = \eta \left[1 - \frac{C'(q_i)}{p}\right] \tag{8-8}$$

$$HHI = \frac{1}{N} + (\eta N - 1)^2 \frac{v_c^2}{N} \tag{8-9}$$

$$\frac{\pi}{R} = \frac{HHI}{\eta} \tag{8-10}$$

其中：η 表示价格弹性，v_c^2 表示市场中企业成本差异。

这意味着给定其他条件，①企业 i 的边际成本 $c(q_i)$ 越低，其市场份额越高；②企业成本差异 v_c^2 越大，市场集中度 HHI 越高，市场利润率 $\left(\dfrac{\pi}{R}\right)$ 随之也越高。由此，得到结论一。

结论二：企业间的合谋程度越大，市场联盟的集中度越高，产业利润率越高。原因如下：

当市场中的企业之间存在一定的串谋时，参数 $0<\alpha<1$。均衡情况下，企业 i 的收入市场份额 s_i、市场集中度 HHI、市场利润率 $\left(\dfrac{\pi}{R}\right)$ 这三个指标分别为

$$s_i = \frac{q_i}{Q} = \frac{-\alpha}{1-\alpha} + \frac{\eta}{1-\alpha}\left[1 - \frac{C'(q_i)}{p}\right] \tag{8-11}$$

$$\mathrm{HHI} = \frac{1}{N} + \left[1 - N\left(\frac{\eta-\alpha}{1-\alpha}\right)\right]^2 \frac{v_c^2}{N} \tag{8-12}$$

$$\frac{\pi}{R} = (1-\alpha)\frac{\mathrm{HHI}}{\eta} + (\alpha)\frac{1}{\eta} \tag{8-13}$$

这意味着给定其他条件，①企业间合谋参数 α 越高，其市场份额越高；②市场集中度 HHI 越高，市场利润率越高。由此，得到结论二。

结论三：如果进入市场的时间不同，越晚进入市场的企业的市场份额越小。原因如下：

当企业进入市场先后顺序不一致时，有先进入的，有后进入的，可以采取博弈论中的斯坦伯格（Stacklberg，1934 年）模型进行分析。如果前后进入市场的是两家企业，且两家企业的成本相同时，对应的收入市场份额是 2∶1。如果进入市场的企业是三家且成本相同时，均衡市场份额分布是 4∶2∶1。若三家企业中的后两家同时进入市场，则均衡市场份额是 3∶1∶1。由此，得到结论三。

3. 移动通信市场格局集中规律和经验总结

基于"M 法则"，2009 年我国有研究机构以当时移动通信市场为研究对象，考察了日本等 6 个国家移动通信市场结构数据（如图 8-4 所示），从各国移动通信市场格局看，日本有 4 家移动企业，澳大利亚有 3 家移动企业，印度有 6 家移动企业，这些国家前三位的份额分布都与"M 法则"比较吻合；韩国有 3 家移动企业，但韩国对主导运营商 SK 的市场份额严格管制（不允许超过 50%），导致其移动市场份额分布与"M 法则"略有差异；美国和英国由于移动市场不断并购导致与"M 法则"吻合度较低。

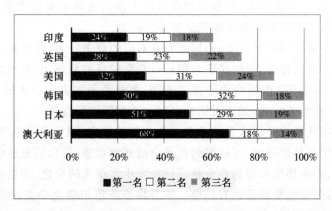

图 8-4　典型国家移动市场前三位企业的份额分布

我国 2008 年电信市场重组前,移动市场有两家企业,中国移动与中国联通,其市场份额基本维持在 7∶3 左右,与之也比较接近。

此外,国际上其他一些对移动通信市场竞争格局的经验研究,还得出下列一些结论,供考察移动通信市场格局时作为参照。

(1) 后进入者进入移动通信市场时的用户普及率是决定其最终能获得的移动市场份额以及其盈利水平的重要因素。原因在于,用户普及率越高,在位者的规模经济效应越强,品牌效应越明显,先发优势更为突出。而且,已入网用户的转移惰性也越大(即使采取号码可携带措施),后进入者越难获取市场份额。

例如,当普及率为 10%,且市场上只有一家移动运营商时,后进入的企业最终可获得的市场份额可以达到 38%(该结论符合斯坦伯格模型)。当普及率达到 70%,且已有三家企业在位时,后进入者的市场份额仅可达到 6%。研究者对 OECD 国家、西欧国家、英国、爱尔兰、澳大利亚等国的研究得到类似的结论。我国 20 世纪 90 年中期,联通进入移动市场时的情形也基本符合这一结论。

(2) 随着市场竞争主体数量增加,最大企业的市场份额逐步下降,而新进入者在进入后的前 3 年是获取市场份额的关键期。对 OECD 国家、西欧国家、南非国家的经验研究都支持了这一结论。

(3) 市场领先者的盈利能力和水平远远高于后进入企业,而且在较长一段时间内都会维持领先优势。原因在于,后进入者很难获得先进入者的规模经济和网络效应优势。作为后进入者,为吸引用户往往还需要在资费、营销、网络覆盖和优化上加大投入和支出,因此其盈利能力要低于主导企业。通过对欧盟 15 国的移动通信市场的研究发现,几乎所有先进入者都比后进入者拥有高得多的盈利水平,而且会在较长一段时间内维持该现象。英国的经验也是如此。

8.4 通信市场竞争行为

市场行为是指企业在市场上所做出的关于产品、价格、销售、研发、生产能力等重要变量的决定。不同的市场结构和企业在市场中的地位对企业行为决策有直接影响,反过来,市场中企业行为又会对市场结构造成影响,从而进一步影响市场运行效率。从产业角度研究企业市场竞争行为,关注的是企业竞争行为、特别是拥有市场力量的主导企业的竞争行为,是否会造成妨碍、排斥竞争,损害消费者福利和市场竞争效率的问题。

企业行为有竞争和合谋两种方式,不同于相互对抗的竞争行为,合谋是一种在企业间就相关事宜进行协调和沟通的行为,目的是联合提价以获取较高的利润,甚至不惜以损害消费者和社会福利为代价。不同产业市场的竞争强度不同,企业竞争的方式也不同,可以采取价格竞争,也可以采取非价格竞争方式,如通过销售、广告、兼并等进行竞争。

自 20 世纪 80 年代通信业引入竞争已有三十余年的历史,通信产业从竞争初期只有部分领域出现可竞争市场到移动通信、互联网时代已全面开放竞争,目前信息通信产业正处于融合竞争的发展进程中,产业环境和市场竞争格局已经发生了很大的变化,市场竞争中的主要矛盾和问题也有所不同,行业监管政策也有调整。本节将产业组织理论中关注的企业竞争行为与通信业结合做一些简要分析。

8.4.1 主导运营商和市场势力

当前,信息通信领域已经进入开放竞争时代,然而在基础网络运营市场上和大部分业务市场上都存在主导运营企业,这些运营商或者是原有垄断运营商发展而来的,或者是近年来凭借移动通信网络和业务迅速成长起来的竞争者,由于在市场结构中占据较大的市场份额,具有规模和成本优势,它们有可能具有独立于其他竞争者、客户或者最终消费者采取行动的能力,影响市场上服务的价格和数量,从而最终影响到整个市场的运行效率。

实践中,各国在反垄断立法或通信行业管制相关政策中对主导厂商或市场势力有严格的界定,一般需要在界定相关市场的前提下,根据市场份额、市场行为等因素认定。比如欧盟在其"电信共同法规框架指令"(Directive 2002/21/EC)中规定:如果一个企业单独或与其他运营商联合在某一细分市场中具有相当于主导的地位,也就是说其经济实力所赋予的在相当大的程度上独立于竞争者、客户和最终消费者而采取行动的能力,这个企业应该被认为具有显著的市场势力(Significant Market Power,SMP)。具体的判定时,在某一区域中的市场份额达到40%,就可以被认为是 SMP 运营商。日本则认为在移动市场的用户占有率、利润占有率超过25%的运营商就是主导运营商。我国通信行业立法中虽没有对市场势力的明确规定,但在我国《反垄断法》中明确了市场支配地位,"是指经营者在相关市场内具有能够控制商品价格、数量或者其他交易条件,或者能够阻碍、影响其他经营者进入相关市场能力的市场地位。"并规定"一个经营者在相关市场的市场份额达到二分之一的;两个经营者在相关市场的市场份额合计达到三分之二的;三个经营者在相关市场的市场份额合计达到四分之三的",就可以推断经营者具有市场支配地位。如果通信企业在相关市场上被判定具有市场支配地位,则其滥用市场地位,采取的妨碍竞争的行为将会被纳入相关立法的调整范围之内。

8.4.2 价格行为

电信市场从垄断走向竞争的过程中,在位运营商具有市场力量,在无约束的情况下,为达到排挤竞争对手的目的,常用的定价手段有交叉补贴、垂直价格挤压等。此外,在开放宽带接入市场后,同时拥有骨干网和接入网的运营商滥用垄断地位,对竞争接入提供商的价格歧视,以及寡头竞争市场中运营商之间的合谋定价行为等都可能会损害市场竞争效率。

1. 交叉补贴

在垄断经营体制下,不同电信业务之间的交叉补贴是为推行电信普遍服务而采取的一项基本资费政策,即长途电话业务补贴本地电话业务,国际电话业务补贴国内电话业务,城市低成本地区补贴农村高成本地区,办公电话用户补贴住宅电话用户。这种交叉补贴的资费政策起源于美国管制下垄断的 AT&T,后来被其他国家采用成为垄断经营体制下世界各国电信资费的普遍特征。

竞争的市场条件下,交叉补贴是主导运营商运用其市场主导地位进行的一种妨碍竞争的定价行为,是在电信市场竞争初期出现的一种现象。通常,主导运营商利用自己的网络优势,在其有能力控制的市场范围内高于业务成本制定资费,而在新运营商进入的竞争市场范围低于业务成本制定资费,这样主导运营商就可以以其在垄断市场高价业务获得的超额利润来补贴其在竞争市场上低价业务的损失,从而达到排挤新进入企业的目的。由于这种交叉补贴行为会严重地危害有效竞争市场的发展,出于维护竞争的目的,目前许多国家都通过相关法规对这种行为进行限定。如1959年,美国 FCC 宣布开放了长途专线通信市场后,AT&T 马上就推出了一个针对专线大用户优惠的资费方案"Telpak",被竞争对手认为采用交叉补贴妨碍竞争。后经FCC对AT&T提供的所有长途业务进行调查,发现在其所提供的七项业务中,垄断性业务资费明显偏高,而竞争业务价格明显偏低。以净投资回报率计算,七项业务的平均净投资回报率为8.5%,但垄断性业务最高能达到10.1%,而竞争的Telpak业务只有0.3%。意识到AT&T的交叉补贴定价会使竞争者生存受到威胁,FCC开始调整对AT&T资费的管制方法,深入到不同业务层面,要求其按照完全分摊成本定价。从过去完全垄断情形下要求AT&T总体资费不得高于成本,改变为要求其对竞争性业务不得低于成本定价,以约束其妨碍竞争的定价行为。

2. 垂直价格挤压

如果主导运营商同时在两个或者更多的"垂直"市场提供业务,就可能发生这种妨碍竞争的定价行为。所谓"垂直"市场,也称为"上游"和"下游"市场。如某一个电信运营商控制着本地接入和交换业务。在提供从用户场所到本地交换设备的专用本地线路业务(驻地网部分)时,专用本地线路业务就可以被视为上游业务。这些业务作为一种投入,被主导运营商用于提供下游业务(例如互联网接入业务)。对于那些提供互联网接入业务的竞争者来说,需要租用专用本地线路提供互联网接入服务,因此,专用本地线路也是一种重要的投入。这也就是说,在下游市场,主导运营商和其他业务商进行着专用互联网接入业务方面的竞争。

如果主导运营商决定采用垂直价格挤压的定价方法,它可以提高向竞争对手收取的上游投入业务的价格,但对下游业务价格保持不变。针对上述例子就是提高专用本地线路价格,保持专用互联网接入业务的价格不变。这样就会导致竞争对手利润降低甚至完全失去利润,从而达到挤压竞争对手的目的。如果主导运营商在提高上游业务价格的同时降低下游业务价格,就会达到一种双重挤压的效果。

3. 掠夺性定价和限制性定价

掠夺性定价又称驱逐对手定价,指的是某通信企业为了把竞争对手挤出市场,同时吓退试图进入市场的潜在对手,而对所提供的业务收取非常低(甚至低于成本)的价格的定价行为。这种竞争策略将不利于竞争市场结构的形成,一般情况下,各国竞争法律通常明令禁止掠夺性定价行为。

掠夺性定价行为通常发生在大企业和小企业之间,由在市场上实力雄厚的大企业采用。在通信行业中往往认为在位运营商更容易采用这种竞争措施。因为,只有已经达到和接近规模经济的企业才有可能比竞争对手更长时期地忍受低价造成的损失。但是,要证明电信行业中存在掠夺性定价行为是比较困难的,原因在于电信行业充满了大量的公共成本,某项业务的成本很难清晰测算,因而很难判断相应的低价格是否低于成本。而且,掠夺性定价行为的显著特点是,采取掠夺性定价企业的低价销售一般是暂时的,一旦达到驱逐对手的目的,就会恢复原有定价水平。在通信技术快速发展的时代,一项业务很难做到在持续一段低价水平后,又恢复到较高的定价。

一般把低于成本的定价称为掠夺性定价,而足以获得经济利润,但又不至于引起新企业进入的定价水平称为限制性定价或阻止进入定价。提出限制性定价模型的经济学家在其所建立的模型中包括三个假设前提:一是原有企业和潜在进入企业都谋求长期利润最大化;二是潜在进入者相信,新企业进入后原有企业不会改变其产量,因而,行业总产量将等于它的产量与新进入企业的产量之和,而超过需求的产量必然会导致价格的下降;三是原有企业很容易串通起来采取限制性定价行为,并且通常由处于优势地位的寡头企业与其他企业协调,并率先实施。

由此可见,企业采取限制性定价行为完全是为了阻止新企业进入市场,实际上也是一种以牺牲短期利润来谋求长期利润最大化的行为。与掠夺性定价不同的是,采取限制性定价的企业在短期内仍有"微利"可获,而采取掠夺性定价的企业在短期内处于亏损状态。

4. 价格战和价格卡特尔

当市场上只有少数企业时,企业与企业之间的行为是互动的。企业可以选择与其他企业合作或者不合作。当企业从自身角度出发,按照自己的计划行动,而不是公开地或者秘密地与其他企业联合,就意味着企业选择了非合作竞争方式。此时如果产品又完全同质,价格大战在所难免。电信业引入竞争初期,电信企业间的价格大战十分常见。在这种非合作价格博弈中,产品价格会以一种梯形下降方式在竞争企业间轮番降低,直至达到边际成本的水平。博弈论中的伯川德模型描述的就是这种情形。

为避免价格战给彼此带来的损害,竞争企业之间有可能采取定价协调行为结成价格卡特尔(同盟)或暗中合谋。

在大多数市场经济国家中,价格卡特尔是非法的,因而企业之间策略性的价格合谋常常是在暗中进行的。经济学分析认为,价格卡特尔虽然能够实现最大的垄断利润,但价格卡特尔同盟本身是不稳定的。因为,为了维持卡特尔定价水平,合谋成员的总产量必须限定在一定的数量范围内。如果某个成员企业不遵守协议增加产量而其他成员产量不变时,增加产量造成的价格下降损失将由卡特尔全体成员承担,而增产造成的收益则由该企业独享。这样,对于各自利益的追逐将驱使卡特尔成员偷偷背离和约,最终造成价格卡特尔崩溃。从这一点来看,价格卡特尔通常不是一个稳定的结构。因此,有学者认为,价格卡特尔成功必须具备两个条件,一是卡特尔成员能够对价格和市场产量水平达成协定并能严格遵守,二是具有潜在垄断势力存在的可能,比如存在较高的市场进入壁垒,因为如果不存在市场进入壁垒的话,进入可能会削弱卡特尔抬升价格的努力;市场集中度比较高,较高的市场集中度会使大厂商更容易成为价格的领导者,小厂商只能随它们的价格;需求弹性不大,需求越没弹性,卡特尔潜在的市场力量就越大,因为,无须降低产量就能很容易地抬升价格。如果企业结成价格卡特尔确实可以获得超额垄断利润,合作的潜在利益很大,则卡特尔成员将有更大的意愿来解决组织上的问题。但如果维持卡特尔组织需要付出很大的成本,则卡特尔成功的余地就很小。

8.4.3 销售行为

在寡头市场上,除了价格竞争外,寡头企业还可以选择其他非价格竞争方式,如搭配销售和捆绑销售、广告行为、锁定客户等来达到控制市场竞争的目的。

1. 搭配销售和捆绑销售

搭配销售是指卖方出售一种产品或业务的同时,要求购买者必须购买其他产品或业务,而其他产品或业务极有可能并不是买方所希望购买的,只有具有垄断势力的企业才能迫使消费者购买多余的产品,这显然会损害消费者的利益。

捆绑销售是指卖方将多种产品或业务组合在一起销售。市场竞争中,出于技术要求或者为了迎合用户需要,或者出于向用户提供便利等目的,企业将某种产品同其他产品组合在一起销售并收取一个比拆分出售更低的价格,实际上会给消费者带来益处。当这种捆绑销售不会对竞争性市场造成负面影响时,应该是值得鼓励的一种营销手段。

但当主导企业将高度竞争市场上的产品同垄断或竞争不充分市场上的产品捆绑在一起销售的时候,则具有将垄断产品的垄断能力延伸到捆绑的其他产品中去,具有妨碍市场竞争的性质。

当前,在信息通信业中捆绑销售十分普遍。包括主导运营商和竞争者都提供捆绑的业务组合,同时在资费上给客户提供一定幅度的优惠,这样的捆绑销售由于能为用户带来便利和减少开支,常常受到消费者的欢迎。然而在某些特定情况下,捆绑销售可能具有妨碍竞争的嫌疑,特别是当主导企业提供的捆绑组合中包含某种产品或业务或某种便利条件是竞争者无论如何也提供不出的,此时的捆绑销售就具有一定的排斥竞争的性质。

2. 广告行为

广告行为是企业在市场上经常采用的一种非价格竞争行为。广告是企业向消费者传达产品差异信息的最重要的手段。一般情况下,当市场上产品相同时,购买者能够准确地比较产品,并在所有这些产品中自由选择,因而企业为争夺客户,竞争会非常激烈。而当市场上产品有差异的时候,竞争程度就会下降,当产品差异达到足够程度时,竞争就变成了垄断。此时,购买者很难对如此差异化的产品进行直接比较,进而可能会逐渐成为某些特定品牌的忠实消费者。广告就是创造出这种客户忠实性的有效手段,企业可以通过大量广告中的有效诉求,让消费者深刻认知其产品与众不同的特点,从而与竞争者的产品区别开来,减少竞争。此外,市场中原有企业大量的广告投入可能会增强市场的进入壁垒。因为,原有企业的大量广告投入可以影响消费者的主观偏好,有利于建立本企业及其产品品牌的知名度,甚至可以说它们所投入的广告费用已经变成了无形资产,潜在的进入者必须广泛地做广告,以克服原有企业所建立的信誉,并且它的投入有可能将会更大。这无疑会使新进入者在竞争中处于成本劣势。由此看来,企业的广告行为也可能造成相关市场集中度的提高,从而削弱竞争强度。

从管制角度来说,一般的广告行为是企业竞争的正常举措,只有当企业在广告中恶意诋毁竞争对手妨碍竞争时,才需要介入干预。

3. 锁定客户

电信网络运营商可能会试图通过签订协议,使得客户不可能选择其他网络运营商或业务提供商的做法来达到锁定特定客户的目的。这样的例子包括长期合同、排他性交易折扣以及签订要求客户使用某一特定技术或硬件平台的协议。

运营商锁定客户的行为有些是出于技术本身的要求,但有些则纯粹是出于排挤竞争对手的需要。如在一些情况下,电信主导运营商在引入竞争之前就通过签订排他性协议锁定客户,肯定会对后来的市场竞争产生影响。这种行为在许多国家被认定是不正当竞争行为而受到政府管制的重点核查。

还有一些锁定客户行为的情况相对比较模糊,很大程度上取决于特定市场上的竞争程度,以及锁定客户行为对于市场竞争的影响。一般来说,电信运营商越是在市场上处于主导地位,其锁定客户的行为对市场竞争就越有害,政府监管机构应当对这些行为采取干预措施。

8.4.4 企业兼并行为

1. 兼并行为的三种类型

企业兼并是指两个以上的企业在自愿的基础上,依据法律通过订立契约而结合成一个企业的组织调整行为,企业间的兼并行为也是影响市场结构的一个重要因素。实践中企业兼并种类主要有三种:横向兼并、纵向兼并和混合兼并。

横向兼并指的是在同一市场中,双方是竞争对手或者一方是另一方潜在竞争对手的公司之间的合并。如电信市场中,两家移动通信公司之间的合并,又如在移动出行市场,两家网约车企业之间的合并。横向兼并有两个明显效果:实现规模经济和提高行业集中程度。横向兼并通过改善行业结构,使兼并后的企业增强了对市场的控制力,但在有些情况下会形成垄断,从而降低了整个社会经济的运行效率,因此,对横向兼并的管制一直是各种反垄断法的重点。

纵向兼并是企业将关键性的投入—产出关系纳入企业控制范围,以行政手段而不是市场手段处理一些业务,以达到提高企业对市场的控制能力的一种方法。从产业链条关系看,纵向兼并表现为处于产业链上下游环节上的不同公司之间的合并。如电信公司和设备公司的合并,长途业务和本地业务提供商之间的合并等。纵向兼并使企业明显地提高了对上下游环节的把控能力,降低交易成本,构造纵向一体化竞争优势,特别是当纵向兼并与行业集中趋势相结合时,能极大地提高企业的讨价还价能力。一个纵向一体化并控制了产业链条上关键环节的企业,可以通过对产业链的控制,有力地控制竞争对手的活动。

混合兼并指的是分属不同产业、生产工艺无关联关系、产品也完全不同的企业之间的合并。如发生在有线电信运营商与移动电信运营商之间的并购,或者电信运营商与有线电视公司之间的并购。2016年在全球TMT行业前十大交易的一些跨行业交易中,收购方进行并购的目的主要是开拓新市场或加强自身技术水平。例如,AT&T公司并购时代华纳以谋求从单纯的管道服务向内容提供商身份的转变,微软收购领英以深化其在移动社交领域的布局,而甲骨文公司收购NetSuite以加强其在云计算领域的业务。

从表面上看,很难看出混合兼并对市场势力有何明显影响,混合兼并对市场势力的影响多数是以隐蔽的方式实现的。在多数情况下,企业通过混合兼并进入的往往是与它们原有产品相关的经营领域。在这些领域中,它们使用与主要产品一致的原料、技术、管理规律或销售渠道,这方面规模的扩大,使企业对原有供应商和销售渠道的控制加强了,从而提高了它们对主要产品市场的控制。另一种最为隐蔽的方式是企业通过混合兼并增加了企业的绝对规模,使企业拥有相对充足的财力,与原市场或市场的竞争者进行价格战,采用低于成本的定价方法迫使竞争者退出某一领域,达到独占或垄断某一领域的目的。由于巨型混合一体化企业涉及很多领域,从而对其他相关领域中的企业形成了强大的竞争威胁,使一般的企业不敢对它的主要产品市场进行挑战,以免引起它的报复,结果造成这些行业竞争强度的降低。

从企业角度出发,兼并、收购或其他方式的公司合并行为可以使企业扩大生产和销售规模,达到规模或范围经济,从而降低平均生产成本和销售成本以获得更高的效益;同时,兼并可以创造新的合力,通过结合各公司不同的技术、人才促进创新并且提供新的资源来开发新产品和新业务,从而提高市场竞争力。此外,准备进入市场的企业也可以通过兼并,有效地降低市场进入壁垒。但从对市场结构的影响来看,兼并也是造成市场集中的一种基本形式。企业通过兼并,可以达到削弱或吞并竞争者,扩大市场份额,提高企业影响和控制市场的能力。如在横向兼并的例子中,两家网约车公司的合并可能使网约车市场更为集中,直接造成网约车市场竞争程度降低,价格上升。另外,垂直兼并可能提高市场进入壁垒,对其他不具备垂直一体化的竞争性企业形成价格挤压。而多行业的兼并可能会消除潜在的竞争,或导致多种产品之间的交叉补贴,即用一种产品赚取的利润来弥补另一个市场上为了竞争而造成的短期损失等。

由此看来,兼并对市场结构的影响存在于两个方面。一方面,兼并可以促进产业存量结构的调整,通过企业兼并,生产要素得以向优势企业集中,新兴企业通过兼并衰退企业进入市场,衰退企业通过被兼并顺利退出市场,社会资源得到优化配置;另一方面,兼并有可能导致市场集中程度提高,当市场集中程度超过一定的限度就会产生垄断势力,并由此带来垄断的低效率和社会福利的损失。

2. 全球电信业的并购潮

早期电信业兼并活动主要发生在美国。

第一阶段的兼并活动发生在19世纪末20世纪初期的20年间。1894年前后,贝尔的电话专利期满后,美国电信市场上新公司蜂拥而至,仅几年时间内就涌现出六千多家通信公司。接下来的竞争中,这些小公司或者被AT&T吞并,或者相互兼并以增强竞争规模。从1895到1921年,AT&T共收购1 100多家独立的电话公司,收购电话用户90多万部,经过这段时间的整合,美国电信市场格局基本形成,其中AT&T为一方,独立的电话公司为一方,双方界限分明,在各自的地盘上垄断本地交换业务,AT&T除本地外,还垄断着长途业务。这一阶段的兼并主要体现为"横向兼并"。

第二阶段的兼并大约是从20世纪20年代初期到80年代初期。美国大电信企业(主要是AT&T)或较大电信企业(如GTE等)为追求规模经营和垄断经营,推行纵向一体化策略,纷纷吞并中小电信企业,尤其是电信运营的上下游企业,如运营公司兼并设备制造公司。这一阶段的突出特征是"纵向兼并"。

第三阶段的兼并于20世纪80年代中后期兴起,即在美国贝尔系统解体、长途市场开放后,迅速扩大规模和运营范围(固移融合)是这一阶段兼并的最显著特点。如Spirnt在以30亿美元购买Contel移动通信公司后,成为当时同时经营市内、长途和蜂窝移动电话三种业务的唯一公司;MCI并购了当时的第四大长途通信公司eTlecom USA后,成为美国第二大长途通信公司。同样,AT&T以126亿美元收购McCaw公司后,不仅是美国最大的长途通信公司,而且还成为美国最大的移动通信公司。

第四阶段的兼并则始于20世纪90年代中期至21世纪初期。不同于以往的兼并活动,90年代后开始的兼并活动呈现出以下特点:(1)多种兼并方式并举,体现行业融合发展趋势。1996年美国电信法消除了电信市场进入障碍,鼓励开放竞争,允许地方贝尔电话公司与长途电话公司、有线电视公司与互联网公司之间能够互相进入对方市场。同时,美国反垄断法的松动使得新一轮兼并浪潮成为可能。在这样全面开放的环境下,寻求规模扩张、产业链上下游的整合以及顺应技术融合发展趋势的兼并活动成为这个时期的一大特点。如大西洋贝尔分别以220亿美元、528亿美元兼并Nynex和GTE,SBC电信公司以157亿美元并购太平洋电信集团,AT&T以113亿美元、480亿美元分别收购讯港电信集团和TCI,利用TCI已有的宽带接入发展未来信息业务。又如2005年,AT&T在主导了一系列大规模并购后,因整合不力而财务巨亏,宣布作价160亿美元被SBC通信公司收购,新公司启用了AT&T的名称。2006年AT&T又以最终交易价值860亿美元收购南方贝尔公司,从而催生了全美也是全球最大的通信公司。此外,AT&T还通过收购互联网企业TCG,有线电视公司TCI和Medio One,迅速进入互联网及有线电视领域,发展成全球第一个具有本地、长途、无线、宽带、有线电视和高速互联网接入等多种业务能力的信息企业。(2)体现国际化趋势。1997年2月,全球69个国家签署了WTO基础电信协议,其直接结果就是将电信国际竞争扩展到占全球电信业务收入90%的市场。各国电信市场逐步开放,为全球电信企业间的并购提供了政策上的支持,使大规模的跨国并购在事实上成为可能。如1998年美国AT&T出资100亿美元与英国BT建立合资公司,目的是把两者跨界资产和运营结合起来,发展互联网业务,向跨国用户提供包括帧中继、ATM/SONET/SDH的全球无缝业务,并向国际长途业务公司提供传输网络。又如美国的一些通信公司进军亚非拉国家电信市场,包括GTE与英国电信BT、西班牙的Tlefoinca电信公司等共同收购厄瓜多尔国有电信公司等。在欧洲,随着欧盟电信市场全面竞争的推进,欧洲电信公司及欧美电信公司间的国际竞争也日趋激烈。占领全球市场,迅速扩大运营范围,最直接最简单的方法就是兼并或联合。电信业规模经济性的特征在众多电信公司发展战略中已然成为生存法则:规模大小成为能否继续生存的关键。只有通过并购扩大规模,才能提升企业的核心竞争力。以德国电信 Deutsche Telecom AG 为例,1995 年第二次改革中,提出了"国际化"的经营目的,从而进入以泛欧为基础的全球扩张期。到 2006 年年底,它在全球五大洲 50 个国家所有主要电信市场开展业务。2006 年海外电信市场的收入达 276 亿欧元,占总收入(613 亿欧元)的 45%。德国电信已成长为一家在移动通信、互联网、固话网络和系统支撑等核心业务领域具备全球领先地位的国际电信及信息技术服务运营商。又如英国沃达丰公司,这家成立于 1984 年的小企业,通过一系列令人眼花缭乱的兼并和收购其他国家的移动电话公司后,到 2006 年已经扩张成为一家市值 720 亿英镑,在全球 5 大洲 36 个国家拥有 2 亿用户的全球第 5 大电信运营商。

近两年来,全球电信业并购活动依然持续。透过并购现象探究其背后的原因,近年来电信业的竞争不仅来自行业内部,还来自 OTT 业务的强势替代,传统电信业务萎靡致行业竞争加剧,是电信业掀起并购热潮的主要原因。与此同时,面对数字化时代、新兴业务不断涌现的趋势,运营商急需通过"结盟"扩大产业链上下影响力,在持续创新的过程中,把握移动互联网和大数据的良好发展机遇,着眼产业生态布局,以适应数字化时代的到来。

2015 年 7 月,AT&T 经过美国政府部门批准,收购了该国最大的卫星电视服务商 DirectTV,不仅实现了用户和业务上的延伸,得到了现金流和用户,也加快了互联网与电视视频的融合,以获取更高的收益。同样,Verizon 也在 2015 年 6 月收购了该国第二大流媒体视频服务提供商 AOL(美国在线),一方面通过 AOL 的移动视频业务促进未来移动网络流量的规模增长;另一方面通过在线广告业务来提升公司的盈利能力。2017 年 3 月,AT&T 宣布将"斥资 854 亿美元收购美国电视媒体巨头时代华纳集团",这一收购交易已经获得了欧盟委员会批准,收购交易正在司法部的审核过程中,预计 2017 年年底前完成。如果收购顺利全球民众熟知的 24 小时新闻频道 CNN、电影频道 HBO、华纳兄弟公司等优质资产,将隶属 AT&T。2017 年 4 月,AT&T 宣布以每股 95.63 美元的价格收购小型无线创业公司 Straight Path Communications。

8.5 产业运行效率及衡量

研究通信产业市场结构和竞争的目的在于了解有哪些因素影响着通信市场的运行效率,从而为增进效率提供决策支持。市场运行效率包括静态效率和动态效率两方面。静态效率是指特定技术条件下的资源配置效率和生产效率,其中资源配置效率指的是在给定资源和技术的条件下,社会各种资源是否达到最有效率的应用,实现了社会总剩余的最大化。为此,只要消费者愿意支付的价格 P(社会支付意愿)高于产品生产的边际成本 MC(企业愿意出售商品的价格),产出的增长就会增加社会总剩余和提高资源的配置效率,直到实现均衡。生产效率是指在现有的资源和技术条件下,企业是否可以达到以最低的成本来生产产品。动态效率指的是是否能够保持技术不断创新,可以用技术创新的速度来衡量。

微观经济学中,完全竞争的市场结构可以导致市场提高资源配置效率,同时竞争迫使企业不断降低成本,提高生产效率,最终达到包括消费者和企业在内的市场参与者总福利的最大化。因此,一个完全竞争的市场是一个最"有效率"的市场,即这个市场不仅在资源配置上可以达到"帕累托最优",而且可以使企业生产效率达到最优。相反的,竞争不足则可能导致市场资源配置效率和企业生产效率的降低。极端的情况下,完全垄断的市场结构有可能带来最大限度的市场效率损失。原因在于：一方面，供给者唯一，卖方为了实现利润最大化，会通过减少产出量、提高产品价格而降低消费者福利，与此同时，社会福利也降低了；另一方面，由于不存在外部市场的竞争压力，垄断的生产者缺乏提高内部管理效率、降低生产成本的动力，从而造成生产效率的损失，形成 X-低效率。

8.5.1 资源配置效率的衡量

1. 经济利润指标

经济利润是收入和所有投入要素机会成本之间的差额。从长期看来，经济利润可以看成是市场上存在市场力量（Market Power）的指标。在完全竞争市场，由于市场自由进入，经济利润会逐渐消失，只有存在能够给企业带来市场力量的进入壁垒，垄断利润才会存在。由于机会成本难以测算，在实际研究中常用投资利润率来代替经济利润。因为，在完全竞争的市场中，资源可以在产业间和企业间自由流动，这就导致各产业、各企业的长期投资利润率趋于平均化，所有的企业都只能获得正常利润。因此，产业间或企业间是否形成了平均的利润率指标是衡量社会资源配置效率是否达到最优的一个基本的定量指标。利润率越高，可以判断市场偏离完全竞争的程度越远。投资利润率的计算公式为

$$R = \frac{\Pi}{E} \tag{8-14}$$

式(8-14)中，Π 为税后净利润，E 为自有资本。

采用投资利润率指标的缺陷是，现实中造成企业利润率偏高的因素很多，利润率高并不一定是垄断造成的，如可能是提高效率造成的或有不可预期的需求和费用变化形成的预料外利润。

此外，贝恩指数利用了会计利润和平均投资回报率来间接计算经济（超额）利润。贝恩指出，在一个市场中若持续存在超额利润，一般就反映了垄断的因素。超额利润越高，市场垄断性越强。因此，贝恩通过对企业超额利润的衡量来判断市场垄断或竞争的强度。贝恩指数的计算公式为

$$BI = \frac{\pi_e}{V}, \pi_e = (R - C - D) - i \cdot V \tag{8-15}$$

式(8-15)中，π_e 为经济利润，V 为投资总额，R 为收入，C 为成本，D 为折旧，$i \cdot V$ 为正常投资回报率。

贝恩指数的局限性与利润率指标相同，也十分明显，即高利润并不一定是垄断造成的。而确实存在垄断的市场，这些指标不一定表现得很高，因为垄断企业可能为了驱逐竞争对手或阻止进入而制定低价格，使行业市场显得无利可图。

2. 价格—成本差值

根据经济学理论，资源配置效率达到最优时，价格等于边际成本。如果企业能够实现超过边际成本定价，说明资源配置偏离了最优水平。因此，除了利润率外，还可以通过市场中企业的定价水平来考察市场的运行效率。

勒纳指数度量的就是价格对边际成本的偏离率。其计算公式为

$$L = (P - MC)/P \tag{8-16}$$

式(8-16)中，L 为勒纳指数，P 为价格，MC 为边际成本。

勒纳指数的数值在 0～1 之间变动。在完全竞争的条件下，$P = MC$，勒纳指数等于 0；在垄

断的情况下，$P_m >$ MC，勒纳指数大于 0，但不会超过 1。直观地，勒纳指数越大，市场的竞争程度就越低。

勒纳指数在应用中也有局限性。勒纳指数反映的是当企业在市场上对价格有支配能力时价格对成本的偏离程度，但该指数却无法反映企业为了牟取或巩固垄断地位时的限制性定价和掠夺性定价。因为，在这两种情况下勒纳指数都接近 0，但市场却不是竞争性的。此外，计算中由于边际成本数据极难获得，往往用平均成本替代边际成本，从而也有可能导致结论失真。

3. 产业的规模结构效率

产业的规模结构效率反映了产业经济规模和规模效益的实现程度，也是体现市场运行效率的重要方面。产业规模结构效率既与产业内单个企业的规模经济水平有关，又反映出产业内企业之间的分工协作水平的程度和效率。衡量某个产业的规模结构效率可以从以下三方面进行。

（1）用达到或接近经济规模的企业产量占整个产业产量的比例来反映产业规模经济的实现程度。

（2）用实现垂直一体化的企业产量占流程各阶段产量的比例来反映经济规模的纵向实现程度。

（3）通过考察产业内是否存在企业生产能力的剩余来反映产业内规模能力的利用程度。

当产业市场上未达到获得规模经济效益所必需的经济规模的企业是市场的主要供应者时，表明该产业未能充分利用规模经济效益，存在着低效率的小规模生产，这种结果为低效率状态。

当市场的主要供应者是超过规模经济的大企业时，由于过度集中，无法使产业的长期平均成本降低，在这种情况下，大企业的市场力量过度强化，反而不利于提高产业资源配置效率，这种结果属于过度集中状态。

当市场的主要供应者是达到或接近规模经济的企业时，表明产业已充分利用了规模经济效益，产业的长期平均成本达到最低，产业的资源配置和利用效率达到了最优，这种结果为理想状态。

8.5.2 企业生产效率

在微观经济学分析中，一般默认垄断者和完全竞争者都能最有效率地使用其生产要素，因此，每一产出水平都对应着最小的成本，竞争压力会迫使完全竞争的生产者努力使其成本最小化，而缺乏竞争会使垄断者的无效率成为可能。也就是说，垄断者可能在高于其理想成本曲线的某一点运行。

哈佛大学教授莱本斯坦针对垄断企业内部生产效率低下提出了著名的"X-低效率"概念。莱本斯坦认为，作为自然人，企业管理者倾向于在某种压力下表现优异，而当这种压力减轻时就会放松努力。在垄断市场条件下，大公司由于缺乏竞争压力，利润丰厚，内部管理和生产效率常常是松懈的和低下的，这种状态被称为"X-低效率"。造成"X-低效率"的原因主要有当企业处于垄断地位时，由于缺乏竞争压力，所以极易导致企业内部管理效率低下。同时，在生产经营活动中也缺乏成本最小化的动机。"X-低效率"的结果是企业的实际成本大于潜在的最低成本，表现在产品价格上则是产品价格长期居高不下。

8.5.3 市场结构与动态效率

在特定的技术条件下,效率显然是实现社会福利最大化的重要因素。然而,随着时间推移,代表新知识的技术进步也具有同样重要的作用,因为,新知识能在生产中节约资源并能够生产出新的或更高质量的产品。诺贝尔经济学奖获得者罗伯特·M. 索洛(Robert. M. Solow)在其研究中估算出,1909—1949 年美国每小时毛产值的增长中有大约 80% 来自技术进步。显然,技术进步对于产业来说是重要的,体现的是一种动态的经济效率。

在探讨市场结构与技术创新关系问题上,谢勒(F. M. Scherer)和罗斯(D. Ross)在其《产业市场结构和经济绩效》一书中提出一个研发竞争模型来分析市场结构对于技术创新的影响。他们认为市场结构对技术创新提供了两种矛盾的激励。更多的竞争对手倾向于激励更快速的创新,以便首先推出新产品,并以先行者的身份获得更多的利润。更多的竞争对手使潜在的创新利润将在更多的竞争对手之间分割,使创新企业的利润份额变小,从而抑制创新。

模型将新产品研发速度(即新产品从开发到导入市场的时间)作为技术创新活动,在一个寡头竞争市场,每个企业通过改进产品来进行竞争。为了改进产品,企业需要在产品进入市场之前的一段时间进行一定数量的研发投入。这个时间段可以通过花费更多资源的方式缩短。所以,就存在一个研发时间与研发成本(现值)之间的关系曲线,如图 8-5 所示。

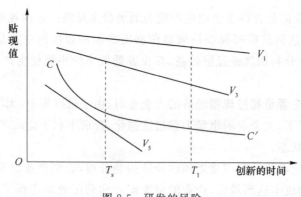

图 8-5 研发的风险

可以用具体的例子来解释 CC' 曲线。假设研发一种新产品,一个计划是连续 10 年每年花费 40 万元研发投入,假定贴现率为 10%,则研发投资现值为 250 万元,则(10,250)就是 CC' 上的一点。如果缩短研发时间,获得同样的新产品可能需要更多的投入,如另一个计划是将研发时间缩短至 5 年,则每年需要 100 万元投入,以 10% 的贴现率贴现后现值为 380 万元,所以(5,380)也是 CC' 上的一点。这样,CC' 就是研发时间和研发投资成本现值绘成的曲线。

曲线 V 表示研发新产品带来的净收益现值是如何随着研发时间 T 的变化而变化的。净收益等于产品销售收入减去生产和销售成本,假定从新产品中获得的净收益是不变的,但由于研发时间不同,产品上市时间不同,因而其收益现值会随着研发时间短长(上市时间早晚)而呈现大小不同,所以 V 向右下方倾斜。V 的下标表示市场中竞争者的数量,V_1 是垄断市场,可以独占新产品的净收益,因此其收益曲线位置最高,V_3、V_5 分别表示有三个竞争者和五个竞争者的情形。由于市场中有其他竞争者模仿,所以潜在的创新产品净收益将在 3 个或 5 个竞争者之间平分,这样就降低了创新者的潜在净收益,因此其净收益曲线相比垄断者的位置更低,也更陡峭。

在上述假定前提下,要找到不同市场结构下的创新速度(创新时间)就非常容易了。可以直接通过作图找到创新利润最大化对应的创新时间。当净收益现值与研发成本现值的垂直距离最大时,对应的就是创新利润最大化的 T 值。该值也可以在 V 的斜率等于 CC' 切线的斜率时得到。

从图 8-5 可以看到,垄断市场情况下,创新时间(速度)为 T_1,有三家竞争者时的创新时间为 T_3。而当竞争者数量增加到五家时,潜在创新净收益已经不足弥补创新成本了,创新将无利可图。

需要注意的是,随着市场竞争者的增加,创新净收益曲线变得更陡峭,对于 V_3 来说,潜在净收益减少但还有正的创新收益,只是创新利润最大化对应的创新时间也在缩短,直到 V_3 的斜率与 CC' 相等的时候。也就是说,相对于垄断市场,更为陡峭的净收益曲线决定了竞争市场中的创新者必须加快创新速度。因此,市场中竞争者的增加有激励创新速度的效应,但前提是竞争者的数量不能太多,否则会造成创新无利可图的局面。

上面描述的这个研发竞争模型清楚地说明了市场结构对创新的影响,虽然现实并非如此简单。但依据这个模型可以推断的是,理想的市场结构状态既不是完全竞争,也不是完全垄断。正如谢勒和罗斯所言:快速的技术进步需要的是一种精致和垄断精巧的混合,一般更强调前者。并且,在技术机会大量存在时垄断因素会减少。

8.5.4 通信市场绩效评价

根据产业组织理论,可以从资源配置效率、生产效率和技术创新效率等方面采用一系列指标来评价不同产业市场的运行效率。实践中,还需要结合特定产业的基本条件和发展阶段选择指标进行具体分析。结合通信行业特点,通信市场绩效评价研究可从以下方面进行。

1. 通信市场资源配置效率

对通信市场资源配置效率的研究多从考察现有通信企业规模经济状况,行业最小有效规模等角度进行。采用成本对数函数等不同的成本模型,分析电信行业的规模经济状况是常用的方法,在成本分析和最小有效规模分析的基础上,可以结合通信市场整体规模来计算分析有效的市场结构下运营商的数量。也有从各国通信产业市场开放后、竞争格局相对稳定后的经验数据出发,寻求通信市场结构一般规律的研究。

2. 通信企业生产效率分析

对通信企业生产效率的研究主要通过纵向或横向对比方法进行。关注的效率指标主要涉及通信企业盈利水平、生产技术效率、市场竞争力等方面。

其中,通信企业盈利水平主要从经济绩效、产权治理结构等有关公司治理的角度出发,研究企业生产和管理效率。生产技术效率主要反映电信企业内部资源配置和技术水平,主要指标有全员劳动生产率、纯技术效率、规模效率等,通过数据包络分析、统计分析等方法对于企业技术效率状况进行判断,分析技术进步在推动企业发展中发挥的作用。市场竞争力的研究不限于国内市场的多家通信企业,还扩展到各国通信企业之间的比较。

3. 技术创新效率

通信行业技术创新效率可通过研究通信企业或行业研发投入水平,技术专利数量、发展速度,新技术、新业务推广扩散速度等方面进行。采用时间序列(面板数据)对多个国家和地区的通信市场的对比分析,有助于了解不同市场结构和制度框架下通信市场的动态效率状况。

4. 产业发展和消费者福利情况分析

针对产业整体发展水平,可选择通信业发展总量型指标的发展变化状况,考察分析期内该国通信市场供给总量是否扩大,服务种类是否增加,服务质量是否有所提高以及总体资费水平是否下降等,来评价消费者福利是否得到不断改善。

针对资费水平的研究主要是通过统计方法,收集在不同发展阶段、不同国家和地区、可比通信服务资费的变化趋势来分析消费者福利的变化。

对于服务质量的研究,从通信质量、服务水平、用户满意度调查等多个角度,通过调查问卷、计量分析等方法研究服务质量是否有所提高。

第 9 章 通信业管制

9.1 管制理论基础

综观经济思想发展的历史,管制问题,或者更广泛地讲,国家干预与自由市场关系问题,一直是经济学研究中争论不休的话题。世界经济就是在市场与政府干预这两者此消彼长的循环中不断发展的。在讨论通信业管制前,首先简要回顾一下管制理论的一些基本问题。

9.1.1 管制的含义

"管制"的英文是"Regulation",更准确的中文译法是"规制",是指在市场经济体制下,政府或公共机构依据一定的法律、法规对市场微观经济行为进行的制约、干预或管理。

根据西方规制理论,市场的局限性和市场失灵是政府或公共机构进行规制的必要条件。政府或公共机构针对市场失灵的现象,应设计出相应的规制制度来调控市场,约束和规范经济主体的行为,以保证整个社会经济规范有序地运行。现实中,市场失灵和市场的局限性主要体现在自然垄断、信息偏在、外部性、公共品的提供、不正当竞争、非价值品的提供以及社会公共政策的提供等方面,因此,政府会针对特定产业、不完全竞争市场、整个社会或宏观经济层面介入干预,实施规制、反垄断措施,或对整个社会经济活动进行调控和管理。

广义的规制包括政府规制和反垄断。其中,政府规制也称为直接规制,指的是基于行业法律、法规,由特定的行业管制机构,针对特定行业经济活动进行的干预。政府规制又包括经济性规制和社会性规制。

经济性规制是指针对自然垄断、不完全竞争市场以及信息偏在的领域,为了防止发生资源配置低效率和确保利用者的公开使用,政府机构运用法律权限,通过审批、指导以及许可和认可等调控手段,直接对行业内企业的进入和退出、价格、服务、投资、财会等有关行为加以规制。如对自然垄断行业、公共事业、金融、保险业等的规制。社会性规制是针对外部不经济和非价值物方面的规制,是以保障劳动者和消费者的安全、健康、卫生、环境等为目的,为物品和服务质量以及伴随它们的生产过程而产生的各种活动制定一定的标准,并禁止和限制特定行为的公共规制。

反垄断也称为间接规制,一般基于反垄断法或竞争法,由司法部门针对所有的经济市场,以维持市场竞争为目的,不直接介入经济主体的自由决策,对阻碍市场机制有效发挥职能的行为加以规制。

9.1.2 西方管制理论

在西方管制研究中,人们关注的是为什么要进行管制,管制会使谁受益,哪些产业易受到管制等问题。管制理论发展主要经历了公共利益理论、管制俘虏理论、管制经济理论三大阶段。

1. 公共利益理论

公共利益理论(Public Interest Theory of Regulation)以市场失灵和福利经济学为基础,

认为政府管制是对市场失灵的回应,其目的是弥补市场失灵,提高资源配置效率,实现社会福利最大化。因此,管制出现在市场失灵行业,而且政府可以代表公众对市场作出理性判断,使市场管制符合帕累托最优原则。然而,在许多情况下公共利益理论与经验证据不一致,导致该理论遭到部分经济学家的批评。如①管制并不必然与外部经济或外部不经济的出现或与垄断市场结构相关(波斯纳,1974年)。许多既非自然垄断也非外部性的产业一直存在价格与进入管制。②施蒂格勒和弗瑞兰德(1962年)的研究表明,规制仅有微小的导致价格下降的效应,并不像规制公共利益理论所宣称的那样——规制对价格具有较大的抑制作用。③阿顿(1986年)认为,公共利益理论仅以市场失灵和福利经济学为基础是不够的。除了纠正市场失灵之外,政府还有许多别的微观经济目标,在许多市场中政府期望规制介入可能与市场失灵关系不大。

2. 规制俘虏理论

规制俘虏理论(Capture Theory of Regulation)认为,规制的提供正适应产业对规制的需求(即立法者被规制中的产业所控制和俘获),而且规制机构也逐渐被产业所控制(即规制者被产业所俘虏)。其基本观点是:不管规制方案如何设计,规制机构对某个产业的规制实际是被这个产业"俘虏",其含义是规制提高了产业利润而不是社会福利。

规制俘虏理论与美国20世纪60年代前的规制经验高度符合,因而比公共利益理论更具说服力。然而由于该理论只是假设规制是偏向生产者的,并没有对规制为何被产业控制和俘虏做出解释。此外,尽管有许多证据支持规制俘虏理论,但仍有一些经验与之矛盾。如交叉补贴,交叉补贴是指产品多样化的企业将某些商品的价格定于平均成本之下,而以价格高于平均成本的其他商品的销售收入来弥补前者的亏损,这样的定价行为与利润最大化相矛盾。因此不能说规制是偏向生产者的。

3. 规制经济理论

理论分析与管制实践表明,管制与市场失灵的存在不完全相关,与管制公共利益理论相矛盾,而且,管制不完全是支持生产者,与管制俘虏理论相冲突。因而,管制公共利益理论和俘虏理论都称不上是真正的理论,而仅仅是一种假设和对管制经验的一种陈述。

1971年,诺贝尔经济学奖获得者施蒂格勒发表《经济规制论》,首次尝试运用经济学的基本范畴和标准分析方法来分析规制的产生,开创了规制经济理论。规制经济理论从一套假设前提出发来论证假设符合逻辑,是管制理论的一个巨大进步,它解释了规制活动的实践过程。后来佩尔兹曼(Peltzman,1976年)和贝克尔(Becker,1983年)等在其研究的基础上,进一步发展和完善了规制经济理论。

施蒂格勒分析的首要前提是强制力是政府的根本资源。一个利益集团可劝说政府为其利益而运用强制力改善该集团的福利。第二个前提是经济行为人(包括各规制机构)的行为选择是理性的,都追求效用最大化。施蒂格勒模型有三个主要因素。其一,规制立法重新分配财富。规制立法或许有别的作用,但规制形式的最主要决定因素是规制将财富在社会成员间转移的方式。其二,立法者行为受其维持当权者的愿望驱使,即立法设计追求政治支持最大化。其三,利益集团为获得可接受的立法而以提供政治支持方式进行竞争。由此得出一个一般性结论,即规制偏向于使组织良好的利益集团获益。换句话说,规制倾向于拥有明显偏好的小利益集团,而牺牲偏好不甚明朗的大利益集团。施蒂格勒的分析是生产者对立法过程的影响较之消费者有明显的优势,这是因为企业数量更少,并且企业可能比它们的消费者有更多同质性,花费较少成本即可组织起来。由于企业数量少于消费者,企业的平均收入高于强加给消费者的人均损失,因而生产者比消费者具有更强的行动激励。所以最后的规制结果必然是有利于生产者。

在施蒂格勒的研究基础上,佩尔兹曼的最优价格管制政策模型对被管制行业类型进行了预测。其模型分析得出的结论是规制价格会定在介于完全竞争下的价格 Pc 和垄断价格 Pm 之间,这表明最有可能被规制的产业是那些具有相对竞争性(即 P 在 Pc 附近)或具有相对垄断性(价格在 Pm 附近)的产业。在竞争性产业中企业将从规制中获益,而垄断产业规制中消费者将获益。实践中,下列两种极端情形倾向于实行价格规制:垄断性产业包括市内电话与长途电话、电力与天然气、铁路。相对竞争性产业包括农业(规制采取价格支持的形式)、货车业、出租车、原油和天然气产品以及保险业。

不同于施蒂格勒与佩尔兹曼规制模型都是以规制者或立法者选择实现政治支持最大化的规制政策为基础,贝克尔模型关注的是利益集团之间的竞争,贝克尔假定规制主要是用来提高更有势力或更有影响的利益集团的利益的。贝克尔模型分析得出的结论是:受市场失灵影响的产业(其规制的边际净损失相对较低甚至为负)更有可能被规制。获益集团有更大的获利潜力以致于它们会动用更多的压力,规制的受害集团则因较低的净损失而不会蒙受更大的损害,一般说来它们将动用较少压力来反对规制。

与施蒂格勒/佩尔兹曼规制模型相比,贝克尔模型对规制公共利益理论提供了一些解释,即易市场失灵的产业会有相对较大的压力实施规制。然而与公共利益理论不同,贝克尔模型没有表明规制仅产生于市场失灵之时,而是认为决定规制活动的是利益集团的相对影响,这种影响不仅由规制的福利效应所决定,而且由利益集团向立法者和规制者动用压力的相对效率所决定。

9.1.3 西方国家经济管制的变革

20世纪以来,以美、英为代表的西方国家经济管制的变革大致经历了三个阶段:管制、放松管制和管制重构。

1. 管制阶段

在美国,联邦层面对特定行业的经济管制始于19世纪70年代,美国最早的管制政策出现在1887年,如对中西部地区铁路价格的管制[①]。1929年经济大危机引发了人们对自由放任经济理念的动摇,30年代前后,美国先后出台了10余部经济管制法律,管制范围涉及交通运输业、银行业、证券业、通信业、天然气、公用事业等领域。之后,一直到60年代,管制立法活动继续以稳健且温和的姿态扩张着联邦管制的权限。

在欧洲,20世纪30年代的世界经济大萧条给英国的经济和社会带来巨大的冲击。凯恩斯国家干预理论的兴起使长久以来信奉经济自由主义的人们转变了观念,政府在经济中的作用得到人们的认可并逐渐被推崇到极致。然而,与美国通过加强管制的做法不同,英国采取了通过国有化来抵制市场失灵。1945—1951年,英国政府先后将民用航空、电报和无线电事业、电力、煤气、铁路、城市交通等收归国有,以国有垄断公司方式由政府直接运营。英国的基础设施国有化在20世纪70年代达到了高峰,1979年私有化浪潮之前英国国有化产出占GDP的十分之一。

---

① 1887年美国推出《州际商业法》赋予州际商业委员会价格管制权力。

2. 放松管制阶段

然而，从 20 世纪 70 年代到 90 年代，以美国、英国为代表的西方国家出现了一股以放松管制为特征的政府管制改革浪潮。放松管制的主要内容，简单地说就是在市场机制可以发挥作用的行业完全或部分取消对价格和市场进入的管制，使企业在制定价格和选择产品上有更多的自主权。

这一阶段，西方国家放松规制的原因是多方面的。第一，20 世纪 70 年代石油危机以后，西方国家经济增长率下降，财政赤字扩大，因此各国都力求通过行政改革和精简行政机构来削减行政开支，实现"小政府"目标，并通过民营化和引入竞争机制提高企业和产业的效率。第二，在这一时期，信息技术的普遍运用，使得许多受管制产业的性质（诸如规模经济和信息不对称性等）发生了巨大变化，导致对某些产业实施政府管制的理论依据逐渐消失。由于技术的发展，出现了产业间的替代竞争，使传统的管制政策与手段失去了现实的必要性。第三，世界经济一体化、国际经济技术交往的迅猛发展也迫切要求放松政府管制。第四，在管制理论方面，由于以管制俘虏理论为代表的对政府管制批判地不断深入和可竞争理论的出现及广为接受，政府管制不再被认为是提高经济效益的唯一手段。

3. 管制重构阶段

西方放松管制的浪潮一直持续到 20 世纪 90 年代，然而放松管制并非回到管制之前的状态，而是在放松管制、引入竞争的同时重构管制制度，以管制的方法来放松管制。政府管制重构的目的是要改进和完善管制体系，建立有利于形成公平和有效的市场竞争格局、有利于企业创新、提高管制效率的管制制度。因此，管制重构应该包括：①调整管制立法，使之适应技术变革和市场环境的变化；②管制机构的重建，即通过建立新的管制机构，解决实践中存在的机构重叠、多头管理以及政企不分的问题；③对残存的自然垄断领域实施激励性规制，即在保持原有管制结构的条件下，给予企业提高内部效率的激励和诱导的方法；④对从自然垄断向可竞争过渡过程中实现以保护有效竞争为目的的不对称管制，即对原有企业的排他性行为实行严格的限制监督和管制，而对新进入者实行简化的管制；⑤在有效竞争实现后，撤销管制政策并以反垄断管制代替管制；⑥强化对管制者的管制，即确立和强化对管制者的管制，实行行政程序法典化。

其中，为了提高企业生产效率而引进了多种激励性规制办法，归纳起来可分为两类。一是给予竞争刺激，使企业提高经营效率。主要有特许投标制度和区域间竞争。特许投标制度的基本思路是通过拍卖或招投标的方式，引入多家企业竞争某一产品或服务的特许经营权，以使最有效率的企业能够中标，同时也使中标企业的经营最大限度地符合政府规制的意图。不仅如此，由于特许经营权通常设有规定的年限，以致在潜在的竞争压力下，特许经营企业为防止在下一经营期限中丧失特许权，而只能不断地降低成本，改善质量，进一步提高生产效率。区域间竞争是将受规制的全国性垄断企业分为几个地区性企业，使特定地区的企业在其他地区企业绩效的刺激下提高自己内部效率的一种形式。二是给予企业提高经营效率的诱导，由此获得的成果便是给予企业的报酬。主要有社会契约制度和价格上限规制。社会契约制度是指规制当局与被规制者之间在修订收费时，就各种成本签订合同，能够实现比合同规定的成绩好，则给予企业报酬，否则给予处罚的一种方式。价格上限规制是规制当局和被规制企业之间的类似于上述社会契约制度的形式签订价格变动合同，规定价格的上限，使价格只能在规定上限以下浮动。

9.2 通信业管制的发展历程

从西方管制理论和管制实践可以看出,由于(电信)通信业具有显著的规模经济性和自然垄断性特点,普及通信网络、提供通信普遍服务具有公共产品特点,通信业属于公用事业、通信资源属于公共资源,所有这些特点都为对通信业实施经济性管制提供了理论依据。实践中,电信业发展早期美国电信市场自由进入导致的激烈竞争和低效,为通信业管制提供了现实基础。因此,长期以来对通信业实施管制或政府直接以国有方式运营,一直被认为是政府对社会公共需要的反应,目的就是为了弥补由于行业自然垄断(配置无效率与生产无效率)等造成的市场失灵,提高资源配置效率,实现社会福利最大化。对通信业管制也是各国政府特定行业管制制度的重要组成部分。

与西方国家一般经济管制的发展历程一致,各国对通信业的管制也经历了管制、放松管制和管制重构三个阶段。不同阶段,通信业管制的重点和目的也有差别。

9.2.1 垄断经营时期的通信业管制

20世纪80年代之前,世界各国的电信行业大多处于管制下的垄断经营状态。然而,由于各国制度、文化禀赋不同,通信业管制制度也不尽相同。美国和英国是两个非常典型的市场经济国家,但在通信业垄断市场形成、产权处理和对通信业的管制上却存在很大差异。美国始于市场自由进入,最终通过立法和建立专门的管制机构,对价格、进入、互联进行管制。英国则是在国有化的基础上,对国有垄断公司直接进行价格和质量控制。

1894年,美国贝尔电话公司两项主要专利期满,导致新进入者蜂拥而至,6 000多家电话公司的市场上竞争异常惨烈,小公司纷纷倒闭。随着竞争加剧,美国一些城市开始引入最原始的管制,如新开电话公司要向市政机关领取许可,对价格进行限制,对合并进行限制等。

20世纪初,饱受竞争攻击的AT&T在开始实施其著名的"One policy, One network, Universal service"竞争战略,试图通过拒绝互联来限制进入。双方通过政治游说展开较量,AT&T企图寻求限制进入以保护自己,竞争者则企图强迫互联。最后,AT&T的总裁威尔决定,与其和竞争者在一个市场上斗得两败俱伤,还不如接受规制来换得限制性进入保护,在此基础上再打造一个建立在高技术基础之上的占有大部分市场份额的垄断企业。1921年,美国通过威利斯-格雷汉姆法(Willis-graham ACT),该法给予州际商业委员会豁免电话公司因合并活动受到反托拉斯诉讼的权力,AT&T可以不受限制地收购独立电话公司,到1930年年末,AT&T占有了79%的市场份额,成为电信市场上的垄断公司。

与此同时,政府也在寻求管理电话产业的办法。这一时期,新电话公司不断涌入,乱拉线路、电话公司彼此不联通、电话网络孤岛遍地,过度进入导致的价格战、恶性竞争现象也十分严重,社会公众也开始对电话普遍服务持支持态度,再加上美国对铁路管制的示范效应,1934年美国通信法出台,正式确立了美国通信业管制的法律框架,并将联邦无线电管理委员会管理无线电频率的职能与州际商业委员会管理州际和国际电话价格的职能合并,成立了专门的联邦通信管制机构——联邦通信委员会(FCC)。依据通信法,FCC被赋予对通信进行管制的广泛权力。具体包括价格管制权,所有的依通信法定义的公共电信公司必须事先提交资费明细表,FCC有权让电信公司停止执行其提交的资费明细表;设施与服务审批权,电信公司新增通信设施和服务必须事先得到FCC的批准;互联管制权,在经过适当的听证并确定有必要并符合公共利益的前提下,FCC有权要求各公司网络进行互联。从此,美国电信产业进入管制时代。

在英国,通信市场的垄断格局是通过国有化实现的。英国早期通信市场上,国有和私营企业并存。

从16世纪初开始,英国邮政局一直是法定的垄断部门,但一直发展不景气,直到19世纪中期,随着需求增长、网络规模扩张,统一性的低价格策略最终获得收益并取得英国大量民众对国有化的支持。

19世纪40年代,英国电报完全是私人引入经营的,由于人口密度高,铁路所有权分散化,竞争的电报公司并不是通过并购来实现规模经济,而是通过合作定价来适应竞争的。结果出现卡特尔化、浪费性重复建设和地理覆盖不完全等问题,造成过度进入和垄断势力并存的现象。由于种种原因,其中包括有影响力的新闻机构希望获得便宜的电报服务等原因,1968年,通过将所有的电报公司转让给邮政局,实现了电报服务的国有化。国有化后,电报业务实行统一定价并实行交叉补贴,电报价格降低,网点增加、业务量增加。

1879年,贝尔取得了在英国的电话专利权,并和爱迪生在伦敦成立了电话局。1880年,法院宣布电话是电报的一种形式,因而属于邮政局的专营范围。于是,邮政局给贝尔的电话公司颁发了有期限的经营许可证,并收取其收入的10%作为报酬,而且有权在规定日购买该公司的全部股份。之后,邮政局开始给其他进入者颁发经营许可证,1889年,一些主要的大公司合并成立了国家电话公司。为避免竞争,邮政局限制许可证发放数量。1896年,邮政局将国家电话公司的长途路由实行了国有化,1911年,私人市话公司完全国有化。至此,英国电信业务完全国有化。

9.2.2 开放竞争时期的通信业管制

1. 竞争初期

20世纪70年代以来,在世界范围内掀起了放松管制以及经济自由化、私有化的浪潮,这种变革在网络型基础产业表现得尤为明显。所谓放松管制就是在市场机制可以发挥作用的地方,全部或者部分地取消管制,引入竞争机制,最终目的是通过有效竞争来提高产业运营效率并降低管制成本。然而,放松管制不等于取消管制。由于通信行业公共性和自然垄断性(特别体现在固定本地网络部分)的特点,开放市场后,与新进入的竞争者相比,原有的在位运营商或市场中具有主导地位的电信运营商具有很强的竞争优势。这些优势表现在:①主导运营商可以通过控制电线杆、管道、本地环路、频谱等关键资源,来妨碍其他企业进入电信市场,或通过提高必备条件(瓶颈网络或瓶颈资源)的价格来提高竞争对手的成本,形成不正当竞争;②主导运营商一般拥有覆盖范围很广的网络,因而能够享有规模经济效益,而新进入市场的企业客户规模较小,与主导运营商竞争时就处于十分不利的地位;③主导运营商的现有技术和网络架构已经成为事实上的网络标准,所有竞争对手都必须按照这个标准来改造自己的网络,因此主导运营商易于在部署新业务时取得实质性的领先地位;④主导运营商可以运用交叉补贴,例如,由垄断性业务或竞争程度较低的业务来补贴竞争性业务,而对竞争性业务实行低价策略,从而将竞争对手赶出市场;⑤新进电信企业还要面对较高的消费者转换成本,很难从主导运营商手中赢得用户。

利用上述优势,主导运营商可以采取多种妨碍竞争的行为来进一步扩大其优势,因此在引入竞争初期,管制机构仍有大量的工作要做。具体来说,竞争初期监管和干预的必要性在于:①监管机构必须授权或许可新的电信业务运营商,并通常需要为新的业务运营商排除市场进入的障碍;②主导运营商与新进入市场的企业之间进行网络互联互通时,通常也需要政府监管部门的协调;③市场竞争有时会导致高成本或低收入地区无法获得必要的电信业务,这也是政府需要通过监管和干预防止出现的情况,也就是进行普遍服务管制;④大多数国家政府都把电信当作一项必需的公共业务,尽管政府已经不再直接运营电信网络,但仍然要通过监管来确保电信业务符合国家公共利益。

20世纪80年代电信业打破垄断,引入市场竞争依然从英、美两国开始。

美国电信市场引入竞争以拆分AT&T为标志。1984年被拆分成一个长途电话公司和7个贝尔本地电话公司,实现了竞争性业务与垄断性业务的分离。拆分伊始,由于AT&T拥有国际长途业务95%的市场份额,因此一段时间内作为主导运营商,AT&T依然处于管制之下,但到1993年,长途运营市场就出现4家供应主体,市场容量扩大3倍,需求也翻了一番,价格降低一半(Taylor,1993年),说明长途电信市场是可竞争的,竞争也是实实在在存在的。然而,在本地固定电话市场上,虽然由AT&T拆分出7个贝尔电话公司,但在每一个固定本地电话市场范围内,自然垄断因素依然存在,竞争难以形成。事实上1983年,FCC还在美国305个非重叠市场上各发放了两张移动电话业务许可证,其中一张发给本地电信公司(RBOC),另一张没有限制,意图构造双寡头竞争格局,但研究发现(Parker & Roller,1997年),可能存在合谋定价,移动市场的价格-成本差额达到35%,显示管制进入并未使竞争如期而至。

为了进一步促进电信市场的竞争,1996年,美国对1934年通信法进行修订,通过并开始实施1996年电信法。1996年电信法的最大特点是鼓励长途、本地,以及有线电视相互进入对方市场展开竞争,为此,要求本地固定电话运营商向所有竞争者开放本地网络,基于全要素长期增量成本,实行非绑定网络元素定价,并提供非歧视性互联互通。

此外,1996年电信法依然要求电信企业向公共以"合理"的收费提供普遍服务,同时规定为实现普遍服务的补贴应由电信公司支付。但在竞争机制下,原有垄断企业交叉补贴的普遍服务补偿机制不复存在,为解决这一矛盾,FCC推行了"强制性缴款"措施,由州际长途电话业务在缴纳本地接入费时一并支付。

在英国,1981年的电信法将英国电信公司从邮电总局分离出来(政企分离),结束了英国电信(BT)的法定垄断地位。随后,1982年向Mercury颁发了经营许可证。1984年对英国电信进行私有化改造,并作为唯一的基础网络拥有者,接受Oftel的规制监管。在移动通信领域,按照美国的做法,英国最初(1985年)只批准了两家移动电话运营商Cellnet(BT控股)和Vodaphone,并规定其业务需批发给虚拟运营商再零售出去,这种安排到1991年才结束。1991年后又批准另外两家移动运营商,并决定2005年前不再颁发新的移动经营许可证。之后,英国又鼓励有线电视公司进入电话市场,到1995年年末,英国市场上有超过150家运营商获准与BT竞争,其中包括125家有线电视公司,通过有线电视电缆提供电话服务(其中有80家已经开始提供服务)。

在开放市场的过程中,由于BT一直是英国电信市场中占据主导地位的运营商,因而其非竞争业务资费及网间互联费率一直纳入管制框架之下。1997年,Oftel改变了原来的完全分摊成本定价,开始采用长期增量成本(LRIC)定价,并对业务资费实行价格上限管制和价格下限管制(以LRIC为依据),对网间互联资费实行价格上限管制,直到形成竞争性资费。此外,为进一步促进竞争,英国还实施了号码可携带政策。

以英国和美国为先驱,电信业破除垄断、开放竞争,以市场为导向的运营和管理新模式逐渐在全球范围内确立。从英美及其他各国在这一阶段的管制实践可以看出,与垄断时期的电信管制相比,电信业管制目标、管制重点内容和相关管制手段等发生了很大变化。垄断时期,基于自然垄断判断,电信业管制目的是从公众利益出发,限制垄断利润、推进网络普遍服务。

因此相关管制内容重点主要是通过市场准入限制来保障通信网络的规模经济性；通过价格管制来限制垄断企业利润，同时通过允许垄断企业交叉补贴来推进普遍服务。破除垄断、引入竞争后，通信业管制目标调整为促进竞争、通过建立公平有效的市场竞争格局来提高通信业的运行效率、增进社会福利。为此，各国针对本国通信业发展实际情况，管制内容的重点也调整为促进竞争、保障互联互通、推进竞争条件下普遍服务补偿机制的建立等。

具体实施时，对于仍然体现出较强自然垄断性特点的本地电话市场，在保留对服务价格和接入定价管制的同时，通过采取基于非绑定网络要素制定接入价格，鼓励基于设施的进入等措施，推进实现本地电信市场的有效竞争。此外，针对市场开放后主导运营商和竞争者之间不平等的市场地位和资源条件等，在普遍服务、互联互通、业务准入、价格调整等方面采取不对称管制政策，以限制主导运营商的市场势力，扶持竞争者尽快成长，促进形成有效的市场竞争局面。

2. 全球化竞争时期

20世纪80年代后，信息通信技术的发展在推动经济全球化发展的同时也促进了国际电信服务贸易的发展，国际电信服务收入远远超过电信设备制造业收入而成为国际服务贸易的重要组成部分。与此同时，发达国家在率先完成国内电信规制改革、建立起竞争的电信市场之后，随着国内市场的饱和，又将眼光瞄向全球电信市场。在以美国为首的发达国家的推动下，经过三年的谈判，1997年占全球电信市场91%份额的69个成员国达成了《基础电信协议》，为电信通信市场的全球化竞争奠定了基础，同时也为其他国家参与国际市场竞争、建立符合国际竞争规则的管制框架提供了参照。

世界贸易组织所达成的基本电信谈判协议《基础电信协议》中的关键条款是市场准入，其规定主要有：缔约方应确保外国电信服务提供者，在跨境提供基础电信相关服务时享受最惠国待遇；缔约方应允许外国电信服务提供者，在其境内建立能够提供各种基础电信服务的经营实体或商业机构；缔约方应准许在其境内设立机构的外国电信服务提供者，能够有独立的电信网络基础设施。《基础电信协议》涉及语音电话、数据传输、电传、电报、文传、专线、移动电话、移动数据传输和个人通信等方面的短途、长途和国际电信服务。

为保证准入条款落到实处，且进入市场后外国服务提供者和本国服务提供者能够处于一个公平的市场环境下，提高管制效率，在管制制度建设方面，基础电信协议的《参考文件》要求各成员政府应遵守的电信管理指导原则是：

① 公平竞争原则——应维持适当措施以防止单独或联合作为主要供应者的供应者从事或继续实行限制竞争做法。

② 互联互通原则——以透明的非歧视的条件保证外国电信经营者进入本国公共电信网，与其他经营者互联。

③ 普遍服务原则——任何成员有权定义普遍服务义务的种类，这些义务不被认为是反竞争的行为，但普遍服务的管理必须透明、非歧视和保持中立。

④ 许可证条件的公开可用性原则——公开许可授予标准，许可被拒绝的理由。

⑤ 独立监管机构的原则——监管机构是与任何基础电信服务提供者分离的，并对其没有责任。监管机构采取的决定和程序，对所有市场参与者都是公正的。

⑥ 稀有资源分配和使用的原则——任何稀有资源的分配和使用过程，包括频率、码号和路权等，都要以客观的、及时的、透明的和非歧视的方式进行。现有的分配频段的状态，将使其公共可用，但对具体政府用途的频率分配细则例外。

WTO《基础电信协议》及《参考文件》的出台，带来了世界电信业更为激烈的竞争，促进了电信服务质量的提高和服务费用的降低。协议的主要内容是要求各谈判成员向外国公司开放电信市场,以结束国内市场的垄断局面。其中市场准入和国民待遇承诺主要包括各国同意开放的业务清单以及对业务提供者的数量限制,允许其他成员国的服务商以符合约束条件的方式提供服务。而基本电信谈判协议要求各谈判成员在一定时期内全部或部分放开以电话为主体的基本电信业务市场和网路基础设施。各成员国也对此作出了相应的承诺。从这个意义上讲,基本电信谈判协议必将加速电信业放松管制、引入竞争的过程。

这个时期,市场准入管制依然是电信管制中的主要内容,各国对电信业务市场准入管制的主要手段是实施许可证制度,包括许可证数量的选择、许可证发放的具体程序、许可证转让、许可证变更、许可证撤销和许可证发放后的行政监管等。同时,有关外资介入或参股约束已经成为市场准入的首要条件。

同时,《基础电信协议》的签订也极大地推动了全球范围内通信管制制度变革的进程,越来越多的国家开始按照WTO的基本原则改革本国的电信管制制度,如纷纷建立独立的电信管制机构,参照国际通行做法,建立规范的网间互联规则、建立普遍服务基金补偿制度、采取市场化方式分配电信资源等。

9.2.3　行业融合后的通信业管制

20世纪末、21世纪初,信息通信技术快速发展所带来的业务创新使得电信行业原有的业务界限越来越模糊,尤其是随着三网融合的推进,电信行业的业务种类、盈利模式和管理模式都已发生了巨大变化,许多新型企业也已进入电信通信市场,极大地改变了电信市场格局。这不仅令电信管制对象增加,电信管制工作更加复杂,也对电信管制提出了新的挑战。一方面,三网融合也提出了管制融合的要求。传统上三网分属不同的行业,各有不同的监管制度,而三网融合令三个行业相互渗透,行业界限模糊,逐渐走向一个"大通信"行业。现实中,西方发达国家的三网融合的管制及实践都是一个渐进的过程,大多经历了由初期的分业管制、互不进入,到逐步融合,再到最后互相进入、全面融合的三个阶段。尽管在一些国家这个过程仍在进行,但适应技术、网络融合发展趋势,将电信业、互联网和广播电视业都纳入信息通信产业框架下,建立融合管制机构、指定相互协调的管制政策成为发展趋势。另一方面,在融合的大背景下,信息通信产业正处于一个变革的重要历史时期,新技术、新业务和不断涌现的互联网应用的发展带来了新的管制问题。例如,针对互联网发展所带来的一些新问题,如网络中的隐私权保护、知识产权保护、有害及非法内容问题、管辖范围和网络犯罪等,许多国家制定了ICT方面的新法律,或通过修改现有的电信法律法规,来协调或改进法律环境和管制制度框架。

这一时期,管制的目的转变为维护公平、有效的市场竞争,促进ICT基础设施领域的持续投资和技术、服务创新。管制的主要内容也在维护市场竞争、互联互通、持续推进以网络宽带接入和信息服务等更高层次的普遍服务的基础上,逐步将互联网相关的网络信息安全等内容纳入管制范围。

美国信息通信业融合趋势加强的起点是20世纪80年代以来数字传输业务的迅速增长,特别是20世纪90年代初,因特网爆炸式的增长和美国1993年提出的国家信息基础(NTT)计划及其实施,进一步加快了以数字宽带业务为中心的网络融合。这些变化的重要基础是数字化技术的发展,同时数字化技术又由于网络融合变化而加快发展。1996年,美国的通信法出台,体现了"以强化竞争为中心的放松管制的国家政策框架"。强化竞争的规定主要体现在鼓励电信、广播电视业内和兼业竞争及互联互通等的有关规定上。例如,有关普遍服务的规定主要有:每家从事州际电信业务的公司都要承担相应的普遍服务;有线电视公司要为公众节目、教育等节目提供一定数量的频道资源。同时,美国1996年《通信法》还允许电信运营商打破专业界限,进行跨行业竞争,电信、广播电视、有线电视、娱乐、互联网络企业之间也可以交叉经营,这一规定对于美国加快三网融合的速度起了很大的促进作用,它的重大意义不仅在于进一步强化了竞争,更大的意义在于允许跨行业的兼并,支持电信、媒体的融合。这之后,为进一步适应技术进步和三网融合的发展趋势,FCC也将内设的公共电信的监管机构与有线电视的监管机构合并,统一设立一个"有线竞争局",对相关业务进行统一政策、统一管制。2006年,为积极促进有线电视运营商与电信运营商之间形成有序竞争,一方面,FCC鼓励有线电视运营商进军宽带市场,一些有线电视公司也纷纷斥巨资加入竞购无线频谱的行列,意图借此进入无线通信市场;另一方面,FCC也积极扶持电信运营商推出视频服务。2006年12月,FCC批准了一项新法规,以便电信运营商更容易地进入电视市场,与有线电视公司展开竞争。FCC当任主席马丁表示,降低有线电视服务价格、促进竞争的最佳方式是让电信运营商更容易地进入市场。由此可见,鼓励不同行业间的相互渗透、加速推进网络与业务的融合,是融合时期FCC的一个工作重点。

为适应信息通信业融合发展趋势,英国率先在欧洲启动管制改革进程。2003年英国修改了1984年颁布的《电信法》,推出适应融合趋势的《通信法》,"电信"到"通信"一字之差,凸显了融合趋势对管制制度变革的影响。基于该法,英国将专门的电信管制机构(Oftel)改组为融合的通信业的管制机构——通信办公室(OFCOM)。该机构于2003年12月29日成立,由之前的电信管理局(Oftel)、无线电通信管理局、独立电视委员会、无线电管理局、播放标准委员会五家通信行业监管机构组成,完全取代过去行业间相互隔离、"竖井"式的监管方式,从而成为英国唯一的独立通信监管机构,全面监管电信业、广播电视行业和媒体内容等。OFCOM的成立改变了对电子通信业的多头分散管理体制,大大减少了以往监管机构之间的大量协商和协调工作,提高了工作效率和加快问题处理的速度以及缩短解决纠纷的时间,尤其加快解决有关融合方面的政策性问题。基于英国电信管制制度改革实践,2002年欧盟出台了包括"框架指令、授权指令、接入指令、普遍服务指令和关于隐私和电子通信指令[1]"的五大电信管制改革指令,成员国家纷纷跟进。

9.2.4 信息通信业管制发展趋势

随着互联网加速与经济社会各领域的全面融合,全球主要经济体主动调整监管思路,塑造面向数字经济时代的行业监管体系,具体体现在以下四个方面。一是将促进经济发展提升至首要目标,美国联邦通信委员会在2015—2018年战略规划中,率先提出将促进经济发展和确保国家领导力作为战略规划第一目标。二是以推动全面数字化转型为发展核心,欧盟电子通信监管机构BEREC在2015—2017年战略、南非监管机构ICASA在2016—2020年战略中,均强调全面提升网络基础设施覆盖范围和服务水平是推进数字进程的核心基础。三是围绕数字生态发展和安全发展五大主题,回应全球性热点问题,包括强化网络能力、保障通信安全、促进市场竞争、保护用户权益、提升监管能力等。四是"量体裁衣"制定个体定位,美国以巩固信息通信领域先导地位为主、欧盟集中力量整合内部区域市场、南非强调政府统筹规划作用、澳大利亚在2015—2019年战略规划中则侧重发挥市场积极性。

归纳起来,全球主要经济体面向2020年监管战略的五大重点包括网络建设、市场监管、

---

[1] Framework Directive (2002/21/EC), Authorisation Directive (2002/20/EC), Access Directive (2002/19/EC), Universal Service Directive (2002/22/EC), Directive on Privacy and Electronic Communications (2002/58/EC)

用户保障、安全保障和监管能力提升。

网络建设方面,鼓励基础投资和技术创新。一是制定激励投资的监管框架,如欧盟采用政府与社会资本合作(PPP)模式推动网络建设持续投资。二是完善普遍服务机制,如美国提出四项目标,即最大化网络覆盖、创新服务政策、普及教育和残障人士宽带接入。三是推动网络技术平滑演进,欧盟、美国均计划制定面向全 IP 技术的监管框架,加快网络技术升级进程。四是创新频谱供给机制。英国、南非计划向移动通信释放优质频段,美欧大力推动频谱拍卖、授权许可等资源共享激励措施。

市场监管方面,促进融合业态有效竞争。一是破除市场壁垒,引导多元化主体参与市场投资。美国通过消除投资障碍,推动谷歌等非传统运营主体提供宽带服务。英国采取制定"合同清单"等措施,保护中小企业利益。二是推进网络中立,促进产业链上下游健康发展。美国的态度较为严格,明确宽带网络运营商负有公平接入的义务;欧盟则相对宽松,在设定运营规则的同时赋予宽带网络运营商一定的盈利空间。

用户保障方面,强调保障用户隐私安全及知情权。一是保障用户知情权和选择权。英国通过"解绑"服务热线的接入费和服务费,提升资费透明度;欧盟将成员国漫游费在网上公示。二是注重个人隐私安全,保护重点转向互联网服务。澳大利亚通过教育警示加强用户在线自我保护意识;欧盟等强调与其他监管主体合作,实现多方治理。三是重点解决给消费者带来较大损失的问题,如"天价"账单、骚扰电话等。南非每年发布用户体验质量报告,加强社会监督;澳大利亚重新梳理并更新政策,加强企业监管。

安全保障方面,侧重网络基础设施保护和应急通信能力建设。一是加强通信关键基础设施保护。美国提出应深化政企联动,通过技术合作、项目支持等方式共同保护。二是为执法、应急服务和国家安全部门提供保障。澳大利亚计划为安全和应急部门提供专用频段;美国强调关键技术研究和保障能力建设,确保在紧急事件中及时发布准确信息。三是为民众提供可靠的紧急呼叫服务。各国均要求进一步提升紧急呼叫服务(如 911 等)的稳定性和覆盖率。

监管能力方面,强化政策灵活性、包容性和高效性。一是推行以市场评估为根基的政策调整机制。目前各国市场评估内容已涵盖网络、市场、服务、价格等全产业要素;策略方面以美国竞争监管的"跷跷板"机制(市场竞争越强,则监管越放松;反之,市场竞争越弱,则监管越强化)为例也已取得良好效果。二是对内强化技术能力提升监管效率,如澳大利亚提出要建立面向公众的信息化服务平台。三是对外加强融合监管成为改革重要方向,一方面以明确自身职责为基础,针对融合业务加强跨部门协商,推进融合监管;另一方面通过签署谅解备忘录、成立联合工作组的方式,加强跨境提供业务的区域和国际合作。

9.3 通信业管制制度

根据制度经济学家诺斯的定义[①],制度由规则和规则的执行机制构成。研究通信业管制

---

① 诺斯认为"制度是个社会的游戏规则,更规范地讲,它们是为人们的相互关系而人为设定的一些制约",诺斯将制度分为三种类型即正式规则、非正式规则和这些规则的执行机制。正式规则又称正式制度,是指政府、国家或统治者等按照一定的目的和程序有意识创造的一系列的政治、经济规则及契约等法律法规,以及由这些规则构成的社会的等级结构,包括从宪法到成文法与普通法,再到明细的规则和个别契约等,它们共同构成人们行为的激励和约束;非正式规则是人们在长期实践中无意识形成的,具有持久的生命力,并构成世代相传的文化的一部分,包括价值信念、伦理规范、道德观念、风俗习惯及意识形态等因素;实施机制是为了确保上述规则得以执行的相关制度安排,它是制度安排中的关键一环。这三部分构成完整的制度内涵,是一个不可分割的整体。

制度主要关注的是通信业相关立法、管制机构、管制内容及相关管制措施以及通信业管制制度变革、制度绩效等问题。本节重点介绍通信业管制机构和管制内容等相关内容。

9.3.1 通信业管制机构

1. 通信业管制机构模式

从世界各国通信业发展的历史来看,作为不同制度国家通信行业和通信市场管制者的实现模式在不同的时期具有不同的体现。归纳起来,主要包括以下四种模式。

(1) 三位一体模式,或称政企合一模式,在传统的 PTT(Posts,Telephone & Telegraph Model,除北美之外,世界大多数国家在通信产业改革前通信业的最初运行模式)模式下,政府部门集通信行业发展政策制定,通信行业管制和组织通信生产运营、提供通信产品和服务三种职能于一身。政府既是行业政策的制定者和市场的管理者又是通信业的经营者,三位一体。过去,许多国家的邮电部(Ministry of Posts and Telecommunications)就是这种模式。而且,在这种模式下,邮电也是合营的。

(2) 政府监管模式。随着通信行业改革的逐步深化,分离政府的行业发展政策制定的职能,行业、市场监管职能以及企业生产经营职能成为通信产业管理和市场管制改革发展的方向。一种比较普遍的认识是,政府部门应承担起行业政策制定的职能,包括研究和制定产业发展目标和产业发展参数;对产业执行具体管制的职能应该交由政府授权的、依法建立的、专业的、独立的管制机构去完成;而组织通信生产经营活动,向用户提供通信产品和服务则完全应该由商业化的企业按照市场化的原则去实现,只有这样才能克服政府经营带来的生产低效率和行业发展低效率问题。这也是通信业全球化发展进程中 WTO 对成员国的要求和相应国家的承诺。然而在改革实践中,各个国家的政治体制、经济发展水平和文化背景差异很大,特别是在一些发展中国家,如何清晰划分政府机构与独立管制机构两者的职能,处理好两者之间的关系并不是一个容易解决的问题,因此,一些国家在过渡阶段仍然选择建立一个政府机构同时承担政策制定和行业监管职能。如在非洲地区,由于经济发展水平落后,一些国家电信体制改革还跟不上,许多国家仍然由政府主管部门直接承担通信管制职能。当前我国的通信业管制部门就属于这种模式。

(3) 独立管制机构模式。对独立管制机构的含义一直以来都有不同的界定。如欧盟认为,独立的管制机构指的是结构上"分离"(Separate),法律地位明确(Legally distinct),职能上依法"独立"(Independent)于其他通信组织。ITU 的定义则认为独立的管制机构应当"在财务上,组织结构上,以及决策上独立于运营商和相关行业的政府部门"。这样做的目的是依法专门行使对通信市场的经济管制,摆脱政府部门出于官僚政治目的对通信行业的不当干预,维护通信市场竞争,保护消费者利益。

美国的联邦通信委员会(FCC)将自己看作是世界上最老牌的独立管制机构。他们认为:一个有效的管制机构应该独立于被管制者,并被保护不受政治压力的影响,被赋予足够的能力制定政策、实施决策来管制市场;管制者应当有权力和权限有效地、清晰地从事调整和执行职能;管制者必须有充足的、可靠的和可预期的收入来源。

20 世纪末,随着 WTO《基础电信协议》的签订,越来越多的国家开始选择建立独立通信管制机构模式。然而,实践中通信业管制机构和管制制度的建立植根于所属国家的政治体制、文化背景,尽管大多数国家建立了分离的通信管制机构并宣称是独立的监管机构,但在机构权限设置和运作管理上差别很大。而且监管机构在形式上保持独立,实际上真正能够做到独立于政府政治力量影响的几乎没有,即使是美国的 FCC,也难以避免美国国会的影响。如美国国会有权决定联邦通信委员会委员的人数,可以对 FCC 的预算施加特别法律条款,可以迫使 FCC 采取特定的管制政策,并保有对委员会证词的听审权等。

(4) 司法机构管制模式。这种管制模式指不设立通信专业管制机构,完全通过司法机关对通信业进行管制,新西兰在电信管制实践中就采取了这种模式。1989 年,他们取消了对电信业的限制,电信业置于"轻微管制"状态下。对电信业不设管制机构,放松管制后电信市场的监督移交给负责一般竞争政策的商务委员会。对电信运营商实施管制时主要是由国家反托拉斯法或消费者保护法。一旦发生纠纷或发生不公平竞争,由法院依法判决。

这种管制模式一度被认为是电信市场竞争发展到一定阶段后的一种合理选择。但实际运行经验发现,在处理通信专业技术相关的管制问题时,这种模式存在缺陷。因此,新西兰后来对这种模式进行了改善,他们考虑到电信技术和专业性特点后设立了一名电信代表,该代表可以就电信管制提出专业的意见和建议。

2. 独立的通信业管制机构

根据 WTO 基础电信协议的参考文件,各国必须建立独立的电信管制机构。WTO 认为,在促进电信市场竞争中,有效管制体系的核心是创建独立的电信管制机构。若没有一个独立的管制机构来实施法律法规和相关政策、监管电信业的发展,要实现 WTO 协议、开放市场、维持公平的市场竞争环境目标是非常困难的。相应地,没有公平的市场竞争也难以获得市场竞争带来的效率,因此,独立的监管机构也被认为是实现管制效率或建立有效率的监管制度的基本条件。

所谓独立的管制机构应至少具备以下三个特点。

(1) 管制与运营职能分离,即管制机构应独立于所管制的行业(企业)。管制机构应该独立于任何基础电信业务服务的提供者,对其不承担责任,以显示公平。独立于电信运营者要求管制机构及其职员不能在任何被管制的实体中拥有直接或间接的经济利益,这样才可以确保管制机构能够一视同仁地对待所有的企业,公平、公正地实施管制政策。

(2) 政监分离,即管制机构或完全独立于政府部门,或名义上隶属某个政府部门但实际上其管制职能相对独立于该政府部门。当然,政监分离并非指独立管制机构不受政府政策的约束,而是指它能够独立地执行管制职能而不受利益相关方的干涉,从而保证管制机构能公平、公正地执行其管制职能,减少因政治不确定因素而增加投资风险。为保持其独立性,需要通过专门的立法,明确管制机构的职能及其与其他行政机构的关系,严格规定管制机构主要领导人的任命条件和程序,一经确定,任何机构和个人都不能随意罢免。

(3) 财务独立,即管制机构的经费应有独立的和充足的资金来源。财务独立意味着管制机构应依靠自身而不是他人包括政府提供资金。现实中这一点并不能完全做到。根据 ITU 的统计,2001 年全球独立管制机构的财务主要来源是许可证费、频率费、号码费、拍卖费、政府和其他来源。各项占比分别为 26%、23%、10%、4%、17% 和 20%。其中,前四项共计所占比例为 63%。

设立独立管制机构的主要目的是避免"管制俘获"和"管制勒索"。管制俘虏理论强调管制者存在寻求经济利益或政治利益的动机,相关利益集团在决策过程中会积极活动以形成对自己有利的决定,由此可能出现管制者被利益集团俘虏的现象。管制勒索理论认为,电信等网络型产业的基础设施投资金额巨大,回收期长,投资具有沉淀性,一旦投资完成,投资者处于非常被动的地位,管制者有可能在利益集团的压力下对被管制企业进行挤压,从而导致投资不足或提高投资成本。这些理论都支持建立独立管制机构的必要性。

3. 全球通信业独立管制机构发展状况

随着世界电信市场的迅速发展,全球范围的电信管制机构的数量在不断增加。根据 ITU 的统计,1990 年全球独立管制机构仅有 13 个,2000 年增加到 104 个,到 2003 年已经达到了 148 个。2006 年,各大洲独立管制机构分布在美洲、欧洲、非洲、亚太的比例分别是 89%、85%、83% 和 56%。目前,世界上很多国家都已建立了独立的电信管制机构。

9.3.2 通信业管制内容

政府管制从是否直接介入经济主体决策而分为直接管制和间接管制。直接管制是依法直接介入经济主体决策,而间接管制是以维持竞争秩序为目的,不直接介入经济主体决策,由反垄断法、民法、商法等产生的对垄断等不公平竞争行为的制约。行业管制主要是以直接管制为主,依据管制性质和内容的不同,直接管制又分为经济性管制和社会性管制两大方面。

1. 经济性规制

经济性管制主要关注政府在约束企业定价、进入与退出、稀缺资源分配等方面的作用,重点针对的是具有自然垄断、信息不对称等特征的行业,针对不能依靠市场机制解决的问题进行管制干预。经济性规制主要是通过以下方式实施。

(1) 对企业进入及退出某一产业或对产业内竞争者的数量进行规制,这一规制可通过发放许可证,实行审批制,或是制定较高的进入标准来实现。

(2) 对所规制企业的产品或服务定价进行规制,也称为费率规制,包括费率水平规制或费率结构规制。

(3) 对企业产量进行规制,产量高低直接影响着产品价格,进而关系到生产者与消费者的利益,通过规制可限制或鼓励企业生产。

(4) 对产品质量进行规制,这种方式的成本较高,由于企业和规制者之间存在着信息不对称,规制者对产品质量很难把握,因此实践中这类规制方式较少采用。

传统通信业管制的主要内容集中在经济性管制方面,如基于产业规模经济性、自然垄断性和资源独占性特点,直接对产业实施的市场进入管制,直接介入通信企业资费、服务质量制定、通信资源管制等。引入竞争后,出于对在位企业市场势力的限制而进行的网间互联互通管制,以及为了普及通信服务而进行的普遍服务管制等。

2. 社会性规制

社会性规制是指以保障劳动者和消费者的安全、健康、卫生、环境保护、防止自然灾害为目的,对产品和服务的质量以及随之而产生的各种活动制定一定标准,并禁止、限制特定行为的规制[1]。社会性规制蓬勃兴起于 20 世纪 70 年代[2],那一时期美国出现了大量社会性管制的机构,如美国环保署、联邦公路运输安全委员会、消费品安全委员会等,从此对社会性规制的关注和研究也逐渐增多。

---

[1] 植草益给出的社会性规制定义。然而,规制实践中,社会性规制在很多方面和经济性规制交融在一起,其界限有时并不容易分清。"在美国,通常把社会性管制局限于健康、安全和环境保护这三方面,因此,把社会性管制称为 HSE 管制,甚至不对社会性管制下定义(王俊豪,2001 年)。"

[2] 中国社会性管制立法工作始于 20 世纪 80 年代,随着经济快速发展、人们生活水平不断提高,外部性及其他社会性问题凸显,社会性监管开始加强和完善。国家环境保护总局、国家药品监督管理局、国家安全生产监督管理局、国家中医药管理局、国家质量监督检验检疫总局等管制机构相继成立。

不同于经济管制侧重于处理企业间及企业和消费者间纯粹的经济关系,社会性管制偏重于处理企业的经济行为可能给消费者和社会带来的不健康或不安全问题。相对于经济性规制,社会性规制的特点主要表现为:一是规制目标的多重性。经济性规制更强调规制的经济效率目标,即如何通过规制来纠正自然垄断等所致的市场失灵,从而达到资源的有效配置。而社会性规制本质上解决的也是市场失灵问题,但更强调保障社会的基本公正、正义与公平,强调维护经济和社会的可持续发展。二是规制对象的横向性。经济性规制一般是针对特定产业行为的纵向规制,社会性规制则涉及所有产业、社会生活各个领域,具有横向规制的特点。三是规制主体的多元化。由于经济性规制的对象是特定产业,可以设立独立性、专业性较强的产业规制机构进行规制。而社会性规制涉及对象广泛、目标多重,难以通过设立一个具有各方面知识和专业技术的独立性规制机构来处理所有规制问题。

社会性管制蓬勃发展的动因主要有两个方面。一方面,微观经济主体的经济行为导致的外部性问题越来越严重,信息不完全所造成的伤害问题也越来越突出;另一方面,随着经济的发展,人们收入水平不断提高,对生活的质量要求也越来越高,对生命越来越珍惜。这两方面的原因造成社会性管制需求的急速增长。

社会性管制通常采取强制执行机制,其原因是,管制机构制定的各种社会性管制政策会导致企业成本增加,这会使被管制企业产生逃避管制的动机。采取管制强制执行机制的目的就是通过对不遵循管制要求的企业进行惩罚来形成一种威慑力量,防止企业违反管制法律法规的行为发生,从而保证管制目标的实现。缺乏有效的强制执行机制,管制政策就可能如一纸空文,达不到预期效果。强制执行机制威慑力的形成需要达到三方面要求:①违规行为监测的可能性和可靠性。强制执行体系建立在对违规行为及时察觉的可能性上。如果违规行为难以发现,则强制执行的威慑力就难以形成。②快速准确的强制执行响应,即要求管制机构一旦察觉出违规行为的存在,应及时做出反应,及时、准确地做出处理。处理上的延误或错误会降低强制执行的威慑力,影响政府管制的威信。③适当严厉的制裁措施,即对违规行为能及时发现、及时准确地处理,但是,如果对违规行为的制裁措施不够严厉,强制执行的威慑力仍然难以形成。

在通信业传统的管制内容中,对企业通信服务质量、通信普遍服务管制的目标要求和管制手段是直接的,但同时服务质量和普遍服务又具有维护消费者利益,保障社会公众公平获得通信基本服务的目的,政策实施时除关注经济效率外还更多地关注社会效益,因而具有一定的社会性规制的属性。引入竞争后,对电信市场监管的目标已经从"以市场监管为主,兼顾产业发展和消费者利益"转变为"以人为本",维护消费者利益将成为电信监管的首要任务。因此,对服务质量和普遍服务的监管职能更多地着眼于"社会的"管制,侧重于间接的、市场化的管理方式,而不适宜过多介入电信业务经营者的经济活动。因此,更多地体现出其社会性管制的属性。此外,近年来,随着网络和数据经济的发展,网络信息安全问题凸显,基于网络信息安全立法,加强对网络和信息安全进行管制成为各国的共识。网络与信息安全问题既涉及包括信息通信网络在内的多种网络基础设施安全,也涉及政府部门、企业组织及社会公众个人的信息安全,因此,对网络与信息安全的管制属于社会性管制。

9.3.3 市场准入管制

市场准入管制是电信业的规模特性、外部性和资源有限性所要求的,是建立电信业竞争市场结构的关键。从世界各国电信发展来看,市场准入管制重点强调电信资源的合理配置和有效利用,在此前提下,总的发展趋势是由市场决定经营者数量,但为防止过度竞争和重复建设,政府应对经营者数量进行适当的限制。

1. 准入管制目标

电信市场准入管制的最初目的是限制电信企业的数量。因为电信业是网络性产业,具有显著的规模经济性,在理论上,电信业由一家或少数几家企业提供服务的总成本是最低的,或者在资源配置上是最优的。而电信业引入竞争之后,就不可避免地面临"马歇尔困境",即规模经济和竞争活力的两难选择,追求规模经济可能导致垄断、扼杀竞争,使经济活动丧失活力,导致竞争效率的损失。反过来,竞争能带来竞争效率,但难于获得规模经济,从而导致规模效率的损失。各国的经济学家对如何克服马歇尔困境进行了长期的研究,对规模经济与竞争活力两者有效协调的问题进行了积极的探索。1940年,美国经济学家约翰·莫理斯·克拉克提出了"有效竞争"的概念,即将规模经济和竞争活力两者有效协调,从而形成一种有利于长期均衡的竞争格局,这一概念为电信市场准入管制提供了依据。

对于电信管制机构来说,市场准入管制的目标就是寻找规模经济和竞争活力的合理协调点,建立合理的市场结构,使市场上保持实现有效竞争的理想的企业数量,避免竞争不足和过度竞争。然而必须注意的是,技术进步、市场需求状况、企业经营与管理水平等变量都会影响市场竞争状况,电信管制机构很难准确预测电信市场的复杂变化,不可能通过理论分析和数据测算来确定一个最佳的企业数量。因此,任何一个国家都不可能完全消除竞争不足和过度竞争,管制力度必须根据市场变化加以调整。当市场呈现竞争不足的状况时,应放松准入管制,鼓励更多的企业和资本进入市场;而当市场出现过度竞争的征兆时,应加强管制,避免过多的企业再进入市场,同时维护公平竞争,通过优胜劣汰回到适度竞争。只有开放竞争和市场监控相结合,在动态的调整过程中才能逐步接近有效竞争的理想状态。

2. 市场准入管制的实施方式

电信管制机构主要通过电信业务经营许可证制度实施市场准入管制。监管机构通过发放电信业务经营许可证(也称为牌照),来授权一个企业提供电信业务或进行电信设施的运营。在许可证中,通常会对授权的条件以及电信运营商的主要权利和义务做出明确规定。

(1)许可证种类

不同国家可能采用不同的标准对电信业务经营许可证进行分类,不同类别的许可证在申请条件、审批和发放程序上会有所差别。按照授权方式,可将许可证分为单项特定经营许可证和总体授权型许可证。

单项特定经营许可证通常是一个有固定格式并详细规定经营者权利和义务的许可证文件,通常用于许可涉及稀缺资源(如无线电频率等)使用权的经营活动,或用于管制机构意图限定企业的行为,以确保业务以特定方式提供的情况,例如,对主导运营商发放附带普遍服务义务的经营许可证。

总体授权型许可证对一类业务规定通用的要求,通常包含消费者保护和其他必备要求方面的规定,所有合格企业都可以提供相应种类的业务。这种许可证适用于通过通用要求即可实现管制目标的情况,如对专用通信网络的授权等。

(2)许可证发放方式

根据许可证涉及的电信业务类型,许可证的发放程序也有所差别。总体授权型许可证通常只需要进行资格审定,即管制机构制定获得许可证的资格标准和附带条件,申请者只要符合要求、通过审核即可获得相应的许可证,发放过程不包括竞争性选择程序。

单项特定经营许可证则需要经过资格审定和选择程序两个步骤,在审查申请者的资格条件后,还需从合格的申请者中进行筛选。例如,对涉及稀缺资源(如无线电频率)的许可证发放,就需要进行竞争性选择。这种选择程序通常有两种方式,其一是基于单一的量化标准进行竞争性选择,例如通过拍卖,出价最高的申请人获得许可证,这是一种高效、透明、客观的许可证发放办法,但购买许可证的费用有可能给企业带来负担,并最终转嫁给消费者。其二是基于一项或者数项有关数量和质量的标准进行主观评判和比较评估。该方法透明度较低,难以避免主观因素的影响,有损许可证发放程序和监管机构的可信度。另外,比较评估方法实施需要的时间较长,这也有可能对电信市场发展带来不利的影响。具体的许可证类型和发放程序取决于特定国家的行业政策、法律和市场结构。

(3) 许可证制度实践中应注意的问题

尽管电信业务经营许可证制度在国与国之间存在区别,但仍然存在较多的共性,特别是在实践方面,以下是许可证制度要取得较好效果需要注意的几个问题。

① 透明度。成功实行许可证制度的一个基本要求就是程序透明,即许可证程序应当公开,许可证发放的决策也应当根据事先公开的标准做出。具体来说,在发放许可证时,应事先公布接纳申请的信息,同时公布申请程序(投标)原则、资格和选择标准,资格评定与选择程序应相互分离。管制机构应当通过合理的方法确保包括申请人、现有的许可证持有人以及竞争对手和社会大众在内的参与各方认同程序的公正性。采用透明的程序比不透明程序更为困难,也耗费更多的时间,但缺乏透明度会影响投资者对整个监管程序以及电信市场公正性的信心,并严重减缓市场开放进度。

② 公众意见征询。在许可证发放程序之前或过程中,最好能够向公众征求意见。管制机构可以要求公众在许可程序开始之前对其方法进行评论。征求有关各方的意见可进一步加强各方对于程序透明度的认同,监管机构可以直接获悉消费者、主导运营商和申请人对于许可证发放程序的看法。这就使得许可证条件、条款以及许可证发放程序能够得到合理改进,从而增加其成功的可能性。

③ 许可证费用。在电信行业,许可证费用可以包括以下一项或几项:向政府或许可证发放机构支付费用或"租金",以便取得运营网络、提供业务或使用有限资源(例如无线电频率或码号)的权力;为补偿管制机构在管理和监督稀缺资源使用过程中发生的费用支付的行政管理费;补偿管制机构在执行其他监管职能时产生的行政管理费。将上述各种类型的费用区分开来,将有助于提高透明度,并且比较容易确保以成本为基础收取许可证费用。

④ 许可证涉及业务区域的确定。如何确定一个许可证所覆盖的业务区域(如全国性或区域性,城市地区或农村地区)是电信管制面临的新挑战。不同的国家采取了不同的方法,一些国家发放了全国性的许可证;另外一些国家则将许可证按区域划分,或者划分为农村和城市区域;还有一些国家在发放全国性许可证的同时,也发放同一业务的相互竞争的地区性许可证。在确定许可证业务覆盖范围时,应考虑经济可行性、规模经济和公平竞争的要求,许可证业务覆盖范围如果不具备经济可行性,则应与普遍服务政策综合考虑,同时应有助于规模经济效益的发挥,有助于各企业形成相当的竞争力。

⑤ 兼顾确定性和灵活性。电信业务经营许可证应当在管制的确定性和灵活性之间找到平衡,以适应将来在技术、市场结构和政府政策方面的变化。管制的确定性将为企业长期经营电信业务提供信心,但许可证的条件也应当保留一定的灵活性,使其在电信行业发展时期仍然能够与行业总体监管体系相适应,例如,允许管制机构通过公正程序和竞争中立的方式,修改

特定的许可证条件,以适应新业务发展的需要。

3. 我国电信业务经营许可证制度

我国原信息产业部于2001年12月发布了《电信业务经营许可证管理办法》,并于2002年1月1日开始施行。其中对电信业务经营许可证的申请、审批、使用、变更与注销、年检以及电信业务经营者的权利与义务等均做了详细规定。2009年4月,工业和信息化部公布施行《电信业务经营许可管理办法》,取代了2001年的管理办法。

电信业务经营许可证是电信业务经营者经营电信业务的法定凭证,电信业务经营者按照电信业务经营许可证的规定经营电信业务受国家法律保护。电信业务经营许可证分为《基础电信业务经营许可证》和《增值电信业务经营许可证》两类,其中《增值电信业务经营许可证》又分为《跨地区增值电信业务经营许可证》和省、自治区、直辖市范围内的《增值电信业务经营许可证》。《基础电信业务经营许可证》和《跨地区增值电信业务经营许可证》由工业和信息化部审批。省、自治区、直辖市范围内的《增值电信业务经营许可证》由省、自治区、直辖市通信管理局审批。此外,外商投资电信企业的电信业务经营许可证,由工业和信息化部根据《外商投资电信企业管理规定》审批。《基础电信业务经营许可证》的有效期,根据电信业务种类分为5年、10年。《跨地区增值电信业务经营许可证》和省、自治区、直辖市范围内的《增值电信业务经营许可证》的有效期为5年。电信业务经营许可证由发证机关的批准文件和许可证书组成。发证机关的批准文件包括经营许可证使用规定、经营者的权利和义务、特别规定事项、年检和违法记录表等文件。原发证机关根据管理需要可以按照工业和信息化部的规定增加相应内容。许可证书应当载明公司名称、法定代表人、业务种类、业务覆盖范围、有效期限、发证机关和发证日期、签发人、经营许可证编号等内容。经营许可证的具体内容由工业和信息化部依法另行制定。工业和信息化部可以根据实际情况,依法调整电信业务经营许可证的内容,重新公布。

9.3.4 通信资费管制

通信资费管制是通信业最早实施的经济性管制内容之一,但在通信业从垄断到竞争的发展过程中,对通信资费的管制重点不同。

垄断经营时期,各国都对通信业务资费包括电信资费水平和企业收取电信资费的形式进行管制,管制的重点是资费水平。其原因是传统的电信通信业属于自然垄断行业,由一家企业提供电信服务比多家企业提供相同数量的服务具有更高的生产效率,这样在这些行业,政府允许一家企业进行垄断经营或直接由国有企业垄断经营。但由于处于垄断地位,在缺乏外部有效约束的情况下,垄断企业作为市场价格的制定者,就可能通过制定垄断价格,把一部分消费者剩余转化为生产者剩余,从而扭曲社会分配结构,降低消费者福利水平。因此,政府为了保证资源的有效配置和服务的公平供给,需要对资费水平和价格结构进行规制,以限制垄断企业制定垄断价格,维护消费者的福利水平。

实践中,各国对通信资费水平的管制方式不同,西方国家如美国等早期的做法是通过限制电信企业的利润水平来间接地限制通信业务的收费水平,采取的具体方法是合理报酬率管制,美国FCC通过限制垄断企业AT&T的投资回报水平来间接地限制其资费水平,一旦发现AT&T的投资报酬率超过管制机构规定的合理报酬率水平,就要求其调整相应的价格。然而这种方式由于会带来A—J效应,导致资源配置扭曲,且不具备激励企业提高生产效率而被后来的价格上限管制方式所替代。在我国,垄断经营时期的通信企业是政企不分、邮电合营的企业,业务定价完全实行政府定价,采取低资费政策(甚至亏损)且实行全国统一定价。

引入竞争后,随着新竞争者的进入,对通信资费水平的管制逐步收缩到在位主导企业提供的相关业务之上,同时,为了扶持竞争者、限制主导企业的市场势力,各国纷纷开始采取针对主导运营商和非主导运营商定价行为的不对称管制。随着竞争逐步深化,基于通信市场细分,对仍具有垄断特点的细分市场业务进行管制成为一些国家调整通信资费管制与否的依据。如欧盟 2002 年对欧盟国家提出管制框架建议,针对已经形成竞争的欧盟电信市场仍然保留了 18 个需要事先监管的细分市场,资费管制等管制措施仅针对这些市场的业务实施。到 2010 年根据这些市场竞争程度的变化又将需要事先管制的细分市场总数减少到 7 个。也就是说,在欧盟管制实践中,一旦通信市场有效竞争形成了,就不再纳入管制框架了。

我国电信业引入竞争后,出台了《中华人民共和国电信条例》(2000 年)作为电信业监管的法律依据。根据条例规定,我国电信资费标准实行以成本为基础的定价原则,同时考虑国民经济与社会发展要求、电信业的发展和电信用户的承受能力等因素,基础电信业务资费实行政府定价、政府指导价或者市场调节价;增值电信业务资费实行市场调节价或者政府指导价。市场竞争充分的电信业务,电信资费实行市场调节价。实行政府定价、政府指导价和市场调节价的电信资费分类管理目录,由国务院信息产业主管部门经征求国务院价格主管部门意见制定并公布施行。随着我国电信市场竞争格局的建立和不断完善,2016 年修改了《电信条例》中关于电信资费的条款,更改为"第二十三条,电信资费实行市场调节价。电信业务经营者应当统筹考虑生产经营成本、电信市场供求状况等因素,合理确定电信业务资费标准。第二十四条,国家依法加强对电信业务经营者资费行为的监管,建立健全监管规则,维护消费者合法权益"。但依然保留"电信业务经营者应当根据国务院信息产业主管部门和省、自治区、直辖市电信管理机构的要求,提供准确、完备的业务成本数据及其他有关资料"要求。与此同时,对通信资费的监管方式也是从事前监管发展为事后监管。

9.3.5 互联互通管制

1. 电信网间互联管制的原因

根据国际电联(ITU)的定义,电信业务经营者把他们的设备、网络、业务连接起来,使用户能够呼叫其他电信业务经营者的用户,使用其他电信业务经营者的网络或业务。我国《公用电信网间互联管理规定》(2001 年 5 月)中定义:"互联是指建立电信网间的有效通信连接,以使一个电信业务经营者的用户能够与另一个电信业务经营者的用户相互通信或者能够使用另一个电信业务经营者的各种电信业务。互联包括两个电信网网间直接相联实现业务互通的方式,以及两个电信网通过第三方的网络转接实现业务互通的方式。"

电信网间互联是电信业网络外部性特点的内在要求。在电信业垄断运营时期,网间互联主要发生在国际电信网络之间。将大量不同的网络相互联系在一起,给全世界的电信用户和经贸往来带来了巨大的益处,没有有效的网间互联,就不可能有国际直拨、互联网业务和电子商务等服务。实现网间互联是一个十分复杂的过程,互联双方要就互联技术方案、互联工程进度、费用分摊、互联使用费、互联后的运行维护和结算方式等问题进行协商,订立互联协议。由于涉及的财务、技术和操作方面的细节非常复杂,一般须由各国有互联需求的企业间直接进行谈判确定。

在电信业引入竞争之后,电信企业数量显著增加。如果没有必要的网间互联,不同企业的电信用户之间就不能相互交流或者获得其需要的业务,网间互联将为用户提高电信业务的便利性和使用价值。然而电信业引入竞争后电信网间互联的实践表明,在存在在位运营商市场势力的情况下,如果完全没有管制者干预,竞争企业与在位企业之间很难成功达成互联协议。因此,网间互联管制的目标是促进不同企业之间网络互联的达成,并监督和维护互联通信质量。为达到这一目标,管制者应为网间互联工作制定一般性规则,在各方互联义务、互联费用、互联程序、技术条款等方面做出指导性规定,并监督规则的执行,对企业间的互联争议进行协调。

2. 电信网间互联管制原则

根据世界各国的实践经验总结,网间互联管制应遵循以下基本原则。

(1) 管制机构应提供事先监管指导。网间互联实践表明,在完全没有指导的情况下,运营商之间很难成功达成协议,事先的监管指导甚至详细的网间互联规则是促进成功谈判的必要条件。因此,大多数国家的电信监管机构都针对网间互联问题制定了一系列指导性的方针政策,包括网间互联费用基本标准以及一般性的技术条款等,对促成运营商间尽快实现互联起到了重要作用。

(2) 进行非对称管制,将网间互联义务集中于主导运营商。原则上,只有占据市场主导地位的运营商才具有独立制定竞争中的网间互联条款的能力,而非主导的竞争者很难维持高额网间互联费用或者其他歧视性条件。因此,将网间互联义务集中于主导运营商,是有效利用有限的管制机构资源的方法之一。随着市场竞争的加剧,可对曾在市场上占主导地位的运营商放松管制,但在向有效竞争体系过渡的期间,市场竞争态势一般对主导运营商有利,需要一定程度的不对称管制来对其进行调节。

(3) 保证透明度。网间互联协议的公开透明是一种防止主导运营商采取妨碍竞争行为的有效方法。在网间互联协议公开的情况下,管制机构比较容易发现并处理此类行为,也使管制机构和所有行业参与者能够比较容易地对网间互联费用和条款进行比较,有助于发展行业标准。

(4) 保证非歧视性。网间互联协议中的歧视行为会对竞争造成致命的负面影响,避免歧视行为是大多数网间互联政策的中心目标之一。主导运营商有可能在与几个不同的新的竞争者实施网间互联的过程中实行歧视性策略,例如,某个运营商可能获得比另一个运营商更优惠的条款。还有一些歧视行为比较难以辨认,例如,主导运营商为其本身的业务和关联机构提供比竞争者更为优惠的网间互联条款。一些主导运营商对于竞争者的歧视行为是将其视为客户,而非"具有同等地位的运营商",这通常会导致较高的互联价格和不利的网间互联条款,管制机构应引导互联双方相互视为同等地位的运营商而非客户,从而获得同等和互惠的待遇。

(5) 网间互联费用的收取应以成本为基础。WTO《基础电信协议》的参考文件以及欧盟网间互联指导性文件所制定的网间互联原则都要求网间互联费用的收取应当以成本为导向,而且这种成本应是一种高效的成本,主导运营商因自身效率低下而产生的成本不得转嫁给与其互联的运营商,以避免主导运营商收取高额的网间互联费用。

3. 我国网间互联管制的发展

在我国基本电信业务市场还未开放以前,公用电信网与专用电信网的联网一直是一个难以解决的问题。某些基层电信企业一直把专网看成是潜在的竞争对手,在公专网的联网问题上采取不合作态度,因而引起专网单位的申诉,影响网间的通信,也使公网和专网的能力都得不到很好的发挥。1996年7月24日,邮电部发布《专用网与公用网联网的暂行规定》,第一次对公专网联网的原则(包括交换点、技术规范、中继线路、联网费用等)、联网审批程序、联网协议、联网后的管理问题等进行了详细的规定。

1994年中国联通公司成立,在基础电信业务市场引入竞争,引发了公网网间互联的问题。1995年6月,邮电部发布了《联通GSM网与公用通信主网网间互通中继方式和接口局交换设备技术规范》,迈出了公网网间互联管制的第一步。然而该规范存在程序繁多、审批缓慢、网间互联费用规定不合理等问题,中国联通成立之后发展缓慢,没有得到预期的效果,这与互联互通问题有直接关系。

1998年信息产业部成立,1999年中国电信进行了第一次拆分,其后中国网通、中国吉通、中国铁通等通信企业相继成立,公用电信网网间互联问题变得越来越重要。对此,信息产业部制定发布了一系列规范和规定,包括全局性的《电信网间互联管理暂行规定》、结算方面的《电信网间通话费结算办法》、技术方面的《新建国内长途电话网与其他电话网网间互联技术规范》《陆地蜂窝移动通信网与其他通信网网间互联技术规范》和《新建国际电话网与其他电话网网间互联技术规定》,2000年发布的《中华人民共和国电信条例》也包括电信网间互联的相关规则,基本上建立了我国网间互联的管制框架,为电信企业网络的互联互通提供了基本的政策和技术依据。

在以上规范和规定的指导下,各大运营商之间相继签署了网间互联及结算协议,基本实现了我国各公网网间、公专网网间的互联互通,全国范围内电信网联不上、联不通的问题得到基本解决。基于网间互联管制的进展和积累的经验,2001年5月10日,信息产业部又正式发布了《公用电信网间互联管理规定》,替代了原有的《电信网间互联管理暂行规定》,进一步规范互联互通工作,2014年9月工业和信息化部对此规定进行了修订。此规定适用于我国境内经营基础电信业务的企业在固定本地电话网、国内长途电话网、国际电话网、IP电话网、陆地蜂窝移动通信网、卫星移动通信网、互联网骨干网,以及电信主管部门规定的其他电信网之间的互联,规定互联的原则是技术可行、经济合理、公平公正、相互配合,目的是维护国家利益和电信用户的合法权益,保护电信业务经营者之间公平、有效竞争,保障公用电信网间实现及时合理的互联。

网间互联结算费的确定是网间互联中的焦点问题,为此,我国原信息产业部于2003年发布施行《公用电信网间互联结算及中继费用分摊办法》以及《电信网间互联结算表》,对不同固定运营企业之间、固定运营企业与移动运营企业之间、不同移动运营企业之间、固定运营企业与IP电话运营企业之间,以及互联网接入与互联网骨干网运营企业之间等多种不同业务类型的结算关系和结算标准做出了明确的规定。其中互联结算费标准是以资费为基础确定的,即以响应业务资费标准的一定比例作为结算费标准,与互联双方的成本没有直接关系。如此确定的结算标准并不符合以成本为基础的原则,但回避了成本测算困难的问题,能够在短时间内制定完成,快速推动企业实现网间互联和结算。2014年1月,工业和信息化部对部分公用电信网间结算标准进行了调整,在移动通信领域,中国联通、中国电信用户呼叫中国移动的用户(不含TD-SCDMA专用号段)时,中国联通、中国电信向中国移动支付的网间结算费由0.06元/分钟减至0.04元/分钟,其他现行语音网间结算标准维持不变。此外还调整了短信、彩信的网间结算标准,短信网间结算标准由每条0.03元减至0.01元,彩信网间结算标准由每条0.1元减至0.05元。此次调整将降低中国联通、中国电信的互联成本,而减少中国移动的网间结算收入,这也体现了通过网间互联管制间接影响电信市场竞争状况的思路。

9.3.6 通信资源管制

通信资源管制起源于电信资源的稀缺性和有限性,其内容涉及资源的开发、规划、分配和有效使用。电信资源是指频率资源、卫星轨道位置、电信网码号等用于实现电信功能且有限的资源。电信资源管制又分为码号资源管制、空间轨道管制、无线电频率资源管制等,其发展的基本方向是突出资源共享性,强调采取市场化方法,实行资源的有偿分配使用。

码号资源在电信资源管制中是比较重要的一项内容,但是码号资源可能并不是一个限制因素。码号资源够不够用主要是指可用码号数是不是多于用户数,这个问题可以通过升位等技术手段来解决,也就是说码号资源在理论上总是够用的。但在市场准入中谈到的码号资源限制准入数量,实际上是码号资源在新进入者与在位者之间的分配问题,只要码号资源够用,就有办法在新老运营商之间进行合理分配,比如号码携带就是一个比较公平有效的方式。然而,当市场涌入多个竞争者时,码号资源的配置和合理使用就关系到市场竞争和资源的有效利用问题。市场竞争环境下,就需要运用经济杠杆合理配置码号资源,收取电信网码号资源占用费是国际通行做法。实施码号资源有偿使用后,将促进电信企业更合理地使用码号资源,清退利用率低下的码号,提高码号利用率,这样就能使更多新兴电信业务经营者获得必需的码号资源。

在我国,为了有效缓解电信网码号资源紧缺局面,合理配置资源,自2005年1月1日起电信码号资源实行有偿使用。电信码号资源收费规定源于财政部、原信息产业部和发改委三部委共同下发的《电信网码号资源占用费征收管理暂行办法》和《电信网码号资源占用费标准》。《办法》规定,固定电话网码号、移动通信网码号、数据通信网码号、信令点编码以及国务院信息产业、财政和价格主管部门认定的其他码号资源应当缴纳码号资源占用费。但对于社会公益事业的号码,如110匪警电话、119火灾报警电话、120急救服务电话、122交通事故报警电话、12315消费者投诉电话、12345政府热线,免收码号资源占用费。

同时,《办法》要求,码号资源占用费由占有、使用码号资源的电信业务经营者承担,电信业务经营者不得向电信用户收取。根据目前拟定的收费标准测算,用户码号收费标准为每月每号0.01元。为进一步促进西部地区通信发展,推进西部大开发战略,电信业务经营者在西部12个省份开展业务占有、使用的用户码号资源,给予收费标准减半的优惠。

另外,对于无线电频率、空间轨道,由于提供业务时对这些资源的使用具有排他性,加之这些资源有限,所以客观上会限制市场进入数量。世界各国对于移动通信、卫星通信都是准入数量控制的。不过即便资源限制而需要实行准入数量限制,也可以在市场准入方式上尽可能采用市场化方式,比如"许可证拍卖"等,用市场的竞争(Competition for Market)替代市场内竞争(Competition in Market)。而且,随着技术进步提高了资源的利用率,这样的资源限制作用会不断减小,应该进一步开放市场,让更多的主体进入市场,尽可能多地释放市场竞争效率。

此外,有些瓶颈资源也可能会限制进入,比如室内传输资源、用户驻地网资源、接入网资源、路权等。但这些资源并非一定要排他性使用,所以这主要还是一个竞争模式的问题。如果是基于资源进行竞争、资源有限,竞争主体数量就会受到限制;如果共享资源进行竞争,主体数量就不受限制。

9.3.7 通信服务质量管制

通信企业的服务质量包括网络质量与营业服务质量两个方面,网络质量是指电信运营企业为用户使用电信产品时提供的网络通信能力、网络支撑和运行服务水平。如电信网的网络质量主要包括传输质量、接续质量和稳定质量。传输质量标准由清晰度、保真度、误码率、分辨率等针对话音业务或非话音业务的不同指标来反映。接续质量由呼损、接续时延、接通率等指标来反映。稳定质量由可靠性指标,如失效率、平均障碍间隔时间、平均修复时间等指标来反映。营业服务质量是通信企业服务人员同客户打交道的过程中,企业服务人员的行为、态度、知识水平等使用户感知到的服务质量。

通信服务管制属于通信管制的重要管制方式之一。在坚持充分发展市场基础性作用的前提下,提高通信服务水平以及保护消费者利益是管制政策关注的首要目标。

国外在引入竞争后实施通信服务质量管制实践中采取的部分方法有以下主要内容。

(1) 服务质量报告制度。服务质量报告制度是监测服务提供者服务质量的一种最基本的管制手段,通常要求服务提供者公布其服务的一系列性能参数。但是对于每一个参数不规定具体的数值。理论上讲,这些指标应该能够反映服务提供者的服务质量水平。这种形式的质量报告很容易公布,因此,对于管制者来说也很容易对服务提供者进行约束。服务质量报告制度是最普遍和最基本的服务质量管制方式,大多数国家都采用了这种机制。

(2) 服务标准和补偿机制。在这种形式的质量监管中,对每一个质量参数指标都设置了特定的性能标准,如果服务提供者没有达到相关的标准,将对消费者进行补偿。补偿主要是根据价格和质量相平衡的原则,向消费者提供相应的赔偿。这种监管形式的另一个原理是补偿机制可以刺激业务提供者尽量达到设定的质量标准。

(3) 不同的价格和质量组合。不同的消费者群体对服务质量的要求是不一样的,因此服务提供者应该满足特定群体的要求。这就要求服务提供者能够提供不同的价格与质量组合。

(4) 管制者主导的质量价格上限机制。在这种形式的管制中,服务提供者的价格由所提供服务的质量和其他影响成本的因素共同确定。管制采取的形式是限制服务提供者的价格提高到 RPI-X 水平,其中 RPI 是指零售价格指数,X 由管制者决定。在选择 X 值时,管制者不仅会考虑资本成本、运营成本、允许的资本回报率等因素。X 值被定期修订,管制者会根据服务提供者本期的运营效率确定下一期的 X 值。这种方式有利于提高业务提供者的运营效率。理论上讲,持续的 X 因素管制可以促使服务提供者提供有效配置水平下的服务质量。

(5) 消费者主导的质量管制。当电信产业变得复杂多变,国际和国内竞争不断提高的时候,电信业务提供者往往面临很大的竞争压力。在这种压力下会引起一系列的连锁反应,出现了一批世界性的电信企业,他们向发达地区提供一流的电信服务质量,同时也向一些市场相对封闭和独立的地区提供较差的电信服务。电信服务质量较差的地区往往没有竞争,因此,运营企业也没有动力改善和提高服务质量。出于对消费者利益的保护,管制者应该对差的服务质量进行处罚,对好的服务质量进行奖励。管制者应平衡利弊得失建立一种机制能够对好和坏的服务质量进行识别,然后进行奖罚。

在我国,传统上对服务质量的管制重在制定强制性的服务标准,并在此基础上发挥市场力量。在通信业从传统的垄断体制向市场机制转变的过程中,对通信服务质量的监管也发生了变化,主要表现在从强制性向指导性转变;从事前控制向事后监督转变;从被动管制向主动管制转变和从封闭性向开放性转变,通过建立指导性的企业服务水平等级标准、建立企业服务水平等级测评制度、建立企业服务状况调查制度和建立企业服务状况信息公示制度来实现对通信服务质量的监管。目前,我国通信业务经营者需要按照国家规定的电信服务标准向电信用户提供服务。电信业务经营者提供服务的种类、范围、资费标准和时限,应当向社会公布,并报省、自治区、直辖市电信管理机构备案。并且电信用户有权自主选择使用依法开办的各类电信业务。而且根据规定电信业务经营者应当建立健全内部服务质量管理制度,可以制定并公布施行高于国家规定的电信服务标准的企业标准。电信业务经营者应当采取各种形式广泛听取电信用户意见,接受社会监督,不断提高电信服务质量。与此同时,国务院信息产业主管部门或者省、自治区、直辖市电信管理机构应当依据职权对电信业务经营者的电信服务质量和经营活动进行监督检查,并向社会公布监督抽查结果。

9.3.8 普遍服务管制

普遍服务最初是由 AT&T 所提出来的竞争口号,但在今天,电信普遍服务已成为全世界都在追求的一个社会政策目标,即以能承受的价格向全体公民提供无差别(服务质量和资费标准一视同仁)的电信服务,这也是所有电信运营者无法回避的一个问题。由于普遍服务的首要目标是保证全体公民能够公平、合理地获得基本的电信服务,而不是运营商盈利,因此电信普遍服务业务属于公共产品,具有明显的社会福利性。纵观当今世界各国开展电信普遍服务的实践,可以得出一个基本结论:电信普遍服务应以政府为主、企业为辅。各国政府所面临的问题不是是否提供普遍服务,而是如何兼顾效率和公平,确定适应本国国情的电信普遍服务水平和实施机制。

电信普遍服务的内容(包括普遍服务水平和实施机制)是随着时代和环境的变化而变化的,普遍服务的目标具有阶段性。在垄断经营情况下,电信普遍服务普及的是电话服务,主要是通过地区补贴和业务交叉补贴来实现的,在引入竞争之后,许多国家通过建立普遍服务基金来发展电信普遍服务,这被认为是普遍服务管制应该采取的一种有效实施机制。近年来,随着互联网和数字经济的发展,巨大的国家之间、地区之间、城乡之间的"数字鸿沟"与当今经济全球化、电信全球化的潮流不符,成为扩大贫富差距,阻碍人类社会均等获得进步机会,增进人类社会共同福祉的巨大障碍。因此,各国纷纷将互联网络接入和信息服务等纳入通信业普遍服务的范围,采取普遍服务基金、政府补贴、引入市场化等多种方式解决普遍服务问题。

在我国,普遍服务也是通信业管制的重要内容之一。2016 年版《中华人民共和国电信条例》中规定,电信业务经营者必须按照国家有关规定履行相应的电信普遍服务义务。同时国务院信息产业主管部门可以采取指定的或者招标的方式确定电信业务经营者具体承担电信普遍服务的义务。而电信普遍服务成本补偿管理办法,由国务院信息产业主管部门会同国务院财政部门、价格主管部门制定,报国务院批准后公布施行。

9.3.9 网络与信息安全

网络与信息安全指的是信息网络的硬件、软件及其系统中的数据受到保护,不受偶然的或者恶意的原因而遭到破坏、更改、泄露,系统连续可靠正常地运行,信息服务不中断。而信息安全指的是根据国际标准化组织的定义,信息安全性的含义主要是指信息的完整性、可用性、保密性和可靠性。

当前,网络与信息安全问题已成为关系国家经济安全、政治安全、国防安全、文化安全的重大问题,2010 年以来,世界各主要国家相继制定和大幅调整网络安全战略,设立了专门的机构,加大了人员和资金的投入,维护其网络空间的安全和相关利益。同时,随着信息通信网络的快速发展和融合创新,各种新技术、新业务、新终端层出不穷。网络系统终端的安全问题,相互交织、相互影响。违法不良信息扩散、病毒传播、网络攻击、个人用户信息泄露等非传统安全威胁层出不穷。特别是近年来网络信息技术日新月异,云计算、大数据等应用蓬勃发展,对网络与信息安全的关注也逐步扩大到互联网、大数据时代信息安全面临的风险;国家数据安全——国家数据主权;企业数据安全——涉及商业机密;个人信息安全——个人数据保护、知情权、选择权的保护、不良信息侵害、数据财产保护等问题。各国纷纷出台立法、完善组织机构建立起网络和信息安全管理制度。

9.4 国内电信管制实践

我国的电信业改革与国际电信业改革的大趋势相符合,以引入竞争为中心目标,从非基本电信业务到基本电信业务领域都要形成充分竞争的格局,在这一过程中,电信管制起到了重要作用。

9.4.1 改革前我国电信业管制

1949—1979 年,我国电信管理组织机构的设置经历了多次变化(如表 9-1 所示)。自 1979 年开始,我国电信业的管理机构主要是邮电部,采取政企不分、邮电合营的经营方式,电信市场实行垄断经营。电信业处于国家的严格控制之下,网络建设、业务发展都由邮电部以及各省邮电管理局统一管理,对网络运行实行集中指挥和调度,利润由邮电部统一分配。这种经营体制在电信业发展初期起到了正面的作用,有利于保证资源的集中调度和有效利用,在短时间内实现了我国电信业的跨越式发展。

表 9-1 改革开放前我国通信业管制的改革历程

时间	事件
1949 年 9 月	邮电部成立
1950 年 7 月	第一次邮电合一
1953 年开始到 1955 年	邮电管理体制形成三级管理体制
1958 年	大跃进中的邮电企业下放
1959 年开始	调整邮电管理体制,纠正左倾错误
1966 年到 1970 年	第一次邮电分营及邮电部撤销
1973 年	第二次邮电合一
1979 年	邮电管理体制调整

9.4.2 改革开放以来我国电信业管制

到了 20 世纪 90 年代,我国电信业基本结束了供不应求的局面,但因缺少竞争压力,电信服务质量不佳、价格偏高、缺乏创新等问题开始显现,我国的电信管制政策相应地开始发生根本性的变化(如表 9-2 所示)。

竞争机制首先在非基础电信业务领域引入。1993 年,无线寻呼、800 MHz 集群通信、450 MHz 无线移动通信、国内 VSAT(Very Small Aperture Terminal,甚小口径终端地球站)通信、电话信息服务、计算机信息服务、电子邮件、电子数据交换和可视图文9种电信业务实现开放竞争,这一政策对电信业的发展产生了明显的促进作用,适应了当时社会对电信业务多样化的需求,一时之间涌现出众多的新兴企业,特别是无线寻呼业务蓬勃发展,有力地拓展了无线寻呼市场,满足了用户的需要,促进了服务质量的改善和资费水平的下降。1994年,中国联通公司正式成立,获准经营多种基础电信业务,这是我国电信改革历程中的重要一步,标志着我国基础电信业务市场竞争时代的开始。联通公司成立伊始,选择了发展潜力巨大的移动通信业务,首次拉开了中国电信和联通公司移动电话价格大战的帷幕。然而,尽管当时的电信总局已经从邮电部独立,登记为中国电信,但中国电信只是在形式上取得了独立,其财务收支与业务发展计划仍由邮电部统一管理,因此,邮电部仍然扮演着双重角色,既是行业管理者,又是中国电信的实际经营者,这使中国联通与中国电信之间难以形成正常的竞争。

表9-2 改革开放以来我国通信业管制的改革历程

时间	事件
1993年8月	9种非基础电信业务开放竞争
1994年7月	中国联通公司成立
1995年4月	中国电信从邮电部独立,完成企业登记
1997年10月	中国电信(香港)成功在纽约和香港上市
1998年4月	信息产业部成立,政企分开,邮电分营
1999年2月	电信业第一次重组,中国电信拆分为四个公司
1999年8月	中国网通成立
2000年3月	中国吉通成立
2000年12月	中国铁通成立
2002年5月	电信业第二次重组,新的中国电信与新的中国网通成立
2008年6月	信息产业部撤销,工业和信息化部成立
2008年10月	电信业第三次重组,6家基础电信运营商重组为3家全业务运营商
2009年1月	发放3G牌照
2010年6月	三网融合正式开始试点
2013年5月	开始移动转售业务试点
2013年12月	发放4G牌照
2014年7月	中国铁塔股份有限公司(原名称:中国通信设施服务股份有限公司)成立
2016年5月	中国广播电视网络有限公司获得《基础电信业务经营许可证》

1998年,信息产业部的成立从根本上解决了政企分开的问题。信息产业部是在邮电部、电子工业部的基础上,按照政企分开、转变职能、破除垄断、保护竞争、权责一致的原则组建的,负责管理全国电子信息产品制造业、通信业和软件业,管理国家公用通信网、广播电视网和各种专用通信网,推进国民经济和社会服务的信息化。信息产业部作为政府部门,不直接参与通信企业的经营活动,只制定相应的政策、法规,履行行业宏观管理与调控的职责。同年实现了邮电分营,邮政保留为国家公共服务行业,中国电信作为独立的法人实体走向市场,同时废止

了实行多年的电信对邮政的交叉补贴。

政企分开为电信业的充分竞争铺平了道路,也是管制环境发生根本性变化的标志。但随即又一个问题显现出来:中国电信庞大的市场势力使当时的中国联通几乎无法与之抗衡,中国电信仍然可以享受事实上的垄断利润。于是在1999年,依照国家行政命令,中国电信被分为固定电话、移动通信、无线寻呼和卫星通信四部分,分别成立公司,其中中国电信继续经营固定电话业务,移动通信业务由2000年成立的中国移动通信集团公司经营,2001年12月正式挂牌的中国卫星通信集团公司(即中国卫通)经营卫星通信业务。这种重组方式有助于立即形成几个实力相近的全国性电信公司,有助于消除交叉补贴现象,但并不能有效破除各种电信业务的垄断。

1999年和2000年,中国网通、中国吉通、中国铁通相继成立,随着更多的电信运营企业的成立,为促进有效竞争局面的形成,信息产业部对不同的电信企业实施了非对称管制,即对于新进入的企业给予更灵活的政策,而限制实力较强的企业(如中国电信)的发展,以促进新的市场进入者尽快成长。此外,2000年9月,国务院颁布《中华人民共和国电信条例》,这是中国第一部管理电信业的综合性法规,成为电信管制的主要依据。

进入21世纪,电信市场的竞争状况一直受到政府和社会大众的关注,有许多问题仍然没有收到令人满意的管制效果,其焦点仍然在竞争机制的建立和完善上,特别是本地固定电话领域始终未形成实质性的竞争。2001年,中国电信再次进行拆分,中国电信维持营运南方21个省市网络,组成中国电信集团公司,而北方10个省市网络,连同网通及吉通重组为新的中国网络通信公司(即新中国网通)。2002年5月,新的中国电信与中国网通挂牌成立后,我国形成了"五加一"的电信市场新格局,即有中国电信、中国网通、中国移动、中国联通、中国铁通、中国卫通6家在全国范围内经营基础电信业务的公司。固定电话业务领域有中国电信、中国网通、中国铁通和中国联通4家相互竞争,其中铁通和联通占有很少量的市场份额;移动通信领域有移动和联通两家形成寡头垄断。而增值电信业务领域已经实现全面开放,到2007年,全国增值电信业务经营者数量已超过2万家。

2008年是我国电信改革进程中的重要一年。为推进我国工业化与信息化进程,贯彻发展"工业化、新型化社会"的指导纲领,按照2008年3月公布的国务院机构改革方案,信息产业部与国务院信息化工作办公室、国防科学技术工业委员会及国家发展和改革委员会部分职能部门合并,组建工业和信息化部。2008年6月底,工业和信息化部正式成立,其内部设置包括政策法规司、规划司、财务司、产业政策司、科技司、电子信息司、软件服务业司、通信发展司、信息化推进司、电信管理局、通信保障局、无线电管理局(国家无线电办公室)等在内的24个司局,于2008年7月组建完成。原信息产业部在省、自治区、直辖市设置的通信管理局划归工业和信息化部,实行垂直管理,沿用原有的中央和地区两级管理体制。工业和信息化部的主要职能包括制定并组织实施工业行业规划、产业政策和标准,监测工业行业日常运行,推动重大技术装备发展和自主创新,管理通信业,指导推进信息化建设,协调维护国家信息安全等。作为行业管理部门,工业和信息化部负责统筹规划,制定政策标准,指导行业发展,而不干预企业生产经营活动,确保企业的市场主体地位。

2008年5月,工业和信息化部、国家发展和改革委员会、财政部联合发布了《三部委关于深化电信体制改革的通告》,宣布基于电信行业现状,为实现改革目标,鼓励中国电信收购中国联通CDMA网(包括资产和用户),中国联通与中国网通合并,中国卫通的基础电信业务并入中国电信,中国铁通并入中国移动,这一方案使原6家基础电信运营商重组为3家,但这3家运营商都是同时经营固定和移动通信业务的全业务经营商，改变了重组前固定业务和移动业务领域分别竞争的局面。至 2008 年 10 月，基于此方案的中国电信业的第三轮重组基本就绪，建立了全业务经营下"三足鼎立"的竞争格局。2009 年 1 月初，工业和信息化部正式对三家运营商发放了 3G(第三代移动通信)牌照，2013 年年底对其发放了基于 TD-LTE 标准的 4G(第四代移动通信)牌照。

2010 年 1 月，国务院决定加快推进三网融合，提出了推进三网融合的阶段性目标：2010—2012 年，重点开展广电和电信业务双向进入试点，探索形成保障三网融合规范有序开展的政策体系和体制机制；2013—2015 年，总结推广试点经验，全面实现三网融合发展，普及应用融合业务，基本形成适度竞争的网络产业格局，基本建立适应三网融合的体制机制和职责清晰、协调顺畅、决策科学、管理高效的新型监管体系。"十二五"期间，我国推进三网融合全面展开。

2013 年 5 月，为鼓励和引导民间资本进入电信业，工业和信息化部开始开展移动通信转售业务试点，截止到 2014 年年底，工业和信息化部共分 5 批向 42 家民营企业颁发了移动转售业务牌照。2014 年 5 月，工业和信息化部、国家发展和改革委员会联合发布《关于电信业务资费实行市场调节价的通告》，宣布所有电信业务资费均实行市场调节价。2014 年 7 月，中国铁塔股份有限公司的成立体现了"网业分离"(网络基础设施与业务运营分离)的思想。2014 年 12 月，工业和信息化部发布《关于向民间资本开放宽带接入市场的通告》，提出鼓励民间资本以多种模式进入宽带接入市场。这一系列的措施都反映出我国电信行业进一步深化改革，促进开放竞争的大方向。2016 年 5 月，工信部向中国广播电视网络有限公司颁发了《基础电信业务经营许可证》，批准中国广播电视网络有限公司在全国范围内经营互联网国内数据传送业务、国内通信设施服务业务，并允许中国广播电视网络有限公司授权其控股子公司中国有线电视网络有限公司在全国范围内经营上述两项基础电信业务。

2017 年 1 月，工业和信息化部制定发布了《信息通信行业发展规划(2016—2020 年)》，在行业管理方面，提出了强化互联网为核心的行业管理，提升行业服务质量，加强重要基础资源管理，加强大数据资源应用和管理，持续深化电信行业改革等方面的措施，表明我国在不断探索电信管制与行业改革道路，以适应信息通信技术与业务的发展变化，激发各类企业的活力与创造力，有序引导电信市场协调发展。

回顾中国近 20 多年来的改革实践，诸多成功的改革或体制创新，多源之于"自下而上"的模式。比较而言，中国电信业的体制创新之所以未能如其他产业那样选择"自下而上"，是因其更多地受制于电信业特有的垄断地位和国有资产一股独大的资本配置方式。由此，使体制创新与行政化的干预交汇一体，国有电信运营商谋求独立面对市场的意愿难以找到可以落脚的平台。以此判定，2005 年以前中国电信业体制创新，只能选择"自上而下"的模式。

中国电信业仅用 8 年多时间就走过了由垄断到开放、由政企合一到企业自主经营加政府有效监管的改革历程，改革的力度与速度都是前所未有的。经历了几轮深层改革的中国电信业已经向市场化运营的方向迈进了一大步，电信改革已经初见成效。应该说，目前的电信改革在方向选择和政策引导方面的正确性都是不容置疑的，而且将继续引导电信业的下一轮改革。

经过几年改革，中国电信业对外开放与市场化改造正在形成自身特有的模式，由此，我国在进一步扩大开放和实现电信业体制创新过程中，一方面，可以借鉴国际成功的经验与教训；另一方面，更要客观地判断中国电信业市场化演进与国际的差异，准确地把握中国电信体制转换特有的制度背景和产业背景，以此探讨适合中国电信业发展的有效对策。

与发达国家相比,我国电信业的市场化进程具有明显的差异性,中国电信业在向市场化演进中,将构造出自身特有的模式。与欧美发达国家相比,在电信体制改革的市场准备上,中国存在着很大的差异,如图 9-1 所示。

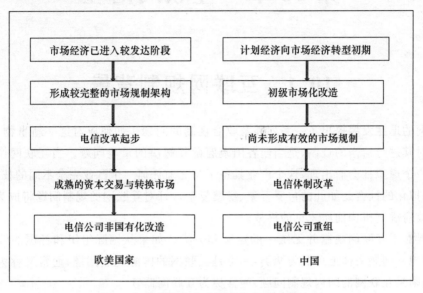

图 9-1　欧美国家与中国电信改革进程对比

第 10 章　互联网治理

10.1　互联网规制背景

互联网的迅猛发展提出了一系列涉及政府规制的问题。如何应对这一新事物,是否应该并且如何对其进行恰当的规制,是当前各国政府亟须解决的重要问题。当互联网作为一个新产业乃至一个虚拟社会而出现,这个产业具备了与之前任何一个产业完全不同的技术、经济特性,这个虚拟化的社会是如此的包罗万象、纷繁复杂。针对互联网的规制问题将成为理论学术界和各国政府规制机构前所未见的挑战。

学术界对于互联网规制并无统一的定义和分类。如果从国际组织和各国的管理实践来看,互联网规制问题大体上可分为两类:一类是互联网的国际规制问题,通常又称为互联网治理;另一类则是互联网的国内规制问题,通常称为互联网监管。

10.1.1　互联网国际规制

关于互联网治理,信息社会世界峰会互联网治理工作组所做的定义是:政府、私营部门和民间社会根据各自的作用制定和实施的旨在规范互联网发展和使用的共同原则、准则、规则、决策程序和方案。根据报告互联网治理问题可分为以下四类。

(1) 与基础设施和互联网重要资源管理有关的问题。包括域名体系和互联网协议地址(即地址)的管理、根服务器系统管理、技术标准、互联,包括创新和融合技术在内的电信基础设施以及语言文化多样性等问题。

(2) 与互联网使用有关的问题。包括垃圾邮件、网络安全和网络犯罪等全球性问题。

(3) 与互联网有关,但影响范围远远超出互联网本身的问题。包括知识产权问题和互联网电子贸易(即电子商务)等。

(4) 与互联网能力建设相关的问题,包括互联网工程师和用户的能力培训等。

这些问题基本上都可以归属到互联网的三个要素领域,即传输网络、应用系统和数据资源。具体包括:根区文件和系统的管理、国际互联互通、地址的分配和使用,互联网的安全与防护、网络犯罪和网络恐怖主义、垃圾邮件和信息泛滥、知识产权、数据保护权和隐私权等问题。

综上所述,互联网治理的许多问题将牵涉法律、技术、社会、经济和政治等众多方面,关系较为复杂,有些问题还需要跨国家、跨学科进行综合研究。近年来,不少研究学者对此展开了深入研究和探讨。如北京邮电大学的闫强与舒华英教授建立了一种互联网治理的分层模型和生命周期模型,从而将各种互联网问题纳入一个整体的研究框架中。他们认为,可以从结构、功能、意识三个层面去理解互联网,具体模型如图 10-1 所示。

相应的,互联网治理的生命周期模型如图 10-2 所示。

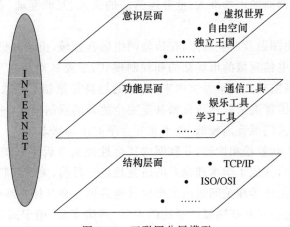

图 10-1　互联网分层模型

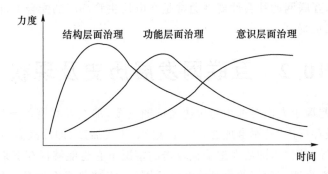

图 10-2　互联网生命周期模型

他们指出,如果将互联网问题放在互联网分层模型中观察,则不同的问题存在于不同的互联网层面上,并分别适用于互联网发展的不同时期。简述如下:

(1) 互联网结构层面的问题:这是早期互联网治理的重点,如对域名的管理、对地址分配的管理、对网络之间的费用结算问题等。典型的事件如在管理权上的争议。

(2) 互联网功能层面的问题:这是目前互联网治理的重点。主要问题包括垃圾邮件、针对隐私保护以及网络游戏问题等。

(3) 互联网意识层面的问题:这是未来互联网治理的重点所在。互联网在意识形态领域的不良影响,一方面表现为不良信息和文化的网络渗透;另一方面表现为针对主权国家的有目的的、反动的网络宣传和破坏。互联网意识层面的问题更隐蔽,更难以辨别,如一些宣扬西方极端民主主义和无政府主义思想的内容往往披着"和平、民主、自由"的外衣,它们通过各种方式渗透进来,包括网络新闻、网络评论、网络游戏、网络影视等方式,有的甚至打着学术探讨的旗号出现。

10.1.2　互联网国内规制

互联网国内规制是指各国政府(或主管部门)在其主权管辖范围内依法对其互联网进行的经济性和社会性规制。

关于互联网的经济性规制,各国的规制模式基本上都是与技术创新和网络融合的发展趋势相匹配的。与传统电信规制类似,互联网的经济性规制一般由各国电信主管部门负责。其主要内容包括:网络运营商的市场准入、业务运营商的接入、互联互通、普遍服务、业务价格等方面的规制问题。

根据互联网的历史渊源及产业特点,在传输网络运营领域,由于其仍具有一定程度的自然垄断属性,故保留传统电信领域的市场结构和规制模式,主要针对互联互通、普遍服务和不正当竞争等问题进行重点监管。从世界范围来看,总的趋势是规制不断放松。在互联网业务接入和服务提供领域,各国普遍采取逐步放松甚至完全放开的规制模式,一般只有简单的许可或备案制度,相关领域进入门槛普遍较低,处于充分竞争的市场状态。

与经济性规制的不断放松相比较,互联网的社会性规制在近年来却越来越引起社会各界和各国政府的高度关注,并成了学术理论界的研究热点。目前,关于互联网社会性规制的主要内容、规制模式和规制主体等相关问题尚未形成普遍共识。在具体实践中,我国政府对于互联网的社会性规制主要包括对互联网媒体属性的内容、网络交易(电子商务)规制、网络欺诈、网络色情、网络犯罪、垃圾邮件、知识产权、数据保护权和隐私权、互联网的安全与防护等问题进行的规制。在我国,互联网的社会性规制通常是在电信主管部门的配合下,由意识形态、文化、安全、公安等部门来负责。

10.2 互联网发展历史及现状

如果说电信网起源于人们对远距离快捷通信的需要,那么互联网的诞生则直接源自于美国国防部所谓的"残存反击"的军事理念。20世纪60年代后期,即冷战高峰期,美国国防部期望建立一个命令和控制网络,即使在遭受核攻击的情况下它也能够保存下来以实施二次反击。但当时几乎所有的军事通信使用的都是公共电话网络,它被普遍看作是一种非常脆弱的通信设施。

为实现此目标,当时的美国总统艾森豪威尔亲自授权国防部成立一个专门的国防研究机构 ARPA(Advanced Research Projects Agency,高级研究项目署)。1967年,拉里·罗伯茨(Larry Roberts)着手筹建"分布式网络",1969年12月,全球第一个广域分组交换网络 ARPANET 建成运行。最初的 ARPANET 是一个仅包含4个节点:UCLA、UCSB、SRI和 UATH 的实验网络,但也正是它为后来遍及全球的互联网的产生奠定了技术基础。从这个角度看,ARPANET 被视为互联网的最早雏形是当之无愧的。

1970年,ARPANET 迅速向美国东部发展,9月份时节点数已经增加到18个。1973年,ARPANET 从美国大陆开始向外延伸,通过卫星线路分别连接到夏威夷和挪威,同年9月,节点数增加到40个。

1989年,柏林墙被推倒,冷战正式结束。1990年,苏联解体,美国面临的军事威胁随之大大降低。与此同时,ARPANET 也完成其使命退出历史舞台,而 NSFNET(National Science Foundation,国家科学基金会)则接替它成为互联网骨干网,Internet 这个名称自此被正式采用。截止1995年,NSFNET 完成了私有化转变工作,商业组织全面介入网络运行与管理,这标志着 Internet 全面商业化进程的开始。此后,全球范围内互联网技术与应用的发展一日千里。

从互联网的整个发展历程来看,自其1969年诞生之初到1994年全面商用化进程开始的25年被看作是互联网社会化应用的实验阶段。从1995—2001年和2001年至今,互联网的发展则分别经历了社会化应用的初始阶段和发展阶段。互联网发展在初始阶段经历了一段全球化的狂热的"网络泡沫",然而,当泡沫破灭之后,互联网领域反而进入了相对理性和平稳的发展阶段。在此阶段,在网络规模和用户数量持续增加的同时,互联网开始向更深层次的应用领域扩展,融合与渗透成为互联网发展的内在动力和主要方向。

如果我们将电信网与互联网放到一起来进行更加深入地考察,就可以很清晰地发现二者之间的联系与区别。首先,从底层的物理传输技术看,二者可谓一脉相承。但从上层的通信协议看,二者的区别则泾渭分明:电信网的发展固守原来的电路交换模式,仅对局部技术进行修缮,其推进相当迟缓;而互联网则完全另辟蹊径,独创全新的分组交换模式,并以此为核心建立了开放、分层的TCP/IP通信协议体系。此外,借力计算机技术的快速发展,互联网完全颠覆了电信网"智能中心化"的传统思维,实现了"智能边缘化",从而开创了全新的发展格局。这些区别映射到实际应用上,在一定意义上讲电信网可被视作是互联网的一种应用形态,电信通信也仅仅只是无数互联网应用中最传统和最重要的实例之一。

如果探究其本质,电信通信更多地被看作是一种技术,而电信业也不过是许多产业中的一个,无论这种技术是多么伟大,这个产业具有多么强大的外部经济性。但对于互联网,其内涵已远远超出了某种技术和产业的范畴,人们更愿意称其为虚拟空间或虚拟世界,且这个虚拟空间与真实世界之间深度融合,并深刻影响到了人们的生活方式和思维习惯。

10.3 互联网规制的原因

互联网规制的原因可以从互联网的经济特性和互联网的社会政治功能两方面展开讨论。

10.3.1 互联网的经济特性分析

从整体组成来看,互联网主要包括三个基本要素,网络、系统、信息。

网络指构建于TCP/IP协议体系架构之上的底层通信网络,它既包括路由器、交换机、传输设备、计算终端等节点设备,也包括同轴电缆、双绞线、光纤和无线通道等数据链路,同时还包括为上述硬件设备提供支撑的系统软件和通信协议软件。

系统指以提供特定网络应用和服务为目标的信息系统,如电子商务、门户网站、搜索引擎和网络游戏等。与单机系统不同的是,网络化系统一般都是多机协同工作,它们之间是通过底层网络来进行交互通信的。

信息指在系统中处理并存储、同时可通过网络来传输的各种数据。联网数据资源是系统中最核心的部分,通常集中存储在系统的后台数据库中。

在此之前,网络是封闭、孤立和低智能化的网络,如早期的电话网、电力网;系统是功能简单的单机系统;而信息所包含的内容多是以文本为主,且在不同系统之间的格式互不兼容。互联网的发明将此三者有机、完美地统一起来,并因此将自身与传统的电信网络、计算机网络区别开来,也正是依据此三要素,互联网表现出以下基本经济特性。

1. 规模经济性和范围经济性

所谓规模经济是指在增加投入要素数量的过程中,产出增加的比例超过投入增加的比例,产品的平均成本随着产量的增加而下降的现象,它意味着当固定成本可以分摊到较大的生产量时会产生的经济性。而范围经济则是指一个厂商由于生产多种产品而对有关生产要素的共同使用所产生的成本节约,它意味着对多产品进行共同生产相对于单独生产的经济性。不言而喻,互联网具有显著的规模经济性和范围经济性。

众所周知,传统的自然垄断理论是与显著的规模经济性相联系的。初期的电信业由于投资成本巨大,资产专用性强,投资回收期长,存在明显的规模经济效应,因此,被认为是自然垄断产业。"电信业发展初期,业内很难维持多家企业同时生存,多个运营商同时经营势必导致用户分散,致使各企业都无法快速达到规模经济的盈亏点,从而造成整个行业的效益损失,同时也会导致重复建设和资源浪费",此观点在全球也成为共识。但同时,垄断经营又会导致企业制定垄断高价,使消费者利益受损,这就为政府进行规制提供了理由。表现在规制模式上,采用的是严格的政府规制和反垄断法豁免相结合的方式,以此来维护社会公共利益、确保经济健康发展。

然而,随着通信技术的发展,各种替代性技术的出现,尤其是互联网的应用收缩了传统电信业自然垄断的边界。除了少数固定网络性操作业务,如有线通信网络业务等外,目前绝大多数的互联网业务市场并不具备自然垄断性质。20世纪70年代中期开始,美、英、日等发达国家在电信产业领域先后进行了规制立法变革,由原先严格的政府规制转变为放松规制,由反垄断法豁免转变为反垄断法介入,出现了以经济规制为重要内容的政府直接规制和以维护竞争秩序为目标的反垄断法规制二者相融合与互动的趋势。从上个世纪末到本世纪初,我国电信业先后采取了政企分离、分拆重组和引入竞争等一系列举措,以适应新的产业发展形势。

综上所述,在互联网领域,无论是将其看作电信业的延伸还是一个全新的产业,规模经济性和范围经济性的存在并没有使它成为自然垄断行业。相反,因为其秉承了与生俱来的开放与创新精神,也因为其内在的网络效应所导致的"赢者通吃"惯例,互联网产业的市场竞争比任何传统行业都要激烈得多,而在市场竞争中的获胜者所获得的利润收益也要更为丰厚和诱人。

2. 互联网的外部性

从一般均衡的角度看,经济主体之间的经济行为是相互影响和相互制约的,而且这种影响是通过供求关系和市场价格的变动来发生作用的。当经济中存在无法通过市场反映出来的影响时,我们说市场存在外部性。按照影响的"好坏",外部性可以分为正外部性和负外部性,分别又称为外部经济和外部不经济。正外部性是某个经济行为个体的活动使他人或社会受益,而受益者无须花费代价;负外部性是某个经济行为个体的活动使他人或社会受损,而造成外部不经济的人却没有为此承担成本。

作为目前最重要的通信与信息处理平台,互联网的外部经济性主要表现在时间的节省和效率的提高上,以及由此带来的对于其他行业以及整个社会的外部经济性。但同时,互联网的外部不经济给整个社会、经济带来的负面影响同样不容忽视,如由于互联网信息内容监管的缺位,某些别有用心的虚假、有害信息得以肆意散布,从而使得某些现实矛盾被激化,因此造成社会局部乃至整个国家政局的动荡;大量淫秽色情信息极度泛滥,从而对未成年人的身心造成极大的伤害;公民的个人隐私信息被随意传播、企业的名誉被恶意攻击,从而使得公民的基本权利和企业的合法权益均无法得到保障。凡此种种,给互联网规制带来极大的挑战。

3. 互联网的准公共产品属性

所谓公共产品,是相对于私人产品而言的。根据萨缪尔森(Paul A. Samuelson,1954年)的定义,公共产品是"每一个人对这种产品的消费,并不能减少任何其他人也消费该产品"。换言之,公共产品具有两个本质特性:①非排他性(Nonexcludability),即指人们在消费公共产品时,无法排除他人同时也消费该产品,或者排除在技术上可行,但费用过于昂贵而使得排除没有意义,从而实际上也是非排他的;②非竞争性(Nonrivalrous Consumption),它指一个人对公共产品的消费不会影响他人从对公共产品的消费中获得的效用,即增加他人参与消费的边际成本为零。事实上,在现实世界中,完全具备以上两种特性的纯公共产品是不多见的,大量存在的是介于私人产品和公共产品之间的产品形态,称作准公共产品或混合商品。

从网络的角度看,技术上的全 IP 化进程已使得电信运营商原有信令网络和数据网络之间,甚至于广电网络、各种工业及商业网络等的统一融合逐渐成为大势所趋。这也使得以 TCP/IP 协议为基础的互联网络成为一种面向全球公众、可提供广泛接入（普遍服务）的信息通信基础设施,并基本具备了公共产品的属性。

其次,就信息而言,作为互联网的核心产品,信息产品的可复制性特点使得它成本结构表现为:高固定成本,低边际成本,甚至为零。相应的,信息产品的消费具有非竞争性和较弱的排他性,从而表现出明显的公共产品的特性。

再次,对于互联网中的各种应用系统,情形会稍微复杂些。但从整体看,这些系统通常可以分为两大类:一类是完全免费的,所有联网用户都可以自由使用,如门户网站提供的新闻信息、各种免费电子邮箱和搜索引擎工具等;另一类则是有偿服务,如付费股票信息、银行电子转账等。总体来看,基于根深蒂固的开放精神,互联网上的绝大部分服务都是免费提供的,这也使得相较于传统行业,互联网领域的商业模式发生了颠覆性变革。

综上所述,就其整体而言,互联网具有准公共产品属性,互联网的这种属性也同样体现到相关产品的供给方式上,并对政府的规制模式产生了重大影响。

10.3.2　互联网的社会政治功能

互联网的产生不但给人类社会带来了深刻的经济影响,而且它还以其强大的社会政治功能影响到整个社会生活。这主要表现在以下两个方面。

1. 社会交往与信息交流的平台

在信息社会中,数字化是信息存在的主流形式,客观的物质世界在信息化进程中亦可变换为数字世界,从而,任何社会主体都可以在数字世界与物质世界之间获得可以相互变换的存在形态。虽然数字世界与物质世界之间确实存在着重大差别,但两者之间的关系却并不像一些信息网络学者所讲的那样,是相互冲突或者相互威胁的。无论是在现实物质世界还是在虚拟的数字世界,人们的言论与行为都是源自某种需要和目的的,它们都只不过是人们结合两种不同世界的特点而展现出个性、愿望、需要、利益等的不同侧面和不同层次而已。

事实上,以互联网络作为物质基础的网络世界正是数字世界的一种基本形态。网络世界并不是脱离现实之外的世界,它为人们创造了一种新的社会交往与信息交流的平台,构建了一种崭新的社会关系形式,在某些方面甚至超越了现实世界的活动和社会关系。网络世界的活动为人们从事各种私人事务和公共事务提供了新的方式和途径,使得人们更有效率地从事现实世界的活动。如果将两个世界有机地结合起来,将网络世界视为现实世界不可分割的延伸部分,积极主动地利用其开展活动,就会大大拓展人们的社会生活空间。可以预见,随着信息网络技术的发展,人类各种形式的信息交流将转移到广阔的网络空间之中。在高度信息化的网络社会中,任何个人、组织和国家的存在与发展,如果没有在网络世界中有效地开展活动,将难以有其现实物质世界的存在与发展。

2. 大众传媒和舆论工具

主流传播学研究对互联网传播的关注始于 20 世纪 90 年代中后期。1996 年,国际传播学会旗下的首要学术刊物《传播学刊》推出一期互联网研究专辑,标志着传播学研究主流理论对互联网这一新型传媒的关注。直至今日,互联网已被视为继报刊、广播、电视之后的"第四媒体",其社会政治影响力也已逐步超越了其他传统媒体。

互联网融合了计算机科学和现代通信技术,将多种媒介和传播技术聚合在一起,并整合了报刊、广播、电视、电话、电影、出版物、图书馆等功能。正是因为它合成了如此众多的信息传播手段的功能,使得它与公众之间的关系几乎涵盖了公众与全部信息传媒之间可能发生的全部关系,这也使得网络社会关系呈现出千变万化、错综复杂的面貌。媒介理论指出,与语言相关的各种技术作用于人们的知觉系统,会影响人们对事物的认识和思维习惯,进而对人类构建世界的方式产生不同的影响。

现代社会生活中,人们主要是通过各种媒体接收信息,形成对某人、某事、社会和国家的意见和态度。由于各种社会政治力量或商业机构都试图运用大众媒体与公众沟通从而影响与说服公众,而媒体也以自身的规则、技术和利益来回应这些需求。所以,当媒体关注社会公共事务时,人们会不自觉地成为其思想喂养者。卡斯特认为,"媒体政治不是所有的政治,但所有的政治必须通过媒体影响决策。如此一来,政治就被根本地形塑,在其内涵、组织、过程与领导权上,被媒体系统的内在逻辑(特别是新的电子媒体)所形塑"。

"政治被媒体所形塑",其本质正是媒体作为一种舆论工具对政治产生的重要制衡作用。舆论是人们对社会生活本身诸多方面的综合性看法,它体现了公众的意志,反映了人心的向背。因此,它不仅可以对个人的言行产生诱导和规范的作用,还可以提供对国家权力机构进行监督的作用。美国开国元勋杰弗逊曾经将新闻舆论称为"第四种权力",即将它作为能够对立法机关、行政机关、司法机关进行权力制约的一种权力。他认为,新闻舆论要提供在政府基础机构之外进行监督的功能。

在当前的信息化社会中,"网络问题社会化,社会问题网络化"的特征相当突出,网络舆论已成为社会舆论的一种重要表现形式。同时,由于互联网的全球化进程极大地推动了"地球村"的形成,世界各国公民通过在网络空间平等、自由、理性地对话与交流,形成了全球性的观念意识、文化价值和国际舆论。从而,一国的组织机构、执政党及其政府的行为就能被置于国际舆论的监督之下。从实践经验看,网络舆论监督对于被监督者的威慑力和影响力是巨大的,这很大程度上得益于网络媒体传播的快捷性(跨时空)、广泛性(跨语言)和交互性(信息获取和发布极为便利)。网络媒体带来的这种"放大效应"是传统媒体和司法程序所无法比拟的。

自20世纪90年代商用以来,互联网以其强大的生命力在全球迅速蔓延和扩张,目前已发展成为各国经济、政治和社会生活中不可或缺的重要组成部分。然而,如前所述,与之相伴生的各种经济性和社会性问题也日益凸显,因此,互联网规制问题已成为各国政府和相关领域(如规制经济学)的关注焦点和研究热点。

10.4 互联网规制的意义

10.4.1 维护国家安全

自从互联网诞生之初,网络空间的安全问题就伴随而生,并随着技术与应用的发展而日益凸显,直至今日已成为一个全面的社会性问题。病毒、木马和几乎每天都会收到的垃圾邮件与短信;抑或黑客入侵所导致机密信息失窃,乃至各种分布式拒绝服务攻击、网络蠕虫及僵尸网络等大规模网络安全事件屡见不鲜,其所带来的危害也不断升级。

然而,从国家安全战略层面来看,网络空间的安全问题远不止于此。毫不夸张地说,它具有与核威胁、大规模杀伤性武器等同等重要的最高安全战略地位。概括来说,国家网络空间所面临的安全威胁主要包括以下两个方面。

(1) 国家网络空间安全环境不断恶化,安全威胁日益严重

近年来,随着各主权国家和各种政治势力加强对网络空间的渗透,国家网络空间的安全环境不断恶化,其所面临的安全威胁日益严重。

在国家层面上,网络空间中的国家主权和利益之争加剧了国家之间的信息对抗态势和信息殖民化趋势,网络以及信息技术本身已成为少数西方信息发达国家控制他国信息和信息系统的重要手段和工具。网络化的政治、军事、经济和文化的冲突形式变得更加普遍。首先,以互联网技术为基础的新军事变革将改变未来战争的基本形态,以互联网络为主要攻击目标的信息战争或网络战争的威胁日益凸显。而网络战争带来的损害将是巨大的,遭受攻击的一方可能面临国家关键基础设施的全部瘫痪和整个国民经济全面崩溃。其次,互联网已成为各国网络情报战的主战场。窃取和搜集目标国家的国防、科技和商业秘密的情报活动逐步网络化,许多情报机构将窃密木马混迹于黑客工具之中,有针对性地窃取特定核心机密。此外,在政府直接或间接的资助下,网络空间中各种意识形态的交锋也愈演愈烈。

在非国家层面上,恐怖主义组织、民族分裂组织和宗教极端组织等三股势力的网络恐怖活动和有组织的网络犯罪活动日益猖獗,出于政治目的或受经济利益驱动的组织乃至国家的网络攻击达到了一个新的水平,攻击的组织化、规模化、针对性和隐蔽性,均足以导致国家关键基础设施的瘫痪,进而引发经济崩溃、社会动荡。

(2) 关键基础设施的安全问题直接影响到社会稳定与经济发展

现代社会强烈依赖于大规模的国家基础设施来保障国民经济的平稳运行和公共服务的正常提供。目前,信息基础设施已经具有与电力基础设施同等重要的地位,并成为连接其他各个基础设施部门的关键纽带的角色。信息基础设施的正常稳定运转为政府、金融、能源、交通运输、公共卫生、供水和应急服务等与国计民生密切相关的重要系统以及政府事务管理提供关键支撑。因此,国家网络空间的安全与否将直接影响到国家的社会稳定与经济发展。

全球一体化的互联网平台使得网络信息传播表现出明显的跨国性特点。国家对信息传播的垄断权力受到极大限制,对内的最高性和对外的独立性呈现相对化趋势。网络霸权国家利用其优势的制信息权对外进行持续的意识形态渗透和控制,网络空间已经成为东西方主流意识形态对抗的主战场。

10.4.2 网络空间安全威胁直接挑战社会管理和公众权益

经过近二十年的普及和发展,互联网已成为社会监督、通达民意和了解舆情的重要渠道,社会深层矛盾和各种利益诉求在网络空间均得以充分展现。与此同时,网络舆论导向、道德伦理和意识形态的渗透和侵蚀问题也已凸显。例如,非理性的网络舆论不但混淆真相、挑拨是非,甚至通过挟持民意而影响到司法公正;网络社区、手机短信及其他衍生信息服务平台常常被利用成为散播谣言、煽动情绪、激化矛盾和引发社会群体性事件的动员工具。又如,搜索引擎技术的发明为信息的搜集与传播提供了快速便捷的通道,也使互联网因之成为侵犯个人隐私的主要平台。近年来,所谓的网络追杀、网络流言、人肉搜索等"网络暴力"事件此起彼伏,甚至出现了贩卖个人信息的黑色产业链;网络隐私权保护已成为突出的社会问题。再如,网络空间中的有害信息泛滥,其中更以淫秽色情和暴力内容为甚,严重影响缺乏自我控制能力的青少年健康人格的形成。诸如此类的安全威胁,均已直接挑战政府的社会管理和公众权益,如不能

有效应对,必将影响到广大人民的正常生活秩序、互联网经济的整体发展和政府执政管理的公信力。

10.5 国际互联网规制机构及其职能

互联网的全球化趋势和无国界性,决定了互联网的治理需要各国间的密切合作。目前,世界各国政府、国际性组织、行业组织与商业个体、非政府组织就互联网治理展开探讨和合作,互联网治理的国际合作越来越得到世界各国的认同和重视。

10.5.1 信息社会世界首脑会议

信息社会世界首脑会议是一次各国领导人最高级别的会议,与会的领导人致力于驾驭基于信息与通信技术的数字革命焕发的潜能造福于人类。首脑会议是一个真正广泛接纳利益相关方参与的进程,其中包括政府、政府间和非政府组织、私营部门和民间团体。首脑会议的目标是"建设一个以人为本,具有包容性和面向发展的信息社会。在这样一个社会中,人人可以创造、获取、使用和分享信息和知识,使个人、社区和各国人民均能充分发挥各自的潜力,促进实现可持续发展并提高生活质量"。

2003年12月12日举行的信息社会世界首脑会议日内瓦阶段会议,出席会议的有来自175个国家的高层代表,其中包括近50位国家和政府首脑以及副总统。另有11 000多人参加了信息社会世界首脑会议以及与首脑会议相关的活动。各国领导人通过了题为"建设信息社会:新千年的全球性挑战"的信息社会世界首脑会议《原则宣言》,从而为孕育形成中的信息社会奠定了基础。首脑会议日内瓦阶段会议通过的信息社会世界首脑会议《行动计划》,为将建设具有包容性的、公正的信息社会的构想化为现实设定了多项有期限的目标。民间团体通过了《民间团体宣言》,为信息社会世界首脑会议出谋划策。但在互联网治理和资助落后国家建设互联网络以消除数字鸿沟方面,会议并没有完全达成共识。

信息社会世界高峰会议突尼斯阶段会议于2005年11月16日至18日在突尼斯举行。峰会通过了"突尼斯承诺"。承诺重申明确支持2003年12月12日日内瓦信息社会世界高峰会议第一阶段会议通过的日内瓦《原则宣言》和《行动计划》。遵循《联合国宪章》的宗旨和原则及相关法律和政策,建设一个以人为本、具有包容性和面向发展的信息社会,让世界各国人民均能创造、获取、使用和分享信息和知识,充分发挥其潜力。

强调必须消除在弥合数字鸿沟方面遇到的障碍,特别是那些阻碍各国,尤其是发展中国家的障碍。确认了让所有国家都普遍和非歧视性地享用信息通信技术的原则,避免信息资源和技术被滥用于犯罪和恐怖主义等目的。消除数字鸿沟,保护妇女在平等参与信息社会建设方面的权利以及儿童在利用通信技术方面的权利。

国际社会应采取必要措施,保证世界所有国家均能公平和可以承受的价格利用信息通信技术,使它在经济社会发展和弥合数字鸿沟方面的效益真正惠及一切领域。特别关注社会边缘群体和弱势群体的特殊需要,关注发展中国家、经济转型期国家、最不发达国家、小岛屿发展中国家、内陆发展中国家、高债务贫穷国家、被占领国家和正在从冲突和自然灾害中恢复的国家的人民的特殊需要,关注原住民的特殊境况,并保护他们的传统和文化遗产。

在融资机制方面,《信息社会突尼斯议程》提出了应对信息通信技术促进发展挑战的融资机制,对融资机制的完善与创新进行了审议,呼吁世界各方为弥合数字鸿沟进行努力,加强合作，特别关注发展中国家。

在互联网治理方面，一致同意实施关于互联网治理的《日内瓦原则》，并重申了该原则，即互联网已发展成为面向公众的全球性设施，其治理应成为信息社会日程的核心议题。互联网的国际管理必须是多边的、透明和民主的，并有政府、私营部门、民间团体和国际组织的充分参与。它应确保资源的公平分配、促进普遍接入，并保证互联网的稳定和安全运行，同时还要考虑语言的多样性。会议认识到，根据《日内瓦原则》开展的互联网治理工作，是建设以人为本，具有包容性、面向发展和非歧视性的信息社会所必不可少的组成部分。致力于维护互联网这一全球设施的稳定与安全，并以来自发达和发展中国家的所有利益相关方根据各自的作用与责任充分参与为基础，确保互联网治理具有必要的合法性。

议程重申互联网的管理包含技术和公共政策两个方面的问题，现有机制尚未合理解决这些问题，对这些问题的解决需要所有利益相关方和相关政府间和国际组织的参与。应该由国家间、政府间、非政府组织间开展共同合作和努力来实现对互联网的治理，应重视发展中国家平等参与互联网治理的机会和平等使用互联网的能力，消除影响互联网安全、稳定、连续运行的各种隐患和风险，如打击互联网上的恐怖主义、网络犯罪、垃圾邮件等问题，制定有关域名分配、互联网资源协调使用和管理、互联网安全等方面的公共政策及相关政策。

在国家层面，在峰会成果的基础上，鼓励各国政府建立一种国家实施机制，在此过程中应有各利益相关方的参与，并铭记创建有利环境的重要性。在该机制中：

① 应酌情将国家信息通信战略作为国家发展计划（包括扶贫战略）的一个不可分割的部分，以帮助实现发展目标，包括《千年发展目标》；

② 应通过更为有效的发展伙伴之间的信息共享和协调，并通过分析和共享在ICT促发展项目方面的最佳做法和经验教训，将ICT完全纳入官方发展援助（ODA）战略的主要内容之中；

③ 应酌情利用现有双边和多边技术援助项目（包括联合国发展援助框架下的项目），帮助各国政府在国家层面开展实施工作；

④ 在国家公共评估（Common Country Assessment）报告中应包括ICT促发展的相关内容。

在区域层面：

① 应有关政府的要求，区域性政府间组织应与其他利益相关方协作开展有关峰会的实施活动，在区域层面就信息和最佳做法展开交流并推进有关利用ICT促发展方面的政策讨论，重点在于实现达成国际共识的发展目的和目标，包括《千年发展目标》；

② 可与区域性和次区域性组织协作，组织适当频次的区域性峰会跟进活动，并在技术和相关信息方面向会员国提供帮助，帮助其制定区域性战略和落实区域性大会的成果。

10.5.2 联合国互联网治理工作组

在2003年12月于日内瓦举行的信息社会世界高峰会议第一阶段的会议上，国家和政府首脑认识到互联网的重要性，但对互联网的治理方式存在意见分歧，因此请求联合国秘书长成立一个互联网管理工作组（Working Group on Internet Governance，WGIG）。

工作组成立前的磋商早在2004年年初就已开始，并包括了政府间和其他组织召开的一系列会议期间举办的讲习班和磋商活动。WGIG秘书处于2004年7月成立。有关建立工作组的磋商会议在信息社会世界峰会秘书长特别顾问Nitin Desai先生的主持下，于2004年9月

20日和21日在联合国日内瓦办事处举行。

磋商以开放形式进行，允许互联网问题涉及的所有各方平等参与。代表政府、民间团体组织和私营部门实体的250多名与会者参加了磋商。随后经与所有利益相关方进行非正式磋商，秘书长于2004年11月11日宣布成立由40位来自政府、私营部门和民间团体的成员组成的WGIG。

WGIG被特别赋予的职责是"在2005年之前对互联网管理的情况进行调查并提出酌情采取行动的建议"，具体应处理下列问题：

① 为互联网管理确定一个工作定义；

② 明确与互联网管理相关的公共政策问题；

③ 就政府、现有的国际组织、其他论坛以及发展中国家和发达国家的私营部门和民间团体各自的作用和职责达成共识。

在工作组第二次会议后，并在考虑公众意见的基础上，工作组确定了以下领域：

① 有关基础设施问题和关键性互联网资源管理的问题，这些问题与互联网管理直接相关，属于负责这些问题的现有组织的权限范围；

② 与互联网使用有关的问题，这些问题与互联网管理直接相关，但全球化合作并未清晰规划；

③ 由现有组织负责的、与互联网相关但影响远远超出互联网的问题，如知识产权或国际贸易问题，WGIG已开始了这样一项审查工作，即目前对这些问题的处理在何种程度上符合《原则宣言》的精神；

④ 有关互联网管理发展层面的问题。

10.5.3 互联网治理论坛

联合国互联网治理论坛（Internet Governance Forum，IGF）成立于2006年11月，是联合国根据信息社会世界峰会的决定设立的有关互联网治理问题的开放式论坛，秘书处设在瑞士日内瓦。

IGF第一次会议于2006年10月30日至11月2日在希腊雅典召开，"互联网治理促进发展"被定为会议的主题，而能力建设作为贯穿各方面的优先事项。作为讨论的主要专题拟订了如下四大主题：保护言论自由的公开性；保护信息安全的安全性；鼓励内容多元化的多样性；便于使用的易用性。

IGF第二次会议于2007年11月12日至15日在巴西里约热内卢召开，来自70多个国家的政府、民间组织和私营企业的代表出席了论坛。在为期4天的论坛中与会代表围绕重要互联网资源、互联网的接入、多样化、开放性和安全性等问题展开了讨论。

IGF第三次会议于2008年12月3日至6日在印度海得拉巴召开。议程如下：

① 实现下一个十亿目标（可持续性发展问题）；

② 促进网络安全和信任（互联网安全与互联网犯罪的各个方面，促进安全、隐私权和公开性）；

③ 管理关键的互联网资源（从IPv4过渡到IPv6；全球、区域和国家安排；新出现的问题：未来的互联网——互联网的创新与演变；回顾与前进方向）。

与第一次和第二次会议情况一样，人们普遍认为，互联网治理论坛需要保持促进发展的总方向。公开磋商中最经常提到的问题是能力建设。另一项经常提到的主题是权利与互联网。对这些主题，人们越来越一致地认为，他们在促进有益的参与方面具有优先地位。在讨论能力建设问题时,人们指出,获得教育和知识是一项公认的人权。与会者还指出,必须促进所有国家的所有利益相关者能够参与互联网治理的过程,应该采取明确的行动,探讨在网上提供有关的互联网治理教育资源。在讨论权利时,人们的主要关注是隐私权和获得知识的权利。

IGF第四次会议于2009年11月15日在埃及沙姆沙伊赫拉开帷幕,在为期4天的论坛上,来自世界各国约1 500名各界代表参加了80场小组讨论,与会者就网络安全、云计算、隐私保护、语言多样性以及社交网站等互联网前沿话题达成广泛共识,会议形成的最后文件提交给联合国。这次会议的主题为"互联网治理——为所有人创造机会"。

10.5.4 其他相关国际性组织

(1) 互联网工程任务组

互联网工程任务组(The Internet Engineering Task Force,IETF)是一个公开性质的大型民间国际团体,汇集了与互联网架构和互联网顺利运作相关的网络设计者、运营者、投资人和研究人员,并欢迎所有对此行业感兴趣的人士参与。IETF的主要任务是负责互联网相关技术标准的研发和制定,是国际互联网业界具有一定权威的网络相关技术研究团体。

IETF大量的技术性工作均由其内部的各种工作组承担和完成。这些工作组依据各项不同类别的研究课题而组建。在成立工作组之前,先由一些研究人员通过邮件组自发地对某个专题展开研究,当研究较为成熟后,可以向IETF申请成立兴趣小组开展工作组筹备工作。筹备工作完成后,经过IETF研究认可后,即可成立工作组。工作组在IETF框架中展开专项研究,如路由、传输、安全等专项工作组,任何对此技术感兴趣的人都可以自由参加讨论,并提出自己的观点。各工作组有独立的邮件组,工作组成员内部通过邮件互通信息。IETF每年举行三次会议,规模均在千人以上。

IETF将工作组分类为不同的领域,每个领域由几个区域总监负责管理。互联网工程指导委员会(The Internet Engineering Steering Group,IESG)是IETF的上层机构,它由一些专家和区域总监组成,设一个主席职位。互联网架构理事会(Internet Architecture Board,IAB)负责互联网社会的总体技术建议,并任命IETF主席和IESG成员。IAB和IETF是国际互联网协会(Internet Society,ISOC)的成员。

(2) 经济合作与发展组织

经济合作与发展组织简称经合组织(Organization for Economic Cooperation and Development,OECD),是由30个市场经济国家组成的政府间国际经济组织,旨在共同应对全球化带来的经济、社会和政府治理等方面的挑战,并把握全球化带来的机遇。2006年经合组织提出一项全新的建议,建议各国政府和产业界应加强协调,解决全球性垃圾邮件的泛滥问题。OECD还发布了一份《关于因特网内容控制方法的报告》,对解决因特网内容问题的方法做出了非常全面的概括。

(3) 亚太经合组织

亚太经济合作组织(Asia-Pacific Economic Cooperation,APEC)是亚太地区最具影响的经济合作官方论坛,成立于1989年。亚太经合组织下设的电信和信息工作组(TEL)的工作集中在反垃圾邮件、反网络犯罪以及信息安全方面。

(4) 国际电信联盟

国际电信联盟(International Telecommunication Union,ITU)是联合国专门机构之一,主管信息通信技术事务,由无线电通信、标准化和发展三大核心部门组成,其成员包括191个成员国和700多个部门成员及部门准成员。国际电联的使命是使电信和信息网络得以增长和持续发展,并促进普遍接入,以便世界各国人民都能参与全球信息经济和社会并从中受益。自由沟通的能力是建设更加公平、繁荣与和平的世界必不可少的前提。为使该愿景成为现实,国际电联帮助调动所必要的技术、财务和人力资源。

国际电联面临的一项主要工作是通过建设信息通信基础设施,大力促进能力建设和加强网络安全以提高人们使用网络空间的信心,弥合所谓数字鸿沟。实现网络安全和网络和平是信息时代人们最为关注的问题,国际电联正在通过其具有里程碑意义的全球网络安全议程并采取切实可行的措施。

(5) 国际刑警组织

国际刑警组织在打击网络犯罪方面,有大量的基于各个地区的工作小组,这些小组在打击信息技术犯罪领域开展交流与合作。在当前日益复杂且相互依赖的世界上,单凭执法部门已经无法有效打击利用互联网犯罪,只有公共和私营部门携手,才能遏制不断发展的网络犯罪势头。

(6) 联合国教科文组织

联合国教育、科学及文化组织((United Nations Educational, Scientific and Cultural Organization, UNESCO)属于联合国专门机构,简称联合国教科文组织。其宗旨是:"通过教育、科学及文化促进各国间合作,对和平与安全做出贡献,以增进对正义、法治及联合国宪章所确认之世界人民不分种族、性别、语言或宗教均享人权与基本自由之普遍尊重。"UNESCO与世界各国警方、童妓问题专家、反儿童色情组织进行探讨,加强跨国合作,以扫荡互联网上的儿童色情。

UNESCO还接受了一项建议,2001年在亚太地区开展了"就确定可接受或受欢迎的因特网内容的不同方法的调查"。

(7) 互联网内容分级协会

互联网内容分级协会(Internet Content Rating Association, ICRA)是为了让儿童安全地使用互联网,推进网络上内容过滤的国际性非营利组织。于1999年由英国的IWF(Internet Watch Foundation),美国的RSAC(Recreational Software Advisory Council),德国的ECO(Electronic Commerce Forum)3个非营利组织共同设立,本部设在英国。

ICRA是在保证网络上内容自由表现的同时,以监护人能够掌握孩子连接到哪个网站为目标建立的业界内自主性限制团体。

(8) 国际商会

国际商会(The International Chamber of Commerce, ICC)成立于1919年,发展至今已拥有来自130多个国家的成员公司和协会,是全球唯一的代表所有企业的权威代言机构。国际商会以贸易为促进和平、繁荣的强大力量,推行一种开放的国际贸易、投资体系和市场经济。由于国际商会的成员公司和协会本身从事国际商业活动,因此它所制定用以规范国际商业合作的规章被广泛地应用于国际贸易中,并成为国际贸易不可缺少的一部分,国际商会下属的国际仲裁法庭是全球最高的仲裁机构,它为解决国际贸易争议起着重大的作用。为保护电子商务的发展,国际商会于2002年11月发表了一份政策声明,旨在为政府、管制机构和法院就因特网和电子商务立法提供商业展望。

(9) 欧洲联盟

欧洲联盟简称欧盟(European Union, EU)是由欧洲共同体发展而来的,是一个集政治实体和经济实体于一身、在世界上具有重要影响的区域一体化组织。欧洲联盟下属的机构有欧洲委员会、欧洲议会、欧洲理事会等。1996年,欧洲委员会提交了一份有关互联网上有害和非法内容的绿皮书,建议欧洲各国立即采取行动。1997年2月17日,欧洲理事会和欧共体各成员国政府代表在欧洲理事会举行会议,就互联网非法和有害内容做出决议,要求成员国和欧洲委员会采取行动。此后,欧洲委员会还在互联网保护未成年人和人类尊严、因特网安全、网络犯罪等方面做出行动。2001年11月由欧洲理事会的26个欧盟成员国以及美国、加拿大、日本和南非等30个国家的政府官员在布达佩斯共同签署了国际公约——《网络犯罪公约》。《网络犯罪公约》成为全世界第一部针对网络犯罪行为所制定的国际公约,制定的目标之一是期望使国际社会对于网络犯罪的立法有一致共同的参考标的,也希望国际社会在进行网络犯罪侦查时有一个国际公约予以支持,而得以有效地进行国际合作。《网络犯罪公约》是世界上第一个打击网络犯罪的国际公约,必将对世界多数国家的相应立法产生重要影响,遵循《网络犯罪公约》能建立更广泛的共同打击网络犯罪的国际司法合作,对打击跨国网络犯罪具有重要作用。

10.6 互联网规制的主要内容

10.6.1 互联网全球共治的原则与内容

互联网的全球共治包含技术标准和公共政策两个方面的问题,并应有所有利益相关方和相关政府间和国际组织的参与。参与各方形成的共识包括:①就涉及互联网的公共政策问题的决策权属国家主权,各国有权利和责任处理与互联网相关的公共政策问题;②在技术和经济领域,私营部门应一如既往地继续在互联网的发展方面发挥重要作用;③民间团体也在互联网事务方面发挥了重要作用,在社区层面尤其如此,并应继续发挥这一作用;④政府间组织应一如既往地继续在协调与互联网相关的公共政策问题中发挥促进作用;⑤国际组织也应一如既往地继续在制定与互联网相关的技术标准及相关政策中发挥重要作用。在WGIG的工作报告中(WGIG Report 2005),这些共识进一步被确立为互联网全球共治所应遵循的原则:①任何一个国家的政府都不应在国际互联网治理方面享有主导地位;②治理职能的组织形式应是多元、透明和民主的,并由各国政府、私营部门、民间社会和国际组织充分参加;③治理职能的组织形式将允许所有利益相关者及政府间组织和国际组织在其各自作用范畴内参加。

也正是在WGIG的这个工作报告中,将全球共治的互联网问题分为了四类。若将其中的具体问题按照国际关注度从高到低排序依次为:根区文件和系统的管理,互联互通成本(网间结算),互联网的稳定性、安全性与网上犯罪,垃圾邮件,有意义地参与全球政策制定,互联网相关能力建设,域名分配机制与管理体系,IP地址分配政策,知识产权保护,言论自由与信息自由流动,数据保护和隐私权保护,消费者权利保护,多语言环境。

当前阶段,互联网发展的首要问题是安全问题。因此,互联网全球共治的核心即互联网安全问题的全球共治,也是各国的国家核心利益所在。从保障国家网络空间安全的战略目标出发,需纳入全球共治范畴的关键性安全问题包括以下三个方面内容。

1. 关键互联网资源的管理权争夺

"管理关键的互联网资源"这一主题是在IGF第二次会议(2007年)上首次提出的,在IGF第三次会议(2008年)和第四次会议(2009年)中都讨论了该主题。对于"关键的互联网资源"这一术语,尚没有公认的定义。关于关键互联网资源的讨论涵盖了很多问题,并且已经延伸到能力建设的跨领域主题,如便利性、安全性、互联网路由和对电力的基本需求等。普遍认为这些问题对于互联网持续部署和演进都是至关重要的,但是关注焦点仍然是 IP 地址的分配机制、DNS 管理体系(包含域名和根区文件的管理)。

(1) IP 地址的分配机制

如果我们将整个 Internet 看成是一个单一的、抽象的网络,那么 IP 地址就是给每一个连接到 Internet 上的主机(包括 PC 终端、应用服务器、交换机、路由器等)分配一个在全球范围内唯一的地址。IP 地址是一种非等级的地址结构,即通过它不能反映任何有关主机位置的地理信息。它是一种逻辑地址,通过复杂的路由寻址,联网主机之间能够很快地实现相互访问和通信。IP 地址是网络建设与应用所必需的基础资源,它的数量直接决定了互联网的规模。

根据 TCP/IP 的协议版本,IP 地址的类型分为 IPv4 地址和 IPv6 地址,IPv4 的地址长度为 32 位,共 4 个字节,通常采用"点分十进制法"来表示。IPv6 的地址长度为 128 位,共 32 个字节。目前主流应用是 IPv4 地址,但随着可分配的 IPv4 地址资源的消耗殆尽,从 IPv4 向 IPv6 的过渡已变得非常紧迫。

IGF 论坛关于现行的 IP 地址分配机制的争议焦点主要有两个方面内容。

第一,IP 地址分配的公平性问题。

由于互联网是自下而上发展起来的,IP 地址的分配缺乏整体规划,尤其是其采用的"先来先得,按需申请"的分配政策,造成了 IPv4 地址分布很不均匀的情况。显然,对于一些互联网基础设施发展较晚、需求还没有释放出来的发展中国家,这种政策也是很不公平的。如果保持现有的分配政策,这种分配的不均衡与不合理状况将在 IPv6 地址的分配过程中继续延续。这与联合国倡导的互联网全球发展战略是相违背的,也会进一步扩大业已形成的发达国家与发展中国家之间的数字鸿沟。为此,国际上出现了希望将 IPv6 地址为国家预留的建议,赞同或具有类似想法的包括 ITU,中国、巴西等发展中国家。

第二,IP 地址分配的权属问题。

这个争论主要是针对 ICANN(The Internet Corporation for Assigned Names and Numbers)的,ICANN 的前身是 IANA(The Internet Assigned Numbers Authority),多年来一直受美国国防部的直接资助。随着互联网的发展,为避免其为一国所控制的局面发生,1998 年 ICANN 成立,其定位是独立于政府的非盈利组织,秉承从下到上,所有互联网用户都可广泛参与模式和政策制定、程序实施方面的公开、公正、透明原则。然而,ICANN 作为在美国注册的私营公司,仍与美国商务部以及联邦电信与传播管理委员会(National Telecommunications and Information Administration,NTIA)之间存在着间接的隶属关系。最明显的例子,即它通过与美国政府(商务部)签署备忘录的方式来受托负责全球互联网 IP 地址和域名的分配及管理。同时,ICANN 主要由私营部门和民间团体的代表组成。在 ICANN 中,政府只能通过 ICANN 下设的政府咨询委员会来发表意见,这些意见只能作为 ICANN 理事会的参考。政府不能参加 ICANN 的表决,没有决策权。这种方式使得美国政府能够隐藏在商业公司的背后控制全球互联网的发展。

以上情况使国际社会对 ICANN 管理关键的互联网资源(不仅仅是 IP 地址分配,还包括域名系统及根区文件和系统等)的合法性产生了质疑,包括管理权属的合法性、执行程序的合法性、决议结果的合法性等。

IP 地址是世界各国的公共资源,其分配机制与国家利益密切相关,也是涉及公共政策的重要问题。尽管 ICANN 声称自己是一个具有广泛代表性的国际组织,但是其自身的存在和对互联网资源管理的授权都必须由美国商务部来决定,因此,它被赋予的管理权缺乏在国际法框架内的合法性。此外,在讨论与国家利益密切相关的公共政策问题时,各国政府却没有参与决策的途径,这种执行程序的合理性和合法性均存在严重问题。特别地,对于 IP 地址这种国家的重要基础资源,由 ICANN 在将各国政府排除在决策层外的情况下进行分配,因此其分配结果的合法性也值得怀疑。

日内瓦《原则宣言》明确指出"互联网已发展成为一个全球性的公共设施,其治理应成为信息社会议程的核心问题。互联网的国家管理应是多边、透明和民主的,有政府、私营部门、民间团体和国际组织的全面参与"。不言而喻,在与互联网发展密切相关的 IP 地址管理政策的制订中,不但应为政府提供发表意见的有效途径,而且应使政府能够在 IP 地址等重要的网络资源管理中有参与决策的权力。然而,以美国为首的少数发达国家,由于他们是既得利益者,尤其是美国,由于其实际上还控制着 ICANN,因此主张 ICANN 对 IP 地址的管理权保持不变,可以对其进行一定的改革,但又坚决不同意将政府引入 ICANN 组织内部。虽然联合国以及国际社会试图通过积极的工作协调这个问题,但收效甚微。

(2) DNS 管理体系

DNS 的基本功能是实现主机域名和 IP 地址之间的动态映射。作为互联网的关键基础设施之一,它被视为互联网的中枢神经系统,事关互联网整体的安全与稳定。因为绝大多数的互联网应用都是基于 DNS 开展的,DNS 的服务故障和数据错误会导致互联网应用的混乱和瘫痪。

2. 核心技术掌控和国际标准竞争

网络权力的争夺需要雄厚的高技术力量来支持。只有实现了对互联网核心技术的有效掌控并且在相应的国际标准竞争中占据优势地位,才有可能切实保障国家网络空间的安全,维护国家的核心利益。因此,互联网全球共治中的另一个关键性问题就是核心技术掌控和国际标准竞争。

(1) 核心技术掌控,国家网络权力的基石

目前,构建全球互联网的核心技术绝大部分都掌控在美国手中。为此,有论者称,"靠着飞机大炮,美国掌控了 60 年的世界霸权;靠着网络战争,美国的霸权可能会维持得更加久远,因为许多网络核心技术比飞机大炮更难以复制"。

毫无疑问,美国是一个实力超强的信息强国,它不仅拥有庞大的网民群体,更有着世界上最先进的网络技术和最为发达的网络体系。从 CPU 芯片到 PC 机、从硬盘驱动器到磁盘阵列、从光通信器件到路由器、从数据库到操作系统,构建国际互联网的每一个基础部件所涉及的核心技术全部掌握在美国手中。从 IE(浏览器)到 MSN(即时通信)再到 Google(搜索引擎),从 Yahoo 到 Facebook,从 YouTube 到 Twitter,互联网中的每一项重要应用服务的核心技术都被美国人牢牢掌控。掌握这些核心技术与业务的每一个细分市场的领军企业更无一例外都是美国籍的跨国公司,如 Intel(英特尔)、IBM、EMC、Cisco(思科)、Oracle(甲骨文)、Microsoft(微软)、Google(谷歌)等。无论是在传统的互联网领域,还是新兴的移动互联网行业,它们的触角无处不及。

不难看出,对核心技术的掌控,使得美国在网络空间的决定性权力远远超过其在世界政治、经济领域中的权力。为保障自身国家网络空间的安全,后起的信息欠发达国家需要加快对核心技术的研发,以缩小与美国之间的技术差距。

(2) 国际标准竞争,专利技术标准化趋势

不同的社会发展阶段和经济形态下,市场竞争的核心要素是不同的。如果说工业经济时

代企业主要围绕资本与技术展开竞争,那么在信息网络时代,跨国巨头之间的竞争则主要是通过对标准,特别是国际标准制定权的争夺来进行。标准竞争的战略实施对企业的市场地位、产业的技术进步乃至整个国家的经济利益和核心竞争力都具有重要的影响。

一方面,作为整个 ICT 产业的核心,互联网产业具有明显的网络效应特征。对互联网产业而言,标准是产品或技术兼容性的主要实现方式,即通过事先设计使产品遵守某种共同的标准或协议从而实现产品之间的兼容。这种兼容性标准的主要作用是启动不同技术的用户之间的网络效应,或使不同技术或产品能够协同发挥作用。另一方面,在信息网络时代,技术创新的步伐越来越快,产业更替正以前所未有的速度进行着。在互联网产业中,一种技术只有成为标准才能够获得足够的生存空间,如果无法成为市场标准,它很快就会被其他技术所取代而成为匆匆过客,或者在狭小的市场空间内苦苦挣扎。某种意义上甚至可以说,标准化是一种专利技术实现其内在价值最重要的途径之一,只有在标准竞争中取胜的专利技术才能在市场上发挥其真正作用。

3. 共同应对全球网络安全威胁

在 2010 年美国政府发布的《国家安全战略报告》中有一节专门阐述"保障网络空间安全",其中宣称"网络安全威胁是我们国家面临的最严重的国家安全、公共安全和经济安全挑战之一"。报告指出,"美国面临着来自从独立的犯罪黑客分子到有组织的犯罪集团,从恐怖分子组织到先进的民族国家的网络安全威胁"。报告还提出,"数字基础设施是战略性国家资产,保护它——同时保护隐私和公民自由是一项国家安全优先事项"。为保护美国的数字资产(即信息基础设施),除了开展网络空间的攻防对抗外,美军还将借助其强大的现实军事打击力量。美军战略司令部司令奇尔顿上将曾公开宣称,如果有敌人攻击并使美国重要网络瘫痪,将考虑动用武装力量对其实施军事打击。事实上,对于来自全球各个角落的网络安全威胁,任何一个国家均不可能置身事外。

而 2011 年 5 月美国政府发布的首份《网络空间国际战略》,更是从政治、经济、安全、司法、军事等多方面阐述了美国对全球互联网空间未来发展、治理与安全的战略目标。特别地,在防务方面,美国提出将同其他国家一道反对破坏网络和系统的行为,劝阻和制止恶意行为,并保留采取必要和适当措施的权利来保护这些重要的国家资产。具体而言,在网络安全方面,增进国际合作,加强美国及全球互联网的安全性、可靠性及灵活性;在法治方面,加强网络立法和执行力度,提高全球打击网络犯罪的能力;在军事方面,与盟友通力合作,提高盟友应对网络威胁的能力,并确保美国军用网络的安全;在互联网管理方面,加强各国之间的沟通交流,保障全球网络系统包括域名系统的稳定和安全。

以上事实充分说明,共同应对全球网络安全威胁已经成为互联网国际治理的核心安全问题之一。

10.6.2 国家范围内的互联网安全规制

1. 网络安全问题

如前所述,此处的"网络"是指构建在 TCP/IP 协议体系架构之上的通信网络。从物理硬件上看,网络包括节点设备和传输链路两部分。其中,节点设备又可细分为中间系统和端系统。所谓中间系统,一般是指通信子网中诸如交换机、路由器、传输设备及各种网关设备。而所称端系统则是指个人终端(包括 PC 机和诸如笔记本电脑、上网本、手机等移动式终端)和各种服务器。在现代网络中,所有这些节点设备均可以看作是一个智能化的"计算机",它们通常都安装有自己的操作系统软件和通信协议软件,以及某些为完成特定功能的服务程序。

因此,网络所面临的安全威胁主要包括针对传输链路的攻击和针对节点设备的攻击两大类。针对传输链路的攻击,其主要目标是使链路拥塞乃至完全瘫痪,这对于那些低带宽的网络而言效果显著。针对节点设备的攻击,情况则要复杂得多,通常有下面几种:①对中间系统进行攻击,如对骨干路由器、核心交换机和网关设备等的攻击;②对关键的网络基础设施,如DNS服务器进行攻击;③对重要信息系统中的应用服务器和数据库服务器进行攻击;④对特定的个人主机进行攻击。这些攻击一旦得逞,轻者实现对目标主机的完全控制(使其成为"肉鸡"或"跳板"),重者使得服务中断、数据失密,更有甚者可能造成骨干网络大面积瘫痪。而之所以遭受到网络攻击,普遍原因在于操作系统、TCP/IP通信协议和其他服务程序在设计与实现中可能存在的安全漏洞。

2. 应用安全问题

应用安全,自然是与上层的业务应用系统相关的安全问题。伴随互联网技术的快速发展和推广,基于B/S架构的网络业务应用体系已日渐成型,广泛渗透到各传统行业领域。相应地,业务类别越来越多,应用复杂度也越来越高。而应用安全与业务应用往往密不可分,不同的业务应用有不同的应用安全范畴和应用安全重点,人们逐渐发现基于传统网络层的防护已经无法保障业务的安全运行。提升业务系统安全需要从业务流程、应用架构、应用系统等多个角度来思考从而寻求解决方案,因此,对于应用安全的关注度也逐渐升温。

从概念上,应用安全的目标非常简单,一是不让攻击者访问到任何受保护的资源;二是实施合法用户能够访问业务资源的安全策略并保证这些策略能够被确切得以执行。事实上,达到这些目标却非常地困难。

为实现目标一,业界提出了"集中式应用框架"的概念,试图将所有相关业务应用程序所涉及的元素包纳到统一的框架中。基本思路是首先由前台的客户端向处于中间位置的表现层服务器以事先协商好的约定(Contract)提交相关上下文信息,然后由表现层服务器以服务形式通过各种适配器或连接器向与之相连接的后台资源服务器、数据库服务器、业务应用服务器等请求服务并将结果以同样的约定返回。这使得攻击者即使利用网络层的种种漏洞突破安全防线也难以入侵部署在后台的重要服务器资源。然而,如何在提交上下文信息并得到最终结果的业务过程中,将整个环节与安全服务系统相连接并贯穿始终,这一系统将与每个应用子系统、每个服务、每个资源都密切相关。不仅如此,部署并集成这个安全服务系统还面临着高昂的成本问题。

目标二的实现也面临众多难题。首先,业务应用中安全策略的实施面临着千变万化的场景,即业务逻辑与业务策略之间并不存在简单的一一对应关系。不仅如此,安全管理员、软件开发人员、业务流程优化专家等对业务策略以及安全策略都会有各自完全不同的理解,在业务系统部署之后再来讨论如何统一理解并制定安全策略是一个不可能完成的任务。除非能够从业务系统定义初期开始就考虑安全策略以及业务策略,并将这一做法持续直至业务系统部署上线并进入正常的运营维护过程。然而,这对业务系统的设计与开发等提出了更为严峻的考验。

3. 信息安全问题

事实上,在计算机和通信专业技术领域,对于上述的"网络安全"和"应用安全"二者并不加以区分,而是统称为网络安全,但从其研究对象和内容来看,与本节仍基本一致。然而,不同于技术学科领域里狭义的信息安全定义,本节所指的信息安全是在社会学意义上广义的信息安全概念,它包括如下几个主要方面内容。

(1) 对非法信息和有害信息的内容安全监管

要确保互联网上所传播的信息内容符合国家法律法规的规定,合乎普遍认可的社会道德伦理规范。实施对其中的反动、淫秽、色情和暴力信息的内容审查与传播控制,加强对网络舆论的疏导和对传统文化的宣传。

尤其值得注意的是,全球一体的互联网平台使得网络信息传播表现出明显的跨国性特点,在此背景下,国家对信息传播的垄断权力受到极大限制,对内的最高性和对外的独立性呈现相对化趋势。随着网络霸权国家利用其优势的制信息权对外进行持续的意识形态渗透和控制,网络传媒已经成为国家宣示主权的重要资源和对外战略的重要手段。网络空间中不同价值观念、意识形态之间的碰撞与对抗因此也成为信息安全领域关注的焦点之一。

(2) 公民的网络隐私权保护

隐私权作为一种基本的人格权利,是指公民享有的私人生活安宁不受他人非法干扰与私人信息秘密依法受到保护,不被他人非法侵占、知悉、搜集、利用和公开的一种人格权。网络隐私权作为隐私权在网络环境下的一种特殊表现,主要指公民在网上享有的私人生活安宁与私人信息受到法律保护,不被他人非法侵占、知悉、收集、复制、公开和利用的一种人格权,也指禁止在网上泄露某些与个人有关的敏感信息,包括事实、图像以及毁损的意见等。

网络隐私权有其不同于一般隐私权的特点。首先,它不仅仅是一种被动的"不受侵扰的权利",还是一种积极的、能动的控制权和利用权,更加充分体现了隐私权人对自己隐私的支配。其次,传统的对于公民隐私权的侵犯一般是出于行为人(侵权人)的个人主观恶意,对权利人造成的损害主要体现在精神方面,表现为精神痛苦,一般不涉及财产内容。但在网络经济活动中,隐私内容具有经济价值,有了财产属性,侵权行为一般表现为非法收集权利人的私人信息,如身份证号码、电话号码、家庭人员状况等,并从中获得经济利益。另外,隐私权的客体范围更加扩大,包括了传统范畴里不属于隐私的内容,如姓名、性别、年龄等,即网络用户不想让别人知道的一切个人信息都属于网络环境下隐私权的内容。

个人隐私一般包括私人信息、私人活动和私人空间三个方面。对于网络隐私权而言,尤以私人信息和私人活动最为重要。就其具体内容,通常包括网络注册信息、通信秘密、在线行踪等。其中,个人的网络注册信息通常包括姓名、年龄、住址、身份证号、电话号码、E-mail 地址乃至婚姻、家庭状况和兴趣爱好等,某些甚至还包含个人的信用和财产状况信息(如银行卡、信用卡、电子消费卡、交易账号和密码等);通信秘密主要指个人的电子邮件(E-mail)内容、利用网络即时通信工具(如 QQ、MSN、飞信、淘宝旺旺等)在线交谈的内容;而在线行踪一般指个人在网络上的活动踪迹,如联网终端的信息、接入的 IP 地址、历史浏览记录、网购记录等。

由于互联网具有巨大的信息容纳处理能力和在全球范围内进行跨时空信息传播的能力,网络中侵犯个人隐私权的事件层出不穷,侵害程度日趋严重,并由此带来非常恶劣的社会影响。此外,互联网信息共享模式和政府社会安全管理机制等都给网络隐私权的保护带来了前所未有的压力和挑战。

(3) 确保国家和企业的机密信息不受恶意破坏、更改和泄露

互联网已成为各国网络情报战的主战场。窃取和收集目标国家和企业的政治、军事、科技和商业秘密的情报活动逐步网络化,许多情报机构将窃密木马混迹于黑客工具之中,有针对性地窃取特定核心机密。

第11章 网络和信息安全

11.1 网络和信息安全

随着全球网络与信息化的不断发展,信息技术建设步伐的加快,信息化程度的提高,网络信息技术在各个行业、领域的应用越来越广泛。通过分析近年来的网络信息安全威胁事件(见附录A和B),可以看出网络信息安全问题对国家、各类组织乃至个人的影响越来越大。网络和信息安全已经上升到国家核心战略层面,成为国家综合性安全战略的制高点和新载体。

11.1.1 网络和信息安全内涵

网络和信息安全指的是在基于网络的信息活动中,维护所涉及主体的相关信息的保密性、完整性和可用性,保护所涉及主体的合法权益不受侵害。网络和信息安全包括三个层面的含义:一是网络设施安全,它是网络信息安全的基础,具体包括网络的物理安全、网络的硬件软件系统安全、拓扑结构安全等;二是数据应用安全,即在网络设施安全的基础上,进一步保证数据本身的安全,具体措施包括数据加密防护、数据备份,并需保证数据收集、存储、处理、转移、分析利用过程中不侵害相关主体权益;三是信息内容安全,这是一个较为特殊的层面,是指保证数据信息内容准确、合法,通过过滤非法信息、垃圾信息等,避免因非法信息的传播导致信息保密性遭受破坏,也防止因垃圾信息占用网络资源而妨碍信息的可用性。

11.1.2 网络和信息安全的特征

保证网络和信息安全,最根本的就是保证网络和信息安全的基本特征发挥作用。网络和信息安全具有5大特征,包括完整性、保密性、可用性、不可否认性和可控性,具体分析如下。

(1)完整性。指信息在传输、交换、存储和处理过程保持非修改、非破坏和非丢失的特性,即保持信息原样性,使信息能正确生成、存储、传输,这是最基本的安全特征。

(2)保密性。指信息按给定要求不泄露给非授权的个人、实体或过程,或提供其利用的特性,即杜绝有用信息泄露给非授权个人或实体,强调有用信息只被授权对象使用的特征。

(3)可用性。指网络信息可被授权实体正确访问,并按要求能正常使用或在非正常情况下能恢复使用的特征,即在系统运行时能正确存取所需信息,当系统遭受攻击或破坏时,能迅速恢复并能投入使用。可用性是衡量网络信息系统面向用户的一种安全性能。

(4)不可否认性。指通信双方在信息交互过程中,确信参与者本身,以及参与者所提供的信息的真实同一性,即所有参与者都不可能否认或抵赖本人的真实身份,以及提供信息的原样性和完成的操作与承诺。

(5)可控性。指对流通在网络系统中的信息传播及具体内容能够实现有效控制的特性,即网络系统中的任何信息要在一定传输范围和存放空间内可控。除了采用常规的传播站点和传播内容监控这种形式外,最典型的如密码的托管政策,当加密算法交由第三方管理时,必须严格按规定可控执行。

11.2 网络和信息安全面临的挑战

11.2.1 信息通信技术发展引发"大数据"热潮

21世纪以来,计算机、互联网的高速发展和迅速普及,使得信息无处不在、无孔不入,而在物联网、云计算等技术的推动下,各种事物的变化都可能会用信息来记录,所有这些信息以数据的形式被存储下来,并渗透到每一个行业领域,成为重要的生产要素。各行各业海量数据的产生、存储、挖掘和运用,将会以前所未有的方式改变社会的生产方式、生活方式、经济结构和社会结构,甚至改变人们的思维方式。

2010年2月出版的《经济学家》刊登了一篇题为"The Data Deluge"的文章,描述了大量的数据带给经济、政府和社会的巨大影响,由此引发了对"大数据"的关注热潮。所谓大数据,是指超出传统数据库软件工具提取、储存、管理和分析能力的大量复杂的数据集合,这些数据集合在新型数据处理技术和处理模式下,能够生成有价值的信息资源,使组织具备更强的决策能力、洞察力及优化处理能力。

大数据的出现,正在引发全球范围内深刻的技术、商业和社会变革。然而,大数据在给人类发展带来机遇和福利的同时,也带来了更多挑战。数据安全和个人信息安全问题可能是发展大数据应用面临的最大风险。因此,面对大数据的快速发展和数据信息活动出现的新特点,网络和信息安全防范的技术体系以及相关的制度建设亟待调整和完善。

11.2.2 大数据引发的安全问题

大数据时代的背景下,网络和信息安全问题已经延伸到了各个领域,主要包括企业数据的外漏、商业间谍、隐私泄露以及黑客攻击等方面。根据我国互联网信息中心所发布的《2012年中国网民信息安全状况研究报告》中表示,在大数据时代逐渐完善的背景下,可以说网络和信息安全的形势是十分严峻的。本节从个人隐私安全、企业信息安全乃至国家安全三个方面说明大数据引发的安全问题。

1. 引发个人隐私安全问题

在大数据时代,想屏蔽外部数据商挖掘个人信息是不可能的。目前,各社交网站均不同程度地开放其用户所产生的实时数据,这些数据被一些数据提供商收集,并且出现了一些监测数据的市场分析机构。通过人们在社交网站中写入的信息、智能手机显示的位置信息等多种数据组合,已经可以非常高精度地锁定个人,并挖掘出个人信息体系,用户隐私安全问题堪忧。

大数据对个人信息获取渠道拓宽的需求引发了另一个重要问题,即安全、隐私和便利性之间的冲突。消费者受惠于海量数据,更低的价格、更符合消费者需要的商品以及从改善健康状况到提高社会互动顺畅度等生活质量的提高。但同时,随着个人购买偏好、健康和财务情况的海量数据被收集,人们对隐私的担忧也在增大。

2011年4月初,全球最大的电子邮件营销公司艾司隆(Epsilon)发生了史上最严重的黑客入侵事件,导致许多主要的企业客户名单以及电子邮件地址因此外泄,受害企业包括了摩根大通、第一资本集团、万豪饭店、美国银行、花旗银行及电视购物网络等。2016年5月,一名俄罗斯黑客盗取了2.723亿个电子邮箱信息,其中包括4 000万个雅虎邮箱、3 300万个微软邮箱以及2 400万个谷歌邮箱。之后这些信息流入俄罗斯黑市,并以不到1美元的价格进行出售。

针对大数据时代所带来的隐私安全问题隐患，一些国家政府纷纷立法保护公众隐私。2012年2月，美国奥巴马政府公布了《消费者隐私权利法案》。数周后，美国联邦贸易委员会发布了有关消费者隐私权利保护的最终报告。欧盟数据保护工作组曾在2009年分别致信谷歌、微软和雅虎三大搜索引擎巨头，认为搜索引擎服务商保存用户搜索记录时间超过6个月的理由并不成立，因此要求这三个搜索引擎商必须缩短用户搜索信息的保留时间。

2. 企业信息安全面临多重挑战

大数据来袭，企业不仅要学习如何挖掘数据价值，使其价值最大化，还要统筹安全部署，考虑如何应对网络攻击、数据泄露等安全风险，并且建立相关预案。正如Gartner论断的那样："大数据安全是一场必要的斗争。"当企业用数据挖掘和数据分析获取商业价值的同时，黑客也可以利用大数据分析向企业发起攻击。

通常，那些对大数据分析有较高要求的企业，会面临更多的挑战，如电子商务、金融、天气预报的分析预测、复杂网络计算和广域网感知等。任何一个会误导目标信息的提取和检索的攻击都是有效攻击，因为这些攻击对安全厂商的大数据安全分析产生误导，导致其分析偏离正确的检测方向。与传统安全相比，大数据安全的最大区别是，安全厂商在思考安全问题的时候首先要进行业务分析，并且找出针对大数据业务的威胁，然后提出有针对性的解决方案。

3. 国家安全将受到信息战与网络恐怖主义的威胁

在机械化战争时代，各国面临的是刀枪的正面冲击。如今的信息时代，安全环境发生了质的变化。不管是战争时期还是和平年代，一国的各种信息设施和重要机构等都可能成为被打击目标，而且保护它们免受攻击已超出了军事职权和能力的范围。决策的不可靠性、信息自身的不安全性、网络的脆弱性、攻击者数量的激增、军事战略作用的下降和地理作用的消失等都使国家安全受到了严峻的挑战。此外，网络化的今天，各个国家在石油和天然气、水、电、交通、金融、商业和军事等方面都依赖信息网络，更加容易遭受信息武器的攻击。

此外，大数据也将为网络恐怖主义提供新的资源支持。庞大海量的大数据涉及的方面之广，将有可能使网络恐怖主义的势力侵入人们生活的方方面面。为了更好地利用信息技术反对恐怖主义的袭击，美国联邦政府实施新方法，利用海量的、以商业手段收集的个人信息数据库来为提高国家安全服务。这些信息库几乎包括了各个行业，金融数据、保险信息、零售记录、旅游信息、证书和房产证明等政府部门资料。这一趋势早在2001年"911"事件发生前就已经产生，但从那之后不断增强，新的数据环境已经产生了两大前所未有的特征，即来源于私人部门的、可用的个人化识别信息具有深度和广度，同时用于分析这些数据的分布形势与意义的能力也在不断提高。

11.2.3 跨境数据流动及其引发的安全问题

1. 跨境数据流动

跨境数据流动最初是在个人数据保护立法中开始提及的，各国在个人数据保护法中对个人数据向第三国转移进行管理。云计算出现以后，大规模的政府数据、商业数据和个人数据通过云服务来存储和处理，数据的跨境流动也更加频繁，于是各国开始重新审视跨境数据流动制度，并关注政府和公共部门数据的跨境管理。

目前国际上对跨境数据流动并没有一个明确的定义和界定。联合国跨国公司中心对跨境数据流动（Transborder Data Flow）的界定是跨越国界对存储在计算机中的机器可读数据进行处理、存储和检索。经合组织（OECD）对跨境数据流动的定义是个人数据的跨越国界流动。澳大利亚1988年《隐私法》规定的联邦个人隐私原则中对"数据的国际流动"进行了规定，要求机构向海外组织或信息主体以外的某人传送信息应该受到一定的制约。澳大利亚法律改革委员会认为跨境数据流动应当以是否被澳大利亚国界以外进行接入进行区分——如果个人信息在澳大利亚境内存储，但却被位于澳大利亚之外的单位接入或浏览，可被视为是一次数据转移，应当遵从"跨境数据流动原则"。如果信息仅仅是通过路由器暂时在澳大利亚以外存储，并没有被接入，那么这种情况不适用于"跨境数据流动原则"。从国际组织以及其他国家对跨境数据流动的管理制度来看，跨境数据流动有两类理解：一种是数据跨越国界的传输和处理；另一种是数据虽然没有跨越国界，但第三国的主体能够访问。

2. 跨境数据流动引发的安全问题

伴随着互联网的发展，跨境数据数量在不断增加，然而跨境数据流动给互联网治理带来困难，也引发了一系列安全问题，如数据流出境外可能导致隐私泄露和国家安全问题，数据流入境内可能导致意识形态安全问题。

（1）私有数据安全问题

随着信息化应用的日益深入，人们的日常生活、工作与网络空间紧密结合，形成了大量与现实世界中个人、机构和设备等主体相对应的私有数据资产，包括个人隐私信息、企业核心数据等，这些数据若被他人恶意利用，会直接造成个人或机构财产损失。然而，很多跨国企业大肆收集个人数据，将相关数据传送至国外的数据中心，并可能依据所在国法律将数据提供给政府或情报机构，如微软、苹果、脸书、谷歌等企业均收集大量私有数据，并与美国情报机构有密切合作，在这种情况下，国家可能因司法管辖权争议无法有效保障个人权益。

（2）丧失数据资源优势风险

各国信息基础能力的差异使得其收集、传输、处理运用数据的能力各不相同。发展中国家产业运行数据极易为发达国家掌握，损害其行业话语权和主动权，拉大与发达国家差距。大量经济运行、社会服务乃至国家安全相关的信息和数据将会形成向主要发达国家企业集中的趋势，发达国家将形成更加强大的信息资源优势和战略控制能力，也就掌握了对全球信息的主导权。对于我国而言，如果外资掌握数据资源等我国未来发展的战略资源，我国将面临丧失信息时代战略优势的风险。

（3）意识形态安全问题

随着互联网的普及应用，网络已经成为人们获得信息和发表个人主张的主要媒介，各类文化思想不断碰撞，各类文化思潮层出不穷。然而，我国的网络空间充斥着大量西方的信息，很多"网络大V"言必谈欧美，大肆宣扬西方核心价值观，贬低我国传统文化和民族精神。实际上，网络空间已经成为西方国家推行其意识形态的有力工具与重要场所，如美国奥巴马政府致力于通过网络外交等"软实力"实现政治目标，推动了"Twitter革命"等一系列政治运动，我国也已经成为其重要目标。

11.2.4 网络和信息安全监管

从上一节中可以看出，在网络信息化、全球化发展背景下，大数据和跨境数据流动引发的安全问题十分突出，这引发全球范围内对网络和信息安全问题的空前关注。为维护国家安全和社会公共利益，保障公民、法人和其他组织的合法权益，各国政府纷纷采取行动，通过立法、建立制度、机制等对网络和信息安全加强监管。

1. 监管内容

根据网络和信息安全的内涵,网络和信息安全监管须涵盖网络设施安全监管、数据应用安全监管和信息内容安全监管三个层面。

网络设施是提供信息通信服务的物质基础,即是保障各类组织及社会公众实施合法信息活动的物质基础。网络设施安全监管包括制定网络设施安全防护标准要求,促进网络设施安全防护体系建设,促进网络设施服务水平提升,以保障信息通信服务的提供符合社会公共利益要求。

数据应用安全监管需要在网络设施安全监管的基础上,对数据信息应用活动中的主体行为进行规范,明确信息活动各环节的行为准则,明确相关主体的责任并对其进行监督。

信息内容安全监管则应明确非法信息、垃圾信息等的界定,并促进建立非法信息、垃圾信息等的控制机制,明确相关主体的责任并对其进行监督。

2. 监管目标

网络和信息安全监管应特别强调保护公共安全、公民安全与国家安全之间的平衡,促进产业发展与维护信息安全之间的平衡,因此监管的目标是:维护国家安全、社会公共安全,保障公民、法人和其他组织的合法权益;构建和维护健康的产业发展环境,维护各类组织及社会公众依法实施信息活动、并从中获取价值的权利。

维护国家安全、社会公共安全,保障公民、法人和其他组织的合法权益。在国家安全和公共安全层面上,要构建信息安全防护体系,并健全针对信息安全威胁的监测、预报、预警和应急反应系统,以应对灾害、事故以及其他行为对国家信息安全与公共信息安全带来的威胁,以及利用信息技术对相关活动造成的威胁,特别是针对国防军事、金融、能源、信息基础设施、交通基础设施等命脉性领域的威胁。在法人及其他组织和个人信息安全层面上,要规范和指导相关主体的行为,降低法人和其他组织数据资源和个人信息安全受到侵害的风险,并在相关主体的权益受到侵害时,提供法律监督救济机制。

构建和维护健康的产业发展环境,维护各类组织及社会公众依法实施信息活动、并从中获取价值的权利。构建和维护健康的产业发展环境,具体包括为促进大数据相关产业的投资、创新创造有利环境,优化稀缺资源(如数据资源)的利用,促进有效的市场竞争,优化社会资源配置,推动技术发展和服务提升等。

3. 监管对象和工作重点

大数据时代,围绕数据的活动会渗透到社会的方方面面,因此监管的对象也极度扩大,包括政府、企业、事业单位等在内的各种组织,以至于参与信息活动的个人,都可以成为信息安全监管的对象。但重点监管对象应是牵涉到公共利益的大数据高度集中的主体,即大数据的控制者和存储者,以及在大数据信息活动中承担关键任务(如数据传输、存储服务)的主体。从当前数据集中的情况看,这些主体主要包括:

① 政府机构;
② 信息基础设施的建设者和运营者;
③ 拥有大量用户的互联网通信及服务的提供者;
④ 掌握大量居民财物信息及交易数据的银行等金融机构;
⑤ 为大量居民提供服务的电力、自来水、天然气等基础服务提供者;
⑥ 为大量客户服务的铁路、民航等公共交通服务提供者;
⑦ 掌握大量交易数据的大型零售企业。

对于重点监管对象,并不意味着需要关注监控其所有的信息活动,在大数据时代,网络和信息安全监管的工作重点应放在以下几个方面:
① 建立国家信息安全、公共信息安全管理和应急反应机制;
② 建立信息安全防护体系技术和制度标准,指导督促数据主体完善信息安全防护体系;
③ 对承担大数据信息活动关键任务的主体建立认证和资质审查制度,并监督其服务质量;
④ 推动并规范数据开放与共享活动,防止数据垄断;
⑤ 对于侵害信息安全的行为,明确其法律责任,并加以处罚,对权益受到损害的主体提供维护权益和救济的制度保障。

4. 监管的关键问题

(1) 构建和完善个人信息保护的法律和制度

大数据时代,个人信息除了关乎个人的人格权外,还关乎个人的信息财产权。在信息技术发展引发个人信息控制权部分丧失甚至完全丧失成为一种趋势的今天,构建和完善个人信息保护制度,成为当今时代保护个人安全、避免隐私泄露造成人身伤害和经济损失的有效举措,也是当代政府不可推卸的责任。为此,需要根据大数据时代信息活动中个人信息的运行轨迹和特点,借鉴发达国家个人信息保护制度经验,结合国情,在明确界定个人信息和个人信息权并明确各种权利之间关系的基础上,积极推进相关立法和制度建设。

(2) 建立对关键角色的监管制度

针对大数据时代各环节信息活动的特点,亟须建立和完善对数据控制者、数据存储者等关键角色的监管制度,特别是对于拥有更强势力的数据控制者的监管。通过研究大数据信息活动的环节和特点,明确不同类型的数据控制者对大数据的实际控制力度,借鉴发达国家经验,通过加强立法和行业自律,建立对包括政府和企业在内的各类数据控制者收集、保管、使用、公开个人信息的约束,减少数据控制者在信息活动过程中带来的对个人信息安全的侵害,以及对个人信息主体造成的生理、心理和经济利益的伤害。

(3) 建立国家信息安全战略

通过顶层设计,从组织、制度、人员、法律、政策、技术等方面构建完善的、具有前瞻性的"全方位"国家信息安全战略框架,作为网络信息安全监管工作的宏观指导,并且随着技术的进步、环境的变化而不断做出动态调整,确保国家信息主权不被侵犯,确保国家和公众利益不受侵害。

11.3 国外网络和信息安全监管经验与启示

当前世界各国高度重视信息安全建设,纷纷建立能够有效化解信息化带来的风险的信息安全战略,从组织体系、法制、科技、军事、外交等各个方面加强信息安全保障工作力度,并围绕创建网络安全、打击网络犯罪、保护数据资源等课题展开探索。对多个国家网络信息安全监管的经验进行总结,发现各国在信息安全保障工作中有几个相同点:将信息安全视为国家安全的重要组成部分;积极推动信息安全立法和标准规范建设;重视对基础网络和重要信息系统的监管和安全测评;普遍重视信息安全事件应急响应;普遍认识到公共私营合作伙伴关系的重要性,一方面政府加强管理力度;另一方面充分利用社会资源。以下进一步从宏观战略、政策法规、组织体系三方面对其经验和启示进行总结。

11.3.1 宏观战略

1. 美国

在美国的网络和信息安全战略中,确保国家安全是压倒一切的首要任务。美国的网络空间安全包括军事、经济、政治与意识形态等领域。美国在确保其全球霸主地位上,已将战略重心由过去的军事领域转向互联网领域,将网络信息安全提升至国家安全的战略高度。美国的网络和信息安全战略大致经历了从重视网络全面防御到网络攻防结合,再到全球网络威慑的演变过程,涵盖了两方面内容:一是网络空间安全,主要指对网络基础设施等的安全维护,关注的重点是防止病毒攻击、基础设施破坏、网络加密与破解等技术攻防问题;二是网络信息内容安全,主要指对网络泄密、网络色情、网络欺诈、网络诽谤、网络煽动、网络恐怖主义等信息传输、流动、利用等行为的控制,关注的是网络传播资讯本身的安全问题。美国政府和国防部等发布的《国家安全信息保密》《网络空间行动战略》等,意图为国际网络空间建章立制,强化对国际网络空间的战略管控。

2. 欧盟

欧盟在网络信息安全管理方面,有明确的信息安全发展战略、健全的信息安全机构、完善的信息安全法规体系和坚实的信息安全意识基础。2007年,欧盟通过《关于建立欧洲信息安全社会战略的决议》,这标志着欧盟已将区域网络信息安全提升到社会形态的高度,在全社会实现网络信息系统的规制,以保障网络信息系统安全。2009年3月,欧盟委员会公布了新的重大信息基础设施保护战略,以使欧盟更好地应对任何网络攻击和入侵。2009年4月,欧盟在布拉格通过了在互联网安全方面深化国际合作的宣言。2013年2月,欧盟委员会颁布了《欧盟网络安全战略:公开、可靠和安全的网络空间》,是欧盟组织有关网络安全的首个综合性政策文件,评估了欧盟当前面临的网络安全形势和挑战,确立了网络安全工作的指导原则,明确了各利益相关方的权利和责任,就如何预防和应对网络中断和袭击提出全面规划,以确保数字经济安全发展,旨在构建一个"公开、自由和安全"的网络空间。2013年,欧洲网络与信息安全局先后发布了"工业控制系统网络安全白皮书"和云部署指南,提议欧盟建立政府云联合战略,确保各成员国安全部署"政府云"。

11.3.2 政策法规

1. 国外法规体系特点

美国涉及网络信息安全治理的法律制度数量较多,除宪法修正案中的表达自由条款外,美国涉及网络和信息安全治理的联邦成文法覆盖了从信息空间到内容的很多方面。首先,在基础设施的保护方面,对计算机系统制定、运行原则、信息处理方法和具体技术操作等确立了明确规定,美国法律也对破坏网络基础设施的犯罪行为制定了严格的惩罚标准,并采用相关技术手段对信息空间进行维护,从而保证信息在共享的过程中能进行规范化操作;其次,在网络信息安全方面,确定了严格的信息数据保密法律,严格规定人的隐私权不容侵犯,并规定人们有对信息进行保密的义务。尤其是政府的相关机密文件和与国家安全相关的信息等,均不得违法访问,在此基础上还对信息拦截技术等做出具体规定。然后,在严厉打击恐怖主义方面有明确规定,并将恐怖主义打击工作作为信息安全管理的重点,通过相关的法律条文等加强信息治理;最后,在网络色情内容的治理上,除了专门的法律外,在未成年人的保护法中也有涉及,对相关的网络内容进行规范化制定。

此外,美国网络规制的法律制度还涉及与网络安全相关的科学研究、教育培训、国际合作、电子商务、电子政务、电子签名、反垃圾邮件等各领域事项。名目繁多的各类法律制度相互交织构成美国网络信息安全治理极具操作性的规范系统。

欧盟的网络信息安全法律框架体系庞大、内容全面丰富、效力明确,是一个由欧盟一体化立法、成员国国内立法、综合立法和专项立法共同构建起来的多层次法律体系,是随着信息技术的进步和经济社会的发展不断调整、修正与完善的结果。它以保障整个欧洲的信息安全为目标,具有鲜明的特色,突出体现在制定法律的主体、效力层次以及所涉的内容三个方面。

(1) 从制定规制信息安全的法律主体来看,分为超国家主体和成员国主体。以超国家主体的视角,鉴于欧盟的特殊地位,它有权制定适用于整个欧盟内部的法律,体现在部分法令由欧盟委员会提出关于互联网及其他电子媒介的立法议案,经欧盟理事会审查并制定出决策,到欧洲议会通过、获得各个成员国批准后生效。批准生效后,其法律效力及于整个欧盟。同时,欧盟通过加强执法来促进各成员国和联系国之间的信息交流及合作,以弥补各成员国在网络与信息安全领域所存在的各自为政的状态。

(2) 从规范的效力层次来看,分为"硬法"和"软法"。欧盟通过法律法规监管互联网安全,从所制定规范的效力上,分为强制性的规定即"硬法"和具有指导性"软法"。从欧盟网络安全的规制法律的渊源看,主要包括条例、指令、决定、推荐意见与建议。其中,条例具有最高法律效力,有普遍适用性和全面的效力。而指令的适用频率最高,它通常只针对个别成员国生效,是协调成员国的重要手段。决定、推荐意见与建议仅仅是欧盟就某一问题对成员国提出的建设性意见,不具有法律约束力,具有"软法"性质。

(3) 从规范的内容来看,一般性规定与特殊性规定相结合。从法律规范的内容上看,欧盟的法律框架既有对保障网络与信息安全的宏观的、一般性的规定,又有针对个别具体问题的特殊规定,同时,还会根据形势变化,对已经生效的法律规范进行修订,以适应新的发展状况。如1992年的《信息安全框架决议》,虽然由于时代的发展,其中的部分规定已经失去时代意义,但它至今仍被经常引用,关键就在于其中包含的许多理念具有指导价值。例如,它明确强调信息安全对促进全体经济的和谐发展,人民生活水平的提高,社会的稳定甚至成员国的团结来说是必不可少的。并且指出要在行动上重视欧盟与成员国,成员国与成员国以及其他相关利益体之间的合作。此外,它体现了信息安全的"适当保护"原则,要求法律必须协调好公共利益与私人利益之间的关系。

2. 国外个人信息保护立法新趋势

从国外近年来持续的立法活动看,个人信息保护立法的重要性得到不断提升。各国已深刻认识到制定个人信息保护法不仅是保护公民个人权利的需要,更是提高信息资源利用率,保证本国信息自由流动,促进信息化发展,参与全球化竞争的战略需要。在此形势下,各国不仅出台国内的个人信息保护法,并且积极参与相关国际规则的制定,在国际舞台上推行符合本国利益诉求的个人信息保护与跨境流动的国际规则。

就个人信息保护而言,美国和欧盟呈现两种思路。美国的保护体系建立在美国对于个人资料隐私保护的议题上,其立场所强调的精神不是政府的介入,而是从宪法对私人财产的保护角度来探讨,美国联邦政府的政策倾向一直是以自发性规范,由从业者提出行业自律方案来解决。而欧盟则是以政府为主导实现对个人数据资料的"全流程"保护,比较严谨周密,强调国家职权对社会生活的干预。另外,欧盟比较重视个人数据的保护,无论是商业机构还是公共机构对个人数据保护的监管力度都较大;而美国对商业机构的数据监管比较强调行业自律,但对公共机构就有比较严格的规制。

从国际个人信息保护立法的内容来看,有如下新趋势:信息主体的权利不断强化;信息控制者的责任更加明晰;位置信息纳入立法保护视野。互联网新技术新业务对个人信息保护带来前所未有的冲击,成为当前个人信息保护法立法的核心命题:一是云计算、移动互联网等新业务在提高信息资源利用率的同时,也在不断加大个人信息受到侵害的风险;二是互联网创新对用户个人信息高度依赖,业务创新与个人信息保护的矛盾日趋紧张;三是云计算分布式存储等新技术特征,使得传统的个人信息保护法所确立的信息主体的权利难以实现;四是随着云计算、移动互联网的加速发展,跨境数据流动的管理问题日益突出。近年来各国个人信息保护立法正是围绕上述挑战与问题积极探求法律解决路径。

3. 国外跨境数据流动管理最新趋势

在国际上,跨境数据流动管理呈现以美欧为首的两大阵营。

美国在跨境数据流动方面倡导数据自由跨境流动。美国公司在云计算、大数据领域占据主导地位,美国的工业在全球也是领先地位,数据自由跨境流动有利于该国公司在全球开展业务。美国、日本、澳大利亚等12个国家在2016年2月正式签订了跨太平洋伙伴关系协定(Trans-Pacific Partnership Agreement)。协议的电子商务章节要求每个成员国应当允许电子方式的跨境信息转移,包括个人信息。任何成员国不得要求在其境内开展服务的人必须在其境内设置计算机设施。但是前述规定,不阻止成员国为了公共政策目的实施相关的政策,只要这个政策没有构成任意的和不合理的歧视或者变相的对贸易限制。然而,什么是为了公共政策目的实施的政策,如何确认该项政策是否构成了任意不合理的歧视和对贸易的限制,尚没有明确。因此,该协议虽然以促进跨境流动为首要原则,但也没有完全排除对跨境数据流动实施合理限制性措施的可能。

欧盟坚持对跨境数据流动实施严格的监管。2015年10月,欧盟最高司法机构欧洲法院做出裁决,认定欧盟委员会通过的关于美欧安全港框架的"2000/520号欧盟决定"无效,使得欧盟与美国之间数据传输所依托的安全港框架丧失了合法性基础。在欧盟取消原有安全港协议的合法性地位之后,为了促进美欧之间的数据跨境流动,美国又紧锣密鼓地与欧盟再次就美欧之间的跨境数据流动进行磋商,达成新的协议。在此次协议中,美国公司将遵循更加严格的义务,美国商务部和联邦贸易委员会也将加强监管。协议规定,美国公共部门为了执行法律和国家安全访问数据,要受到严格的条件限制,需要提供安全保证和监督机制。协议建立了欧盟公民个人信息被滥用的赔偿机制和投诉机制,由欧盟设立的监察员负责。欧盟和美国之间建立了年度联合审查机制,以密切的关注这项协议的执行情况。除了欧盟以外,一些国家为防范以美国为首的国家对全球的数据侦听和收集,美国《爱国者法案》效力的过度延伸,加强数据安全,立法限制跨境数据流动。目前,有超过20多个国家,包括发达国家和发展中国家做出了数据本地存储的要求,对跨境数据流动进行限制。

11.3.3 组织体系

为了落实网络信息安全战略,各国均建立了多层级的网络信息安全管理机构,形成了由各个高级委员会和各级行政机构协调配合、明确分工的组织保障体系。概括起来,国外网络和信息安全组织管理体系有以下特点。

1. 成立高层级的互联网协调管理机构和协调员

加强顶层设计,设立高级别的互联网协调管理机构,已经成为世界各国确保网络空间安全的基本共识。美国的国土安全部负责网络信息安全方面的协调职能和行政管理,其成员包括总统、副总统以及所有相关联邦部门和机构的负责人。作为美国网络空间国家安全战略的一部分,专门成立了白宫网络安全办公室,全权负责国家网络安全事务。美国国防部还宣布成立并启动了军方"网络司令部"。美国国土安全部于2009年投资900万美元启用国家网络空间安全和通信集成中心(NCCIC),由保护网络和基础设施安全的政府部门以及私营部门组成,这个中心将成为保护美国网络安全的中枢。欧盟成立欧洲网络与信息安全局(ENISA),作为欧盟信息安全管理的核心机构,各成员国均建立了各具特色的健全的信息安全管理机构。

美国联邦政府专门设置网络安全协调官负责领导白宫网络安全办公室,是总统领导下的网络安全战略家,拥有权威和足够的资源,与白宫首席技术官、首席信息官共同构成"三驾马车",负责制定和发布国家信息安全政策。网络安全协调官可代表总统统领军政商三界,实现网络安全的集中领导与全面协调,打破各自为政、职能重叠、条块分割严重的状况。

2. 建立网络信息安全事件应急响应机制

美国国土安全部下设计算机应急响应协调中心(Computer Emergency Response Team/Coordination Center,CERT/CC),对计算机安全方面的事件做出反应、采取行动,CERT/CC是目前网络安全方面最权威的组织,提供最新的网络安全漏洞及方案。

3. 加强公私合作机制

在网络信息安全保障方面,各国均强调公私合作,有效建立双向信息共享机制。美国2010年3月通过的《网络安全法案》要求政府机构和私营部门在网络安全领域加强信息共享,在网络安全紧急情况时要加强合作。

4. 技术与人才培养

长期以来,西方国家凭借雄厚的技术实力和较为完善的法制,坚持依法实行网络信息安全企业和产品许可认证制度,将安全区分为不同级别来管理,规定重要系统不使用国外产品;依法推进防火墙技术、密钥加密技术、工作站系统安全、消息摘要、数字签名,数字时间戳及电子认证等保障安全的技术领域实现不断创新;依法加强风险评估,实行分级管理、分等级保护和强制认证制度,确保持续性地实现系统运行的安全可控。

美国政府十分重视信息安全技术的发展和更新,通过多种手段提高和完善网络信息安全技术,大力发展信息战能力,开发反侦探技术,采取积极防御。同时,积极制定计算机安全评价标准,参与开发国际通用安全准则。近几年,美国政府通过"大数据研究与发展计划""数据到知识到行动"倡议等积极推进政府、企业、教育与研究机构的合作,加强网络信息安全人才培养并创造就业机会。

近年来,欧盟一直通过各种计划措施投资于开放数据和保障信息安全、加强隐私保护等方面的项目,并以模拟网络战等形式促进宣传,通过合作与交流,不断提高公民的网络信息安全意识。欧洲信息安全局调查并分析了欧盟中的组织和政府是如何看待信息安全意识,并作出了一份关于信息安全意识的调查报告。欧盟还先后发起"加强网络安全日""欧洲2010网络"的模拟网络战等活动,以提高公民、企业和公共部门的信息安全意识。

11.4 我国网络和信息安全监管现状

通过对我国当前网络信息安全的相关法律法规以及监管机构的梳理,结合网络信息安全监管面临的新问题,可以发现我国信息安全相关法律法规方面,关于信息基础设施安全的法律法规相对比较完善,并且对危害信息基础设施安全的违法行为,对危害国家安全和公共秩序安全有关信息的规制,都进行了规定并明确了相应的法律责任。不足之处主要体现在以下两方面。

第一,对涉及企业信息和个人信息安全问题重视不足,甚至企业信息和个人信息受到非法侵害后,受害人难以维护自身合法权益。虽然《全国人民代表大会常务委员会关于加强网络信息保护的决定》《电信和互联网用户个人信息保护规定》和《消费者权益保护法》中都明确了个人信息受到法律保护,但是个人信息受到侵害后,一方面,我国有关的民事赔偿法律制度尚需完善;另一方面,受害人面临着举证困难、诉讼成本高昂等障碍,也影响受害人维权。

第二,数据安全方面,我国目前有关的法律法规极为简单,数据安全保障义务人未尽到合理的安全保障义务,造成受害人信息大面积泄露等安全事件频发,严重侵害了受害人的合法权益。由于数据安全的相关法律制度的缺失,数据安全保障义务人在发生信息泄露事件后,往往以对外声明、加强防护等手段自行处置,更增加了用户对信息安全的担忧。大数据时代下,数据海量存储、长期存储的特性要求数据安全保障义务人严格履行数据安全的防护责任,同时,我国也应当建立和完善数据安全相关法律制度,尤其应当明确数据安全保障义务人承担的法律责任。

11.4.1 《网络安全法》正式颁布

为解决我国网络和信息安全监管体系存在的不足,保障网络安全,维护网络空间主权和国家安全、社会公共利益,保护公民、法人和其他组织的合法权益,促进经济社会信息化健康发展。2016年11月7日,第十二届全国人大常委会第二十四次会议通过《中华人民共和国网络安全法》(简称《网络安全法》),习近平主席签署第五十三号主席令,予以正式公布,并于2017年6月1日起施行。

《网络安全法》是我国第一部全面规范网络空间安全管理方面问题的基础性法律,是我国网络空间法治建设的重要里程碑,是依法治网、化解网络风险的法律重器,是让互联网在法治轨道上健康运行的重要保障。《网络安全法》将近年来一些成熟的好做法制度化,并为将来可能的制度创新做了原则性规定,为网络安全工作提供切实的法律保障。

11.4.2 《网络安全法》的基本原则

第一,网络空间主权原则。《网络安全法》第1条"立法目的"开宗明义,明确规定要维护我国网络空间主权。网络空间主权是一国国家主权在网络空间中的自然延伸和表现。习近平总书记指出,《联合国宪章》确立的主权平等原则是当代国际关系的基本准则,覆盖国与国交往的各个领域,其原则和精神也应该适用于网络空间。各国自主选择网络发展道路、网络管理模式、互联网公共政策和平等参与国际网络空间治理的权利应当得到尊重。第2条明确规定《网络安全法》适用于我国境内网络以及网络安全的监督管理。这是我国网络空间主权对内最高管辖权的具体体现。

第二,网络安全与信息化发展并重原则。习近平总书记指出,安全是发展的前提,发展是安全的保障,安全和发展要同步推进。网络安全和信息化是一体之两翼、驱动之双轮,必须统一谋划、统一部署、统一推进、统一实施。《网络安全法》第3条明确规定,国家坚持网络安全与信息化并重,遵循积极利用、科学发展、依法管理、确保安全的方针;既要推进网络基础设施建设,鼓励网络技术创新和应用,又要建立健全网络安全保障体系,提高网络安全保护能力,做到

"双轮驱动、两翼齐飞"。

第三，共同治理原则。网络空间安全仅仅依靠政府是无法实现的，需要政府、企业、社会组织、技术社群和公民等网络利益相关者的共同参与。《网络安全法》坚持共同治理原则，要求采取措施鼓励全社会共同参与，政府部门、网络建设者、网络运营者、网络服务提供者、网络行业相关组织、高等院校、职业学校、社会公众等都应根据各自的角色参与网络安全治理工作。

11.4.3 《网络安全法》的主要内容

1. 提出制定网络安全战略，明确网络空间治理目标

《网络安全法》第4条明确提出了我国网络安全战略的主要内容，即明确保障网络安全的基本要求和主要目标，提出重点领域的网络安全政策、工作任务和措施。第7条明确规定，我国致力于"推动构建和平、安全、开放、合作的网络空间，建立多边、民主、透明的网络治理体系。"这是我国第一次通过国家法律的形式向世界宣示网络空间治理目标，明确表达了我国的网络空间治理诉求。上述规定提高了我国网络治理公共政策的透明度，与我国的网络大国地位相称，有利于提升我国对网络空间的国际话语权和规则制定权，促成网络空间国际规则的出台。

2. 明确政府部门职责权限，完善网络安全监管体制

《网络安全法》将现行有效的网络安全监管体制法制化，进一步明确了网信部门与其他相关网络监管部门的职责分工。第8条规定，国家网信部门负责统筹协调网络安全工作和相关监督管理工作，国务院电信主管部门、公安部门和其他有关机关依法在各自职责范围内负责网络安全保护和监督管理工作。这种"1+X"的监管体制，符合当前互联网与现实社会全面融合的特点和我国监管需要。

3. 强化网络运行安全，重点保护关键信息基础设施

《网络安全法》第三章用了近三分之一的篇幅规范网络运行安全，特别强调要保障关键信息基础设施的运行安全。关键信息基础设施是指那些一旦遭到破坏、丧失功能或者数据泄露，可能严重危害国家安全、国计民生、公共利益的系统和设施。网络运行安全是网络安全的重心，关键信息基础设施安全则是重中之重，与国家安全和社会公共利益息息相关。为此，《网络安全法》强调在网络安全等级保护制度的基础上，对关键信息基础设施实行重点保护，明确关键信息基础设施的运营者负有更多的安全保护义务，并配以国家安全审查、重要数据强制本地存储等法律措施，确保关键信息基础设施的运行安全。

4. 完善网络安全义务和责任，加大违法惩处力度

《网络安全法》将原来散见于各种法规、规章中的规定上升到人大法律层面，对网络运营者等主体的法律义务和责任做了全面规定，包括守法义务，遵守社会公德、商业道德义务，诚实信用义务，网络安全保护义务，接受监督义务，承担社会责任等，并在"网络运行安全""网络信息安全""监测预警与应急处置"等章节中进一步明确、细化。在"法律责任"中则提高了违法行为的处罚标准，加大了处罚力度，有利于保障《网络安全法》的实施。

5. 将监测预警与应急处置措施制度化、法制化

《网络安全法》第五章将监测预警与应急处置工作制度化、法制化，明确国家建立网络安全监测预警和信息通报制度，建立网络安全风险评估和应急工作机制，制定网络安全事件应急预案并定期演练。这为建立统一高效的网络安全风险报告机制、情报共享机制、研判处置机制提供了法律依据，为深化网络安全防护体系，实现全天候全方位感知网络安全态势提供了法律保障。

6．解决个人信息保护的主要问题

（1）明确了个人信息保护相关主体的法律责任。《网络安全法》规定，网络运营商应当建立健全用户信息保护制度，收集、使用个人信息必须符合合法、正当、必要的原则，目的明确的原则，知情同意的原则等；同时还规定了网络运营商应遵守对收集信息的安全保密原则、公民信息境内存放原则、泄露报告制度等。对于关键信息基础设施运营者，要求其遵守公民信息境内存放原则，确需向境外提供的信息，应进行相应的安全评估。对于网络产品或服务的提供者，要求其收集个人信息时应向用户明示并取得同意，还要遵守相关公民个人信息保护的规定。通过以上规定，进一步规范了网络运营商、关键信息基础设施运营者、网络产品或服务的提供者等相关信息采集主体必须履行的法律责任，明确了个人信息的使用权边界，有助于从源头上遏制非法使用个人信息的行为。

（2）提高了个人对隐私信息的管控程度。《网络安全法》规定，公民发现网络运营者违反法律、行政法规的规定或者双方的约定收集、使用其个人信息的，有权要求网络运营者删除其个人信息；发现网络运营者收集、存储的其个人信息有错误的，有权要求网络运营者予以更正。通过引入删除权和更正制度，进一步提高了个人对隐私信息的管控程度。

（3）增强了针对侵犯个人信息权益行为的威慑。一方面，《网络安全法》明确了对侵害公民个人信息行为的惩处措施。网络运营者、网络产品或服务提供者以及关键信息基础设施运营者如未能依法保护公民个人信息，最高可被处以 50 万元罚款，甚至面临停业整顿、关闭网站、撤销相关业务许可或吊销营业执照的处罚，直接负责的主管人员和其他直接责任人员也会被处以最高 10 万元的罚款。另一方面，《网络安全法》客观上增加了相关运营单位发生信息安全事件的成本。相关运营单位在发生或者可能发生信息泄露、毁损、丢失的情况时，应当立即采取补救措施，告知可能受到影响的用户，并按照规定向有关主管部门报告。由于通知会产生很高的成本，发生泄露问题也会对企业声誉产生极大影响，这就倒逼企业必须提高信息保护能力，确保不会出现用户个人信息的泄露。

第 12 章 通信普遍服务

12.1 普遍服务的产生发展

12.1.1 概念的提出

1893 年,美国电话电报公司(AT&T)长达 17 年的专利权到期,在不到十年的时间内,全国出现了六千多家电话公司。一方面,美国的电话用户增加了十倍,电话业获得了极大的发展;但另一方面,这些公司抢走了 AT&T 大量的市场份额,使原来处于垄断地位的 AT&T 陷于极大困境。在这种情况下 AT&T 决定进行反击,夺回它所失去的电话业垄断地位。1907 年,当时的 AT&T 总裁维尔先生提出了公司的口号:"One network(一个网络),One policy(一个政策),Universal service(普遍服务)"。这是电信行业第一次出现"普遍服务"的提法,但此时,AT&T 所提出的"普遍服务"仅仅是一种竞争口号,与后来作为电信公共政策的普遍服务几乎无关。维尔只不过是针对当时全美出现的竞争"岛状网络",提出要使 AT&T 成为全美独一无二的电话服务公司并完成地域上的广泛接入。之后,AT&T 的竞争策略取得了巨大的成功。直到 1913 年,由于 AT&T 的剧烈扩张,美国司法部在联邦法院对 AT&T 提出了第一次反垄断起诉,AT&T 接受了政府的条件,停止兼并其他电信公司,为其他电话公司提供网间接续,并在美国承担普及电话网络的责任。由此,"Universal Service"才开始有"普遍服务"的含义。

1934 年,美国通过电信法并成立以普遍服务为目标的联邦通信委员会(FCC),并在《电信法》中明确规定:"电信经营者要以充足的设施和合理的资费,尽可能地为所有国民提供迅速而高效的有线和无线通信业务。"此后,"普遍服务"开始成为美国政府电信政策的一部分,普遍服务的概念逐渐普及开来,成为电信业的特征之一,也成为各国电信管制中的重要组成部分,并逐步扩展到各个自然垄断行业,如电力等,成为各个自然垄断行业管制中不可回避的一环。

12.1.2 概念的形成和发展

1. 普遍服务

1934 年美国的电信法虽然将电信普遍服务纳入电信管制框架,但并没有对普遍服务进行确切的定义或描述,其具体内容留给联邦通信委员会和 AT&T 去磋商解决。实践中,普遍服务目标更多地体现为推进建设和发展一个综合性的全国网络。直到 20 世纪 60 年代中期,美国的电话普及率已经超过 80%[①],AT&T 开始把"每家安装一部电话"作为自己的经营目标。"在所有城市居民和农村用户都能承受服务费用的政策支持下,每个家庭都有电话"这一普遍服务构想才开始出现。此后,普遍服务的概念在美国也就逐步变成"公民参与社会交往和言论自由的基本权利"。与美国类似,其他发达国家的电信普遍服务政策也是在电信网络基本普及

---

① 该普及率指的是每百户家庭拥有固定电话的比率。

后才逐步明确的。

20 世纪 80 年代，OECD 的报告《普遍服务和电信资费改革》中，明确提出电信普遍服务的定义：任何人在任何地点都能以承担得起的价格享受电信服务，而且业务质量和资费标准一视同仁。90 年代，一些发达国家纷纷以立法形式定义电信普遍服务。如美国在 1996 年的《电信法》中对电信普遍服务做了一个完整而详细的诠释："电信普遍服务是尽可能以合理的资费、完美的设施向美国所有的人提供快速、高效、全国乃至全球范围的有线或无线通信业务，无论是什么种族、宗教、原籍或性别"，都一视同仁。加拿大在其 1993 年的电信法案中定义："…使加拿大所有地区，包括农村和城市的公民都能接入可靠的、用得起的、高质量的电信服务。"法国在 1996 年的电信法中定义："电信的普遍服务就是在整个领土范围内以用户用得起的价格提供高质量的电话服务。"英国在电信普遍服务咨询文件中也提到：电信普遍服务就是为居住在任何地方的公民及其合理要求提供可负担得起的基本电信服务。澳大利亚 1997 年给出的定义是：普遍服务是一项法规，用来确保每一个澳大利亚居民都能在相同的条件下接入普通的电话服务，付费电话和转接服务。

归纳这些国家对电信普遍服务的定义，可以看到发达国家对普遍服务基本达成共识，其核心要素包括三个方面：即可接入性（Accessibility）、非歧视性（Non-discrimination）和可购性（Affordability）。可接入性是指无论何时何地，只要有需求，都应该有全面覆盖的（基本通信）电话服务；非歧视性是指无论所处地理位置、种族、性别、宗教信仰，用户在价格、服务和质量等各方面都应得到一视同仁的对待；可购性是指电话服务的价格或资费水平应让大多数用户承受得起。

20 世纪末期，多数发达国家固定电话服务基本普及，电信普遍服务政策更多地开始关注极少数没有获得电话服务的特殊地区、特定人群和一些特殊服务，如处于边远地区的人群，低收入人群和残疾人，以及紧急电话业务、公共电话业务、查询服务、信息服务等。

2. 普遍接入

20 世纪末，当世界发达国家普遍完成固定电话服务普及目标，转向关注更高层次的电信普遍服务内容时，对于广大的发展中国家，受限于经济条件，多数不能很好地实现发达国家提出的可接入性、非歧视性和可购性目标。实践中，坚持将这三个要素结合、同时实现，可能导致政策选择时的矛盾，一方面建设全国性的电信网络耗资巨大；另一方面把价格规定在可承受的范围内又会使收入较低，难以支撑网络发展所需要的投入。因此，发展中国家根据各自的电信发展水平、经济条件、人口状况、社会和地理环境等情况，提出了普遍接入的政策目标。所谓普遍接入指的是每一个人，不论在家还是在单位，都应该在一个合理的距离内得到电话服务。当然，如何定义"合理的距离"各有不同，具体取决于一国电话网的覆盖范围，该国的地理状况、交通状况、城市或农村的人口密度和居住分布情况。实践中，一些国家通过建立公用电话、公共电话亭或社区电话等，将可获得电话服务的距离限定在 1 km（哥斯达黎加）、20 km（布基纳法索）或步行 2 小时（南非）的距离内。还有一些国家，低收入和农村用户通过公用电话、电话超市或远程中心，接入基本电话服务。这些公众接入允许人们按需消费，无须承担月租费和最低消费支出，只是在电话商店和远程中心购买单次呼叫。如在摩洛哥、塞内加尔、印度、尼泊尔、南非和秘鲁等国家，当地企业发展的电话商店均取得了成功。因此，电话商店应该成为城市地区低收入用户未来主要通信解决方案之一，他们只需购买预付卡即可。

3. 普遍服务的阶段性

国际电信联盟在考察世界各国电信普遍服务发展时观察到，普遍服务的发展是有阶段性的,发达国家提出的可接入、非歧视和可购性目标,在发展中国家后来的实践中可能会存在冲突,将其作为不同发展阶段的目标倒不失为一种可行的解决方法。

在网络初建阶段,普遍服务的工作重点应该是推进连接所有的中心城市,提供长途连接的技术方案。

在网络成长阶段,工作重点就转到确保在所有的地理范围内都能以相同条件获得服务,同时,采取低初装费和租费政策,推动用户规模迅速扩张,产生规模经济效应,促进普遍服务目标的实现。

在网络建设完成、用户普及率达到较高水平阶段,普遍服务应集中于社会目标,确保所有的用户能获得电话服务,并能满足各种特殊需求。

最后阶段,当所有的基本通信服务需求被满足后,开始向公众提供高层次的信息服务。

4. 普遍服务内容的发展

将什么样的电信业务纳入普遍服务范围是随着时代、环境和技术的变化而变化的。早在上世纪末,一些发达国家经过数十年电信的高速发展,固定电话普及率都达到90%以上,移动电话也有较高的渗透率,以语音通信为内容的普遍服务目标已经基本实现,开始关注社会性目标并推动实施更高层次的业务普及。而对于大多数发展中国家来说,设法将全国各个地区与公用通信网相连接仍是主要的普遍服务目标。如果按照出现频率由多到少排队,电信普遍服务涉及的业务范围主要有:电话业务、紧急电话业务、公用电话业务、查询业务、针对残疾人和低收入人群的特服业务、接线业务、号簿业务、信息业务等。此外,还包括高/低速数字传输、ISDN业务、租线业务等。

21世纪以来,随着移动通信和互联网的发展,宽带互联网络对经济社会发展的战略重要性凸显,各国政府纷纷制定国家宽带战略计划,一些国家开始将宽带接入逐步纳入普遍服务范围。

在美国,早在2005年参议员戈登·史密斯就提出《21世纪普遍服务法案》,提议修改美国1996年《电信法》中关于普遍服务的条款,建议将无差别的宽带互联网接入服务纳入普遍服务范围。2006年,参议员康德拉·伯恩提出的《2006年互联网和普遍服务法案》继续了这一议题,提出建立具有激励性的普遍服务基金制度,以保证消费者能使用高质量的宽带业务与设施。2007年,美国FCC推出了农村健康实验项目,致力于全美42个洲和3个美属领地宽带远程医疗网的建设,扩大农村和落后社区的健康保健服务。2009年,美国国会指示FCC制定了国家宽带计划,以确保每个美国人都能接入宽带。2010年3月,美国出台《国家宽带计划》,明确指出如同电力一样,宽带是经济增长、创造就业、增强全球竞争力和改变生活方式的重要基础。同时,该计划提出要改革现行的普遍服务制度,支持高成本地区部署宽带和语音,确保低收入美国人能够承担宽带费用。2011年10月,美国政府将宽带纳入电信普遍服务范畴,并成立支持宽带接入普遍服务基金——"连接美国基金"来支持农村和低收入地区的宽带普遍服务。美国FCC确定的普遍服务任务是:使宽带业务成为21世纪的拨号电话业务,确保普遍服务的生命力随着技术进步。所以,FCC将普遍服务的水平提高到一个更高标准,让所有公民都能以可负担的价格使用可承载话音、数据和视频的真正宽带网。2012年,"连接美国基金"正式推出,FCC公布了"移动基金"的申请程序和细则并开始接受使用申请。

近年来,英国在宽带建设领域已经投资了17亿英镑,已经有超过90%的英国家庭接入了超高速宽带(24 Mbit/s),到2017年年底,超高速宽带的覆盖比例将达到95%。但是,通过商业化的宽带服务商,总有一些英国家庭无法负担超高速宽带网络的接入费用。为此,英国新提出的《数字经济法案》(Digital Economy Bill)引入宽带普遍服务义务,称将让英国每个家庭和企业都有权获得最低速率为 10 Mbit/s 的宽带服务。因此,英国将会采取下列措施:到 2020 年引入普遍服务义务宽带,给予英国每个个人、企业、公共服务机构以一个普通家庭可以负担的价格接入高速互联网宽带的权利。

与英国的举措相对应,欧盟近来也在酝酿推进宽带普遍服务政策的制定。外媒根据欧盟政策研究网站 EurActiv 提出的电信框架修订案临时提案等信息,得知欧盟正在研究将基本宽带接入服务纳入普遍服务的计划,其中,针对网络服务交付的目标,欧盟的计划是到 2025 年,"所有欧洲家庭将用上下载速度最低为 100 Mbit/s 的连接服务"。当前,针对宽带互联网服务出台普遍服务义务的欧盟国家屈指可数,其中包括芬兰和西班牙。芬兰在 2010 年 7 月通过立法将宽带接入权确立为公民基本权利之一,成为世界上首个通过立法形式确定"宽带权"的国家。

具体到发展中国家,普遍服务的内容和目标仍是与一国经济和电信发展水平密切相关的问题,但在移动技术和互联网技术迅猛发展的新形势下,发展中国家推进实现信息通信服务的任务又迎来新的机遇,2004 年国际电信联盟(ITU)的一份统计显示,在全球接近 200 个 ITU 成员中,将 Internet 和远程接入中心纳入普遍服务范畴的国家在发达国家中所占比例分别为 37% 和 4%,在发展中国家所占比例分别是 46% 和 35%。

12.1.3 普遍服务的意义

我们虽已进入 21 世纪的高科技时代,但贫困问题仍无时不在困扰着我们。贫困的成因是复杂的:贫瘠的资源、恶劣的环境、人口素质的低下、管理体制的落后等,但其中一个不可忽视的因素是贫困人口在获取信息、处理信息方面的极度困难,贫困人群最大的悲哀莫过于对外部世界毫无所知,麻木到感觉不到自己的贫困。对于那些一生从来没有打过电话、看过电视、用过计算机的人们来说,掌握、传递信息上的差距实际上是一种创造财富能力的差距。缩小经济贫富的差距必须以缩小信息贫富的差距为条件,这正如国际电联秘书长哈玛德·图埃博士所言:信息通信技术在为各行各业的人们,特别是易受伤和弱势群体创造机遇方面发挥着催化剂的作用,长期、可持续的信息通信技术发展亦为人民,尤其是我们社会中的最弱势群体,创造着过上更好生活的机遇。特别是对于广大的发展中国家,解决信息贫困问题成为解决经济贫困问题的重要捷径,这一点已逐渐成为共识。

正因为信息对文明进程和经济发展的巨大意义,巨大的国家之间、地区之间、城乡之间的数字鸿沟与当今经济全球化、电信全球化的潮流不符,近几十年来各国都将电信业的普遍服务作为重要的公共政策,要求担负信息传输重任的电信业承担起普遍服务的义务。欧美国家在缩小数字鸿沟的浪潮中,除了将移动电话的普及、因特网的接入等作为必须为全体国民提供的普遍服务的内容外,还将一些多媒体业务,如远程医疗、远程图书馆、远程教学等均划归到普遍服务的范围;发展中国家如印度,一些"海归派"利用国外学到的知识和其软件大国的优势,在偏僻农村地区建立起大量的"信息亭""计算机中心""网吧""公共接入中心"等,使高文盲率的农民从网上了解外部世界;中国近年来在大量农村地区开展的"信息一条街""信息村"及"村通工程"(每个行政村至少通一部电话)也使无数农民摆脱"中间商"的盘剥,掌握了自己的命运。数字鸿沟既是基础设施的差距,又是知识的差距、社会发展程度的差距。当然所有的数字鸿沟问题不是一个电信普遍服务政策就能全部解决的,但是电信业毕竟具有其自身的优势,因为信息通信基础设施仍然是解决数字鸿沟的关键环节之一。因而普遍服务对广大消费者步入现代化社会和生存质量的提高具有非常重要的意义。

普遍服务对整个社会的意义也是显而易见的,以往大多数人从网络的外部性出发,认为普遍服务对电信厂商来说,因为要在环境恶劣地区提供电信服务,只能造成亏损和沉重的负担。但韩国信息与通信大学的 Seon-Kyou Choi 教授,韩国信息社会发展研究中心的 Hyeong-Chan Kim 等运用经济增长模型于普遍服务理论的分析,用"网络溢出效应"的新概念指出了社会意义的网络资源供给的均衡大于个别厂商根据利润最大化原则得到的均衡。政府正确运用普遍服务政策,是将网络溢出效应内部化到使电信厂商的增长率与社会的增长率相一致的有效途径。

Seon-Kyou Choi 等从内生变量模型中受到启发,创造性地把通信网的发展作为促进经济增长的关键性内生变量,因为网络扩张提高了生产要素的边际产出。他们认为,经济规模的扩大除表现为 GDP 上升和资本存量增加外,同时还会发生网络规模的扩张。电信网扩大对整个经济带来溢出效应,然而单个厂商却无法准确识别这一效应。单个厂商只能按利润最大化原则确定自身在网络投入上的回报,客观上,网络投入的加大,为所有社会成员都带来更为广泛的利益,即网络扩张的溢出效应。普遍服务作用的实质就是要建立无所不在的通信网,以企业为基础将这种溢出效应在企业中"内部化"并将这一效应发挥到极致。

12.1.4　衡量普遍服务的指标

普遍服务通常指促进或维持每一个家庭,甚至每个人都能与公共电信网相连,但由于各个国家经济科技发展水平的不同,提出全球统一的普遍服务目标显然是不现实的。在实际操作中,发展中国家和发达国家在普遍服务上的标准并不相同。尽管如此,普遍服务和普遍接入两项政策的概念是紧密相连的,在很多情况下可以互相替代。本节中我们用普遍服务的说法来同时指代两者概念,即指向那些无条件享受基本电信服务的人群(主要是贫困地区的农村居民),提供电信服务并设法提高他们的使用水平。

衡量普遍服务的指标直接影响着政策取向,根据各国的经验提出的指标有以下几种。

(1) 话机普及率

即每百人拥有的话机数,一直是各国普遍采用的方法,随着各国特别是发达国家电信基础设施的发展,学者们对先前使用的电话普及率指标提出了质疑。因为在有的发达国家的城市中,一些人拥有办公电话、家庭电话、汽车电话和手机四部电话的情况并不鲜见,因此,这时的电话普及率指标已经不能真实准确地反映农村及边远地区获得普遍服务的状况。于是有人建议,用"一千米内能够使用电话的人数"来代替电话普及率指标,并通过促进公用电话的发展等手段来解决普遍服务问题。

(2) 家庭电话接入率

实现电话入户一直是普遍服务的重要目标,所有发达国家和发展中国家都广泛采纳这一指标。家庭接入的实现不仅给绝大多数人的生活带来了诸多便利,而且在当前电信发展中,一条家庭电话线与因特网相连,还可以在获取信息、远程教育、社会资源分配中获益。

(3) 社区接入水平

对于包括我国在内的一些发展中国家来说,在全国范围内实现家庭通电话的时机不成熟,而社区接入更具有现实意义。社区可以包括一国的行政区划,如我国的行政村,也可以是自然村落等,保障全体居民至接入点的最大距离少于某个标准的固定值,或到达接入点的最大时间少于某个时间值,或规定接入点的最大服务人口数等。

(4) 移动通信中的盲区

对于包括我国在内的一些发展中国家来说,甚至一些发达国家,在一些特别复杂的室内结构里,移动电话信号弱,手机无法正常使用,形成了移动通信中的盲区,应该通过研究目标区域和存在的问题,找到应对和解决措施,以保证这一目标的顺利实现。

(5) 移动与互联网的普及率

移动和互联网这两大技术使各国经济以空前的加速度发展,移动通信使人们得以随时随地自由地沟通,互联网则向外界开启了一扇神奇的大门。在满足了固定电话需求的发达国家,近年来开始将这两项业务的普及作为普遍服务的标准,特别是学校、图书馆等公共设施的网络普及。

随着现有技术的不断发展以及各国在普遍服务领域做出的不懈努力,各国在电话接入等领域的差异得到了明显缩小,但是,在因特网接入、宽带接入等领域的差异却在扩大。

12.2 普遍服务的相关研究

普遍服务的概念起源于电信行业,但普遍服务的性质广泛存在于各自然垄断行业。大多数自然垄断产业的"产品"是公众所需的基本服务,在人口数量分布稀少的地方提供的成本高昂,不能依据成本定价,服务的质量也需要稳定性、可靠性等的保证,要求较高。普遍服务问题是一个不断发展变化的问题,学术界对普遍服务的研究热度一直未减。

12.2.1 国外对普遍服务的相关研究

1. 普遍服务公共品属性相关问题

普遍服务的研究最早起源于国外,起初对于网络型产业的外部性分析其公共品属性,为其普遍服务提供理论基础。R. Artylea 和 C. Averou(1973 年)、F. Rohlfs(1974 年)以电信网络为研究背景,最早从理论层面对网络效应进行了分析。其后,M. Katz 和 C. shapiro(1995 年)、J. Farren、Gsaloner、B. W. Arthur、N. Eeonomides、L. white、YiNungYang、C. C. Barret(1997 年)等分别围绕网络效应的类型、网络外部性、网络规模和网络效应之间的关系等方面展开深入研究。Cremer(2000 年)发表了关于互联网的网络外部性和普遍服务义务关系的文章。自此,关于网络外部性和普遍服务之间的关系的研究告一段落。

2. 普遍服务的基础性问题

1998 年 H. Cremer 和 J. J. Laffoni 等在给世界银行做的报告中连续发表了两篇文章,从经济学视角分理论和实践两个方面探讨了普遍服务涉及的一系列重要基础性问题,对相关主要观点进行了综述性讨论。普遍服务领域才开创了对网络型产业的系统研究。H. Cremer 和 J. J. Laffoni 等的主要研究成果如下。

① 普遍服务的定义。

② 普遍服务的存在理由。

③ 理论上测算普遍服务成本的原则。

④ 在垄断和竞争两个环境下讨论了普遍服务的补贴方式。对于垄断环境下,指出补贴方式只能是内部交叉补贴和规制者直接补贴;对于竞争环境下,指出对于一家运营商承担普遍服务的情况下,补贴方式有专营、共同基金等。

⑤ 比较了美国、欧盟等国家对于电信、邮政、铁路、自来水、电力以及天然气行业的普遍服

务定义以及对普遍服务的补偿机制。

尽管这两篇文章对普遍服务的理论和实践多是规范性的比较分析,但其研究普遍服务的逻辑结构比较具有代表性,后人关于普遍服务的研究基本都落在这个逻辑结构内,并出现按行业、按地域的分类研究。

3. 普遍服务补偿机制相关问题

大量的研究集中在与普遍服务的补偿机制的选择、成本、定价等效率相关的问题。

Weisman(1994年)研究了普遍服务支持设施的拍卖、招标问题。Mllgrom(1997年)阐述了运用"维克瑞"拍卖理论解决电信普遍服务成本补偿的问题。LorenzNett(1998年)介绍了通过拍卖方式分配普遍服务义务的方法,重点介绍了不同的拍卖方式、进行普遍服务拍卖应考虑的主要原则和因素。

Frank Kelly和Richardsteinberg(2000年)研究了美国的自然垄断行业体制下对普遍服务补贴进行项目组合拍卖的问题,这种拍卖方式允许有多个中标者,可以比较好地解决竞标者合谋的问题,同时对于规制者来说实际操作起来也比较方便。ValteSorana(2000年)研究了高成本地区的普遍服务补贴拍卖问题,证明了在大多数情况下用拍卖方式分配普遍服务补贴比传统的补贴计划更有效,同时也讨论了拍卖中的服务质量激励和投标合谋问题。另外J.C. Panzar(2000年)还讨论了确定普遍服务成本和普遍服务基金收支的方法等。

Philippe Chone等(2002年)从效率角度定量研究了网络型产业放开竞争的环境下普遍服务义务的提供和补偿问题。他们以没有普遍服务义务的情况作为研究出发点构建了研究模型,基于普遍接入和统一定价两种规制要求,从效率角度对比分析了专营和服务或付费两种规制方式的优劣。结论是在只有普遍接入的规制要求下,服务或付费方式往往比专营模式更有效率。而如果规制者同时要求统一定价,这个结论就不再成立。作为研究普遍服务补偿方式效率的代表性文献,对后人的研究思路具有比较重要的借鉴意义。与Chone的研究类似,Vanetti(2002年)研究了竞争环境下的普遍服务问题,重点分析了统一定价规制要求的影响,说明了单一的统一定价规制下,运营商会选择相对较小的普遍服务区域,另外,Valletti还分析了普遍服务义务对在位运营商、后进入的竞争性运营商以及消费者福利的影响。

PioBaake(2002年)从社会总福利、消费者福利的角度研究了不同规制约束和普遍服务机制下的普遍服务效益的问题,研究设定价格上限、回报率规制和普遍服务义务的相互影响,对上述几种规制组合下的总福利情况进行了比较分析。

Helene Bourguignon与Thomaseazenave(2006年)通过建立垂直差异模型,研究分析了引入普遍服务最低质量标准规制之后对市场竞争的影响,重点研究了内部交叉补贴和共同基金两种补贴方式对市场均衡价格以及公司竞争行为的影响。

AntonioEstaehe和J.J.Laffont(2006年)研究了存在信息不对称和合谋的情况下,统一定价和差别定价方式对实现普遍服务目标不同的影响。模型模拟了一个规制政府和一个邮政垄断企业的委托—代理关系,非对称信息产生于规制者对运营商高成本地区的边际成本,模型构建了邮政企业的效用函数、社会的福利函数以及存在转移支付下规制者的目标函数(以企业投资函数代表规制者网络覆盖规制目标),通过统一定价和差别定价方式下分别求解函数最优解,得出主要结论如下:

① 无论是统一定价还是差别定价,在农村地区的不对称信息都会导致更高的均衡价格和更小的网络规模,同时企业和规制者合谋的威胁降低了对企业的激励强度。

② 尽管统一定价实现了对农村地区定价更低的再分配目标,但这一目标的实现是以网络

覆盖面积的缩小为代价的。

③ 发现最佳网络规模是公共资金社会成本的减函数,而发展中国家往往公共资金社会成本相对较高,从规范的角度讲发展中国家普遍服务网络覆盖规模应该更小。

以上研究得出的一个主要启示是应该将普遍服务网络覆盖和定价规制问题结合起来分析,特别是对于发展中国家,应该将更多的精力用于激励网络投资,而不是扭曲价格。

Gregory Levitin(2008年)研究得出结论必须由政府对普遍服务的实施成本进行核算。随着近些年拍卖机制在普遍服务实践中的逐步应用,通过结合实践问题研究普遍服务拍卖的文献逐渐增多,其中,Christain Jaag(2009年)总结了近些年来许多国家在市内交通、航空、电信、邮政等行业中应用普遍服务反向拍卖的案例,指出由于成本测算更加困难、竞标参与者的确定以及中标者的道德风险,在竞争环境下设计普遍服务特许权的拍卖比在垄断环境下复杂得多。

Scott Wallsten(2009年)总结了澳大利亚、智利、秘鲁、哥伦比亚、尼泊尔、印度等国家应用反向拍卖进行普遍服务补贴的案例,指出拍卖方式是显示高成本地区普遍服务成本以及降低普遍服务补贴成本的有效手段。

F. Mirabela等(2009年)认为,普遍服务能够在普遍服务提供者所在的市场中,利用其普遍性和统一价格的限制建立一般的战略链条,并揭示出在普遍服务补偿机制中增加单位补贴有助于抵消由这些战略链条引起的低效率。在不同的普遍服务安装系统下获得的福利将依据是否有限制的运用单位补贴而不同。在这方面,商家在经销权中能够申请总金额的补贴,而这种向普遍服务投标的经销是由外源性选择和服务或付费规则控制的补贴。如果单位机制可行的话,次选配置能够通过普遍服务提供者的垄断地理区域进行内源性选择来获得。

最新的研究成果有Christian Jaag(2011年)研究了如何测算网络型产业的普遍服务净成本及其给运营商带来的不公平负担,指出与没有普遍服务义务下的盈利状况进行对比是比较有效的计算方法,同时构建了一个简单的进入博弈论模型,从规范角度论证说明普遍服务义务对竞争的损害。

4. 其他具体问题

针对具体的电信普遍服务,E. Hudson(2008年)专门就美国电信普遍服务的"E-rate"项目的现状、问题及未来发展进行分析,论证了"E-rate"的积极意义和改进建议。与之类似,Angele A. Gilroy(2010年)对美国电信行业普遍服务涉及的高成本地区覆盖、低收入补偿、学校和医院的"E-rate"以及农村地区健康等相关项目做了全面回顾,从普遍服务资金的来源、分配以及普遍服务补贴中存在的欺骗、浪费和滥用等角度,就实际数据论述了美国电信普遍服务基金的应用情况,也从一个侧面说明了普遍服务的效益问题。

另外,关于普遍服务的内涵、意义和作用、发展中国家的普遍服务、其他规制约束与普遍服务的相互影响等问题,也有相应的研究。

12.2.2 国内对普遍服务的部分研究成果

国内从基础概念、政策实施、策略建议三个方面对电信领域的普遍服务问题进行了深入研究。

基础概念层面的代表文献中,王红梅(1996年)介绍了在以引入竞争为标志的电信领域改革过程中普遍服务的地位,是国内较早介绍普遍服务问题的文献。蔡翔(2001年)对普遍服务的概念及其发展趋势进行了详细介绍。游五洋(2002年)介绍了普遍服务和普遍接入的概念,对我国电信普遍服务的内容和目标提出了建议。辛钢平（2003年）介绍了电信普遍服务的内涵、我国电信普遍服务的现状和发达国家的成功经验。李丹等（2008年）对电信普遍服务的基础理论进行了全面的梳理和评述。

政策实施层面的代表文献中，阚凯力（1997年）介绍了美国电信普遍服务的由来和主要政策，分析了其危机所在。蔡翔等（1998年）分析了美国电信普遍服务的政策，并提出普遍接入可作为发展中国家普遍服务目标的现实选择。唐守廉等（2000年）总结了世界各国的电信普遍服务政策和转变趋势，对我国电信普遍服务政策提出了建议。郑红凤（2004年）介绍了印度普遍服务的政策和实施方案。喻世华、唐守廉（2006年）提出建立合理的电信普遍服务成本补偿机制是保障电信普遍服务实施和持续发展的关键。建立电信普遍服务基金的前提是需要对普遍服务基金的资金来源、补偿方式、高成本地区的确定、分配使用等方面的问题进行明确。廖继宏（2006年）通过建立我国电信普遍服务管理中的成本分析模型，研究了电信普遍服务补偿成本的核算对象、内容及方法。柳强、唐守廉（2007年）运用博弈论中不完全信息静态博弈理论，对电信普遍服务基金分配机制进行了研究。通过构建博弈模型，得出了最低价中标拍卖机制下的均衡出价。结果表明，投标人的均衡出价随投标参与人数的增加而降低，为制定电信普遍服务基金的分配制度提供了理论依据。

策略建议层面的代表文献中，张晓铁（2001年）对我国电信普遍服务成本补偿机制进行了探讨，建议我国建立电信普遍服务基金补偿方式。吴洪（2001年、2003年）介绍了国外有关电信普遍服务理论的最新进展，包括普遍服务的阶段性划分、普遍服务的作用和普遍服务的财富分配效应，对竞争环境下我国电信普遍服务的补偿机制提出了建议，并探讨了三种市场环境下普遍服务成本补贴的计算方法，说明了我国建立电信普遍服务基金的必要性，提出了我国电信普遍服务基金的融资方案和补偿方案。王俊豪（2002年）介绍了我国支持电信普遍服务的传统方式，分析了我国电信普遍服务面临的问题并提出了建立电信普遍服务基金的基本对策。蔡翔（2003年）分析了我国电信普遍服务的发展现状，提出我国现阶段电信普遍服务的重点仍是普遍接入，探讨了我国电信普遍服务基金的运作方式。曹珑珑（2006年）分析了电信普遍服务成本补偿的成本计量模型方法的适用性和局限性，阐述了电信普遍服务成本补偿的拍卖、招标方法的长处和不足。

12.3 普遍服务的补偿机制

1977年WTO所达成的基础电信谈判协议规定，成员国或签字国在制定普遍服务政策上要遵循透明、非歧视、竞争中立等原则，其主旨是让全社会需要使用通信的人都能接受到电信服务。普遍服务政策主要关注两种情况：一是由于自然与地理条件所限电信建设成本过高，人们想用用不起，需要政府辅助；二是由于经济收入过低，人们想用用不起，需要政府补贴。所以，普遍服务的补偿机制是关键问题。根据普遍服务补偿的资金来源与去向，可以将普遍服务补偿机制确定为成本补偿、收入补偿、价格补偿三种常见的形式。

12.3.1 普遍服务的补偿机制

1. 成本补偿机制

成本补偿机制是应用最广泛的方式。通常是通过建立成本计量模型，以模型计算各地电信企业的成本，并确定一个补偿标准，在企业服务成本超过标准时可以得到补偿。具体的模型和标准的确立因国而异。

成本补偿的难点是如何准确核算普遍服务所引发的成本。由于成本的分摊复杂、信息的不对称、技术发展迅速等原因,准确计量电信成本始终是困扰电信主管部门的老大难问题。一般而言,传统运营商最倾向采用历史平均成本,以补偿原始累积投资,而新进入的竞争者更主张采用净现值平均成本、边际成本、预期成本(或称重置成本)、网络忙时增量成本以及这些成本原则的组合,以减轻自己的负担。成本的计算牵扯到价格的确定,从而又影响盈亏,因而各利益集团在成本模型上争论不休。即使在成本核算方式上形成妥协,建立成本模式的稳定性和可靠性也都是不确定因素。

成本补偿的一般做法是补偿基金源自企业上缴的普遍服务基金,而基金按照各类运营商业务收入的比例提取。这样在大中城市、经济发达省份等低成本地区,由于业务量大、规模效益好、收入多、平均成本低,所缴纳的基金贡献额也就多。而西部、边远省份、农村等高成本地区则相反,将得到补偿款。成本补偿的实质是低成本地区企业的一部分收入补贴高成本地区的企业。但是,由于所有的收入均来源于电信用户的消费,而消费者的居住地并不是按照经营成本和收入水平划分的,这样,就可能造成低成本地区的低收入用户补贴了高成本地区的高收入用户的问题。也就是说,大中城市等低成本地区也有大量贫困的低收入人口,他们本是需要补偿的对象,同样,西部、农村等高成本地区也有很多高收入人群,他们是有条件提供补偿的贡献者。然而针对解决运营商成本问题的成本补偿机制却没有解决低成本地区低收入人口的补偿问题,相反他们电信消费的一部分还流向了高成本地区,使高成本地区的高收入人口实际上成了补偿的受益者(因边远、农村地区资费往往低廉),但实际上这部分人群在没有任何补贴和没有低资费优惠的情况下也是不会减少电信消费的。

虽然存在这样的问题,但成本补偿从总体上看仍不失为一种公平、透明、普遍适用的补偿方法。每个企业都必备成本账目,尽管其准确性有时要打折扣。成本指标是企业一系列经济效益指标的基础值,企业在普遍服务中的表现集中地体现在成本指标上。对成本的补偿也是企业最易接受的方式之一。

2. 收入补偿机制

由于成本补偿方式无法兼顾低成本地区的低收入人群,因此,除了补偿高成本的企业外,还应该直接补偿那些低收入用户,无论他们的居住地在哪里。收入补偿机制是通过对低收入者进行货币补贴,以保证其有条件享用电信服务的方式。如美国以 link up、life line 等形式补贴了低收入用户后,他们会增加使用电信的机会,减少收入分配上的巨大差异。

收入补偿的必要性是由普遍服务的基本要求所决定的。普遍服务的目标是使任何人,无论职位高低、收入多寡、不分年龄性别都成为电信服务的对象,但不同人群收入差别极大,从世界趋势来看,差距还在不断增大,在不得实行价格歧视(即按消费者收入水平的不同确定不同资费水平)的条件下,将补贴款直接提供给低收入者,以减轻他们在电信消费上的负担是简单、有效的选择方式。

许多发达国家如美国等均有收入补偿机制,但我国目前这一机制还是空白,我国的普遍服务实施方案应加强收入补偿机制的研究。应直接对贫困用户、低收入用户(无论是否居住在农村)提供补贴,以免缴、降低月租费、通话费的形式补贴这部分人群,这样可防止越来越严重的电话"热装冷用"现象,减少装机后的零通话、少通话现象,同时,也有利于高成本地区的电信企业走出业务收入少、平均成本高、亏损严重的恶性循环。

3. 价格补偿机制

依靠价格补偿实现普遍服务要以电话网的垄断为基础才能行得通，因此这是各国在电信垄断时期盛行的方法，它实际上是成本补偿机制的"暗补"形式。将电信业务资费按全国平均资费的方法来计算，而不是按专业成本核算，这样可以对某些盈利性业务实行高资费，补偿另一些业务的亏损。传统做法中通常以国际业务、长途业务、城市业务的盈余补贴国内业务、市话业务、农村业务的亏损，以盈利地区补贴非盈利地区，以内部交叉补贴全国总体核算为基础，弥补电信企业为贫穷落后等高成本地区及低收入用户提供服务的亏损，以实现电信的普遍服务。在计划价格体制下，这种补偿方式具有简单明了、易控制、易实施的特点。

然而，价格补偿的作用受到越来越多的质疑，经济学家认为，因为用户是否使用电信业务是由从消费中所获得的总的消费者剩余所决定的，人为地增加某项业务的价格（如提高长途资费），会减少用户从网络中得到的总的净价值。用某些业务的利润补贴另一些业务的亏损，整体效率并不会明显提高，因为这等于是向价格需求弹性高的业务（长途、国际电话等）收税，用来补贴价格需求弹性低的业务（本地、住宅电话等）。前者对涨价反映敏感，提高资费后减少的业务量较大，后者却对低于价值的资费反映不敏感，起不到引发需求的作用。根据学者们的计算，本地电话的价格对业务量的影响很小，美国学者 Crandall 和 Waverman 曾研究得出，本地业务的价格需求弹性是$-0.006\sim-0.17$，大多数计算结果大大低于-0.1。他们研究的结论是，本地电话的月租费对本地电话的业务量的决定基本没有影响，但确实发现安装费对装电话的决定有一点微弱的影响。所以他们提出，如果给以补贴的话，应当是以 link up 的形式即补贴在安装费上才最有效。

此外，随着电信市场的开放，竞争局面的形成，竞争性厂商以利润为目标，依靠各业务间的内部交叉补贴实现普遍服务的基础也日益削弱。

4. 普遍服务补偿机制的选择

各国经验表明，电信市场放开之后，依靠合法合理的补偿机制才能保护国家的利益，维护全体公民的合法权益。但应当看到，在普遍服务问题上，补偿机制是针对市场调节机制的缺陷而产生的，无论哪种补偿都难免造成市场机制的扭曲，因为补偿都会使价格脱离成本，从而也造成消费者选择机制的扭曲和厂商选择机制的扭曲，但只要补偿后的社会净价值大于补偿前靠市场调节的净价值，补偿就是合理的。一个好的普遍服务政策应能做到最大限度地减少扭曲，目标清晰，对市场竞争过程的负面影响最小，补偿款的刺激作用最大。

12.3.2 普遍服务的融资方式

1. 国内外常见的融资方式

各国在实践中运用了多种不同的融资手段推进普遍服务，各种方案都有其优势与不足，一个国家也往往使用过不止一种方案。

① 内部交叉补贴是垄断体制下盛行的传统方式，有较长期的国内外操作经验，但在市场竞争环境下，企业的"撇脂"策略将使得沿用这一方式的效果大打折扣，直到目前我国依然在使用这种模式。但随着科技的进步、成本的下降，率先实现成本下降的企业越来越希望进入对方的市场，扩大自己的市场份额。即使竞争引起价格下降，但科技进步带来的更低成本也能保障企业的利润。

② 提高入网费有计算方法简单、易操作的优点，但不利于企业削减成本，同时，过高的入网费有可能刺激网络的重复建设。

③ 重新平衡费率也是通常使用的方案，如增加手机用户收费、降低低收入用户固定业务的资费等。优点是可直接使低收入用户受益，刺激普及率的提高，缺点是可能背离价值规律，因为在成熟的竞争性市场，价格应以成本为基础，而低收入用户与高成本业务间并无正相关性。

④ 增加长途收入附加费及初装费。将这些资金用于普遍服务基金也是很多国家通行的做法，缺点是这未解决交叉补贴和公平竞争的问题，且变革资费将有较大难度。

⑤ 向电信企业增税以积累普遍服务资金的方法可以让管制机构有灵活的设计，并在其中体现不对称管制的政策，但很容易引起公司之间的矛盾。

⑥ 实行社会性的政府政策扶持和补助，诸如征收各种附加费使用费、推行用户债券、无（低）息贷款、财政拨款、特殊的税负政策等可以有效依靠社会力量，但也有政策审批难度大，使另一部分人的利益受损，有一定风险性的缺点。

⑦ BOT（建设—经营—转让：Build-Operate-Transfer），是私营企业参与基础设施建设，向社会提供公共服务的一种方式。中国一般称其为"特许权"，是指政府部门就某个基础设施项目与私人企业（项目公司）签订特许权协议，授予签约方的私人企业（包括外国企业）来承担该项目的投资、融资、建设和维护，在协议规定的特许期限内，许可其融资建设和经营特定的公用基础设施，并准许其通过向用户收取费用或出售产品以清偿贷款，回收投资并赚取利润。政府对这一基础设施有监督权、调控权，特许期满，签约方的私人企业将设施无偿或有偿移交给政府部门。

（8）PPP（政府和社会资本合作：Public-Private Partnership），是公共基础设施中的一种项目运作模式。在该模式下，鼓励私营企业、民营资本与政府进行合作，参与公共基础设施的建设。按照这个广义概念，PPP 是指政府公共部门与私营部门合作过程中，让非公共部门所掌握的资源参与提供公共产品和服务，从而实现合作各方达到比预期单独行动更为有利的结果。国内外主要实现电信普遍服务的途径及各自优缺点如表 12-1 所示。

表 12-1　实现普遍服务不同方案的优缺点比较

方案	优点	缺点
交叉补贴	旧体制下盛行的传统方法，有长期的国内外操作经验	阻止竞争者进入被补贴市场，导致效率低下
接入费	计算方法简单、易操作	不利于企业降低成本，有可能刺激网络的重复建设；易对新厂商造成过高的进入门槛
重新平衡费率	如增加高档次业务收费，降低低收入者费率等可直接使低收入用户受益，刺激普及率的提高	使价格背离价值规律，因为用户收入水平的高低与业务成本的高低间并无正相关关系
公共财政	依赖财政税收解决普遍服务资金，实行累进制的收入税或税率递减的销售税都有利于公平目标的实现	在目前的宏观预算条件下开发类似的新税种难度会非常大
电信销售税或从价税	指根据运营商的业务账单收税，能达到在短期内筹集资金的目的	不仅新税种的开发难度大且界定征收对象也是难点

续表

方案	优点	缺点
电信公司财产税	对公司的固定资产而非变动成本征税的好处是,因为税收固定,因而对生产经营的损害最小	容易打击企业为技术进步和改进质量而增加投资的积极性,不符合效率原则
综合性的电信增值税	对所有公司(包括经营增值业务、电信设备等公司)征税体现公平性	仍无法避免增加新税种所带来的操作上的难度
长途附加费及初装费收入	很多国家的通行做法,具有较多经验,可获得较稳定的资金流	造成不公平竞争,变革资费容易引起抵制
许可证条款、频率拍卖收入	管理简单易操作,透明度高,被广泛使用	对新运营商造成负担;只能保证一次性资金收入,缺乏稳定的现金流
政府政策性低息或无息贷款	针对性强,计划性强,可对最困难地区提供直接帮助	对促进竞争无利,缺乏公平性,易形成依赖倾向
按号码资源收费	公平地考虑了负担和收益	仅能收取很有限的资金,根据现在的规模,我国每年约可进账4亿元人民币
普遍服务基金	透明度高,公平合理,有利竞争,可做到定向、定量的补贴,被广泛使用,实践证明效果较好	需要专门的机构,基金运作成本较高,基金收缴额的计算和补贴额的确定较复杂,会对上市公司股票带来一定影响

资料来源:根据国内外有关普遍服务的资料整理。

但如表12-1所示,并没有一种绝对好或差的方案,这种矛盾是由于普遍服务的内在要求与市场经济中企业本质的冲突所决定的。各国在不同时期针对电信发展水平和国情,来选择对自身发展最有利的途径。

2. 选择融资方式的原则

选择用什么途径实现普遍服务由各国的电信管制机构自行决定,根据各国的经验,电信管制机构应遵循下述原则。

① 竞争的公平性:坚持把公平性原则放在首位,归根到底,是因为普遍服务所要解决的是一个事实上的"不公平"的问题。公平的享有信息才能创造公平的人生机遇。因而,创造并维护公平竞争的市场应作为改革后的普遍服务方案的重要标准,任何措施都应尽量避免对市场上的某些电信公司有利而对另一些不利,由于各个电信公司的起点不一样,所以这也是一个最为难以把握的原则。

② 运作的效率性:实施普遍服务不应成为企业提高经济效益、降低成本及改进技术的障碍,不应成为企业亏损、低效率的借口。

③ 实施的可行性:普遍服务的融资方案和规则应透明、简洁、易理解,且具有可操作性,这样才能避免由于信息不对称造成的一些企业钻空子的现象。

④ 融资的平稳性：无论采用何种计算方法，应保证企业每个时期缴纳的用做补偿的资金额大致相等，避免忽高忽低，对生产造成不必要的冲击。

⑤ 方案的连续性：对已存在方法的可行之处应予以保留，避免由现行方法过渡到新方案时造成困惑和混乱。

⑥ 充分权衡收益与风险原则：收益与风险始终都是相伴的，企业融资在取得收益的同时，也要承担相应的风险。因此，应该充分权衡收益与风险，尽可能做到融资总收益最大化，而融资风险最小化。

⑦ 资本结构合理原则：实施普遍服务是建立在大众的基础之上的，因此应该最大限度地调动各利益相关者积极性的资本结构，使得筹资风险能够减小。

12.3.3　普遍服务基金

各国实践证明，普遍服务基金是各种方案中效果最好、负作用较少的选择。建立普遍服务基金的国家，既有美、法、澳、加等发达国家，又有如南非、智利、秘鲁、印度等大量发展中国家，还有如马来西亚和东欧一些国家正计划建立普遍服务基金。可以说，在打破垄断、市场开放、加入WTO以后，传统的交叉补贴难以为继的情况下，普遍服务基金逐渐成为普及电信业务的主流方案。

1. 电信普遍服务基金的特点

（1）具有比较高的透明度、公平、公正的特征

普遍服务基金由政府管理，基金的运作独立于任何主导运营商或新进入者，基金的收缴、补贴制度由法律法规确定，管理制度公开、方法公开、来源流向公开、运行效果按年度公布。与其他方案相比更易于监督，符合技术中立、市场中立的原则。

（2）资金来源稳定，规模容易控制

面向供应商的基金收缴方案，只要企业不停止生产，就能保障基金的按时供给，且基金规模随企业的发展而增长。与频率拍卖、许可证条款等一次性收费不同，普遍服务基金是从源头上解决筹资问题。

（3）能够促进企业竞争

基金的分配采取招投标方式，承诺在履行同样普遍服务任务的前提下，要价最小的电信公司可获得资金支持、建网和开展业务的权利。与接入费方案相比，普遍服务基金对那些实力弱小但有潜力的公司而言，解除了接入费的压力又有了平等竞争的机会，可促进企业在竞争中努力降低成本。

（4）灵活性强，效率高

在基金的运用上，各国的实践证明，那种针对性强、补贴金额相对较小的项目最易取得明显效果和示范作用。基金由专门机构掌握投向和运作方式，主管部门可以做到掌管全局，力图以效益最大化为原则立项并确定补贴额，可以保证资金运用的高效率。

（5）具有可操作性

实现普遍服务是电信公司应尽的义务，缴纳普遍服务费比增税或其他名目的收费更易为公司所接受和理解，引起的震荡较小。况且，责任与权利、利益相对应，履行普遍服务义务的公司并不是净付出，而是可以获得提高公司声誉、抢先进入市场、了解需求方信息、减少规划成本等好处。

虽然有以上优势，不过在实际的运用中，普遍服务基金存在着两个难以解决的问题：一是

基金征收的额度在各企业之间如何进行分配;二是基金的分配和使用。从理论意义上讲,按企业利润的某一比例征收是一个较为理性的选择,但现实中由于信息不对称的存在,政府难以准确地对企业的利润进行把握。总之,普遍服务基金也有管理复杂,运作成本高,易于在缴纳者中引起争议以及影响上市公司股价等问题。正是由于这些问题的存在,财政部认为,我国的电信普遍服务基金成立的时机还不成熟,基金至今仍未出台。根据我国目前的情况,我们也认为,要想从根本上解决问题,最好的方法也是着手建立普遍服务基金。

2. 普遍服务基金的收缴

应怎样选择作为衡量运营商缴纳普遍服务基金的基础,根据国外的经验,一般有几种选择:以话务量比率为基础、以不同业务种类的收入为基础和以总资费收入为基础。不同方法的利弊如表12-2所示。

表12-2 普遍服务基金计算方法比较

计算普遍服务费的基础	优点	缺点
按话务量占有率计算	机器统计准确率高,考虑了设备占用比例	由于信息的不对称,主管机构受制于指标的真实性;在非话业务量越来越大的情况下不适宜;不利于降低固定成本
分别按各项业务的收入计算	可与产业政策结合;可与企业特征结合因而科学合理	难以避免收入在各业务间转移的逃费行为和将利润率高的业务的收入转移至低利润率的行为
按总资费收入计算	易于统计,便于操作和宏观调控	未体现鼓励新技术、新业务的政策导向
按用户数计算	易于统计,用户数反映了企业对电信普及的贡献	如果农村用户数量大则上缴资金多与普遍服务原则不符

由于新技术发展快,设备占用越来越复杂,采取按业务收入而非话务量为基础的计算更为合适。由于同一种业务的资费水平在不同运营商之间并不完全一样,但是,如果按照不同业务种类的收入为基础缴纳普遍服务费用,不仅计算复杂,还会出现企业在内部进行收入转移,主管部门难以控制掌握的情况。

按用户数量计算为基础的优点是简单明了,用户的发展体现了企业对国家电信发展的贡献,因此近年来也有人建议以此为标准,但用户数量,特别是农村用户数量是衡量普及程度的最主要指标,而且,每一用户所带来的收入与利润(亏损)差别很大,因此不宜只采用这一标准。

除此之外,讨论比较多的还有通过征收电话号码资源费的方案,但号码资源费与普遍服务并没有什么必然的联系,管制部门是为了资源管理而不是为了普遍服务才需要征收号码费的。而且,从数量上看这些费用也远不能满足普遍服务的需要,按这个标准征收所集的有限资金,相对于目前固网运营商每年在普遍服务上的支出是远远不够的。同时,号码资源费也没有解决非语音业务的基金收缴问题。因此,综合考虑,资费收入和利润仍然应是主要的计算基础,同时,也可考虑用户数作为参考,农村用户比例高的应适当减少上缴份额。

普遍服务基金实际上具有某种"财富再分配"的效应,财富再分配毕竟不同于创造,而仅是财富转移。因此如果企业缴纳过多,会引起逆反心理,影响积极性。因此,实践中,需要考虑企业的承受能力来制定。表12-3列出了部分国家普遍服务成本占电信运营总收益的比例。

表 12-3　部分国家普遍服务成本占电信运营总收益的比例(%)

国家	阿根廷	智利	法国	挪威	秘鲁	瑞典	瑞士	英国	美国	澳大利亚
所占比例	0.6～1.0	0.2	3.0	2.0～2.4	1.0	0.8～1.2	1.7～2.2	0.2～0.3	3.5	2.0

注：表中数据是 1995—2004 年的平均值。　　　　　　　　　　　　　　资料来源：世界银行。

3. 普遍服务基金的补偿方案

补偿方案要既有利于解决落后地区的通信发展，又要被广为接受，在补偿方案中，需要解决以下问题。

(1) 补偿对象的顺序

我国多年的发展经验证明，集中使用资金比"撒胡椒面"式地将资金一下子摊到所有未通村工程上更为有效。因为通信尽管重要，生存却始终是第一位的。事实上，即便是一些发达国家，特别是国土面积大的国家，至今为止也尚有偏僻的地区不能接通固定电话。在目前资金有限的条件下，确定补贴对象的原则应是，优先将补贴用于那些有较大潜在用户和潜在需求，企业在这些地区的开发工作获得一定补贴后能够启动市场，并逐渐进入良性循环的地区。

(2) 成本补偿内容的确定

成本包括建设成本与运营维护成本，前者为局房、设备、线路等建设投资，后者包括工资、折旧、维护等费用。成本补偿可有三种方式：①只补偿建设成本，如智利、秘鲁等采用这种方式；②只补偿运营成本，如美国、澳大利亚等发达国家采用的方式；③既补偿建设成本，又补偿部分运维成本，如加拿大、南非等采用这样的方式。

12.4　我国电信普遍服务的发展

从历史上看，长期以来，我国电信部门中并不存在普遍服务的概念。这主要是因为过去我们的电信基础设施太落后了，打电话是政界要人或社会名流的特权。20 世纪 80 年代初在北京打长途电话，超过 1 小时才能接通的占 15%，根本打不通而销号、退号的占 20%，很多地区的长途电话要一两天才能挂通，甚至有些外国人宁愿乘飞机到香港去打电话。在大城市也要平均数百人一部话机的普及率自然谈不上什么"普遍"的服务。

改革开放后，我国电信业的超常规发展速度令世人瞩目，1992 年以后的一段时间，电信业务量以年平均 40% 的增长率递增，电信网络实现了从小容量向大容量、模拟技术向数字技术、单一业务向多层业务的转换。2003 年，我国固定电话用户的基数持续上增，总数突破 5 亿，较之"十五"计划中规定的电话发展目标，足足提前了两年，位居世界之首。2004 年出台的"分片包干"新办法下，减少了管理机制对企业成本的依赖，每个运营商在内部建立自己的普遍服务，从而使管理成本相应降低，促进通信业普遍服务的效率改善。使得电信网总规模已超过美国通信网成为全球第一大网。不过在飞速发展的过程中，城市与农村的电信水平差距日益加剧，富裕人群与贫困人群在信息享用程度上的鸿沟不断加深，普遍服务问题也开始被提到议事日程上来。

12.4.1　垄断时期的普遍服务政策

20 世纪 80 年代中期开始的电信大发展使人均通信业务总量的增长率第一次超过人均国民生产总值的增长率。虽然当时普遍服务的概念并未广泛提及，但我国邮电部门采用在

1984年试行、在1985年全国推广的一套通信企业经济核算方法,在事实上解决了对落后地区的补贴问题。通信企业经济核算制度指的是将全国邮电系统的总收入在地方重新分配的制度。核算中,收入基于成本进行分配。原邮电部将全国30个省份划分为9个区域,为每个区域的电信企业各制定一套共9套相应的成本核算价格。其中,条件差、成本高的地区制定的核算价格相应较高,这就意味着提供同样数量的业务,条件恶劣的贫困地区根据计算所付出的成本相应就高,因而可在全网收入再分配中获得较高的收入,即得到了富裕的低成本地区的补偿。

从1988年起,原邮电部在经济核算中又研究制定了一套被称为"成本差异系数"的新核算方案。该方案从20多个变量中选取了7个对电信成本影响最大的因素,即山区比重、无霜期天数、城乡居民比重、每平方千米电信业务量消费额、人均GDP、铁路公路密度、电信职工人均工资额。然后,运用多因子回归法得出每个地区的成本差异系数。例如,1988年,北京的系数是0.69,而西藏的系数则为2.13。这样,提供单位业务的成本,西藏是北京的3倍多。越是条件好的地区系数越小,越是贫困的地区系数越高,各地区系数均与标准价格相乘,这样,考虑了各地区成本条件的、各个地区不一样的特定核算价格就产生了。然后用核算价格去乘以各个企业的产品量即企业的通信总量(通信总量不同于业务总量,它是每一完整产品的出、进、转口量),就可得出考虑了各地区差异的通信企业应分到手的收入。

这套收入核算方法事实上起到了对高成本地区进行补贴的作用,在当时的条件下为调动落后地区电信企业的积极性、推进贫困地区的电信发展产生了重要的影响。但这套方法也带来了无休止的争议和混乱,且不说7个因素的统计、测算耗费无数精力,单看通信总量指标的计算,就是将一些实质不存在的东西虚拟地核算出来又予以确定一个想象中的价格,让人产生琢磨不定、含混不清的感觉,按照这个以通信总量为基础计算的补贴,高成本地区认为补贴没有到位,低成本地区认为暗补的形式抹杀了自己的贡献。那些落后地区为了能挤进高成本区,获得高成本核算价格或较大的差异系数以便得到更多的补贴使出了浑身解数,而那些低成本的发达地区为了少付出补贴同样绞尽脑汁。管理部门由于信息不对称根本不能获得各自的真实成本,而且整套方案计算过程也烦琐复杂,这些缺陷最终使这套方法逐渐退出了舞台。

在垄断经营体制下,即使缺乏比较科学的核算方法,也并不影响我们继续实行事实上的普遍服务补贴。因为在分拆前的电信垄断时期,各地区的企业只是相对独立的分支机构,都是中国电信这一个企业的大家庭中的成员。中国电信全行业垄断的存在,使政府可以利用各种方式比较容易地进行内部交叉补贴,包括各种业务间的补贴和各个地区间的补贴。其中地区间的补贴依靠直接将低成本地区的收入平调上来拨入高成本地区使用。据报道每年大约从1/3的电信盈利省份中拿出相当的部分来弥补其余2/3的亏损省份,一年中,中部收入中约有130个亿被用作西部的建设。

然而,这种承袭电信独家垄断时的做法在电信业已改革重组、引入竞争、政府的优惠倾斜逐渐取消,特别是在加入WTO后就难再奏效。因此普遍服务问题的急迫性是在电信业竞争出现以后才显现出来的。

打破垄断前的电信普遍服务主要是依靠中国电信交叉补贴方式实现的,而实现交叉补贴的资金来源主要是依靠电话初装费和附加费的社会性补助,以及中国电信在国内长途业务、国际业务上的盈利。

12.4.2　引入竞争后的普遍服务政策

垄断打破后,随着寻呼、移动等高增长、高利润业务的剥离,国家取消"两费"和长话领域引入竞争,只由一个中国电信靠内部交叉补贴实施普遍服务的方式带来的矛盾越来越大,压抑数十载的巨大社会需求、国民经济的快速持续发展、现代信息技术的进步、垄断行业的巨额利润,造就了我国电信产业巨大的发展与进步,电信产业成为我国最具发展潜力的热门产业。在电信行业的高速发展下,也产生了不少较难解决的问题。因此从 20 世纪 90 年代中后期开始,对普遍服务的理论研究引起越来越广泛的重视,出现了越来越多的探讨性文章,原信息产业部设立了多个科研项目进行普遍服务的专题研究,这些研究都反复强调普遍服务的重要性,提出了很多具体的普遍服务成本核算公式、普遍服务基金的计算公式和补贴公式、普遍服务的分级管理体制等。

1999 年,成立之初的信息产业部与财政部在全国范围内对国家级贫困县的电信普遍服务状况进行了普查。2000 年 9 月《电信条例》颁布实施,这是我国第一部有关电信业的综合性行政法规。电信条例第四十四条明确规定:"电信业务经营者必须按照国家有关规定履行相应的电信普遍服务义务。国务院信息产业主管部门可以采取指定的或者招标的方式确定电信业务经营者具体承担电信普遍服务的义务。电信普遍服务成本补偿管理办法,由国务院信息产业主管部门会同国务院财政部门、价格主管部门制定,报国务院批准后公布施行。"电信条例第七十条规定:"违反本条例规定,拒不履行普遍服务义务的,由国务院信息产业主管部门或者省、自治区、直辖市电信管理机构依据职权责令改正,没收违法所得,处违法所得 3 倍以上 5 倍以下罚款;没有违法所得或者违法所得不足 5 万元的,处 10 万元以上 100 万元以下罚款;情节严重的,责令停业整顿。"《电信条例》的颁布实施具有里程碑式的意义,其中有关普遍服务方面的条款首次为电信普遍服务工作提供了法律依据和指导性思路。

但是,尽管电信条例中有很明确的对"应履行普遍服务义务"的规定和对"拒不履行普遍服务义务"的明确的处罚规定,由于对究竟什么是我们的"普遍服务义务"始终没有界定,以及对地处基层的农村企业怎样才算不履行普遍服务义务很难检查和确定,所以这些规定只起到了造声势的作用,目前还很难具体落实。

此后,在原信息产业部经济调节与通信清算司的领导下,由原信息产业部通信清算中心邀请有关学者组成电信普遍服务项目组,负责起草《电信普遍服务成本补偿管理办法》。在起草过程中,项目组广泛征求了信息产业部各司局、专家学者、各主要电信企业、增值服务提供商、各地方通信管理局等各方面的意见。原信息产业部综合规划司也组织专家成立课题组,从规划和建设角度,对电信普遍服务成本进行了研究。2000 年 9 月,在西部大开发与通信发展研讨会上,原信产部主管领导宣称:中国将在"十五"(2001—2005 年)期间建立以普遍服务基金为核心的普遍服务体制。

2001 年国务院在《关于印发电信体制改革方案的通知》中提出,"……尽快建立普遍服务基金,各电信运营商企业均应承担普遍服务,促进电信普遍服务机制的转变,保障市场经济条件下的普遍服务"。这是国务院首次在公开的正式文件里提出在我国建立普遍服务基金。2002 年 5 月 30 日,在 APEC 第五次电信部长会议新闻发布会上,原信产部部长吴基传表示,为加快农村特别是西部地区农村地区经济的发展,缩小我国贫困地区和发达地区之间的"数字鸿沟",国务院拟建立电信普遍服务基金。在 2003 年的全国信息产业工作会议上,"建立普遍服务机制"又被定为当年的重要工作,并有消息称,会非常快地出台普遍服务基金。然而,普遍服务基金仍然千呼万唤未出来,可见改革之艰难。

2004年年初,在普遍服务基金仍未建立的情况下,政府出台了以行政命令指定提供普遍服务地域范围的分片包干制度,这种制度是对普遍服务基金制度的一种过渡形式。分片包干制度在本质上虽然还是属于企业内部交叉补贴机制,但是普遍服务义务的承担者却由原有的一家运营商增加到市场中的六家运营商,同时也标志着对普遍服务义务的规制从"非对称性"开始向"竞争中性"转变。分片包干制度从2004年实行以来,对我国电信普遍服务的发展起着重要的推动作用。然而,实践中分片包干制度也存在一些问题。如由于政府对企业完成任务的情况缺乏有效的监督,因此在实际的操作中,市场的竞争并不像预期的那么激烈,2007年,中国电信和中国网通双方甚至还签署了互不在对方的主导地区进行大规模拓展的合作协议。在缺乏有效竞争的背景下,分片包干制其实是延续了以前垄断时期的交叉补贴模式,各电信企业在自己负责的区域内依然保持着垄断地位,形成了市场的分割垄断。

12.4.3 村通工程

我国的"村村通电话"工程几乎可以追溯到近半个世纪以前,1958年,以农村人民公社为主体设立有线广播站、电话交换所,掀起了连接各个生产大队(现在的行政村)的"队队通电话、通广播"的热潮。当时,公社电话所多为10～200的磁石、共电交换机,用户线路为木杆、竹竿架着粗细不等的铁线,虽说通话质量较差,也没有普遍服务的概念,但在多数地区确实基本实现了"村通"。

20世纪90年代中期,我国开始提出并推广的村村通电话的工程,实际上一直是我国电信普遍服务的主要目标。为了实现这样的目标,除了主管部门的政策条文外,很多地方政府对实现村村通给予了种种实际的帮助。这些包括省管局补贴农村电话建设、对完成放号任务的予以表扬奖励、资金使用权下放、地方政府直接投资局房改建、以批地皮等形式的间接投资、减免税收和亏损补贴等优惠政策、出资奖励先进、协调占地纠纷、出面宣传动员,组织"电话村"的会展等,所有这些都对实现村通起到了很大的推动作用。90年代中期的"电话村"是调动了地方各级政府、用户、电信企业三方积极性的产物,也应当成为今后村通工作的思路。

后来,虽然有了相关条例规定、国务院文件和企业、地方的努力,但由于上述所说的原因,电信普遍服务成本补偿管理办法和电信普遍服务基金等配套措施尚未落实,具体的普遍服务机制仍然是空白,而电信市场竞争越来越激烈,初装费等优惠政策取消,企业越来越不愿意投入巨额资金到农村亏损地区,村通工程进展受到影响,造成越来越低的村通增长率。如1999年电信拆分以前,村村通电话的比例每年都有10个百分点左右的提高,1999年之后增长明显放缓,原邮电部制订的"九五"发展计划中提出了"村村通电话"的目标为到2000年基本实现村村通电话,但这一目标届时并未实现,到2000年年底,村通的比率仅为82.9%。还有近20%的未通电话的行政村,这些行政村主要集中在中西部地区,还需要继续投入巨额资金。

"十五"(2001—2005年)期间,邮电通信"十五"规划提出的发展目标是:到2005年年底,在全国至少有95%的行政村开通电话。到2004年年初,距离这一目标还有4万个行政村需要开通电话。为确保完成这一任务,2004年1月,原信息产业部下发了《关于在部分省区开展村通工程试点工作的通知》,同时出台了《农村通信普遍服务——村通工程实施方案》(简称村通工程方案)。《村通工程方案》要求信息产业部依照《电信条例》指定六家基础电信业务经营者采取"分片包干"的方式承担通信普遍服务义务,以完成"十五"规划中农村通信发展目标。具体做法是将全国现有的31个省、市、自治区视为31个普遍服务地区(也就是假设31个地区都存在需要进行补贴的项目),对每个地区按照提供普遍服务的难易程度进行综合评估打分,得出普遍服务任务量,然后在各运营商之间进行组合分配。运营商所承担的义务多少和其在电信业务市场上的收入成正比例关系。具体实施计划和成本由各家企业按照整体目标制定并承担。2005年11月27日,信息产业部村村通电话工程现场总结大会在陕西延安召开。在信息产业部和各地方政府及各大运营商的共同努力下,邮电十五规划村通任务提前完成,4万多个行政村新开通了电话,全国96%行政村都已开通电话,已超过十五规划制定的95%的目标。

"十一五"(2005—2010年)期间,村通工程继续实施。2007年,根据原信息产业"十一五"规划和部重点工作部署,在行政村的村村通电话工程(以下简称行政村村通工程)取得显著成效的基础上,信息产业部决定在全国正式启动自然村的村村通电话工程(简称自然村村通工程)。考虑到"十一五"期间行政村和自然村通电话工程同步推进的客观现实,部署确定"十一五"期间2007—2010年自然村村通工程总体目标为完成5万个左右20户以上已通电自然村的通电话工程,使全国自然村通电话比率提高2~3个百分点,基本实现全国20户以上已通电自然村通电话。在实施方法上,继续沿用行政村村通工程的"分片包干"原则,综合考虑各电信运营企业的收入、利润等经济指标,确定各企业承担任务的比例。综合考虑各企业现有网络的地域分布、并尽量体现"任务重的省份多家参与""谁完成的行政村,谁负责其下属自然村"等原则,确定各企业承担任务的省份。实践中,六家基础电信运营企业在发挥光电缆固定通信、GSM/CDMA移动通信等成熟技术优势,延伸现有通信网络覆盖农村地区的同时,还充分利用了移动边际网、卫星移动电话等改进型技术手段,同时联手设备制造业和科研机构针对我国农村特色,因地制宜,自主创新,利用SCDMA、农村信息机、宽带加机顶盒、VSAT加小交换机等特色手段解决边远农村通信和信息服务问题,取得了良好效果,带动了相关产业链发展。此外,为推进普遍服务进程,2006年财政部出台了《电信普遍服务资金使用管理暂行办法》。"十一五"期间,依照《电信普遍服务资金使用管理暂行办法》,国家财政对村通工程中建成项目的运营维护进行相应的亏损补贴。

截至2010年,村村通电话工程累计直接投资500亿元人民币。五年新增2.1万个偏远行政村通电话,实现了全国100%行政村通电话。在自然村通电话方面,五年新增9万个20户以上自然村通电话,全国通电话自然村比例提高了4个百分点,达到94%。100%乡镇通互联网,其中98%乡镇通宽带,80%的行政村基本具备宽带接入能力。另外,全国近一半乡镇建成信息服务站并基本形成县、乡、村三级信息服务体系,建成"农信通""信息田园""金农通"等全国性农村综合信息服务平台,涉农互联网站近2万个。

"十二五"期间(2010—2015年),为进一步加强农村通信基础设施建设,提升农村信息服务能力,推进通信基本公共服务均等化,在全面实现"十一五"规划的"村村通电话,乡乡能上网"目标基础上,提出"十二五"村通工程的总体发展目标为"宽带进行政村,电话进自然村"。以行政村通宽带、20户以上自然村通电话、信息下乡三方面为重点,持续推进电信普遍服务和农村信息化工作,以信息通信的发展助力农村经济社会的发展。

2015年10月,为促进农村电子商务发展,国务院召开常务会议决定,完善农村及偏远地区宽带电信普遍服务补偿机制,缩小城乡数字鸿沟,并加快发展农村电商,通过壮大新业态促消费惠民生。对于农村宽带覆盖,会议明确了未来的发展目标:加大中央财政投入,引导地方强化政策和资金支持,鼓励基础电信、广电企业和民间资本通过竞争性招标等公平参与农村宽带建设和运行维护，同时探索 PPP、委托运营等市场化方式调动各类主体参与的积极性，力争到 2020 年实现约 5 万个未通宽带行政村通宽带、3 000 多万农村家庭宽带升级，使宽带覆盖 98％的行政村，并逐步实现无线宽带覆盖，预计总投入超过 1 400 亿元人民币。

12.4.4 宽带中国战略

近年来，从全球范围看，宽带网络正推动新一轮信息化发展浪潮，众多国家纷纷将发展宽带网络作为战略部署的优先行动领域，作为抢占新时期国际经济、科技和产业竞争制高点的重要举措。为加强战略引导和系统部署，推动我国宽带基础设施快速健康发展，国务院于 2013 年 8 月发布了《"宽带中国"战略及实施方案》，明确提出宽带中国战略的发展目标是：到 2015 年，初步建成适应经济社会发展需要的下一代国家信息基础设施。基本实现城市光纤到楼入户、农村宽带进乡入村，固定宽带家庭普及率达到 50％，第三代移动通信及其长期演进技术（3G/LTE）用户普及率达到 32.5％，行政村通宽带（有线或无线接入方式，下同）比例达到 95％，学校、图书馆、医院等公益机构基本实现宽带接入。城市和农村家庭宽带接入能力基本达到 20 Mbit/s 和 4 Mbit/s，部分发达城市达到 100 Mbit/s。宽带应用水平大幅提升，移动互联网广泛渗透。网络与信息安全保障能力明显增强。

到 2020 年，我国宽带网络基础设施发展水平与发达国家之间的差距大幅缩小，国民充分享受宽带带来的经济增长、服务便利和发展机遇。宽带网络全面覆盖城乡，固定宽带家庭普及率达到 70％，3G/LTE 用户普及率达到 85％，行政村通宽带比例超过 98％。城市和农村家庭宽带接入能力分别达到 50 Mbit/s 和 12 Mbit/s，发达城市部分家庭用户可达 1 Gbit/s。宽带应用深度融入生产生活，移动互联网全面普及。技术创新和产业竞争力达到国际先进水平，形成较为健全的网络与信息安全保障体系。

为完成上述目标，实施方案还提出了技术路线和时间表、重点任务和政策措施。其中实施宽带中国战略的时间表和具体任务如表 12-4 所示。

① 全面提速阶段（至 2013 年年底）。重点加强光纤网络和 3G 网络建设，提高宽带网络接入速率，改善和提升用户上网体验。

② 推广普及阶段（2014—2015 年）。重点在继续推进宽带网络提速的同时，加快扩大宽带网络覆盖范围和规模，深化应用普及。

③ 优化升级阶段（2016—2020 年）。重点推进宽带网络优化和技术演进升级，宽带网络服务质量、应用水平和宽带产业支撑能力达到世界先进水平。

在相关配套政策措施中，进一步明确了加大财政资金支持。完善电信普遍服务补偿机制，形成支持农村和中西部地区宽带发展的长效机制。充分利用中央各类专项资金，引导地方相关资金投向宽带网络研发及产业化，以及农村和老少边穷地区的宽带网络发展。对西部地区符合条件的国家级开发区宽带建设项目贷款予以贴息支持。

加强税收优惠扶持。将西部地区宽带网络建设和运营纳入《西部地区鼓励类产业目录》，扶持西部地区宽带发展。结合电信行业特点，在营业税改增值税改革中，制定增值税相关政策与征管制度，完善电信业增值税抵扣机制，支持宽带网络建设。

完善投融资政策。将宽带业务纳入《中西部地区外商投资优势产业目录》。推进专利等知识产权质押融资工作，加大对宽带应用服务企业的融资支持力度，积极支持符合条件的宽带应用服务企业在海内外资本市场直接融资。完善基础电信企业经营业绩考核机制，进一步优化基础电信企业经济增加值考核指标，引导宽带网络投资更多地投向西部和农村地区。

表 12-4 宽带中国发展目标与发展时间表

指标	2013 年	2015 年	2020 年
宽带用户规模			
固定宽带接入用户/亿户	2.1	2.7	4.0
其中:光纤到户(FTTH)用户	0.3	0.7	—
其中:城市宽带用户	1.6	2.0	—
农村宽带用户	0.5	0.7	—
3G/LTE 用户/亿户	3.3	4.5	12
宽带普及水平			
固定宽带家庭普及率/(%)	40	50	70
其中:城市家庭普及率	55	65	—
农村家庭普及率	20	30	—
3G/LTE 用户普及率/(%)	25	32.5	85
宽带网络能力			
城市宽带接入能力/Mbit·s^{-1}	20(80%用户)	20	50
其中:发达城市		100(部分城市)	1 000(部分用户)
农村宽带接入能力/Mbit·s^{-1}	4(85%用户)	4	12
大型企事业单位接入带宽/Mbit·s^{-1}		大于 100	大于 1 000
互联网国际出口带宽/Mbit·s^{-1}	2 500	6 500	—
FTTH 覆盖家庭/亿个	1.3	2.0	3.0
3G/LTE 基站规模/万个	95	120	—
行政村通宽带比例/(%)	90	95	>98
全国有线电视网络互联互通平台覆盖有线电视网络用户比例/(%)	60	80	>95
宽带信息应用			
网民数量/亿人	7.0	8.5	11.0
其中:农村网民	1.8	2.0	—
互联网数据量(网页总字节)/TB	7 800	15 000	—
电子商务交易额/万亿元	10	18	—

12.4.5 "十三五"期间我国普遍服务的目标

事实上,早在 2015 年年末,为贯彻落实《国务院关于印发"宽带中国"战略及实施方案的通知》和《国务院办公厅关于加快高速宽带网络建设推进网络提速降费的指导意见》,推动农村及偏远地区宽带建设发展,财政部、工信部就联合发布了《关于开展电信普遍服务试点工作的通知》,提出:按照"中央资金引导、地方协调支持、企业为主推进"的思路,开展电信普遍服务试点工作,推动农村及偏远地区宽带建设发展,促进城乡基本公共服务均等化,带动农村经济社会和信息化水平不断提升,助力实现 2020 年 98% 的行政村通宽带、农村宽带接入能力超过 12 Mbit/s 等"宽带中国"战略目标。为实现普遍服务试点工程目标,应遵循下列基本原则。

(1) 政府引导、企业为主推进

企业是电信普遍服务的市场主体,承担农村宽带建设和运行维护任务。有关电信基础设施服务企业做好基站选址和铁塔等建设和运行维护支撑服务。加强中央财政资金引导,带动地方政府加强统筹和政策支持,促进企业承担市场主体责任,共同推动农村及偏远地区宽带建设发展。

(2) 公平竞争、市场化运作

坚持市场化运作,通过公开招标选定电信普遍服务实施企业,统筹予以支持。结合国家宽带接入业务向民间资本开放和三网融合等工作的进展,鼓励民间资本及广电企业公平参与竞争,充分调动各类企业参与电信普遍服务的积极性。

(3) 政府监管、公众监督

建立健全竣工验收和监督检查等工作机制,推动试点地区落实承诺的支持政策,促进中标企业按照政府采购合同履约尽责,确保试点工作取得实效。建立试点工作公示机制,及时向社会通报工作进展,主动接受社会公众监督。

"十三五"开局后,为全面提升我国的信息化发展水平,促进经济发展方式的转变,我国国民经济和社会发展《"十三五"规划建议》中,明确提出:"实施网络强国战略,加快构建高速、移动、安全、泛在的新一代信息基础设施。"要"完善电信普遍服务机制,开展网络提速降费行动,超前布局下一代互联网"。

为落实国家"十三五"规划纲要,工业和信息化部编制出台了信息通信业"十三五"发展规划。规划中针对完善基础设施发展重点,提出五项发展内容,其中与普遍服务相关的有构建新一代信息基础设施和提升农村及边远地区信息通信水平两项内容。在第一项内容中,规划提出的目标是推动高速光纤宽带网络跨越发展。基本完成老旧小区光网改造,实现城镇地区光网覆盖,提供 1 000 Mbit/s 以上的接入服务能力,大中城市家庭用户带宽实现 100 Mbit/s 以上灵活选择。基本实现行政村光纤通达,有条件的地区提供 100 Mbit/s 以上的接入服务能力,半数以上农村家庭用户带宽实现 50 Mbit/s 以上灵活选择。推进超高速、大容量光传输技术应用,升级骨干传输网,提升高速传送、灵活调度和智能适配能力。

加快建设先进泛在的无线宽带网。促进城市和农村地区无线宽带网络的协调发展,实现 4G 网络深度和广度覆盖。完善城镇热点公共区域 WLAN 覆盖。加强城市通信基础设施专项规划与城市总体规划的衔接,满足通信管线、机房、基站等通信基础设施的建设需求。统筹卫星通信系统建设,与地面信息通信基础设施实现优势互补融合发展。以需求为导向,灵活选取无线宽带接入技术,加快边远山区、牧区及岛礁等网络覆盖。

在第二项内容中,规划提出的发展目标是落实国务院关于完善农村及偏远地区宽带电信普遍服务补偿机制的要求,加快农村互联网基础设施建设步伐,扩大光纤网、宽带网在农村的有效覆盖,农村家庭宽带用户基本实现 12 Mbit/s 以上的接入服务能力。扩大信息进村入户覆盖面,力争到 2020 年实现宽带网络覆盖 90% 以上的建档立卡贫困村,助力打赢脱贫攻坚战。

附录 A 拉姆塞定价的证明

不失一般性，假设被管制企业生产两种产品 X_1, X_2，价格为 P_1, P_2，企业必须在预算平衡的前提下实现社会福利最大化。假设经济体系中所有的消费者都是一样的。定价目标是使具有代表性的消费者的福利最大化。假设消费者用于两种商品的总支出不变，为 M。消费者的间接效用函数由 $V(P_1, P_2, M)$ 表示，那么最大化问题就可以转化为对以下拉格朗日函数求最大化问题：

$$L = V(P_1, P_2, M) + \lambda [P_1 X_1 + P_2 X_2 - C(X_1, X_2)] \tag{A-1}$$

选择适当的价格 P_1, P_2，使得消费者的效益最大化，最大化的一阶条件为

$$\frac{\partial V}{\partial P_1} + \lambda \left[(P_1 - c_1)\frac{\partial X_1}{\partial P_1} + (P_2 - c_2)\frac{\partial X_2}{\partial P_1} + X_1 \right] = 0 \tag{A-2}$$

$$\frac{\partial V}{\partial P_2} + \lambda \left[(P_1 - c_1)\frac{\partial X_1}{\partial P_2} + (P_2 - c_2)\frac{\partial X_2}{\partial P_2} + X_2 \right] = 0 \tag{A-3}$$

其中，c_1, c_2 为边际成本。

根据罗尔等式，利用间接效用函数的性质 $\partial V/\partial P = -\alpha X_i, i = 1,2$。其中 α 为收入的边际效用。对式(A-2)和式(A-3)进行整理可以得到

$$\sum_{i=1}^{2} (P_i - c_i) \frac{\partial X_i}{\partial P_k} = -\left(\frac{\lambda - \alpha}{\lambda}\right) X_k \quad k = 1, 2 \tag{A-4}$$

进一步引进斯拉茨基方程

$$\frac{\partial X_i}{\partial P_k} = S_{ik} - X_k \frac{\partial X_i}{\partial M} \quad k = 1, 2 \tag{A-5}$$

其中，S_{ik} 为斯拉茨基方程中的替代效应项。将式(A-5)代入式(A-4)并稍作调整后有

$$\sum_{i=1}^{2} (P_i - c_i) S_{ik} = -\left(\frac{\lambda - \alpha}{\lambda}\right) X_k + \sum_{i=1}^{2} (P_i - c_i) X_k \frac{\partial X_i}{\partial M} \tag{A-6}$$

将 X_k 从式(A-6)的右边各项中提出，并令

$$\theta = 1 - \frac{\alpha}{\lambda} - \sum_{i=1}^{2} (P_i - c_i) \frac{\partial X_i}{\partial M} \tag{A-7}$$

其中，θ 对于产品1和产品2相同。式(A-7)就可以简化成

$$\sum_{i=1}^{2} (P_i - c_i) S_{ik} = -\theta X_k, \quad k = 1, 2 \tag{A-8}$$

由于在斯拉茨基方程中的替代效应 $S_{ik} = S_{ki}$，因此式(A-8)还可以写成

$$\sum_{i=1}^{2} (P_i - c_i) S_{ki} = -\theta X_k, \quad k = 1, 2 \tag{A-9}$$

式(A-9)具有丰富的含义。首先，由于斯拉茨基方程中替代效应代表价格偏离边际成本所引起的扭曲，因此，式(A-9)的含义就是：价格偏离边际成本对于每一种商品 X_k 的相对扭曲程度是一样的，都为比例系数 θ。也就是说，在边际成本定价存在亏损的情况下，企业为了保持预算平衡，价格偏离边际成本，如果由于偏离所引起的损失得到了补偿，那么价格偏离要求消费者对于每一种商品的减少量都是同比例的。如果将式(A-9)写成下面的等式就更加明显

$$\frac{\sum_{i=1}^{2}(P_i - c_i)S_{ki}}{X_k} = -\theta \tag{A-10}$$

同时,式(A-10)表明:平衡预算约束下的最优价格并不要求价格偏离边际成本成比例(也就是不要各种商品的价格等比例上升),而是要求消费者对每一种商品的消费等比例下降。

其次,由于 θ 在经济学中具有特殊的含义,在最优税收理论中用它来表示"沮丧指数"反映税收征收引起价格偏离边际成本给消费者带来的沮丧程度。因此,此定价要求价格结构给消费者带来的沮丧指数在每一种商品上都是相同的。

最后,如果假设产品的需求相互独立,$\partial X_1/\partial P_2 = \partial X_2/\partial P_1 = 0$,由式(A-2)和式(A-3)就可以得到

$$\frac{P_1 - c_1}{P_1} = \frac{\lambda - \alpha}{\lambda \varepsilon_1}, \frac{P_2 - c_2}{P_2} = \frac{\lambda - \alpha}{\lambda \varepsilon_2} \tag{A-11}$$

或

$$\frac{(P_1 - c_1)/P_1}{(P_2 - c_2)/P_2} = \frac{\varepsilon_2}{\varepsilon_1} \tag{A-12}$$

这就是著名的拉姆塞定价。

附录 B 斯诺登事件及其反映的我国信息安全隐患

2013 年 6 月，曾经就职于美国中央情报局和美国国家安全局的爱德华·斯诺登将美国政府的"PRISM"（棱镜）监听计划曝光在人们的视野内，引起世界舆论的一片哗然，也表明了网络信息安全在当今世界的重要性。斯诺登称，美国情报机构于 2007 年启动了一个代号为"棱镜"的秘密监控项目，在九家美国互联网公司中进行数据挖掘工作，从音频、视频、图片、邮件、文档以及链接信息中分析个人的联系方式与行动。甚至，在美国国家安全局设有一个名为"定制入口组织"的秘密机构，该组织的日常任务就是潜入国外目标计算机及电信系统，破解密码，解除保护目标计算机的电脑安全系统，盗走存储在计算机硬盘上的数据，复制所有的信息及数据后，通过电子邮件及短信发送系统进行传输，达到收集情报资料的目的。2013 年德国《明镜》周刊在其网站上曝光了一份美国 2010 年"监听世界"的地图，这份地图包含了世界 90 个大小国家的监控点，而中国作为东亚的首要监听对象，香港、北京、上海、成都、台北等城市榜上有名。自 2009 年以来，美国国家安全局一直从事入侵中国内地和香港电脑系统的活动，获得了有关中国国内所发生的"最好的、最可靠的情报"。

"棱镜"计划的曝光揭示了我国与发达国家在网络信息安全领域的差距，也暴露了我国信息网络存在的安全隐患。据称，在"棱镜"项目中，美国的 8 家互联网公司扮演了重要角色：思科、IBM、谷歌、高通、英特尔、苹果、甲骨文、微软，在中国长驱直入，占据政府、海关、邮政、金融、铁路、民航、医疗、军警等关键领域，而这些领域的关键信息与我国国家安全密切相关。表 B-1 列出了近年来部分国外大型互联网公司的在华项目。

表 B-1 部分国外大型互联网公司近年来在华项目（部分核心领域）

领域	合作时间	公司	在华合作对象	重点合作内容
政府机构	2012 年 4 月	英特尔	北京市科委、中关村管委会、海淀区政府和中国科学院自动化研究所	联合成立"中国英特尔物联技术研究院"，着力攻克智能感知、传输技术、大数据处理技术和共性技术基础研究等物联网技术，并开展共性技术基础研究
	2012 年 10 月	思科	上海市地震局	上海市地震局完成 UNIX 向思科统一计算系统的平滑迁移
	2013 年 1 月	思科	山东省潍坊市诸城教育局	通过思科统一计算架构平台向诸城教育局下属学校师生及教育系统员工提供"教育云"服务
	2013 年 4 月	IBM	云南省公安厅	利用 IBM System z 大型主机及 XIV 存储系统搭建统一的数据库支撑平台
	2013 年 5 月	微软	扬州市政府	在信息化应用孵化、软件产业培育、新一代信息技术研发、软件人才培养、知识产权保护等领域展开全方位的战略合作
	2013 年 6 月	IBM	山西省政府、太原市高新技术开发区等	共建智慧城市

续表

领域	合作时间	公司	在华合作对象	重点合作内容
军工	2012年12月	思科	中电科软件信息服务公司	组建合资公司,重点针对社会公共管理、行业信息化应用需求,提供有价值的端到端技术解决方案
IT	2011年1月	微软	上海致腾信息技术有限公司	面向国内中小企业市场推出托管服务
IT	2011年8月	微软	淘宝网	通过合作计划来促进互联网安全,并帮助保护用户的网络安全和隐私
制造	2013年1月	微软	三一集团	共同致力于知识产权保护,提升制造行业软件资产管理水平和信息化水平
金融	2000年3月	思科、IBM	农村信用合作社	致力于农信社网络和计算机应用系统的建设,二者的网络产品和服务器产品占有农信社95%的市场份额
金融	2003年6月	思科	中国人民银行	思科被指定为中国人民银行内联网升级扩容项目主要网络设备厂商,涉及中国人民银行的广域网和局域网建设,范围涵盖人民银行总行、省会级地级市中心支行,共计140多个省市
高校	2011年5月	微软	上海交通大学	联手搭建高校"云计算教学与科研平台"
交通	2011年9月	微软	东方航空	微软为东航提供信息技术支持

附录 C 国内外近年来影响较大的用户数据泄露案例

表 C-1 列出了国内外近年来影响较大的用户数据泄露案例。

表 C-1 近年来国内外影响较大的企业泄露用户数据案例

时间	涉及企业	涉及用户数	事由
2011 年	华盛顿邮报	127 万	匿名黑客盗取网站求职频道中的用户邮箱信息
2011 年	CSDN 社区	600 万	CSDN 遭黑客攻击,用户账号及明文密码泄露,用户资料被大量传播
2012 年	Sony PSN	7 700 万	三次遭遇黑客攻击,导致用户数据泄露
2012 年	Linkedin eHarmony Last.fm	800 万	黑客入侵盗取用户资料并上传至俄罗斯黑客论坛上
2013 年	Living Social	5 000 万	美国第二大团购网站,用户账户、密码、出生年月等信息泄露
2013 年	雅虎日本	2 200 万	雅虎日本监测到非官方的访问请求导致用户 ID 泄露
2014 年	支付宝	未知	支付宝前员工贩卖 20 G 用户资料,一条可卖数十元
2014 年	KB 国民卡、乐天卡及 NH 农协卡公司	2 000 万	韩国信用卡信息泄露,引发"销户潮"
2015 年	机锋科技	2300 万	黑客破解明文密码,用户名、注册邮箱、加密后的密码等信息泄露
2015 年	申通快递	3 万	黑客利用公司管理系统漏洞,侵入该公司服务器,非法获取个人信息之后非法出售
2016 年	时代华纳	32 万	用户的邮件和密码信息被网络黑客窃取
2016 年	MySpace	3.6 亿	黑客称拿到了全球第二大社交网站 MySpace 的 3.6 亿用户账号以及 4.27 亿密码

参 考 文 献

[1] 黄秀清,吴洪.通信经济学[M].3版.北京:北京邮电大学出版社,2012.
[2] 李正茂,中国移动通信研究院.通信4.0-重新法发明通信网[M].北京:中信出版集团股份有限公司,2016:36-38.
[3] 吴大鹏.移动互联网关键技术与应用[M].北京:电子工业出版社,2015.
[4] 王艳.移动互联网时代电信运营商的商业模式[M].北京:中国社会科学出版社,2015.
[5] 克劳斯·施瓦布.第四次工业革命转型的力量[M].李菁,译.北京:中信出版集团股份有限公司,2016.
[6] 诸幼侬,李国梁.邮电通信经济学[M].北京:中国经济出版社,1994:78-81.
[7] 唐·泰普斯科特.数据时代的经济学[M].毕崇毅,译.北京:机械工业出版社,2016.
[8] 凯文·凯利.新经济新规则[M].刘仲涛,译.北京:电子工业出版社,2014.
[9] 维克托·迈尔-舍恩伯格,肯尼斯·库克耶.大数据时代[M].盛杨燕,周涛,译.杭州:浙江人民出版社,2013.
[10] 阿里研究院.互联网3.0-云脑物联网创造DT新世界[M].北京:社会科学文献出版社,2016.
[11] 乌家培.信息社会与网络经济[M].长春:长春出版社,2002.
[12] 乌家培.经济、信息、信息化[M].大连:东北财经大学出版社,1996.
[13] 经济合作与发展组织.衡量数字经济:一个新的视角[M].张晓,译.上海:上海远东出版社,2016.
[14] 李艺铭,安晖.数字经济-新时代再起航[M].北京:人民邮电出版社,2017.
[15] 马化腾.数字经济:中国创新增长新动能[M].北京:中信出版集团有限公司,2017.
[16] 施振荣.联网组织—知识经济的经营之道[M].北京:生活·读书·新知三联书店,2000.
[17] 李建华,王贤理.企业国际联姻[M].沈阳:辽宁大学出版社,2008.
[18] 王广宇,丁华明.作业成本管理[M].北京:清华大学出版社,2005.
[19] 平狄克,鲁宾费尔德.微观经济学[M].4版.北京:中国人民大学出版社,2003.
[20] 骆品亮.定价策略[M].上海:上海财经大学出版社,2008.
[21] 杨君昌.公共定价理论[M].上海:上海财经大学出版社,2002.
[22] 戴维·M.纽伯里.网络型产业的重组与规制[M].何玉梅,译.北京:人民邮电出版社,2002.
[23] W.基普·维斯库斯.反垄断与管制经济学[M].4版.陈甬军,译.北京:中国人民大学出版社,2010.
[24] 唐E.沃德曼,伊丽莎白J.詹森.产业组织理论与实践[M].李宝伟,译.3版.北京:机械工业出版社,2009.
[25] 卡尔·夏皮罗,哈尔·瓦里安.信息规则:网络经济的策略指导[M].张帆,译.北京:中国人民大学出版社,2001.

[26] 欧阳武.美国的电信管制及其发展[M].北京:中国友谊出版公司,2000.
[27] 续俊旗,BerndHolznagel.融合背景下的中欧电信管制比较[M].北京:北京邮电大学出版社,2009:25-30.
[28] 林卫斌.网络型产业市场构造与规制:以电力行业为例[M].北京:北京大学出版社,2017.
[29] 赵卓.竞争、产权、规制与网络型基础产业绩效[M].广州:中山大学出版社,2009.
[30] 苏东水.产业经济学[M].北京:高等教育出版社,2008.
[31] 苏金生.管制模式与发展研究[M].北京:人民邮电出版社,2007.
[32] 何霞.网络时代的电信监管[M].北京:人民邮电出版社,2010.
[33] 夏大慰,史东辉.产业政策论[M].上海:复旦大学出版社,2007.
[34] 东鸟.2020世界网络大战[M].长沙:湖南人民出版社,2012.
[35] 朱跃东,柴欣.商业生态系统理论的应用——基于阿里巴巴的分析[J].中国商界,2010(2):188-189.
[36] 唐守廉,郑丽,王江磊.电信产业价值链的演变和价值网络[J].电信科学,2003(9):1-4.
[37] 王育民.从电信产业链到产业生态系统[J].通信企业管理,2004(3):28-30.
[38] 李殿伟,赵黎明.我国电信产业发展对策研究——基于生态系统的视角[J].科技进步与对策,2007(3):75-78.
[39] 李国杰,徐志伟.从信息技术发展的态势看新经济[J].中国科学院院刊,2017,32(3):233-238.
[40] 信息产业部电信研究院通信信息研究所.GDP与电信业发展关联性分析[R].2005.
[41] 赵利,张红霞,王振兴.技术进步对劳动就业影响作用的机理分析[J].山东财经学院学报,2012(5):101-110.
[42] 凯文·凯利.大数据时代没有旁观者[Z/OL].http://www.360doc.com/content/15/1204/22/476103_517978846.shtml.2015.12./2017.3.
[43] 中国政府网.国务院关于积极推进"互联网+"行动的指导意见,国发〔2015〕40号[DB/OL].http://www.gov.cn/2015.11/2017.3.
[44] 胡庄君,信息社会与互联网——信息社会与互联网发展指标体系研究[R].2007.
[45] 国家信息中心"信息社会发展研究"课题组.全球信息社会发展报告2016[DB/OL].http://www.docin.com/p-1675986724.html.2017/2017.8.
[46] 工业和信息化部.信息通信业发展规划2016—2020,工信部规〔2016〕424号[DB/OL].http://www.miit.gov.cn/n1146295/n1652858/n1652930/n3757016/c5465203/content.html.2017.1.17.
[47] 国家统计局设管司.统计上划分信息相关产业暂行规定[EB/OL].https://wenku.baidu.com/org/view?org=stats.2004.2.
[48] 中华人民共和国国家统计局.国民经济行业分类.GB/T 4754-2011及中国国民经济行业分类代码表(GB/T4754—2011)[S/OL].http://www.stats.gov.cn/tjbz/.2011.11.
[49] 国家统计局设管司.国家统计局关于印发《统计上划分信息相关产业暂行规定》的

通知. [S/OL]. http://www.stats.gov.cn/tjbz/t20040210_402369833.htm. 2004.2.10.

[50] 中华人民共和国国家统计局. 国统字〔2003〕14号,关于《三次产业划分规定》. [S/OL]. http://www.stats.gov.cn/tjbz/.2003.

[51] 中华人民共和国国家统计局. 中国国民经济行业分类(GB/T 4754—2002)[S/OL]. http://www.stats.gov.cn/tjbz/.2002.

[52] 中华人民共和国国务院. 中华人民共和国电信条例. [EB/OL]. http://www.miit.gov.cn/n11293472/n11294912/n11296257/11937080.html2017.

[53] 国务院关于修改部分行政法规的决定,中华人民共和国国务院令第666号[EB/OL]. 中国政府网,2016.

[54] 中华人民共和国工业和信息化部信息化推进司. 工业企业"信息化和工业化融合"评估规范(试行). [EB/OL]. (2011-11-29). http://www.miit.gov.cn/n11293472/n11293832/n12843986/14338976.html.

[55] 李国秋,吕斌. 国际标准产业分类新版(ISIC Rev. 4)的信息产业分类分析[J]. 知识、学习与管理,2010(5):118-124.

[56] 中国信息通信研究院(工业和信息化部电信研究院). 互联网发展趋势报告2017. [DB/OL]. https://wenku.baidu.com/view/8af9ed1ea31614791711cc7931b765ce05087a85.html.

[57] 晓镜. 国际电联发布2016版《衡量信息社会报告》,我国ICT发展指数进入亚太前十[N/OL]. 中国信息产业网-人民邮电报,2016.11.24

[58] 互联网实验室. 二十一世纪通信产业结构变革研究报告(全文)[DB/OL] http://www.docin.com/p-213162331.html&endPro=true2004.8/2017.8

[59] 姜奇平. 唯有美国意识到的数字时代秘密——读《浮现中的数字经济》[J]. 软件工程师,1998(5):44-44.

[60] 姜奇平. 实践检验真理——读美国数字经济白皮书2002_2003[J]. 互联网周刊,2004(12):60-61.

[61] 康铁祥. 中国数字经济测算研究[J]. 当代财经,2008(3):118-121.

[62] 腾讯研究院. 中国"互联网+"数字经济指数[R].2017.

[63] 丁声一,谢思森,刘晓光,国家信息中心. 英国《数字经济战略(2015—2018)》述评及启示[J]. 电子政务(E-GOVERNMENT),2016(4):91.

[64] 叶莉苹. 欧盟欲借力数字经济走出危机[N]. 中国财经报,2009.9.10第004版.

[65] 何枭吟. 美国数字经济研究[D]. 长春:吉林大学,2005.

[66] 郭永辉. 自组织生态产业链社会网络分析及治理策略——基于利益相关者的视角[J]. 中国人口、资源与环境,2014(11):120-125.

[67] 蔡小军,李双杰,刘启浩. 生态工业园共生产业链的形成机理及其稳定性研究[J]. 软科学,2006(3):12-15.

[68] 杨时,曾文超. 从价值链到价值网:对我国移动通信产业价值链演进的研究[J]. 科技进步与对策,2010(6):73-76.

[69] 吴金明,邵昶. 产业链形成机制研究——"4+4+4"模型[J]. 中国工业经济,2006(4):36-43.

[70] 龚勤林. 产业链空间分布及其理论阐释[J]. 生产力研究, 2007(16):106-107.
[71] 中国产业发展研究网. 我国通信行业产业链分析[EB/OL]. http://www.chinaidr.com/news/2016-04/95333.html, 2016-04-24.
[72] 工业和信息化部业务资源处. 工业和信息化部关于发布《电信业务分类目录(2015年版)》的通告[EB/OL]. http://www.miit.gov.cn/n1146285/n1146352/n3054355/n3057709/n3057714/c4564270/content.html. 2015-12-28.
[73] 工业和信息化部. 各年通信业经济运行情况和主要指标完成情况[EB/OL]. http://www.miit.gov.cn/n1146312/n1146904/n1648372/index.html.
[74] 黄秀清,司先秀. LRIC方法的实施难点及其解决方案[J]. 北京邮电大学学报:社会科学版, 2006(1):33-37.
[75] 万晓榆,梅丹,周燕. 基于参数法的中国电信产业规模经济性研究[J]. 北京邮电大学学报:社会科学版, 2013(2):56-63.
[76] 方蓓蓓. 作业成本法在IT企业成本核算中的应用研究[D/OL]. 南京大学, 2016.3. http://kns.cnki.net/kns/brief/default_result.aspx.
[77] 陈东明. 作业成本法在我国电信企业中的应用与推广研究[D]. 北京:北京邮电大学, 2008.
[78] 赵华赛,腾奎秀. 作业成本法在我国电信企业的应用分析[J]. 商业会计, 2014(10):63-65.
[79] 张伟. 阚凯力. 电信网络的二维成本分析[J]. 北京邮电大学学报:社会科学版, 2005(2):29-33.
[80] 吴立峰,杨乃定,杨芳. 邮政普遍服务成本测算研究[J]. 当代经济科学, 2009(7):76-79.
[81] 黄秀清,梁雄健. 通信管制新框架下的英国网间互联管制[J]. 北京邮电大学学报:社会科学版, 2006(12):100-104.
[82] 张薇. 电信资费理论与方法的研究[D]. 北京:北京邮电大学, 1999.
[83] 曾进. 我国电信资费上限规制研究[D]. 北京:北京邮电大学, 2007.
[84] 贺佳,刘丽文,姜涵. 全球电信资费监管转型对我国有何启示[N]. 人民邮电报-中国信息产业网, 2017.5.23
[85] 袁正,高伟. 中国电信业改革回顾、经验与问题[J]. 宏观经济研究, 2009(9):65-69.
[86] 邹文英. 中国电信业分拆式改革有效性的反思[J]. 中国经济问题, 2008(4):39-43.
[87] 陈亮. 中国电信业体制演进轨迹:1949—2009[J]. 改革, 2010(11):43-49.
[88] 张维迎,盛洪. 从电信业看中国的反垄断问题[J]. 改革, 1998(2):66-75.
[89] 卢志宏,何欣. 中国电信业重组后市场结构分析[J]. 兰州大学学报:社会科学版, 2009(1):130-133.
[90] 张锐. 百年并购世纪之末大回眸[J]. 企业文明, 1999(10):29-31.
[91] 肖林. 自然垄断行业的进入管制悖论——普遍服务义务、可维持性和市场效率[J]. 东南大学学报:哲学社会科学版, 2010(3):64-72.
[92] 夏大慰,史东辉. 市场经济条件下的政府规制:理论、经验与改革[J]. 上海社会科学

院学术季刊,2001(4):81-90.
[93] 马智敏.中国电信业技术进步贡献率分析[J].电信科学,2007(10):77-80.
[94] 曹建海.试论有效竞争[J].北京师范大学学报:社会科学版,1999(6):59-65.
[95] 黄秀清.通信网间互联管制制度研究[D].北京:北京邮电大学,2010.
[96] 王学睿.日本信息通信技术产业的规划及发展趋势[J].全球科技经济瞭望,2014(05):19-25.
[97] 杜云,张铭洪.管制与反垄断前沿理论和政策效率检验——一个基于实验经济学的研究模型[J].财经研究,2007(07):4-16.
[98] 蒋姗姗.基础电信业不正当竞争的法律规制研究[D].武汉:中南民族大学,2015.
[99] 唐子才.互联网规制理论若干问题的研究[D].北京:北京邮电大学,2006.
[100] 王林.互联网产业竞争和规制[D].南昌:江西财经大学,2013.
[101] 蔡翔.电信运营的漫漫兼并路[J].世界电信,1999(1):35-38.
[102] 马源,孙鑫.面向2020年的信息通信业监管战略[N].人民邮电,2016-7-27第6版.
[103] 王俊豪,沈吉.发达国家的电信管制机构及其启示[J].工业经济,2008(6):91-96.
[104] 陈凯.综观全球电信改革三要素,设独立管制机构应优先[N].通信信息报,2008.6.6.
[105] 何霞.日本电信市场、管制新动向[J].通信企业管理,2004(12):22-23.
[106] 日本将放松对公用电话安装的管制政策[N].人民邮电,2006-09-01(006).
[107] 韩国光电和通信监督体制发生重大变革[N].通讯企业管理,2008-04.
[108] 马欢.法国电信业的乔布斯[J].新经济,2014(12):25-25.
[109] 亚太博宇通信产业研究课题组.通信产业竞争情报监测报告:韩国计划引入第四家移动运营商旨在刺激市场竞争[R].2015.
[110] 亚太博宇通信产业研究课题组.通信产业竞争情报监测报告:日本移动宽带的现状与趋势[R].2017.
[111] 阚凯力.对于美国电信普遍服务政策的回顾与反思[J].邮电企业管理,1997(4):53-55.
[112] 中国政府网.国务院关于印发"宽带中国"战略及实施方案的通知,国发〔2013〕31[EB/OL].http://www.moe.gov.cn/jyb_xxgk/moe_1777/moe_1778/201401/t20140106_161881.html.2013.8.
[113] 中华人民共和国财政部经济建设司.关于开展电信普遍服务试点工作的通知,财建[2015]1032号[EB/OL].http://jjs.mof.gov.cn/zhengwuxinxi/tongzhionggao/201512/t20151225_1632388.html.2015.12.
[114] 工业和信息化部办公厅,财政部办公厅.关于印发《2016年度电信普遍服务试点申报指南》的通知.工信厅联通信函〔2015〕919号[EB/OL].http://jjs.mof.gov.cn/zhengwuxinxi/tongzhigonggao/201512/t20151225_1632393.html.2015.12.
[115] 工业和信息化部通信发展司.信息通信行业发展规划(2016—2020年)[EB/OL].http://www.miit.gov.cn/.2017.1.
[116] 惠志斌.新安全观下中国网络信息安全战略的理论构建[J].国际观察,2012(2):17-22.
[117] 方世敏.大数据面临的信息安全问题分析[J].计算机光盘软件与应用,2013(10):160-161.

[118] 杜伟,电信研究院.大数据引发的安全问题及应对措施[Z/OL]. http://www.miit.gov.cn/n1146312/n1146909/n1146991/n1648534/c3489225/content.html. 2014.3.

[119] 石月.新形势下的跨境数据流动管理[J].电信网技术,2015(4):48-50.

[120] 石月.数字经济环境下的跨境数据流动管理[J].信息安全与通信保密,2015(10):101-103.

[121] 王融,石月,电信研究院.国际个人信息保护立法的新趋势与启示[N].中国信息产业网-人民邮电报,2013.6.14.

[122] 王闯.加强跨境数据流动管理提升互联网治理能力[J].信息安全与通信保密,2015(6):52-53.

[123] 顾华详,安娜.国外依法保障网络信息安全措施比较与启示[J].上海政法学院学报,2011,26(2):112-122.

[124] 程群.美国网络安全战略分析[J].太平洋学报,2010,18(7):72-82.

[125] 武爱芳.2003—2013年全球网络和信息安全发展动态[J].信息安全与通信保密,2013(12):48-56.

[126] 王玉清.欧盟信息安全管理对我国的启示[J].金融科技时代,2012(5):74-76.

[127] 张伟.欧盟公布网络安全战略[Z].新华网,2013年2月7日.

[128] 陈水媛.欧洲网络与信息安全局发布政府云部署指南[N].人民邮电报,2013.12.18.

[129] 尹建国.美国网络信息安全治理机制及其对我国之启示[J].法商研究,2013(2):138-146.

[130] 郭春涛.欧盟信息网络安全法律规制及其借鉴意义[J].信息网络安全,2009(8):27-30.

[131] 张新宝.中国个人数据保护立法的现状与展望[Z/OL]. http://www.docin.com/p-1457283571.html. 2007.

[132] 徐东华,葛蕾蕾.政府信息安全组织体系研究[J].云南行政学院学报,2008,10(6):64-66.

[133] 吴定平.确保网络安全各国加强顶层设计[OL].新华网,2014.2.26.

[134] 芦岩,陈柳钦.完善我国电信业普遍服务政策[J].中共四川省委党校学报,2006(1):24-28.

[135] 耀文.全国电信普遍服务试点工作现场交流会召开[N].中国电子报,2017-01-24(001).

[136] 岳宇君,胡汉辉.邮政普遍服务基金:国际经验与中国选择[J].中国流通经济,2016(03):49-54.

[137] 中国通信网C114.寻找宽带普遍服务的中国路径[OL]. http://www.c114.net/news/46/a731894.html.

[138] 夏文,韩蕊.电信普遍服务工作任重道远[J].通信世界,2016(12):21-22.

[139] 晓镜.美国启动全方位宽带普遍服务基金[N].人民邮电,2012-05-09(005).

[140] 白春霞.美国宽带普遍服务基金力促宽带普及[J].世界电信,2012(Z1):49-51.

[141] 张丽.美国宽带普遍服务实践及启示[J].中国电信业,2013(06):48-49.

[142] 曹淼.宽带普遍服务机制如何建立[N].中国信息产业网-人民邮电报,2015.4.21.
[143] 王俊豪.我国电信普遍服务面临的问题与对策[J].经济管理,2002(9):72-74.
[144] 王俊豪.美国的电信普遍服务政策及其启示[J].科技进步与对策,2004(2):33-35.
[145] 王俊豪,沈吉.发达国家的电信管制机构及其启示[J].工业经济,2008(6):91-96.
[146] 王红梅.竞争环境下电信行业的普遍服务[J].世界电信,1996(3):8-10.
[147] 蔡翔.何为电信普遍服务[J].通信世界,2001(16):9-9.
[148] 蔡翔.走中国特色的普遍服务发展之路[J].通信世界,2003(26):19-20.
[149] 游五洋.我国电信普遍服务现状分析和研究[J].当代通信,2002(1):15-17.
[150] 廖继宏.我国电信普遍服务成本分析[D].北京:北京邮电大学,2006.
[151] 柳强,唐守廉.基于博弈模型的电信普遍服务基金分配机制[J].北京邮电大学学报,2007(3):93-95.
[152] 张晓铁.关于建立电信普遍服务成本补偿机制的探讨[J].邮电企业管理,2001(11):4-6.
[153] 吴洪,张晓铁.市场环境下普遍服务成本补贴计算方法[J].通信企业管理,2003(9):36-38.
[154] 梁雄健.对普遍服务成本补偿机制的经济分析[J].世界电信,2003(8):30-33.
[155] J.-J.拉丰,张昕竹.发展中国家普遍服务义务的经济分析[J].当代财经,2004(1):5-13.
[156] 杨培芳.电信普遍服务的新经济学思考[J].通信管理与技术,2004(2):11-13.
[157] 吴洪.中国电信普遍服务:目标、手段与机制[J].经济管理,2003(2):74-82.
[158] 吕志勇,陈宏民.定价约束、社会福利与电信普遍服务机制设计[J].上海交通大学学报,2005(3):492-495.
[159] 北京邮电大学经济管理学院.信息化与工业化融合评价指标体系的研究[R].2009.
[160] International TelecommunicationUnion,ITU-D. Measuring the Information Society[M]. CH-1211 Geneva Switzerland. 2010.
[161] International TelecommunicationUnion,ITU-D. YEARBOOK OF STATISTICS,Telecommunication/ICT Indicators Chronological Time Series 1999-2008[M]. CH-1211 Geneva 20,Switzerland. 2009.
[162] International TelecommunicationUnion. Trends in Telecommunication Reform 2009[M]. CH-1211 Geneva,Switzerland.
[163] SteveDitlea. Mother Knows Best[J]. Context,Fall 1998.
[164] Baldwin,C. Y.,K. B. Clark,Modularity in Design:An Analysis Based on the Theory of Real Options[Z]. Harvard Business School Working Paper,1994.
[165] Lewin,Roger,Teresa Parker,andBirute Regine,Complexity Theory and the Organization:Beyond the Metaphor[J],Complexity,1998. 3(4):36-40.
[166] BarryRabkin,David Bradford. Evolution Theory[J]. Best's Review,2002,103(4):43-43.
[167] Heeres R P,Vermeulen W J V,De Walle F B. Eco-industrial Park Initiatives in the USA and the Netherlands:First Lessons[J]. Journal of Cleaner Production,

2004,(12):985-995.

[168] Xu D W,Wang Z Y,Xie C X. Industrial Symbiotic Link between Business Analysis and Comparison-to Denmark Kalundborg Industrial Symbiosis for Example[J]. Industrial Technology and Economy,2005,24(1):63-66.

[169] Han L, Song T, Tong L J. Models of Typical Eco-industrial Parks and References to China[J]. Scientia Geographica Sinica,2006, 26(2):237-243.

[170] Gertler N. Industry ecosystems: Developing sustainable industrial structures [D]. Cambridge, Massachusetts: Massachusetts Institute of Technology, 1995.

[171] Wiedmann T, Minx J, Barrett J, Wackernagel M. Allocating ecological footprints to final consumption categories with input-out put analysis. Ecological Economics, 2006, 56(1):28-48.

[172] Ulanowicz R E. Growth and Development: Ecosystems Phenomenology. New York: Springer, 1986.

[173] Bluthgen N. Why network analysis is often disconnected from community ecology: a critique and an ecologist's guide. Basic and Applied Ecology. 2010, 11(3):185-195.

[174] Richard D. Emerson, "Theoretical Foundation of Network Costs", in William Pollard ed., *Marginal Cost Techniques for Telephone Services: Symposium Proceedings*, the National Regulatory Research Institute, 1991:160.

[175] OzShy. The Economics of Network Industries[M]. UK: Cambridge University Press,2001.

[176] Rahul C Basole, Hyunwoo Park, Brandon C Barnett. Coopetition and Convergence in the ICT Ecosystem[J]. Telecommunications Policy, 2015 (39):537-552.

[177] Jipp A. Wealth of nations and telephone density[J]. ITU telecommunication Journal, 1963(30):199-201.

[178] Hardy A. The role of the telephone in economics development[J]. Telecommunication Policy,1980(4):278-286.

[179] Carr G W,Telecommunication's conteibution to economic development[J]. Conference record"World Prosperity Through Communication", IEEE International Conference, Vol(1),P319-323,1989.

[180] Norton S. Transaction costs, telecommunication, and the microeconomics of macroeconomic growth[J]. Economic development and acultual change, 1992(41):175-196.

[181] ITU. Trend of telecommunications, Hands-on or hands-off? Stimulating growth through effective ICT regulation[R]. (2009).

[182] ITU, Next generation networks(NGN) regulation review. [R]. Dubai World Trade Center, Dubai United Arab Emirates,5-7, February, 2007.

[183] Wilson, R. Nonlinear Pricing[M]. New York: Oxford University Press, 1993.

[184] Braeutigam R R. Optimal Policies for Natural Monopolies, in Schmalensee, R and Willig, R D. eds. Handbook of Industrial Organization, Vol. II, Amsterdam: Elsevier,

1289-1346, 1989.

[185] Nongluk Buranabunyut, James Peoples. An empirical analysis of incentive regulation and the allocation of inputs in the US telecommunications industry[J]. Journal of Regulatory Economics, 2012, 41 (2):181-200.

[186] Clark JM. Toward a Concept of Workable Competition[J]. American Economic Review,1940,30(2):241-256.

[187] ChristianJaag, UrsTrinkner, Pricing in competitive two- sided mail markets[J]. Swiss Economics Working paper 0007,2007(7):1-18.

[188] Sosnick S H. A Critique of Concepts of Workable Competition [J]. The Quarterly Journal of Economics, 1958, 72(3):380-423.

[189] HAMMAMI M, Ruhashyankiko F, Yehoue E. Determinants of Public-Private Partnerships in Infrastructure [J]. IMF Working papers, 2006(6).

[190] ESTACHE A, SEREBRISKY T. Where Do We Stand on Transport Infrastructure Deregulation And Public-Private Partnership? [J]. World Bank Policy Research Working Paper, 2004.

[191] Ng S T, Xie J Z, Cheung Y K. Jefferies M, 2007,"A Simulation Model for Optimizing the Conce- ssion Period of Public -Private Partnership Schemes"[J], International Journal of Project Management, 2007 (25):791-798.

[192] Armstrong, Mark, David E M. Sappington. Regulation, Competition and Liberalization [J]. Journal of Economic Literature, 2006, 44(2):325-366.

[193] H Cremer, FGasmi, A Grimaud, J J Laffont. The Economics of Universal Service:Theory[R]. The Economic Development Institute of the WorldBank. 1998.

[194] H Cremer, FGasmi, A Grimaud and J J Laffont. Universal Service:An Economic Perspective [J]. Annals of Public and Cooperative Economics,2001,72(1): 5-42.

[195] Helene Bourguignon, ThomasCazenave. Universal service quality constraint and competition[J]. Revue francaised,d'eonomie,2006:125-151.

[196] Antonio Estaehea, Jean- Jaeques Laffont,Xinzhu Zhang. Universal service obligations in LDCs:The effect of uniform Pricing on infrastructure access[J]. Journal of Public Economics,2006,90(6-7):1155-1179.

[197] J C Panzar. A methodology for measuring the costs of universal service obligations [J]. Information Economics and Policy,2000(12):211-220.

[198] Christian Jaag. Entry Deterrence and the Calculation of the Net Cost of Universal Service Obligations[J]. Review of Network Economics,2010.

[199] Pio Baake. Price Caps,Rate of Return Constraints and Universal Service Obligations [J].Journal of Regulatory Economics,2002,21(3):289-304.

[200] F Mirabela, J-C Poudoua, M Roland. Universal service obligations:The role of subsidization schemes[J]. Information Economics and Policy,2009,21(1):1-9.

[201] Angele A. Gilroy. Universal service Fund:Background and Options for Reform [R]. Congressional Research Service. 2010.

[202] Heather E Hudson. The Future of the E-Rate: U. S. Universal Service Fund Support for Public Access and Social Services[R]. A Policy Agenda for the New Administration.

[203] James Alleman, Paul Rappoport, Aniruddha Banerjee. Universal Service: A New Definition? [R]. Proceedings of the 3rd ACORN-REDECOM Conference Mexico City 2009.

[204] ITU. The Global Information Technology Report 2010-2011[R]. 2012.

[205] ITU. 2009-Measuring the information society, the ICT development index[R]. CH-1211 Geneva Switzerland. 2010.